마켓 4.0 시대의
온라인커머스전략

김종락

무역경영사

머리말

Preface

21세기 들어 맞이하는 두 번째 십년으로 접어들면서 현재, 세계화와 결합된 새로운 IT 기술은 단지 커뮤니티를 위한 소비자들의 욕구뿐 아니라 기업의 비즈니스 영역 및 사람들의 생활패턴 자체를 극적으로 변화시키고 있다. 이제 노트북, 스마트폰, 패드만 있으면 전 세계 어디서든 심지어 이동하면서도 정보검색은 물론 쇼핑도 할 수 있게 되었는데, 무엇보다 모바일 전자상거래의 능력은 더 나아가 최근 소셜 네트워크의 성장으로 인해 더욱 눈부신 발전을 거듭하였고 동시에 합리적인 소비활동을 위한 혁신적 차원의 정보지원도 계속 이뤄지고 있다.

한편 오늘날 디지털 경제(digital economy)를 기반으로 한 지식과 정보의 재화(information goods)는 그 중요성이 점차 증대되고 있는 가운데, 21세기를 주도하는 핵심기술은 IT 기반의 디지털 기술과 네트워킹 기술을 중심으로 지난 과거에 비해 비약적인 발전을 거듭해오고 있다.

이러한 기술을 활용하여 인류가 창조한 20세기 최고의 산물은 바로 '인터넷'이라 할 수 있는데, 이는 인류가 발명한 가장 고도의 인프라를 위한 도구가 되었으며 또한 이는 전 세계를 아우르는 가장 혁신적인 커뮤니케이션 도구, 그리고 가장 효율적인 마케팅 도구가 된 것이다. 때문에 우리가 살고 있는 모든 일상 속에서 인터넷의 영향이 전혀 미치지 않는 곳은 없을 것이다. 이러한 인터넷의 등장은 곧 마케팅 전반에 걸친 패러다임의 변화뿐 아니라 기업 비즈니스의 전반적인 방향 또한 급격하게 변모시켜왔다.

이러한 발전과 변화는 그야말로 믿기 어려운 것이었으며, 비즈니스 세계를 넘어 사회전반에 걸친 엄청난 변화를 가져왔다. 게다가 각 분야의 트랜드 변화는 그야말로 믿기 어려운 IT 혁신을 중심으로 변화되어 왔으며 그중 모바일 무선인터넷 기반의 환경에서의 경제활동과 모바일 전자상거래 혁신은 결국 모바일 뱅킹&증권거래, 모바일 지갑 등 다양한 종류의 모바일 상품을 쏟아내고 동시에 e-commerce의 전면적인 부상을 이루어냈다.

한편 최근까지 이러한 변화와 발전은 그야말로 믿기 어려운 것이었는데, 특히 인터넷과 모바일 기술의 결합은 금융뿐 아니라 방송, 엔터테인먼트 등 수 많은 영역에서 눈부신 진가를 발휘하며 서비스가 이루어지는 상황이라 할 수 있으며, 이 또한 각 분야의 트랜드 변화와 발전을 거듭하며 현재의 '플랫폼 비즈니스 시대'까지 오게 된 것이다. 뿐만 아니라 플랫폼을 통한 네트워크 시대가 활짝 열리면서 예전의 독식하던 강자보다 생태계와 상생하는 기업이 경쟁우위를 갖기 좋은 환경이 마련된 것이다. 즉, 생태계에 진정한 경쟁원리가 상존하며 생태계와 더불어 공존할 때 더 큰 가치창출이 가능한 기본적인 경제원리가 곧 바로 세상에 드러나게 된 것이다.

이러한 추세를 반영하듯 온라인 비즈니스의 경쟁·경영원리와 이론들을 설명하는 서적들이 상당수 출간되었으며, 특히 온라인 비즈니스와 인터넷 마케팅에 관한 수많은 책들이 출간되어 IT 플랫폼 영역에 대한 관점을 일부 다루면서 독자들로 하여금 플랫폼 비즈니스를 이해하는 데 많은 도움을 주고 있다.

그러나 지금까지 출간된 IT 비즈니스 및 인터넷 마케팅과 관련된 서적들은 각각의 분야에서 온라인·플랫폼 비즈니스에 대한 개념을 정립하고 각각 한정된 영역에서 그 특성을 설명하는 데 그치고 있는 현실이다. 이는 마켓4.0 시대의 온라인 비즈니스에 대한 전략적 접근과 파악이라기보다는 현상 이해를 중심으로 기술해온 경향이 있다. 이러한 점을 감안하여 본서에서는 기존의 대부분 인터넷 마케팅 서적들이 한정적으로 다루어 온 인터넷(유선 인터넷) 전자상거래의 기능적인 해석을 탈피하여 플랫폼 비즈니스 영역을 배경으로 한 electronic commerce, 그리고 무선 데이터 장비를 이용한 m-commerce의 관점을 온라인 마케팅 영역으로 통합하였고, 이를 토대로 비즈니스 영역에서의 마케팅 계획, 실행, 통제에 대한 관리 과정을 다루고자 하였다.

또한 본서는 설명 부분에 해당하는 다양하고 구체적인 사례를 제시함으로써 독자들로 하여금 플랫폼 비즈니스 환경과 온라인 마케팅전략을 보다 쉽고 현실적으로 이해할 수 있도록 하는 데 중점을 두었다. 더불어 내용 전반에 걸친 온라인 비즈니스의 구성개념과 마케팅전략의 구성개념을 분야별로 학습할 수 있도록 구성하였다.

이에 본서의 구성은 총 4부 11장으로 구분하였으며, 보다 현실적인 온라인 비즈니스의 마케팅전략에 대한 접근을 시도하였다. 무엇보다 각 단락의 서두에 연관된 도입사례와 마지막에 학습내용의 개념과 연관된 각 학습사례를 첨부하였으며, 사례 내용을 통해 학습개념을 충분히 이해하도록 도움을 주고자 하였다.

서론에 해당하는 제1부에서는 디지털 경영환경과 기업정보시스템에 대한 이론을 시작으로 디지털 신경제 하에서의 IT의 활용과 인터넷 정보화 이슈에 대한 이론들을 중점적으로 설명하였다.

제2부에서는 플랫폼 비즈니스 영역에 대한 전반적인 특징과 기술, 그리고 사업 영역에 대해 설명하였다. 특히, 플랫폼 비즈니스 수익모델에 대한 DNA 특징, 그리고 플랫폼 비즈니스 수익모델에 대해 구체적으로 설명하였으며 이에 대한 이론적 사례를 고찰하였다.

제3부에서는 전자상거래와 온라인 비즈니스에 대해 체계적으로 설명하였는데, 일반 인터넷 마케팅 교재에서 다루지 않는 전자상거래 경로, 온라인 유통 비즈니스 모델 등에 대한 개념도 심화하여 고찰하였다.

제4부는 온라인 마케팅전략에 대한 전반적인 부분을 고찰하였는데, 특히 콘텐츠, 포털산업, 온라인 전자책 및 게임산업 등 전반적인 온라인 비즈니스 상품영역에 대해 다루었다. 뿐만 아니라 체계적인 온라인 마케팅전략에 대한 내용을 기존 오프라인 형태의 비즈니스와 비교하여 구체적으로 살펴보았다. 더불어 최근 고객관계관리와 e-CRM에 대한 개념적 정의와 더불어 온라인 마케팅 사례를 통한 해결과제를 고찰하며 마무리하였다.

이 책은 필자가 다년간 수많은 IT 플랫폼 기업들에서 컨설팅 자문을 하고 대학에서 관련 교과목을 강의해오면서 이론의 틀에서 그동안 부족하다고 느껴온 자료들을 보완하여 총 정리하였다. 특히 이론적 개념과 더불어 각 부문마다 학습한 이론 관점을 다시 한 번 정리할 수 있는 도입사례, 학습사례를 부문별로 추가하였기 때문에, 특히 실무 종사자들에게 인터넷과 온라인 마케팅전략에 대한 원리와 지식을 제공해주리라 생각한다. 뿐만 아니라 경영학을 전공하는 대학생, 그리고 MIS, 마케팅을 전공하는 대학원생들에게는 플랫폼 비즈니스에 대한 기본개념과 온라인 비즈니스·온라인 마케팅에 대한 전략적 개념을 동시에 파악할 수 있도록 하는 안내서 역할을 제공하리라 생각한다.

마지막으로 무엇보다 본서의 집필에 있어 플랫폼 비즈니스 환경에서의 온라인 마케팅전략 구축에 관한 기본 원리를 독자가 최대한 쉽게 이해할 수 있도록 하는 데 궁극적 목적을 두었다. 그러나 본서를 통해 저자의 의도를 충분히 반영하여 수록하였는지는 알 수 없으나, 앞으로 지속적인 개정을 통해 이론에 대한 주요 내용을 보완하고 수록함으로써 학계와, 업계에 기여할 수 있도록 노력하고자 한다.

그 동안 여러 가지로 도움이 되어주신 여러 선·후배와 동료들께 감사의 마음을 전한다. 특히 자료제공에 수고를 아끼지 않았던 경희대학교 경영대학 석·박사 원우분들과 수 많은 날들을 밤새워가며 자료수집에 노고가 많았던 경영대학의 김예림, 김윤정, 김소현, 신윤희에게도 감사의 뜻을 전한다. 마지막으로 이 책이 출판되기까지 수고를 아끼지 않고 지원해 주신 무역경영사 관계자 여러분께 깊은 감사의 뜻을 전하고 싶다.

2019년 1월
김종락

차례

Contents

Chapter 11. 온라인 마케팅 실행전략 _ 307

01

PART

정보시스템의 활용과 디지털환경

01 Chap. 디지털경제

도입사례 [뉴스분석] 연 60조 시장 건 미국-유럽 간 디지털 전쟁 터졌다… 한국은?

▪ 프랑스, 구글에 644억 벌금 부과

프랑스가 21일(현지시간) 미국 구글에 5,700만 달러(약 644억 원)의 벌금을 부과했다. "구글이 사용자들에게 개인정보를 어떻게 수집하고 사용하는지 충분히 알리지 않았다"는 이유를 들었다.

유럽연합(EU)은 지난해 7월 구글에 반독점 규정 위반을 이유로 43억4,000만 유로(약 5조6,576억 원)라는 천문학적 과징금을 매긴 적 있다. 이에 비하면 이번 벌금액은 그야말로 '조족지혈(鳥足之血)'이다. 하지만 구글은 물론 미국 인터넷 기업, 나아가 세계 인터넷 업계가 이번 프랑스의 조치를 긴장된 눈으로 쳐다보고 있다.

▪ EU '데이터 보호무역주의' 신호탄

이번 벌금의 배경엔 '미국 IT 거인에 데이터를 쉽사리 내주지 않겠다'는 유럽의 전략이 배어있어서다. '데이터 보호무역주의'가 본격 등장했다는 분석도 나온다. 구태언 법무법인 테크앤로 변호사는 "안드로이드 운영체제에 구글 앱을 기본 탑재해 이익을 많이 취했다는 이유로 매긴 반독점 위반 과징금과는 차원이 다른 갈등이 불거진 것"이라고 분석했다.

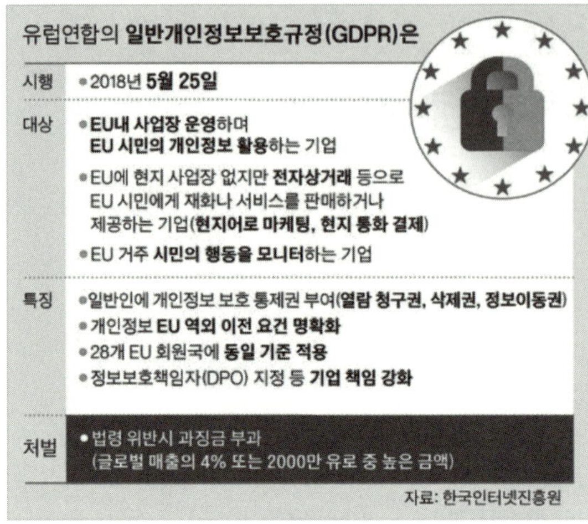

유럽연합의 **일반개인정보보호규정(GDPR)은**

시행	• 2018년 **5월 25일**
대상	• **EU내 사업장 운영**하며 **EU 시민의 개인정보 활용**하는 기업 • EU에 현지 사업장 없지만 **전자상거래** 등으로 EU 시민에게 재화나 서비스를 판매하거나 제공하는 기업(**현지어로 마케팅, 현지 통화 결제**) • EU 거주 **시민의 행동을 모니터**하는 기업
특징	• 일반인에 개인정보 보호 통제권 부여(**열람 청구권, 삭제권, 정보이동권**) • 개인정보 **EU 역외 이전 요건 명확화** • 28개 EU 회원국에 **동일 기준 적용** • 정보보호책임자(DPO) 지정 등 **기업 책임 강화**
처벌	• 법령 위반시 과징금 부과 (글로벌 매출의 4% 또는 2000만 유로 중 높은 금액)

자료: 한국인터넷진흥원

이번 벌금형의 배경을 이해하려면 EU가 지난해 5월 도입한 '개인정보 보호규정(GDPR)'으로 시선을 옮겨야 한다. GDPR은 '유럽연합 국민은 자신이 이용하는 모든 기업에게 개인정보의 열람, 정정, 삭제, 처리, 제한, 이동 등의 요구가 가능하다'는 규정이다. 한마디로 미국의 인터넷기업이 유럽인의 개인정보를 활용하려면 일일이 동의를 받고, 정보를 해외로 이전하는 것도 마음대로 해선 안 된다는 규정이다. 벌금도 엄청 나서 위반 시엔 글로벌 연매출의 4% 또는 2,000만 유로(250억 원) 중 더 높은 금액을 내도록 했다.

당시 EU가 이 같은 규정을 만들자 글로벌 인터넷 업계에서는 "GDPR이 향후 미국과 유럽 간 새로운 무역장벽으로 등장할 것"이라는 전망이 나왔다. 프랑스의 이번 조치는 GDPR 등장 후 첫 벌금 부과라는 점에서 당시의 우려가 현실이 됐다는 의미를 갖는다. 특히 이번 조치 이후 미국 IT 기업에 대한 EU의 데이터 규제가 본격화할 수 있다는 점에서 미국 기업들은 긴장하고 있다.

▪ 유럽을 '디지털 싱글 마켓'으로 만들겠다는 의도

유럽이 지난해 GDPR을 도입한 배경에는 유럽 전체를 '디지털 싱글 마켓'으로 만들려는 EU의 전략이 담겨 있다.

EU는 오프라인 시장에서는 이미 단일 시장 형성에 성공했다. 가스·전기 같은 각 국가의 기간산업을 제외하면 여권 없이 각 나라를 자유로이 넘나들며 단일통

화인 유로를 사용한다. 그러나 디지털 마켓에서는 국경을 허무는데 성공하지 못하고 있다. 그러는 사이 EU 국가들은 디지털 시장에서 미국에 점차 종속되고 있다. EU와 구글은 데이터 유입·유출량을 공개하지 않지만 영국 시사주간지 '이코노미스트'의 2015년 조사에 따르면 EU 회원국 트래픽의 절반 이상은 미국으로 가고 있다. 대부분 구글·애플·페이스북·아마존 같은 'IT 공룡'에게 데이터가 집중된다. EU 시민이 역내 다른 국가의 인터넷 쇼핑몰을 이용하는 경우는 15%에 그쳤고, EU 국가 사이에서 데이터가 국경을 넘은 경우는 4%에 그쳤다.

■ EU 트래픽 절반 이상, 미국으로 빠져나가

EU는 인구 5억 명에 역내총생산 15조 유로(약 6,644조 원)라는 큰 시장을 갖고 있으면서도 인구 3억에 국내총생산 2,853조 원인 미국에게 디지털 시장을 내주고 데이터 마저 뺏기고 있는 셈이다. EU 집행위는 GDPR을 도입하면서 '데이터 이동만 막아도 유럽에 디지털 싱글 마켓이 조성되고 연간 62조 원 규모의 추가 성장이 가능할 것'으로 전망했다. 구 변호사는 "데이터 확보 없이 4차산업혁명이 불가능하다는 EU의 위기감이 '디지털 싱글 마켓'이라는 전략을 낳았고, 이를 성공시키기 위한 장치가 GDPR"이라고 설명했다.

■ 한국, 데이터 싸움서 밀리지 않으려면

이번 유럽의 조치는 구글에게 '구글세'를 매긴다던지, 반독점법을 적용한다던지 하는 그간의 국내 구글 견제 움직임과는 완전히 다른 차원의 얘기다. 하지만 전문가들은 한국도 이 싸움에서 예외일 수 없다고 지적한다. 구 변호사는 "자유무역을 지향하면서 데이터 쇄국주의 법안을 만드는 것은 권장할 일은 아니다"면서도 "EU가 디지털 경제로 전환하려는 노력은 본받아야 한다"고 말했다. 그는 "우리 내부에서만이라도 데이터를 자유롭게 유통·활용할 수 있도록 해야 국내에 헬스케어 등 신사업이 열리고, 새롭게 생성된 데이터가 다시 국내 기업에 쌓이는 선순환을 만들 수 있다"고 말했다.

출처: 중앙일보, 2019.01.24. https://news.joins.com/article/

01 신(新)경제의 등장

기존의 산업경제 하에서는 토지, 자본 및 노동에 해당하는 물질적인 자원이 생산에 핵심적으로 기여하는 주 요소들이었다. 반면 오늘날에는 지식과 정보 등의 정보의 재화(information goods)의 중요성이 증대되고 있으며, 생산과 분배, 소비 등의 주요 경제활동 역시 디지털화 되고 네트워크화 됨으로 인해 각 구성원들 간의 인프라에 더 많은 부분을 의존하고 있는데 이러한 형태의 경제를 디지털경제(digital economy)라 한다.

이러한 경제환경의 변화는 더 이상 새로운 것이 아니다. 이제 단순히 생산자와 소비자를 중개해주던 전통적 중개의 형태는 사라져가고 있음과 동시에 새로운 개념의 중개자가 급속도로 등장하는 추세이다.

한 예로 에어비앤비(AirBnB)는 세계적인 숙박 공유 업체로 사업 초기 단 20달러의 자산으로 시작하였지만, 4년 만에 25억 달러의 자산을 소유한 회사가 되었다. 에어비앤비의 운영은 단순히 호스트와 게스트를 연결해주는 기능을 넘어 그들만의 플랫폼 비즈니스의 운영 노하우를 가지고 있다. 에어비앤비의 호스트들의 다양한 서비스는 게스트에게 최대한 많은 색다른 경험을 제공해준다. 특히 그들은 직접 공항으로 게스트를 마중나간다든가, 게스트들이 머무는 동안 먹을 수 있을만한 것들을 냉장고에 넣어두는 등의 색다르고 차별화된 서비스를 제공한다.

이에 따라 기존 숙박업체들의 입장에서 볼 때 이러한 새로운 경쟁자들의 출현에 따라 비즈니스 모델과 운영패턴에 대한 혁신적인 변화를 취할 수밖에 없게 되었다. 한편 에어비앤비의 등장으로 인해 호텔들은 에어비앤비의 서비스 방식에 대한 대응을 위해 이용객에 대한 맞춤형 서비스를 도입하는 등의 대응방안을 모색하고 있다.

이처럼 새로운 경쟁자가 출현함으로 인해 경쟁구도의 새로운 변화와 더불어 기존 업체는 다양한 혁신을 추구할 수밖에 없는 현실이다.

1.1 디지털경제

■ 디지털경제의 특징

① 활용 미디어의 변화

우선 미디어(Media)에 있어서 큰 변화들이 생겨나고 있다. 기존의 미디어는 PC를 기반으로 한 인터넷 사용에 주력했다면, 오늘날에는 태블릿 컴퓨터, 스마트폰 등 모바일 기기 위주로 변화하고 있다. 이와 더불어 라디오, TV 등 공중매체 방송을 통한 인터넷 스트리밍(streaming: 인터넷으로 영상, 음성 등의 파일을 전송하고 재생하는 기법)이 확산되고 있다. 아울러 SMS서비스를 대신해서 카카오톡 같은 그룹 채팅이 점점 일상에 자리잡고 있으며, 트위터와 페이스북 등의 소셜 커뮤니티는 사용자들의 개방, 참여 그리고 공유를 통한 사회적·정서적 교류를 마련하는 데 크게 기여하고 있다. 이에 따라 기업들은 소비자 활용 미디어 변화에 대한 또 다른 대응책을 강구하고 있으며 무엇보다 신속함과 완벽함, 일관성을 동시에 지닌 고객맞춤형 대응을 통해 소비자와 교류하고 있다.

② 소비자와의 관계

기존 정보가 기업에서 소비자에게로 일방적으로 전달되던 과거와 다르게 이제 정보는 기업과 소비자 양방향으로 이동한다. 이를 통해 기업과 소비자 사이의 정보구조의 불균등(정보의 비대칭)은 크게 완화되었으며, 소비자의 역할 역시 프로슈머(prosumer-참여형 소비자)로 변화해가고 있다.

이러한 변화는 소비자의 권익을 두드러지게 향상시키고 있으며, 특히 우리나라의 국내 소비자 결속력과 정보력은 세계 최고수준이라고도 할 수 있는데, 이러한 고도화된 정보 인프라는 국내 기업들에게 좋은 기회로 작용하고 있다. 또한 디지털 미디어의 활용이 점차 고도화됨에 따라서 소비자의 구매행동, 의사소통 패턴 및 관심사 등에 대한 다량의 데이터를 확보할 수 있게 되었는데, 기업들은 확보한 데이터를 체계적으로 분석하면서 고객에 대해 과거보다 잘 알게 되고, 이를 잘 활용하는 기업은 타 기업에 비해 차별화된 경쟁우위를 점할 수 있게 된 것이다.

③ 기업의 속도

시장의 불확실성과 급격한 변화는 디지털경제 시대에 있어 기업들에게 닥친 가장 큰 난관 중 하나이다. 이에 시장의 불확실성과 급격한 변화에 적절히 대처하기 위해서는 무엇보다 빠른 의사결정이 필요하다. 제품개발과 구매 등 기업의 전반적인 업무를 수행하는 데 있어 적절하고 신속한 대처가 이루어져야 곧 변화하는 소비자의 욕구에 대응하고 이는 곧 경쟁구도에서 생존할 수 있는 방안이 된다.

한 예로 삼성전자의 TV사업 분야는 기업의 신속한 대처의 중요성에 대해 보여주는 대표적인 사례이다. 삼성전자는 공급망관리시스템에 기초하여 수요를 예측하고 생산 업무를 스케줄링 하는데, 이는 일본의 경쟁기업들에 비해 훨씬 신속한 대처를 가능하게 해준다. 이에 대해 비즈니스 위크(Business Week)지는 삼성전자의 스피드가 기업을 글로벌 TV시장의 1등에 위치하게 해준 원동력이라고 강조한 바 있다.

③ 제품 및 서비스의 디지털화

그림 1-1은 일반적인 제품의 세 가지 특성을 설명하고 있는데 이는 제품 고유의 편익을 제공해주는 핵심제품(core product), 고객이 실제로 접하고 느끼게 되는 실제제품(actual product), 그리고 실제제품에 추가적으로 제공되는 혜택을 의미하는 확장제품(augmented product)을 의미한다.

디지털경제 시대에는 이러한 제품의 개념이 수많은 부문에서 디지털화 될 수밖에 없는데, 예를 들어 책은 e-book으로, 음반은 디지털 음원으로 전환된다. 이와 같이 실제제품을 완전하게 디지털로 변환한 제품을 디지털제품(digital product)이라 한다. 또한 이런 디지털제품의 유형은 학술적 구성개념 차원에서 세 가지로 구분할 수 있다.

첫 번째는, 사용자의 업무 및 목표달성을 도와주는 툴(tool)인데 공유 및 프리소프트웨어 등이 이에 포함된다. 둘째, 콘텐츠 기반 디지털 제품인데 이 제품의 진정한 가치는 정보 내용물에서 나오게 된다. 온라인 신문, 온라인 엔터테인먼트(음악, 영화 등), 온라인 연구보고서 등이 이에 해당한다. 마지막으로 자원에 접근하게 해주는 온라인 서비스이다. 즉, 컴퓨터 자원의 접근 또는 사용을 지원하는 클라우드 서비스, 온라인 상담서비스, 온라인 데이터 서비스 등이 이에 포함된다.

이처럼 제품이 디지털화 되면 제품의 모듈화 역시 용이해지며 타 제

그림 1-1 제품의 형태

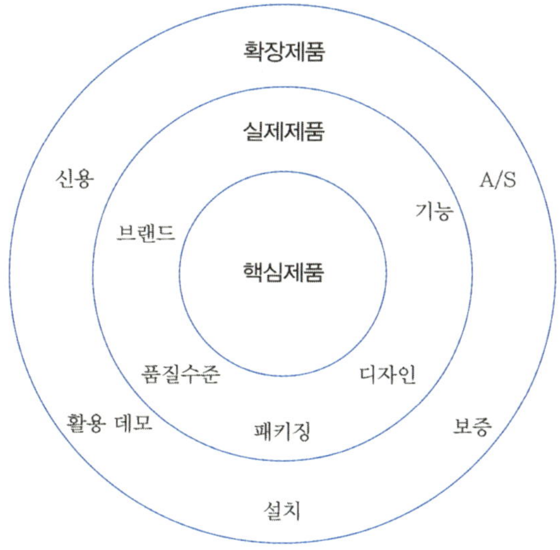

자료: Kotler & Armstrong, 2005

품 및 서비스와의 융합이 촉진되기도 한다. 이는 기존에 없었던 새로운 제품, 비즈니스 모델 그리고 소비자에게 제공할 신규 서비스들의 개발을 원활히 지원하게 된다. 예를 들어, Apple의 iPod과 나이키 운동화가 융합되어 새로운 운동 트레이너 서비스를 제공하게 된 사례도 찾아볼 수 있다.

⑤ 기업 간의 관계

기업의 경영환경은 제품과 서비스가 급격히 디지털화되고 상호 융합되면서 큰 변화를 맞이하게 되었다. 예를 들어, 이동통신 업체가 가지고 있었던 콘텐츠 시장은 Apple이 iPhone을 통해 mobile 통신시장에 진입하자마자 곧 Apple 주도의 앱(App)시장으로 빠르게 변화하였다.

이는 통신시장에 국한되는 변화만을 의미하는 것만은 아니다. 통신뿐 아니라 대부분의 사업 분야에서 소프트웨어를 포함한 디지털 혁명이 진행중인 것이다. 소프트웨어 같은 디지털 기술은 이러한 상황에서 제품의 부가가치를 높이는데 핵심적인 역할을 수행한다. 이에 대해 글로벌 시장조사기관인 VDC에 의하면, '소프트웨어가 제품개발원가에서 차지하는 비중이 점점 증가하고 있는데, 특히 소프트웨어 관련 비용이 통신기기의 개발원가의 64.3%를 차지하고 있으며, 비행기제조의 경우 51.4%, 그리고 의료기기에서는 40.9%를 차지하고 있는데, 이러한 소프트웨어 비중은 향후 더욱 높아질 것으로 전망된다'고 설명한 바 있다.

기업 간의 협력과 결합은 이런 상황속에서 그 필요성이 점차 증대된다. 즉, 기업 간의 인수, 전략적 제휴, 합병 등의 노력은 실제 디지털경제 시대에서 굉장히 빈번하게 이루어지며, 특히 최근 기술기업 간의 인수와 합병이 증가하고 있다. 표 1-1은 2011년에서 2013년 사이에 세계 7대 대형 기업들의 인수·합병 사례를 나열한 것인데 이 중 다섯 가지 분야가 기술 분야이다.

▶▶ **표 1-1 2011~2013년 대형 인수·합병 사례**

연도	인수자	매도자	금액($)	기술 분야
2011	구글	모토롤라 모빌리티	98억	○
2011	마이크로소프트	Skype	85억	○
2011	버크셔 해서웨이	Lubrizol	92.9억	
2012	도이치텔레콤	Metro PCS	290억	○
2013	소프트뱅크	Sprint	216억	○
2013	버크셔 해서웨이	Heinz	280억	
2013	마이크로소프트	노키아	820억	○

자료: 김성근 외(2014), 플랫폼 경쟁시대에서 MIS, p. 11.

1.2 경제 인프라

우리나라는 광대역통신망의 속도 및 보급에 있어서 세계 최고수준의 기술력을 지니고 있으며, 일본과 스위스, 홍콩, 미국 등이 그 뒤를 따르고 있다.

하지만 IT를 기반으로 한 정보통신 인프라 구축만큼 중요한 것이 바로 창의적 문화, 창의 인재, 법 및 제도 등의 인프라 구축이다.

우리나라의 경우 정보통신 분야의 인프라는 잘 구축되어 있지만, 소프트 인프라 같은 경우는 잘 구축되어 있지 않은데, 특히 무형재화의 가치를 제대로 인정하고 있지 않으며 새로운 시도를 하지 않고 이미 성공한 분야에만 집중하는 추종 형태에 가까운 모습을 보이고 있다. 우리나라가 진정한 디지털 경제 강국으로 나아가기 위해서는 이를 보완하고 창의적 문화와 제도를 갖춰야만 한다. 또한 최근 들어서 창의적 인재의 질적·양적 부족은 우리나라 경제가 디지털경제로 전환하는데 큰 방해 요소로 작용되고 있다.

표 1-2는 국가별 글로벌 인재(global talent)지수를 표현한 것이며, 이는 2011년 Heidrick & Struggles 사와 The Economist가 공동으로 조사발표한 결과이다. 표에 따르면 한국의 순위는 2011년 기준으로 22

위에 머무르고 있다.

▶▶ **표 1-2 국가별 글로벌 인재 지수**

1. 미국	2. 덴마크	3. 핀란드	4. 노르웨이	5. 싱가포르	6. 호주	7. 스웨덴
8. 홍콩	9. 스위스	10. 네덜란드	11. 이스라엘	12. 영국	13. 캐나다	
15. 독일	16. 아일랜드	17. 오스트리아	18. 벨기에	19. 프랑스	20. 대만	
21. 스페인	22. 한국	23. 그리스	24. 이탈리아	25. 체고	26. 포르투갈	
27. 일본	28. 아르헨티나	29. 폴란드	30. 헝가리			

자료: Heidrick & Strugglers, 2011.

02 IT의 활용과 경영정보의 중요성

기업은 외부환경이 변화함에 따라 이에 적응을 통해 시장에서 살아남기 위해 끊임없이 변화해야 한다. 일본의 한 통계자료에 의하면 기업의 실제 평균수명은 기껏해야 약 30~50년 정도이며 국내 기업의 평

그림 1-2 Nike+ 웹사이트

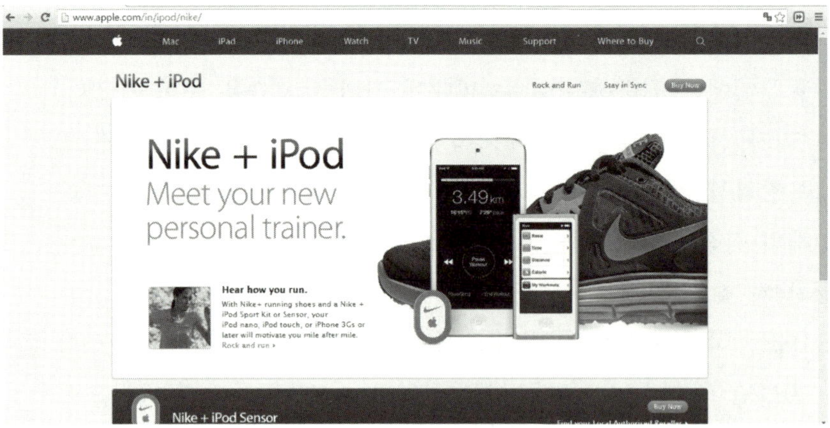

균수명은 이보다도 훨씬 짧은 것으로 파악되었다. 그렇다면 기업이 오랫동안 살아남기 위한 전략으로는 어떤 것이 있을까?

기업이 시장경쟁에서 생존하기 위해서는 지속적인 발전을 모색하고 변환(transform)하려는 노력을 지속해야 한다. 즉, 기존의 제품, 고객, 시장을 넘어서는 신제품과 서비스를 제공하기 위한 노력을 해야 하는 것이다. Nike와 애플이 합작한 Nike+iPod은 이에 대한 대표적인 성공 케이스라 할 수 있는데, **그림 1-2**에서와 같이 나이키 전용 운동화가 센서를 이용해 걷거나 달리는 속도, 거리, 시간 등에 대한 정보를 인식하면 그 정보가 바로 iPod에 전달되는 모습을 보여주고 있다. 이는 소비자의 편리한 운동 트레이너(trainer)로서 기능하고 있는 것이다. 이처럼 정보와 기술이 제품, 미디어와 융합(convergence)되면 기존에 전혀 존재하지 않았던 다양한 혁신적인 제품으로 변환이 가능한 것이다.

이와 마찬가지로 정보기술은 기업의 생존전략 중 필수적인 요소로 자리잡고 있다. 정보를 프로세스화 하고 프로세스 효율화하며 제품과 서비스 개발에 이르기까지 정보기술은 점점 더 필수적인 역할을 하고 있다.

2.1 경영정보시스템의 활용

경영정보시스템이란 기업의 경영목적에 부합하도록 정보기술을 응용한 결과물이라고 할 수 있다. 즉, 프로세스 효율화, 정보처리, 새로운 제품 혹은 서비스의 창출 등을 위해서 다양한 정보기술을 활용하여 개발한 시스템을 일컫는다.

대표적으로 기업에서 사용중인 급여처리시스템은 정보처리를 지원하는 시스템의 대표적인 예라고 할 수 있다. 이는 근무기록과 급여정보를 토대로 하여 급여 총액을 산출하고 실 급여액을 계산하여 이와 관련된 정보를 해당 부서와 여러 기관(국세청, 은행, 등)에 전달해주는 시스템이다.

또한, IT를 활용한 신제품이 앞에서 설명한 Nike+인데, 운동정보가 iPod에 그대로 나타나고 이를 컴퓨터로 연결하면 컴퓨터로 운동정보를 관리하고, 웹사이트를 통해 이 정보에 대해 그래프로도 확인할 수 있다.

개인적 차원의 경영정보의 중요성

이처럼 경영활동뿐만 아니라 일상에서도 정보시스템은 필수적인 역할을 하고 있다. 특히 기업의 규모와 업종의 종류에 무관하게 수많은 업무들이 본 정보시스템에 의해 처리되고 또한 정보를 제공받고 있다. 때문에 사용자는 업무에 활용하기 위한 정보시스템의 운영 방식에 대해 정확하게 파악하고 활용할 수 있어야 한다. 또한 만일 마케팅이나 영업팀에서 일을 하고 있다면 수 많은 고객 중에 어느 고객이 어떤 주기와 패턴으로 자사와 경쟁사의 상품을 구매하고 있는지에 대해 파악할 수 있어야 한다. 이를 위해 기업들은 정보시스템을 활용한 고객관

그림 1-3 정보시스템의 이해 필요성

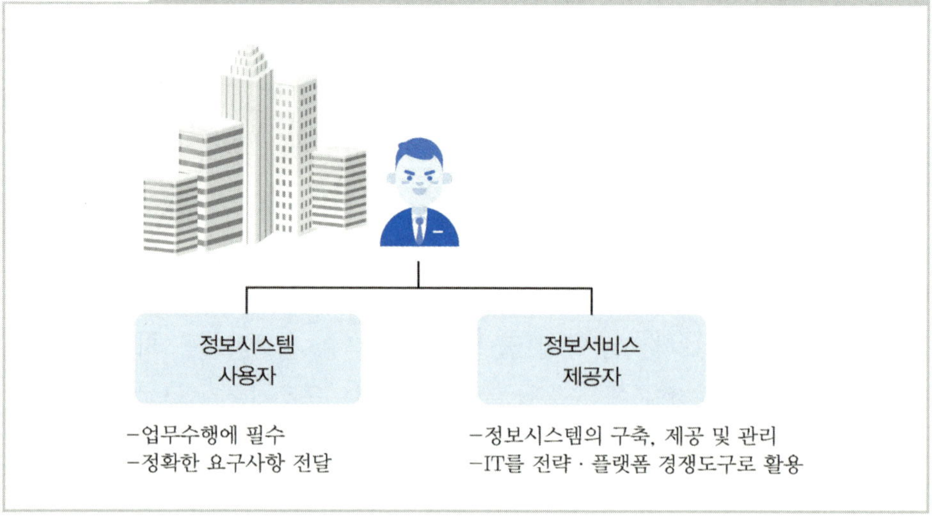

계관리(Customer Relationship Management: CRM) 시스템을 구축하고 있는데, 이 시스템은 다양한 관점에서 고객들의 구매 패턴을 분석한 후 정보와 과거 구매기록을 기준으로 고객을 연령별·지역별·소득별로 나누어 분석한 정보들을 담고 있다. 그리고 이러한 정보는 마케팅과 영업활동을 성공적으로 이끌기 위해 반드시 필요하다.

또 다른 차원의 경영정보시스템에 대한 이해의 필요성은 곧 업무상의 요구사항을 파악해 시스템 구축자에게 그 내용을 전달하기 위해서는 정보시스템에 대한 이해가 반드시 필요하다.

일반적으로 정보시스템의 구축은 사용자나 부서의 요구사항을 정확하게 파악한 후 다양한 정보기술을 적용하거나 프로그래밍하는 과정을 통해 이루어진다. 여기서 시스템 구축자에게 현재 업무의 요구사항이 정시에 정확하게 전달되지 못하면 사용자들의 요구사항을 반영하지 못하는 시스템이 구축되거나 시스템의 구축이 지연되게 된다. 이때 정보시스템의 원리와 성격에 대한 이해와 파악이 잘되어 있을수록 업무상의 요구사항을 좀 더 정확하게 반영하는 시스템을 구축할 수 있는 것이다. 때문에 정보시스템의 근본에 대해 이해하지 못했을 경우 당연히 이를 제대로 수행하기가 어려워진다.

2.2 경영정보의 가치와 중요성

1. 개인적 차원의 경영정보 가치

오늘날 개인은 정보통신에 크게 의존하고 있기 때문에 인터넷, 전화, SNS, 이동통신 등과 같은 정보통신 수단 역시 매우 다양해지고 있다. 이에 따라 우리나라 평균 가계 지출 대비 통신비 지출은 점점 더 많은 비중을 차지하고 있는데, 이는 앞으로도 증가할 것으로 보인다.

2. 기업 차원의 경영정보의 중요성

개인에게 뿐만 아니라 기업조직에게 역시 경영정보에 대한 기술의 중요성이 더욱 증대되고 있다. 그 이유는 기업이 빠르게 변화하는 환경에 직면하고 있기 때문인데, 특히 기업은 많은 소비자들에게 타사들보다 더 나은 제품과 서비스를 제공하기 위하여 지속적인 경쟁을 하고 있다. 최근 들어서는 소비자의 다양한 욕구를 충족시키기 위하여 소비자의 구매동향을 분석 후 미래의 수요를 예측하는 것이 더욱 요구되고 있다. 이를 통해 향후 소비자의 수요에 알맞은 신제품을 개발하고 있다.

이처럼 기업 차원에서 경영정보는 여러 부문에서 활용될 수 있는데, 특히 최근 고객들의 욕구나 개성이 다양해진 다양성의 시대에는 기업들이 점차 "맞춤 마케팅"(mass customization)을 추구하고 있으며, 이는 미국 Capital One 은행(www.capitalone. com)의 신용카드 사례를 통해 파악할 수 있다. 이 은행은 모든 신용카드 고객에게 같은 대금지불 유예기간과 이자율을 제공하던 기존의 방식에서 탈피하여 최근 고객의 과거 신용카드에 관한 다양한 자료를 체계적으로 분석하여 우량고객(매달 납부해야 하는 납부금을 충실하게 납부해온 고객)을 추출하고, 이들에게는 신용한도를 올려주거나 연회비를 면제해주는 등의 서비스를 제공한다. 이는 기존에 크게 중요시 되지 않아왔던 자료들(pile of materials)에서 추출한 정보들을 토대로 각각의 고객들 욕구에 알맞은 다양한 서비스를 제공하여 큰 성공을 거둔 사례라고 할 수 있다.

▶▶ **표 1-2 정보활용의 국내외 대표적 사례 기업**

기업	정보활용 형태	정보활용 내역에 대한 개략적 묘사
도요타 자동차	맞춤 마케팅	주초에 고객이 주문한 선택사항에 부합하는 차를 그 주 금요일에 직접 배달해주는 맞춤 생산서비스 실시
델 컴퓨터 말레이시아 공장	맞춤 마케팅	개별고객의 주문사항에 맞는 조립 컴퓨터를 국제특급배송 서비스로 고객에게 직접 전달
Levis Strauss	맞춤 마케팅	고객의 체형과 취향에 부합하는 청바지 맞춤 제작 서비스
Tesco PLC (www.tesco.co.uk)	표적 마케팅	고객의 이전 식료품 구매기록을 분석해 고객의 취향에 부합하는 상품의 할인 쿠폰만을 제공하는 서비스
Merck-Medco Managed Care	정보의 상품화	의료보험 클레임 기록 자료의 분석을 통해 특정 처방의 효과를 분석하여 제약업체에 판매
Wal-Mart	표적 마케팅	일기 변동에 따른 정확한 음료수 재고 확보량 예측
컨티넨탈항공	신속한 대처	매 시간마다 노선별·국가별·지역별 실적사항을 파악하여 신속한 대처를 수행함

이처럼 기업은 경영정보를 다양한 방면에서 적극적으로 활용하고 있다. 특히 신제품을 개발하거나, 특정한 제품 혹은 서비스에 알맞은 표적시장을 찾아낼 때, 혹은 일부 기업에선 자사가 보유하고 있는 데이터를 토대로 추출한 정보를 상품화할 때 활용하기도 한다.

03 인터넷의 확산과 정보화 이슈

최근 기업은 인터넷의 확산과 정보기술의 발전에 따라 큰 변화의 시대를 맞이하고 있다. 우선 인터넷이 확산되고 정보기술이 발전하면서 기업은 수많은 변화를 겪고 있다. 기존에는 고객과의 의사소통을 위해서 팩스, 전화, 서류 등에 의지했다면 이제는 웹, 모바일, 이메일 등의 전자매체를 사용한다. 운영시간에도 제한이 없어졌으며 사이버 거래는 주로 직원들이 퇴근해 자리를 비운 휴일이나 밤에도 이루어진다. 또한 고객은 인터넷을 통해 자사와 경쟁사가 제공하는 제품과 서비스를 쉽게 비교할 수 있으며 다른 사이트로 쉽게 옮겨갈 수 있다. 이는 때론 시장경쟁을 치열하게 만드는 요소이자 동시에 기업들의 수익성을 낮추는 원인이 되기도 한다.

3.1 정보의 폭발적 증가

오늘날 자료의 양은 빠르게 증가하고 있으며, 스마트폰, 인터넷, 전자장치 등이 확산됨에 따라 정보의 폭발적 증가(information overload)를 야기하게 되었다. 전세계 인구는 매일 2,400억 통 가량의 이메일을 주고받고, 매달 300억 건 가량의 콘텐츠를 페이스북을 통해 교환하는데 이런 자료는 매년 40%씩 증가하고 있는 추세로 조사된다. 따라서 정보의 양이 폭발적으로 증가하고 있는 이러한 실정에서 자신이 필요로 하는 데이터를 추출해내는 것이 또 다른 중요한 문제로 떠오르고 있다. 이와 같은 정보의 혼돈시대에 가장 문제시되는 것은 무엇보다 수많은 자료들 중 자신이 필요한 정보를 얻지 못하는 상황이 발생한다는 것이다. 결국 중요한 것은 이러한 정보를 어떻게 통합하여 가공, 분석, 보관해 두었다가 필요시에 손쉽게 추출할 것인가에 대한 방법론적 문제일 것이다. 이 경우 필요한 정보 필터링(filtering)을 위해서 기술의 활용과 정보의 폭발적 과부하로 인한 문제를 해결하기 위한 조직관리적 노력이 필요하다.

1. 데이터 품질문제

빠르게 변화하는 이 시대에서 기업들은 그에 대응할 만한 빠른 대응을 할 수 있어야 한다. 특히 기업이 고객을 유지하기 위해서는 고객의 문의사항에 대하여 신속하게 대응할 수 있어야 하며, 무엇보다 정확한 정보와 지식은 기업이 외부의 환경 변화에 대하여 효과적으로 대응하기 위해 반드시 필수적이다.

하지만 실제로 기업이 보유하고 있는 데이터의 품질은 현저히 떨어지는 경우가 많은데, 예를 들어, 벨기에의 한 전화회사 Belgacom사에서는 여기저기에 흩어져 있던 고객 관련 데이터를 통합시켜본 결과 그 중 약 60%는 잘못된 데이터임이 드러났다. 이는 같은 번호가 저장 위치에 따라서 다른 고객의 번호로 저장되어 있는 등의 무분별한 형태로 데이터가 저장되어 있었는데 결국 Belgacom사의 데이터 품질은 상당히 낙후되어 있음을 스스로 인식하게 되었다. 이처럼 최근 들어 자료의 품질에 따른 문제점들로 인해 골머리를 앓고 있는 기업들이 생겨나고 있다. 뿐만 아니라 국내 호텔 체인 및 인터넷 비즈니스의 경우에도 보유하고 있는 자료의 수준이 너무 낮아서 고객관계관리(Customer Relationshop Management: CRM) 시스템을 구축하는 과정에서 상당한 어려움을 겪기도 하였다. 실제 미국의 *Information Week* 지에서 조사한 결과에 따르면 기업의 정보시스템 책임자의 약 81% 정도가 기업의 가장 큰 문제 중 하나로 고른 것이 바로 자료의 품질 문제였다. 이렇게 저품질 데이터를 기반으로 한 의사결정과 경영활동은 결국 기업에게 큰 손해를 미칠 수밖에 없는 것이다.

2. 시스템 생태계(system ecosystem)

기업이란 여러 구성원과 주체가 무리로 이루어진 일종의 생태계(ecosystem)이다.

또한 여러 구성원과 주체가 무리를 이루고 있다는 측면에서 또다른 차원의 생태계(ecosystem)라고 할 수 있는데 이 생태계를 유지시켜주고 연결시켜주는 것이 바로 정보(information)이다. 즉, 정보가 부서간에 자유롭게 이동할 수 있는 정보체계가 마련되어 있어야 기업의 생태계가 건강하게 지속될 수 있는 것이다. 하지만, 수많은 기업에서 현재 이런 시스템을 보유하고 있지 못한 것이 현실이다.

다른 시점에 다른 기술의 개발로 이어진 생산, 구매, 자재 등의 시스템은 결국 시스템 서로 간의 소통이 제대로 이루어지지 못하는 단절된(fragmented) 시스템을 가지고 있는 경우도 많다. 다른 시스템에서 무슨 일이 진행되고 있는지 모르는 시스템 정보는 결국 단편적 정보에 그치게 된다. 또한 이런 정보에 의지하는 기업은 현상과 이슈에 대해 통합적인 시각을 가질 수 없으며, 이를 기반으로 한 의사결정은 목표에서 어긋날 가능성이 높아진다. 결국 기업이 통합적인 시각을 가지지 못하고 있다면 이는 곧 가능한 다양한 기회들을 놓치게 되는 것을 의미한다. 예를 들어, 만일 다국적 제조업체의 경우 각 지사의 구매책임자는 특정 업체로부터 개별적인 구매를 해야하는 경우가 생길 수도 있다. 이 경우 통합된 정보를 가지고 있다면 해당 업체에게 총괄 주문을 내릴 수 있고 이는 많은 연간 비용을 절감할 수 있게 도와줄 것이다.

3. IT를 활용한 서비스 개선 방안

오늘날의 IT는 수동으로 처리되던 단순한 업무를 시스템화하는 것부터 기업의 다양한 제품이나 서비스의 성격을 근본적으로 바꾸는 다양한 용도로 활용이 가능하다. 하지만 기업들은 IT를 전략적으로 활용하기 위해 많은 노력을 하고 있지 못하는 현실인데, 이는 추출된 자료를 바탕으로 효과적인 의사결정을 내리고 전략적인 대응을 하고 있지 못함을 의미하며, IT를 바탕으로 한 새로운 시장의 기회를 놓치고 있음을 의미한다. 이러한 상황에서는 새로운 고객을 직접 찾아가거나 핵심고객에게 서비스를 강화하는 식으로 전방(front-end)업무를 지원하기 위한 정보화에 비중을 두고 충분한 노력을 기울여야 한다.

3.2 효과적 정보 활용을 위한 방안

앞서 제시한 효과적 정보 활용을 위한 문제 해결을 위해서는 다음의 원칙을 지켜야 한다.

1. 정보자원의 효율적 운용

경제학의 자유재(free goods)란 어디에서든 쉽게 구할 수 있는 자원을 의미한다. 한때는 인류 모두가 손쉽게 얻을 수 있고, 누릴 수 있는 깨끗한 공기가 전형적인 자유재라고 여겨졌던 적이 있었는데, 최근 들어 공해와 유해 방지 운동이 등장하면서 이러한 생각에도 변화가 생기고 있다. 이와 같은 맥락에서 오늘날 정보와 여러 종류의 무분별한 각종 자료들 역시 기업이 손쉽게 얻을 수 있고, 누릴 수 있는 자유재라 할 수 있다. 이는 자료의 특성상 빠르게 변화하는 사회의 수요와 환경에 적응하기 위해 신속하고 정확한 정보를 필요로 한다. 그리고 이를 위해서는 정보와 자료를 체계적인 과정으로 수집하고 보관한 후 처리, 이용하려는 노력이 요구되는데 이를 통해 결국 기업이나 개인이 아무리 손쉽게 얻은 자료라 할지라도 이를 활용하는 범위에는 수많은 제약이 따를 수밖에 없는 것이다. 때문에 정보자원을 손쉽게 얻는 것보다 정보자원을 효율적으로 가공·운용하는 것이 더욱 필요한 시기가 현재라 할 수 있다.

또한 최근에 들어서는 소비자의 욕구가 점점 더 다양해짐에 따라 시장은 점점 불투명해지고 복잡해졌다. 이에 따라 기업은 소비자의 구매 형태를 통해 미래의 잠재된 수요를 파악하기 위하여, 소비자의 수요에 알맞은 신제품을 개발하려는 끊임없는 노력을 행해야 한다. 이때 필요한 것 역시 효율적으로 가공하여 운용 가능한 정보와 자료이다.

그림 1-4 **정보화에 대한 기업 태도 차이**

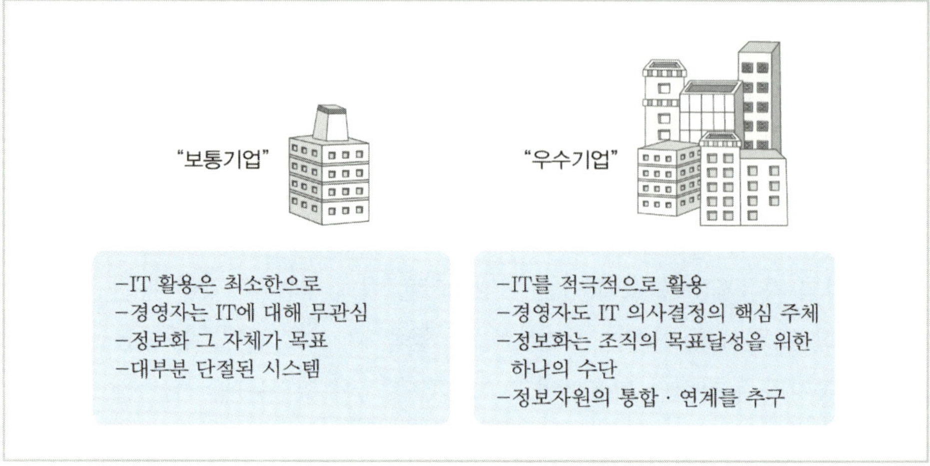

그림 1-5에서 볼 수 있듯이, 정보는 인력, 자본금 등과 같은 자원처럼 관리의 대상이 되어야 하는 귀중한 자원이다. 여기서의 정보는 우리가 눈으로 볼 수 있는 물질자원(즉 제품, 인력, 자금 등)을 포함하는 의미의 자원이다.

그림 1-5 **정보자원**

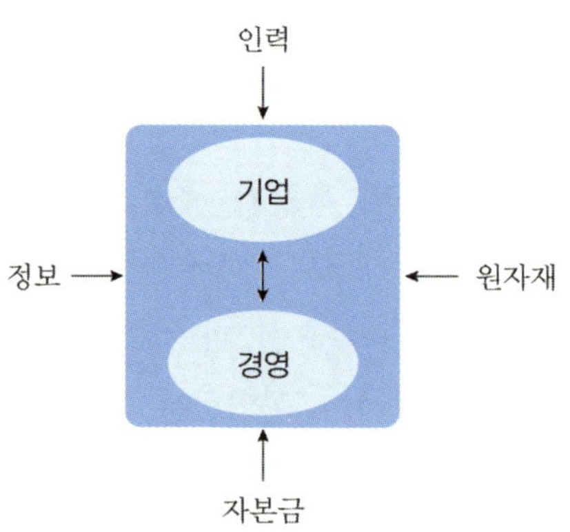

또한 여기서 정보자원은 다른 자원을 효과적으로 관리하는 것을 도와주는 것인데, 예를 들어, 특정 부문에 어느 정도의 투자금액을 조달해야 하고 그 중 내부에서 마련할 수 있는 금액과, 외부에서 구할 비용의 이자율과 이자의 변동률 등 모든 것을 판단하기 위해 정보의 파악은 필수적이다. 이런 관점에서 본다면 물질적 자원보다 정보의 중요성이 크다는 주장은 설득력이 있을 것이다.

2. 정보기술의 적극적 활용

오늘날 기업은 내부 및 외부환경의 변화에 따라 다양한 변화를 취해야 한다. 제품의 고부가가치화 및 차별화, 외부 주체와의 관계 강화, 그리고 효율성 극대화를 통한 경쟁우위의 달성 등 각각 요소들이 상당한 중요성을 지니고 있다. IT와 소프트웨어 등의 디지털 기술은 이러한 변화에 대해 대응 가능한 가장 효과적인 수단으로 볼 수 있다. 예를 들어 TV와 냉장고 같은 가전제품의 성능도 이제는 소프트웨어에 의해 좌우되며 고급자동차와 같은 첨단제품의 경우 역시 마찬가지인데, 에쿠스 한 대에 들어가 있는 프로그램을 A4용지에 기록하면 그 기록이 400만 장에 해당할 만큼 소프트웨어의 적용비중은 막강하고 높다.

뿐만 아니라 고객과의 관계 역시 IT정보기술을 통해 크게 변화할 수 있다. 유럽의 마이파브(Myfab) 가구회사는 생산할 가구를 정하기 위해서 고객의 반응을 생산할 가구의 선정기준으로 삼는다. 이는 여러 개의 다양한 소품 및 가구의 사진과 그에 대한 설명을 제공한 후, 방문한 고객들이 직접 그에 대해 투표한 후, 가장 반응이 좋았던 디자인을 채택해서 생산하는 방식을 통해서 이루어진다.

이처럼 IT와 같은 디지털 기술을 활용한 사례들은 기업의 효율성 극대화를 전제로 한 경쟁우위 달성의 기본 전제가 된다. 그렇기 때문에 조직구성원 모두 IT의 중요성에 대해서 인식해야 하며 이를 통한 조직의 전면에 IT를 핵심 영역으로 내세워야 할 것이다.

3. 정보자원의 통합효과

정보화를 위한 예산은 한정적이기 때문에 정보화의 노력은 보통 프로젝트 단위로 개발된다. 이는 각 단계에서 개별 부서들이 요구하는 시스템을 프로젝트 단위로 개발하여 제공해주는 것이다. 때문에 미래에 다른 시스템과 통합될 경우에도 시스템 간의 단위들이 잘 연계될 수 있도록 계산하여 구축되어야 한다.

이에 따라 최근에는 현업부서가 주도적으로 정보기술을 도입하여 자체적인 시스템을 개발하여 운영하는 모습도 흔히 발생하는데, 이로 인해 시스템이 중복·개발되거나 기존에 구축되어 있던 시스템과 향후의 시스템을 연동시킬 때 기술적인 충돌 문제가 발생해 추가적인 비용이 발생하기도 한다. 이와 더불어 개별적인 시스템관리를 하기 때문에 관리비용이 지속적으로 증가하기도 한다.

정보자원의 통합은 이러한 문제를 해결할 수 있다. 무엇보다 정보자원이 서로 연계되면 그 가치는 배가되며 관리와 운영을 위한 비용도 절감된다. 이러한 정보가 조직과 부서 간에 공유되어 공동으로 관리된다면 더 좋은 결과를 가져올 것이다. 이 경우 CEO는 정보자원 통합의 중요성을 인식하고 이를 관리, 조정, 통합하기 위해서 노력해야 한다.

4. 정보화 추진을 위한 방안

정보화는 한번에 전부 이루어질 수 없다. 즉, 정보화에 있어서 무엇보다 중요한 것은 더 나은 방향으로 나아가기 위해서 성공 요인을 학습하거나 업무 방식의 변화 및 개선을 통한 지속적인 노력을 행하는 것이 중요하다. 한편, 우수 사례의 성공 요인을 파악해 벤치마킹해야 하며, 업무처리 방식의 변화에 대한 정보화의 효과를 분석하여 향후 업무개선효과를 더욱 증대시킬 수 있는 기회를 계속해서 모색해야 한다.

아울러 현재까지의 기업들은 정보화를 추진하기 위한 전문 인력의 필요성을 망각하여 인력자원에 대해 효과적인 관리가 미비했다. 따라서 이제는 정보화의 적극적인 추진에 필요한 전문 인력을 확보하고, 그들의 정보화 스킬과 지식의 배양을 위하여 지속적인 노력의 수행이 필요할 것이다.

"나쁜 데이터 vs. 좋은 데이터" IoT의 진짜 문제점

사물인터넷을 활용하려는 기업은 이미 수많은 데이터와 분석으로 애를 먹고 있다. 그런데 바로 그 데이터에 문제가 있다면 어떤 일이 일어날까? 사물인터넷으로 연결된 장치로 유입되는 정보 가운데 유용하지 못한, 즉 나쁜 데이터가 상당히 많다. 정확히 산출하기는 힘들지만, 이 문제 때문에 고민하는 사람도 많다.

GE 프레딕스(Predix) 소프트웨어 사업 부문 부사장 겸 GE 디지털의 CTO인 하렐 코데쉬는 "사물인터넷 네트워크 종단에서 생성되는 데이터 중 40%가 '겉으로만 그럴싸한 데이터', 즉 내용이 틀린 것은 아니지만 쓸모가 없는 데이터다. 직원이 실수로 2차례 업로드한 중복된 정보, 유휴 상태의 머신이 자동으로 반복 전송하는 메시지 같은 것"이라고 말했다.

오래된 산업용 리포팅 시스템 위에 새로운 사물인터넷 플랫폼을 구현할 경우 이런 문제가 발생할 수 있다. 레거시 도구가 기존 방식대로 데이터 형식을 지정하기 때문에 즉시 유용하게 이용할 수 있는 데이터가 아니라는 해석이 필요하다. 심지어 때로는 기기가 거짓된 데이터, 잘못된 데이터를 생성하기도 한다.

Image Credit: John Deere

■ **잘못된 데이터 판단**

농장에 설치한 온도, 습도 센서에 벌레 한 마리가 기어 들어왔다고 가정하자. 이렇게 되면 농부에게 전달되는 온도와 습도 정보는 이 벌레의 체온과 습도이다.

즉, 농사에 도움이 되지 않는다. 먼지나 공장 오염 물질이 센서를 뒤덮거나, 누군가 센서를 손상한 경우에도 잘못된 데이터가 만들어진다.

장치 주변 환경이 가혹하고, 장치가 외딴 장소에 고립돼 있을수록 잘못된 데이터가 생성될 확률이 높아진다. 농업뿐 아니라 석유·가스산업, 에너지산업도 같은 문제에 직면해 있다. 외진 장소에 위치한 센서에만 존재하는 문제도 아니다. 병원에서 환자의 손가락에 장착해 혈류 산소를 측정하는 센서도 위치가 잘못되면 나쁜 데이터를 생성한다. 또 오작동으로 나쁜 데이터를 생성하거나, 데이터 보고를 중단하는 사물인터넷 기기도 있다. 사람의 실수가 원인이 되는 경우도 많다. 잘못된 설정으로 장치가 잘못된 데이터를 생성할 수 있다. 이와 같은 나쁜 데이터를 줄이는 한 가지 방법은 장치를 올바르게 설정, 구성하는 것이다.

예를 들어, 농기계 업체 존 디어(John Deere)의 제품에는 기기가 제대로 작동하는지 감지하는 센서가 들어있다. 이 업체의 이그제트이머지(ExactEmerge) 플랜터(파종하는 트랙터 뒤에서 땅을 다지는 기계)에는 얼마나 많은 씨를 얼마나 빠른 속도로 파종했는지 측정하는 센서 3개가 장착돼 있다. 존 디어의 솔루션 디렉터인 레인 아서는 파종기를 앞두고 매년 한 차례 이상 존 디어 판매원과 농부와 함께 수동으로 센서를 정확히 교정한다.

그러나 정기적으로 교정하고 유지관리하기 힘든 사물인터넷 센서가 많다. 이 경우 완벽한 해결책은 아니지만 유용한 방법이 '중복'이다. 광산이나 농장, 기계에 같은 센서를 중복 설치해 더 많은 데이터가 생성되도록 하는 것이다. IBM의 기상사업 부문(Weather Company) 산하 웨더 언더그라운드(Weather Underground)는 소비자의 뒷마당에 설치한 교정하지 않은 저가 센서가 생성하는 데이터를 부분적으로 이용해 보고서를 만들고 있다. 큰 돈을 투자하지 않고, 더 많은 데이터 포인트를 얻을 수 있다. 그러나 품질이 문제다. IBM의 왓슨 IoT 펠로우인 존 콘은 "한 센서가 오작동을 일으켜 다른 센서와 달리 몇 인치의 강우량을 보고하는 문제가 발생할 수 있다. 그러나 이런 센서가 충분히 많다면 수학적으로 이상치(아웃라이어)와 이유를 찾아 필요한 조치를 취할 수 있다"라고 말했다.

카메라를 중심으로 여러 다양한 감지장치를 이용해 센서에 문제가 있는지 점검할 수도 있다. 시스코 시스템스(Cisco Systems)의 글로벌 민간 산업 부문 시니어 매니저인 더그 벨린은 "비디오 카메라와 이미지 분석 소프트웨어로 멀리 떨어진 장비에 먼지가 덮였는지, 파손됐는지 확인할 수 있다"고 말했다. 때론 다른 목적에서 설치한 보안 카메라가 도움을 주기도 한다.

여러 센서를 비교해 검증하는 기법 중에 '센서 융합(Sensor Fusion)'이라는 것이 있다. 2개 이상의 센서가 제공한 데이터를 비교 평가해 결론을 도출한다. IoT 소프트웨어 업체인 RTI(Real-Time Innovations)의 대표 겸 CEO 스탠 슈나이더는 "잘못된 경보가 만연한 병원을 중심으로 '센서 융합' 기법이 도입되고 있다. 환자 손가락에 연결된 혈류 산소 센서가 산소 농도가 낮을 때마다 경보를 발령하는 대신, 센서 융합 시스템으로 환자에게 연결된 호흡기 센서, 심장 박동 모니터 등 다른 센서와 비교해 판단한다"고 말했다.

■ 유령 센서

할 일을 하고 없어진 센서를 대신하는 센서도 있다. GE는 자사의 제트 엔진 배출 가스의 온도를 측정해 엔진의 효율성을 판단한다. 배출 경로에 센서를 설치하는데, 이 센서는 몇 분 뒤면 타서 없어진다. 그러나 엔진 주변의 안전한 장소에 위치한 다른 센서가 데이터를 수집한다. 그리고 타 버린 센서가 타기 전에 기록한 데이터와 비교한다. 그러면 배출경로의 센서를 가상으로 재창출할 수 있다. 일종의 수학적 함수라 할 수 있다.

여러 정보 스트림에서 결론을 도출하는 것은 데이터 품질 문제를 머신 러닝 영역으로 끌어올린다. IBM의 콘에 따르면, 가장 흥미로운 일들이 발생하는 영역이기도 하다. 예를 들어, IBM은 아일랜드 소재 시설의 에너지 사용 현황을 파악하는 데 왓슨 분석 플랫폼을 이용한다. 왓슨은 이런 방식으로 에어컨이 작동하지 않는데도 전력 소모량이 지나치게 높은 때를 판단한다. 여기에 그치지 않는다. 시간이 경과하면서 에어컨의 전력 소모 방식을 학습한다. 이를 통해 이상 동작을 일으킬 수 있는 시스템을 찾아낸다.

머신 러닝은 센서나 카메라를 추가하는 방식과 달리 잘못된 데이터를 판단하기까지 시간이 필요하다. 시스코의 벨린은 "더 많이 운영할수록 똑똑해진다. 처음 가동해 얻은 데이터는 신뢰하기 힘들다. 그러나 수천 회 가동했다면 아마 웬만한 사람보다 똑똑할 것이다"라고 말했다.

사물인터넷 시스템이 중요할수록 나쁜 데이터를 극복하는 것이 더 중요하다. 예를 들어, 의료와 미사일 탐지 분야 등에는 반드시 센서 융합기술이 필요하다. RTI의 슈나이더의 표현대로, 신뢰도 높은 데이터에 '걸린 판돈'이 크기 때문이다. 슈나이더는 "물론 여러 데이터 소스가 필요 없는 IoT도 있다. 예를 들어, 가정의 온도 조절기에는 여러 데이터 소스가 필요 없다"라고 강조했다.

출처: Weekly News 2017.01.02. http://www.itworld.co.kr/news/

02 Chap. 경영환경과 기업정보기술의 활용

도입사례 모두투어… 일반여행알선업, 항공권 및 선표 발권 판매업

모두투어는 일반여행알선업, 항공권 및 선표 발권 판매업 등을 영위할 목적으로 1989년 2월 14일에 설립되었다. 내국인 및 외국인들을 대상으로 국내외 기획여행상품과 항공권 등을 판매하고 있으며, 이에 관련되는 일련의 서비스를 제공하고 있다.

모두투어는 1989년 해외여행 자유화가 시작된 직후 해외여행 상품을 기획해 전국의 여행업체에 유통시키는 국내 최초의 여행 도매업체로 출범했다. 기획여행업의 기본적인 경쟁 요소인 상품기획능력과 영업네트워킹, 현지 행사 주관능력 등을 인정받아 꾸준한 명성을 쌓아온 모두투어는 창립 이후 지금까지 소매업체들과 돈독한 신뢰관계를 유지해 오고 있으며 이것이 가장 큰 자산이라 할 수 있다.

IMF 외환위기 이후 공급자 위주의 여행상품 판매는 인터넷의 발달과 시장규모 확대로 구매자 위주의 여행상품 선택으로 전환되었고 브랜드 포지셔닝이 중요한 경쟁우위의 요소로 작용하게 되었다.

또한 대규모 고객 POOL을 가진 카드사, 온라인 포털 등에서 대 고객서비스 차원으로 여행상품을 취급하게 되면서 모두투어의 전략도 크게 바뀌게 되었다. 과거 소극적인 브랜드마케팅을 적극적으로 구사하고 카드사, 온라인 쇼핑몰과 포털, 대형 할인마트 등에 여행상품을 공급하는 등 유통채널 확대를 통해 큰 폭의 성장을 이어가고 있다.

모두투어는 창립 이후 28년 동안 누적된 업계 내의 명성과 신뢰를 바탕으로 전국에 30개의 직영영업소와 지점을 두고 수도권과 지방에 따라 차별화된 영업전략을 시행 중이다.

수도권의 경우 브랜드 인지도가 높은 대형 여행사들이 이미 많은 고객층을 확보하고 있어 신규고객층을 대상으로 틈새시장을 확보하고 있는 중소 여행사들을 위한 상품을 제공하는 영업을 지원하고 있으며, 지방의 경우, 1990년대에는 지역성이 강한 지방 여행사와의 융화를 목표로 한 밀접한 관계유지와 업무지원 등의 영업전략으로 높은 영업성과를 이룬 바 있다.

모두투어는 전산 및 온라인 시스템을 강화하여 지방 여행사들도 실시간으로 고객과 상담하고 예약할 수 있는 솔루션을 제공하여 항공권의 예약과 발권, 배달서비스를 일원화함으로써 지방 여행사들도 신속하게 고객의 욕구에 부응할 수 있도록 했다.

현재 충성도가 높고 거래실적이나 영업능력이 우수한 소매 여행사들을 대상으로 모두투어 전문판매 BP(Best Partner) 대리점 자격을 주어 모두 CRS, 모두 플래너 등의 프로그램을 제공하고 있다.

또한 정기적인 교육 제공과 장려금 지원은 물론 공동 프로모션 진행과 모두투어 홈페이지를 통한 노출 등 영업력과 실적의 향상을 위한 지원을 아끼지 않으며 2016년 상반기 기준 814개 BP 대리점(전문판매점)이 영업 중이며 앞으로도 우수하고 안전한 여행서비스를 제공하는 대리점을 선별하여 지속 증설할 계획이다.

모두투어는 제휴 채널 및 대리점 유통망 강화, 고객서비스 향상을 통한 브랜드가치 강화로 고객기반을 견고히 하였으며, 틈새시장 공략을 위한 자회사 투자 등 적극적인 경영전략실행과 영업활동으로 타 여행사와의 경쟁우위를 유지했다.

내부적으로는 지속적인 업무프로세스 개선과 성과보상체계 정립을 위한 시스템 작업, 재고관리시스템 도입, 경영정보시스템 도입을 위한 기반을 마련하며 빠르게 변화하는 시장환경 속에서 업무효율성 극대화를 위해 노력하였다.

출처: Weekly News 2017.01.09. http://www.futurekorea.co.kr/news/

01 경영전략과 기업환경분석

1.1 경쟁전략과 전략정보시스템

일반적으로 기업의 조직 내부에 존재하는 문제, 즉 '해결과제'에 관한 사안들은 경영자가 스스로 인지하여 그 문제를 해결하기 위해 집중한다. 이와는 다르게 '전략적 기회'는 특정한 형태를 나타내지 않기 때문에 스스로 새로운 기회를 만들고, 인식하기 위한 경영자의 통찰력이 필요하다. 이로 인해 많은 경영자들에게 있어서 기업에 현존하고 있는 문제를 해결하는 것보다 더 힘든 문제가 바로 새로운 전략적 사업의 기회를 포착하고 이를 활용하는 것이다.

이를 위한 '전략정보시스템'이란, 경쟁우위를 점하기 위해 전략적 기회를 포착하고 이를 지원하는 정보시스템을 의미한다. 이는 조직 내에 이미 존재하며 또한 사용되고 있는 정보시스템을 발전시키는 방법으로 개발되기도 하지만, 완전히 새로운 방식으로 만들어지는 경우도 있다. 이에 앞서 전략의 개념을 먼저 살펴보면, 즉 전략(strategy)이라는 용어는 기원전 400년부터 군사용어로 쓰이기 시작하여, 1700년대 후반까지 군사조직에서만 사용되었던 단어로 그 어원은 고대 희랍어에서 찾아볼 수 있다. 고대 희랍어의 'agein(to lead)'와 'stratos(army)'의 합성어인 'strategos(the general)' 혹은 'strategia(general ship)'가 바로 현재의 전략 'strategy'라는 단어가 된 것이다.

반면 전쟁에서 뜻하는 전략의 의미는 적에 대하여 우위를 선점하기 위한 계획을 말하는데, 이는 기업경영 관련 분야에서 더욱 광범위하게 사용되고 있으며, 실제로 최근까지 수많은 기업들이 정보시스템을 적극적으로 활용하지 않는 상황에서 조직 내부의 전략들을 설계해왔다. 그렇지만, 최근에 이르러 더욱 많은 기업들이 비용절감과 매출 극대화를 위해 보다 혁신적인 정보시스템을 기반으로 차별적인 경쟁전략을 수립하고 있는 상황이다.

다시 말해, 보다 많은 기업들이 시장 내에서 경쟁우위를 확보하기 위해 보다 나은 양질의 정보를 활용하게 되었으며, 이는 곧 정보기반의 전략적 우위(strategic advantage)를 확보하기 위한 중요한 전략적 요소라 할 수 있으며, 이러한 정보활용을 통한 경쟁전략의 설계가 곧 성공적 경쟁우위를 달성하는 결과로 연결된다고 할 수 있다.

이 외에도 기업 내부에서의 정보시스템 활용은 여러 분야에서 전략경영에 활용되고 있는데, 이는 특히 다음과 같은 세 가지 측면에서 주로 활용되고 있다.

첫째, 정보기술을 통한 시스템을 구축함으로써 비용을 절감하고 고객만족을 향상시킬 수 있다. 한 예로, 미국의 페더럴 익스프레스(Federal Express)사를 들 수 있는데, 이 회사는 정보기술을 바탕으로 최초로 모든 화물의 위치를 추적할 수 있는 시스템을 구축하였다. 이 시스템 자체는 물리적인 새로운 응용프로그램이지만, 개념적으로는 자사의 기본서비스에 새로운 가치를 추가로 제공함으로써 곧 자사의 경쟁우위 확보에 기여한바 있다. 또한, 고객들은 웹(web)을 통해 추적시스템에 접근함으로써 자신의 화물의 이동경로에 대해서도 알 수 있기 때문에, 고객만족도를 상승시키는 주요한 요인으로 작용했다. 뿐만 아니라 이를 통해 콜센터 비용절감에도 크게 기여함에 따라 페더럴 익스프레스사에게 있어 고객만족 증가와 비용절감이라는 두 가지 효과를 동시에 가져다 주었다.

둘째, 정보기술을 이용하여 보조적인 업무지원시스템을 구축한 것이 향후 핵심 수익원천으로 자리 잡은 경우이다. 이는 세이버(SABRE: Semi-Automated Business Research Environment) 시스템을 예로 들 수 있는데, 이 세이버의 전산시스템 개발을 위해, 1970년대 중반부터 아메리칸 에어라인(American Airlines)이 10여 년 동안 약 3억 달

그림 2-1 페더럴 익스프레스사의 온라인 화물추적시스템

러를 투자하였다. 고객들은 이 세이버 단말기 화면에서 좌석 예약사항 및 비행스케줄을 미리 확인해서 이에 맞게 자신의 항공편을 편리하게 선택할 수 있었다. 이 혁신적인 시스템에서 발생한 수수료는 아메리칸 에어라인 수입에 상당한 부분을 기여했고, 이를 통해 아메리칸 에어라인은 오랜 기간 동안 블루오션을 창조해 독점적인 이익을 누릴 수 있었으며 이는 심지어 운송업무보다 더 큰 수익 요인으로 자리잡았다. 항공편의 빈 좌석을 예약하고 판매하는 시스템으로 시작한 세이버는 오늘 날 호텔 예약, 자동차 렌트부터 쇼핑, 여행 필수품, 극장표의 판매까지 일괄하는 광범위한 예약시스템으로 발전해오고 있다.

셋째, 정보기술을 통한 기업의 원가절감전략이 시장 내 경쟁적 우위를 차지하는 것에 기여하는 경우이다. 초대형 유통기업인 월마트(Wal-Mart)는 기존의 재고창고 대신에 창고형 매장을 개발함으로써 큰 원가절감을 달성하게 되었고, 이는 20~30년 만에 전 세계 할인점 업계 및 소매업에서 월마트가 최고의 위치를 차지할 수 있도록 하였다. 월마트는 타사들보다 일찍 네트워크와 바코드, 그리고 데이터베이스 기술을

그림 2-2 아메리칸 에어라인의 자동예약시스템

사용하여 JIT(just in time) 방식을 개발할 수 있었다. 이러한 시스템은 사용해야 하는 부품을 당일 공급받기 위해 협력업체에게 생산에 대한 정보를 미리 제공하는 도요타의 JIT 생산 방식을 소매업에 적용한 것이다. 이는 IT 기술을 활용한 협력업체와의 정보교류에 대한 대표적인 성공사례이며, 국내의 많은 제조업체들도 이러한 시스템을 도입하여 사용하고 있다. 즉, 현대 기업의 핵심전략은 협력업체와의 상생 그리고 유기적인 정보교류라 할 수 있는 것이다.

1.2 정보기술과 경쟁우위 확보 방안

영리기업은 궁극적으로 이윤을 추구하기 위하여 비용절감과 매출증대 방안을 설계해야 한다. 이런 영리기업들이 경쟁우위를 확보하기 위해 정보기술을 활용한 경쟁우위를 획득하기 위한 방안은 다음과 같다.

표 2-1 정보기술을 활용한 경쟁우위 확보 방안

방안	이점 (예)
가격우위 확보	1970년대 일본의 자동차 기업은 가격우위를 확보하기 위해 로봇을 이용해서 저렴한 가격으로 양질의 제품을 판매.
진입장벽의 강화	특허의 사용으로 시장잠재력 확보 및 경쟁기업으로부터 경쟁력을 가짐.
높은 전환비용	이동통신사의 의무사용기간과 같이 경쟁기업의 제품이나 서비스를 구매하기 시작할 때 발생하는 높은 전환비용으로 인해 경제적 타당성이 떨어지도록 함.
제품 & 서비스개발	기존 시장 내에 존재하지 않던 제품이나 서비스를 개발하여 제공함으로써 시장에서 우위를 가짐.
제품 & 서비스차별화	마케팅전략 등을 통하여 얻은 차별화된 브랜드 이미지를 통해 고객들의 신뢰 확보.
부가적 서비스제공	제품차별화와는 별개로 제품정보의 지속적인 제공과 같은 부가적인 서비스를 제공하여 더 나은 가치를 고객들에게 제공.
이종산업 간 제휴	이종산업 간의 제휴를 통하여 상승효과(synergy)로 개별적으로는 제공하기 어려운 서비스를 저렴한 가격으로 제공.
거래선 확보	IBM사처럼 하드웨어 판매 이후의 교육훈련 지원, 소프트웨어 지원 등으로 구매선을 고정화하여 경쟁 기업이 쉽게 모방할 수 없는 경제적인 이득을 제공.

1. 효율성 & 효과성 매트릭스의 개념적 틀

또한 효율성과 효과성은 경영자의 의사결정에 있어 매우 중요하다. 효율성은 의사결정 방법인 How에 관한 관점이며, 효과성은 의사결정 대상인 What에 관한 관점이다. 이 두 가지의 효율성과 효과성을 척도로 그림 2-3과 같이 4차원의 매트릭스를 도출할 수 있다.

그림에서 우측 상단 1사분면에는 고효율·고효과가 위치하고 있다. 이는 올바른 일을 올바른 방식으로 한다(RTR: Do Right Things Right)는 것을 의미하는데, 이는 사회생활 영위에 있어서 가장 적합하고 이상적인 방법이라 할 수 있다. 또한 좌 상단의 2사분면은 저효율·고효과가 위치하고 있는데, 이는 올바른 일을 올바르지 못한 방법으로 수행하는 것(RTW: Do Right Things Wrong)을 의미하는 관점으로 해석할 수 있다. 이러한 경우는 흔히 직무유기에 해당하는 상황이며 이러

그림 2-3 효율성 & 효과성 매트릭스

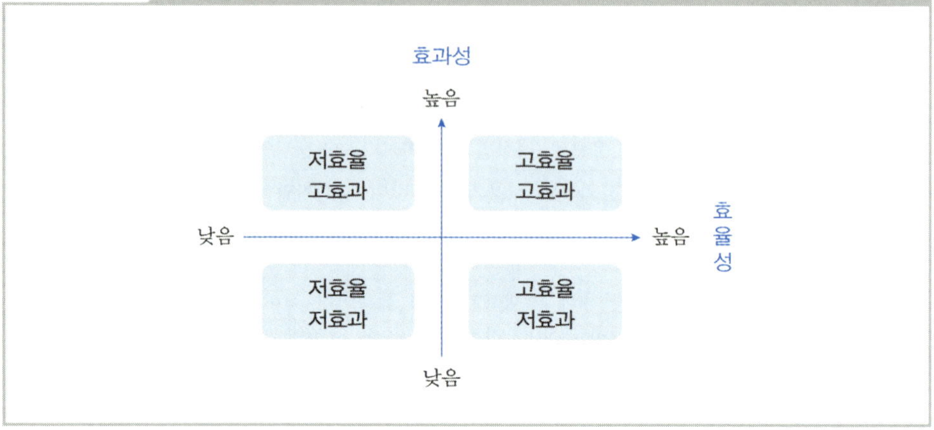

한 차원의 업무 방식은 결국 비난을 피할 수 없게 된다. 다음으로 좌하단에 3사분면은 올바르지 못한 일을 올바르지 못한 방법으로 수행하는(WTW: Do Wrong Things Wrong) 것을 의미한다. 이는 인간의 무지 또는 무경험으로 인해 발생하는 상황이라 할 수 있다. 마지막으로 우 하단의 4사분면은 옳지 못한 일을 옳은 방법으로 수행하는 관점(WTR: Do Wrong Things Right)이다. 이는 범죄 심리나 오기에서 비롯되어 잘못된 일임에도 불구하고 일을 수행하는 상황으로 이런 경우 결국 덧없는 결과만을 초래하게 된다.

따라서 경영자는 조직이 올바른 일을 올바른 방법으로(RTR) 수행할 수 있도록 해야만 하는 일과 그 일을 수행할 수 있는 제대로 된 방법을 제시해야만 한다.

2. 정보시스템의 효율성과 효과성

위와 같은 효율성과 효과성에 대한 개념을 기반으로 정보시스템 분야에서 이와 같은 개념을 접목시켜 보면 행태적(behavioral)인 측면과 기술적(technical)인 측면을 기준으로 나누어 살펴볼 수 있다. 우선, 행태적 측면은 정보시스템에 영향을 미치는 정책적·정치적·인적·조직적 요소들을 중점으로 나타낼 수 있다. 이는 합리적면서 올바른 기술로 이뤄진 시스템이 조직에 도입되었을 때, 조직 전체의 번영과 발전에 긍정적인 결과를 가져올 수 있는지에 대한 관점이다. 예를 들어, 기술적으로 우수한 정보시스템이 업무의 효율성을 높여주더라도, 기업의 목표달성에 큰 도움이 되지 않는다면 이는 WTR에 불과할 것이다. 또한 기술적인 측면에 대한 전제는 모든 사람들의 행동은 이성적인 생각에서 비롯된다는 것이며, 최고의 기술력으로 시스템을 만든다는 데 그 기반을 두고 있다.

위의 두 가지 접근 방법 중 한 부분에만 지나치게 의존하는 것은, 정보시스템 구축 결함의 주요 요인이 될 수 있다. **그림 2-4**를 살펴보면, 두 가지 측면 중 한쪽에만 지나치게 의존하는 경우 어떤 문제가 초래되는지 알 수 있다. 즉, 올바른 방식으로 잘못된 문제를 다루거나(순수기술적), 잘못된 방식으로 올바른 문제를 다루게 되는 위험(순수행태적)에 처하게 될 수도 있다.

그림 2-4 정보시스템의 효율성과 효과성

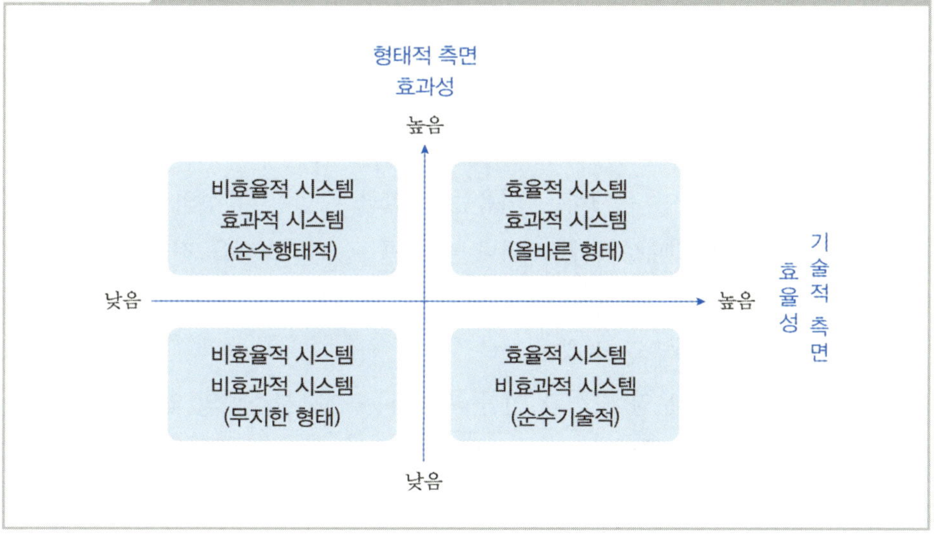

자료: 서영호 외(2013), e-business시대의 경영정보시스템, p. 41 내용편집.

순수기술적 시스템은 최신의 기술을 활용하므로 정보를 처리하는 속도가 빠른 장점이 있지만, 사용자가 원하는 정보를 제공하지 않으므로 인해 곧바로 사장되는 정보시스템이라 할 수 있다. 반면 순수행태적 시스템은 사용자가 원하는 정보를 제공하지만, 기술에 대한 투자가 이루어지지 않기 때문에 정보처리 속도가 느리고, 다소 진부하다는 단점을 가지고 있다. 따라서, 제한된 자원으로 효율성과 효과성이라는 두 마리 토끼를 모두 잡을 수 있을지에 대한 이상적인 정보시스템 개발 방안에 대해 신중히 고려해야 한다.

이러한 관점이 곧 의사결정 과정이라 할 수 있기 때문에 경영자들은 올바른 문제와 이를 해결하기 위한 올바른 방법을 다루기 위해 두 가지 차원의 접근법을 통한 시너지(synergy) 효과를 충분히 파악하고 운영할 수 있도록 훈련되어야만 한다. 결론적으로, 이 두 가지 접근법은 특정 용도의 정보시스템 개발에 있어 동시에 고려되어야만 하는 것이다.

1.3 정보기술의 활용

기업의 업무를 지원하고 있는 정보기술이 어떠한 방식으로 운영되는지에 대해 설명하기 위한 수많은 개념적 모형들이 존재한다. 이에 대해서 지금까지도 선행연구들과 더불어 정보기술에 대한 수많은 개념적 모형들이 존재하는 이유는 그만큼 수많은 유형의 정보시스템들이 존재하기 때문이다. 그러나 이들 중 정보시스템을 전략적으로 활용하기 위한 체계화된 개념적 모형들은 대부분 마이클 포터의 전략 연구에서 도출되어 응용되고 있다.

우선 조직운영 방식과 이를 지원하는 정보시스템의 역할에 대한 이해를 위해 무엇보다 마이클 포터의 가치사슬(value chain) 모형에 대해 이해해야 한다. **그림 2-5**의 마이클 포터의 가치사슬에 따르면 모든 조직에서 이루어지는 활동은 본원적 활동(primary activity)과 지원활동(support activity)으로 구분될 수 있는데, 조직의 다섯 가지 본원적 활동들은 순차적인 흐름으로 연결되어 있다. 입고(물류)활동에서의 원재료는 입고처리될 때 조직에서의 기초적인 가치가 부여되고, 그 가치는 생산활동을 거쳐 제품으로 제조될 때, 비로소 새로운 가치가 부가적으로 생성된다. 그리고 여기에 포장, 저장, 선적 등의 부가적인 과정과 배달 등의 과정을 통해 또다른 새로운 가치가 생성된다. 이러한 모든 활동을 거침으로 인해 축적된 가치가 결국 기업의 이익을 형성하는 것이다.

그림 2-5 제조업 기반 포터의 가치사슬 모형

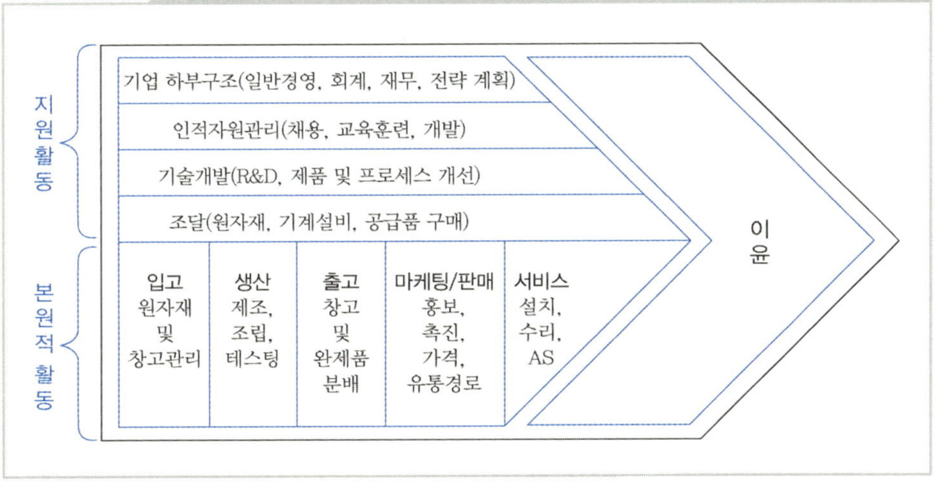

출처: M. Porter, *Competitive Advantage: Creating and Sustaining Superior Performance*, The Free Press, 1985.

이와 같은 본원적인 활동들은 회계, 재무 등의 인프라스트럭쳐, 기술개발, 인적자원관리, 조달 등에 의한 여러 가지 측면의 지원을 받게 된다. 또한 이러한 각각의 지원활동들은 본원적 활동 지원과 더불어 지원활동들 간에 서로 지원하기도 한다. 결과적으로 가치사슬의 연결이 가치시스템(value system)을 형성하게 되는 것이다.

이를 기반으로 기업이 생산한 제품들은 유통업체의 가치사슬을 통해 구매자 혹은 소비자에게 전달되는데, 곧 정보기술을 이용한 경쟁전략의 수립을 위해서는 전반적인 가치시스템에 대한 개념적 이해가 바탕이 되어야만 한다.

결국 이러한 가치사슬과 가치시스템에 대한 개념은 대부분의 공기업과 사기업의 전반적인 활동에 적용 가능한데, 한편 가치사슬 모형 자체가 본래 기업 내부의 운영을 분석하기 위해서 만들어지긴 했으나 이후 많은 기업들이 정보기술의 지원을 설명하기 위해서 사용하고 있는 상황이다.

또한 가치사슬 모형을 통한 가치시스템은 조직 내 정보기술의 본질을 어떻게 활용할 수 있는지에 대해 설명할 수 있다. 즉, 가치사슬 접근법을 이용해서 본원적 활동 및 지원활동이 기업의 이익에 어떻게 기여하고 활용되는가에 대해 이해할 수 있는데, 가치사슬을 통한 각 활동들의 분석을 통해 기업이익에 기여하는 활동들은 강화시키고, 반면 기업의 이익기반에 해당되지 못한 활동들은 제거함으로써 전체적인 기업활동 프로세스를 개선하고 리스트럭처링하는 방향으로 조정할 수 있는 것이다.

이때 정보시스템은 다양한 활동들의 동인으로 작용하게 되며, 이러한 가치활동의 흐름을 기반으로 개발되기도 한다.

따라서 정보시스템을 개발하기 위해 가치사슬 모형을 활용하는 것은 매우 당연한 결과인데, 최근까지도 대부분의 조직들을 본원적 활동과 지원활동 부서로 분리한 후, 부서 내의 지원 작업에 요구되는 정보시스템을 구축하는 방식으로 진행하고 있는 현실이다. **그림 2-6**은 매트릭스의 각 가치활동들을 지원할 수 있는 대표적 응용업무들에 대한 것이며, 가치활동별 적용 가능한 응용활동들에 대해 설명한 것으로서 정보기술을 반영한 활동들이 가치사슬에 속한 활동을 지원하는 특정 정보기술 및 그 정보기술이 각 과정에 어떤 방식으로 가치를 부여하는지에 대해 설명하고 있다.

그림 2-6 가치사슬별 적용 가능 응용업무

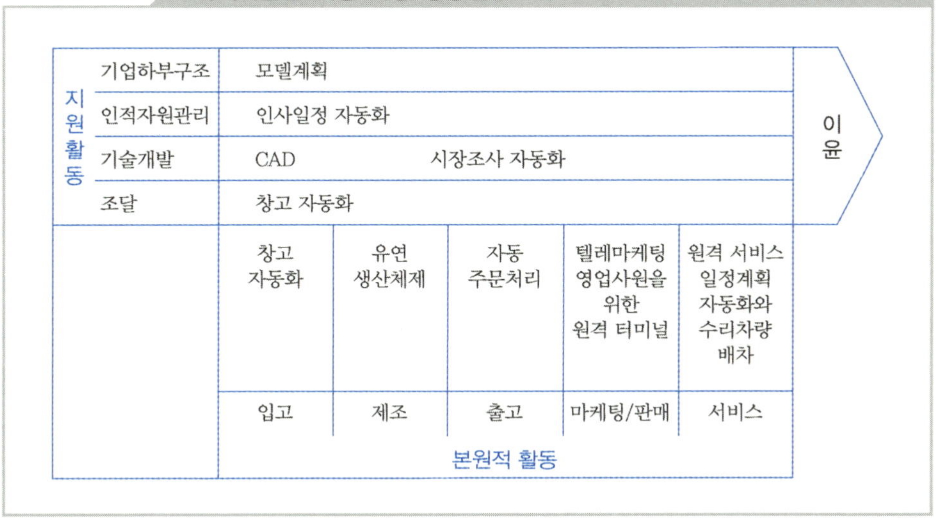

출처: M. Porter and V. Millar, "How information gives you competitive advantage," *Harvard Business Review*, 63(4): 149-160, 1985.

1.4 경영혁신과 프로세스 리엔지니어링

시스템개발 수명주기법(System Development Life Cycle: SDLC)은 IT 시대에 이르기까지 시스템개발을 위해 많은 기여를 해왔다. 한편 시스템개발 수명주기 동안 기업은 지속적인 시스템 유지보수 작업이 필요하였는데, 점차 컴퓨터 기술이 급격하게 발전하면서, 하드웨어의 성능은 지속적인 향상을 하게 되었으며 이와 더불어 가격하락은 동시에 이루어졌고, 소프트웨어의 기능은 기대 이상의 발전을 보여주었다.

이후 1980년대에 들어서면서 경영자들은 컴퓨터 기술을 보다 효율적으로 사용하기 위한 새로운 경영기법을 찾기 위해 수많은 노력이 이루어졌는데, 무엇보다 기업의 전반적인 운영에 있어서 새로운 시각을 도입할 필요성이 절실했다. 이후 지속적으로 더 많은 경영자들이 이러한 필요성에 대한 인식과 더불어 컴퓨터 기술을 활용한 경영개선활동에 가담한 것이 바로 비즈니스 프로세스 리엔지니어링(Business Process

Reengineering)의 탄생이다.

특히 1980년대에 들어서 경영혁신이라는 개념이 기업경영에서 본격적으로 대두되었다. 이 시기의 미국시장은 고품질과 저비용을 강점으로 삼는 일본 제품들의 진출로 인해 시장이 난황을 겪고 있던 시기였는데, 당시 1970년대에는 제니스, RCA 등 미국 굴지의 전자업체로 뽑혔던 기업들이 일본의 전자업체 소니와 도시바 등에 의해 위협당하고 있었으며, 1980년대 초반에는 일본 기업들의 영향으로 말미암아 부동의 산업이었던 자동차산업에까지 그 여파가 미치기 시작했다. 이에 따라 미국 기업 경영자들은 자사에 혁신적인 경영기법을 도입하여 효율화와 혁신을 추진하지 않으면 얼마 지나지 않아 대부분 기업들은 도산할 것이라는 위기감을 느끼게 되었다. 이로 인해 초창기 포드와 IBM 등 굴지의 미국 회사들이 프로세스 리엔지니어링을 통한 구조조정과 혁신경영에 집중하기 시작하였다.

이처럼 '비즈니스 프로세스 리엔지니어링'은 1980년대 미국의 기업 경영자들이 경영혁신, 개혁사례, 업무혁신 등에 집중하는 과정에서 정립된 개념이며, 이 용어가 처음 등장한 것은 1990년 하버드 비즈니스 리뷰(Harvard Business Review) 7월호와 8월호를 통해 미국 매사추세츠공과대학교(MIT) 해머(Michael Hammer) 교수가 'Reengineering Work : Don't Automate, Obliterate'라는 논문 게재를 통해 비로소 세상에 알려지게 되었다.

당시 해머 교수는 1980년대 미국 내의 기업들의 성공과 실패 사례를 조사한 뒤, 그들의 공통점에 대해서 조사하였는데, 성공기업들은 모두 공통적으로 점진적인 개선이 아닌 급진적인 변화를 추구하였으며, 이를 통해 개발된 높은 품질의 제품과 우수한 서비스를 고객중심으로 하여 제공하고 있었다. 특히 오늘날 같은 정보화사회에서는 단순한 자동화가 아니라 업무수행 방식과 기존 절차를 완전히 새로운 차원에서 재설계되어야 고객중심(customer base)의 품질을 제공할 수 있으며 경쟁력 향상에 기여할 수 있음을 주장했다.

또한 그는 엔지니어링이란 곧 '품질, 비용, 서비스, 속도와 같이 핵심적인 부문에 있어서 기업이 극대한 성과 향상을 이루기 위해 업무처리 과정인 Process에 대해 기본적인 차원에서부터 재고한 후, 그를 근본적으로 재설계하는 것'으로 정의했다. 이러한 정의는 리엔지니어링은 단순한 차원에서의 업무개선, 향상 및 변경이 아니라 이를 전반적으로 새로운 차원에서 변화시키는 것이라는 점에 집중했기 때문에 보다 '근본적인 변화'를 설계했다고 할 수 있다. 또한, 점진적인 변화가 아니라 업무 성과의 극적 향상이 이루어졌기 때문에 '극적(dramatic)'이라고 볼 수도 있으며 이는 특히 사람, 구조, 과업, 직무보다 프로세스 자체에 초점을 맞출 것을 특히 강조하고 있다.

즉, 리엔지니어링의 목적은 단순한 프로세스의 단순화가 아니라 프로세스의 근본적 재건과, 고객만족이라는 효과를 만족시키기 위해서 프로세스를 최대한 효율적으로 운영할 수 있도록 변화시키는 것에 그 목적이 있는 것이다.

한편 또다른 관점에서의 리엔지니어링 등장 배경은 바로 정보기술의 기반이 1980년대에 비로소 그 구조가 재정비 되었다는 점을 들 수 있는데, 이는 오늘날 기업환경과 사회가 과거에 '산업혁명'을 통한 경영혁신에 이어 '정보혁명'이라는 또 다른 변혁기를 맞이하고 있다는 관점에서 비롯된다.

■ 비즈니스 프로세스 리엔지니어링

오늘날의 경영환경은 점차 수요자중심의 시장으로 변화하고 있다. 이는 판매자 혹은 공급자들이 가지고 있던 주도권이 고객에게 이동하고 있음을 의미한다. 때문에 이런 환경 하에서의 기업들이 그들의 프로세스를 정비하기 위해 가장 우선 고려해야 할 사항은 바로 이익의 원천이자 재화와 용역이 최종적으로 도달하는 고객일 것이다. 오늘날의 기업은 점점 국제화, 다양화 되는 경쟁 상황에 직면하고 있으며, 기업들이 마주하게 되는 '변화'에 대한 자체적인 의미 역시 고객을 중심으로 변화하였다. 이런 오늘날의 변화는 훨씬 광범위하게 지속적으로 이루어지고 있으며, 그 방향과 속도 역시 예측하기 굉장히 힘든 상황이다.

이에 대해 해머 교수는 오늘날의 기업경영환경을 변화시킨 핵심 요인으로 고객(Customer), 경쟁(Competition), 변화(Change)를 뜻하는 3C로 들고 있는데 이 3C가 갖는 구체적인 변화 특징은 다음과 같다.

첫째로, 분업에서 통합화로의 변화이다. 분업화와 더불어 전문화의 원칙이 가장 중시되던 과거의 경영학 이론들과는 다르게, 오늘날의 경영학에서는 오히려 그러한 원칙들이 효율적인 경영을 저해시키는 요인으로 간주하게 된다. 정보혁명시대에는 이와 같은 흐름이 아니라 통합화, 프로슈머(Prosumer)화의 방향으로 경영의 흐름을 변화시켜야 함을 의미한다.

둘째, 원가와 품질을 중심으로 하던 경쟁에서 시간경쟁으로 변화하고 있다는 점이다. 이러한 변화에 대한 참고 사례는 수많은 곳에서 찾아 볼 수 있는데, 특히 도미노 피자는 30분 이내에 음식이 배달되지 않을 경우 요금을 할인해주는 정책을 시행하고 있으며, 몇몇 은행들은 10분 이내에 창구서비스를 받지 못할 경우 1,000원을 주는 식의 방침을 택한 바 있다.

셋째, 경영환경이 기존에는 관리의 대상이었지만, 이젠 혁신의 대상으로 변화하고 있다는 점이다. 이는 산업화시대에서 정보화시대로의 변화에 따라 기업경영이 취해야 하는 필수적인 변화이다. 각 분야들이 혁신을 위해 꾸준히 새로운 업무 방식을 도입하기 위해서는 조직 내부의 분위기가 이를 뒷받침되어야 한다.

넷째, 직렬 방식에서 병렬 방식으로의 변화이다. 분업화와 전문화는 직렬적인 운영을 하는 조직의 대표적인 특징이다. 직렬조직의 작업은 단계적으로 행해지며, 뒤의 업무는 앞 단계의 업무가 완성되는 것을 기다려야 하기 때문에, 작업 속도는 점차 둔화된다. 하지만 작업을 병렬 방식으로 변화시키면, 이러한 단점을 제거할 수 있다. 병렬 방식에서는 앞 단계의 업무가 끝나지 않았더라고, 다음 단계의 업무가 진행될 수 있으며, 각 부서 역시 긴밀한 유대관계를 바탕으로 작업을 추진할 수 있다. 통합 데이터베이스가 이러한 유대관계에 크게 기여하게 된다.

마지막으로, 생산 방식에 대한 변화의 특징은 '대량생산'에서 고객중심의 '개별생산' 체제로 이동하고 있다는 점이다. 기존의 산업화시대에서의 기업들의 운영지침은 '클수록 또는 대량생산일수록 좋다'는 것이었다. 하지만 이러한 지침은 점점 다양화 되고 세분화 되고 있는 개별고객들의 요구에 대응할 수 없기에, 이를 가능하게 해 주는 전략이 필요하고 이를 뒷받침해주는 것이 바로 '고객정보시스템'이다. 고객정보시스템은 데이터베이스에 개별고객의 이력을 저장하고 관리하기 때문에, 이에 기반한 전략은 개별고객들의 특성을 충분히 반영할 수 있게 된다.

02 정보시스템의 활용과 의사결정

2.1 기업경영과 의사결정지원시스템

경영자는 기업을 경영할 때 다양한 형태의 의사결정 문제에 직면한다. 최근 수평화된 조직구조는 피라미드형이던 전통적 조직구조에 비해 많이 변화하였고, 이에 따라 기존의 의사결정 방식보다 더 다양한 형태의 문제가 발생하게 되었다. 그림 2-7은 의사결정의 주체에 따라서 의사결정 문제를 세 가지 유형으로 나눈 것인데 이는 구조적, 반구조적, 비구조적의 유형을 의미한다.

첫 번째로 구조적 의사결정 문제는 그 발생 빈도가 비교적 적으며, 문제를 해결하기 위해서 필요한 규칙과 절차가 이미 존재하기 때문에 분석이 용이하다. 구조적 문제를 해결하기 위해서는 사전에 준비된 보고서 등을 활용할 수 있다. 반면, 반구조적 의사결정의 경우 의사결정에 요구되는 정형화 된 규칙과 절차의 일부만 존재하는 문제이다. 비구조적 의사결정 문제는 반복적으로 발생하지 않는 의사결정 문제이기 때문에, 의사결정에 필요한 규칙과 절차가 정형화되어 있지 않으므로 그 문제를 해결하기 쉽지 않다. 그러므로 비구조적 문제와 반구조적 문제를 해결하기 위해서는, 의사결정자의 판단을 돕기 위한 충분한 정보와 지식을 제공해주는 정보시스템의 중요성이 더 요구된다.

이로 인해 의사결정을 지원하기 위한 의사결정지원시스템에는 다음과 같은 특징이 있다.

첫째, 의사결정지원시스템은 비구조적, 반구조적 문제가 발생했을 때

그림 2-7 계층형 조직구조와 의사결정 문제 유형

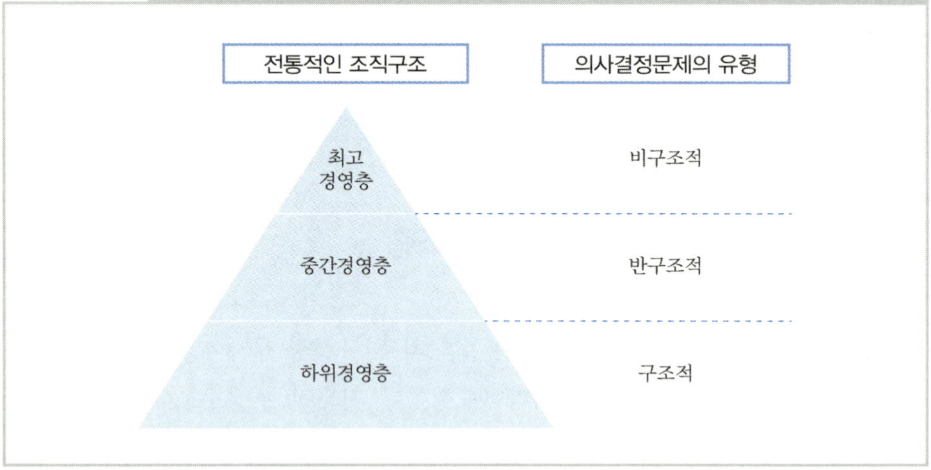

의사결정을 지원한다. 비구조적 문제의 해결을 위해서는 지식베이스를 통한 전문가의 지식을 제공하며, 또한 반구조적 문제 발생 시에는 이를 해결하기 위해 다양한 모형베이스를 통한 의사결정을 지원한다.

둘째, 시스템은 모든 경영계층을 대상으로 의사결정을 지원하는데, 각 경영계층별 역할의 차이로 인해 제공되는 정보의 유형이나 종류 그리고 정보의 범위에 차이가 존재하게 된다. 이때 의사결정지원시스템은 각 계층의 경영자에게 의사결정에 필요한 의사결정을 지원하게 된다.

셋째, 의사결정지원시스템은 모형베이스를 이용해 각각의 의사결정자의 유형에 적합한 모델을 제공할 수 있으며, 또한 사용자 인터페이스를 이용한 각 의사결정자의 유형에 적합한 의사결정 프로세스를 진행시킬 수 있도록 지원한다.

넷째, 그래픽 디스플레이와 더불어 대화식 정보처리를 지원하는 사용자 인터페이스를 이용함으로써 시스템의 효과를 크게 증대시킨다.

또한 다음과 같은 사항들은 의사결정지원시스템 도입 시 주의해야 할 사항들이다.

첫째, 경영자의 의사결정을 위해서는 기업 내부 데이터 뿐 아니라 외부의 데이터까지 반드시 모두 필요로 하게 되는데, 이때 기업의 정보시스템을 통해 제공되는 데이터도 경영자의 의사결정에 반드시 필요하다. 따라서 의사결정지원시스템은 다양한 방면에서 수집한 데이터를 의사결정에 필요한 정보에 따라서 처리할 수 있도록 설계되어야만 한다.

둘째, 의사결정지원시스템은 컴퓨터가 의사결정자 대신 자동으로 의사결정을 하도록 하는 목적이 아닌, 의사결정자와 더불어 시스템의 상호작용을 통해 가장 적절한 의사결정을 할 수 있도록 지원하는 것이 목적이므로, 의사결정자와 더불어 활발한 상호작용으로 그 정보처리가 가능하도록 설계되어야만 한다. 또한 본 시스템은 의사결정자의 이해를 도울 수 있도록 처리에 대한 결과를 그래픽을 통해 나타내고, 이를 출력할 수 있는 기능을 갖추어야 한다.

셋째, 의사결정지원시스템은 의사결정 과정에서 발생할 수 있는 다양한 변수들을 반영할 수 있도록 유연하게 설계되어야 한다. 예를 들어, 분석모형의 구성 요소를 변경해야 한다거나, 새로운 자료를 포함시켜야 할 때, 이를 즉시 시스템에 반영하여 의사결정이 지체되지 않도록 설계되어야만 한다.

의사결정지원시스템은 의사결정자들이 경영활동에 있어서 효율적인 의사결정을 통해 비구조적, 반구조적 문제를 해결하도록 도와주는 데이터와 분석모형을 지원해주는 컴퓨터 기반의 시스템을 의미한다. 여기에는 의사결정을 돕는 다양한 유형의 정보시스템이 포함되며, 주로 사용되는 의사결정지원시스템에는 전문가시스템, 중역정보시스템 및 그룹 의사결정지원시스템 등이 있다.

그림 2-8 **의사결정지원시스템**

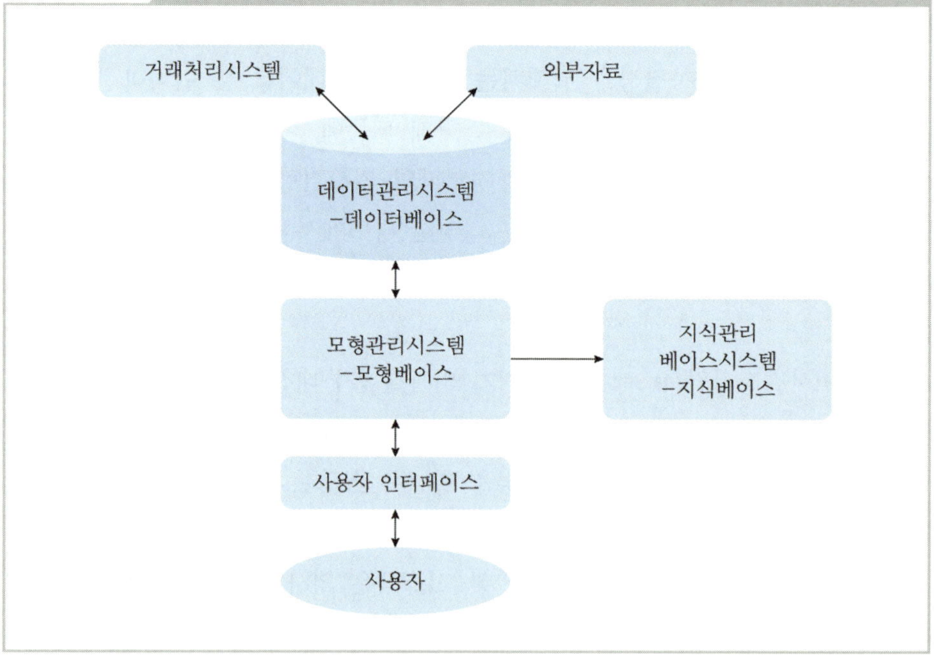

의사결정지원시스템은 의사결정자를 대신하는 것이 아닌, 시기적절한 정보지원을 통해 업무의 효과성을 증대시켜준다는 점에 그 의의가 있다.

한편 의사결정지원시스템은 그림 2-8에서 보듯 데이터관리 하위시스템과 모형관리 하위시스템, 지식관리베이스 하위시스템 그리고 사용자 인터페이스 등으로 이루어져 있다.

1. 데이터관리시스템

데이터는 의사결정의 바탕이 되는 의사결정을 위한 기본 요소 중 하나이다. 일반적으로 기업 내부의 자료들은 데이터베이스에 저장되어 있는데, 이때 데이터관리시스템을 통해 데이터베이스를 관리하며 이는 적시에 의사결정에 따른 필요한 정보나 데이터의 추출을 보다 용이하게 해준다.

2. 모형관리시스템

데이터베이스로부터 추출된 데이터는 경영자의 효과적인 의사결정을 지원하기 위하여 유용한 형태의 정보나 지식으로 변환된다. 따라서 의사결정지원시스템은 모형관리시스템을 통해 다양한 종류의 자료를 체계적으로 저장하고 관리해야만 한다. 이러한 모형관리시스템은 데이터와 의사결정모형을 결합함으로써 경영자의 의사결정에 유용한 정보나 지식을 제공한다.

3. 지식관리베이스시스템

이는 모형관리 하위시스템을 통해 산출된 지식을 저장하는 역할을 하며, 이를 활용해 다른 의사결정 문제를 해결하는 데 도움을 준다. 지식관리베이스 하위시스템은 지식추출엔진을 이용하여 전문가 지식을 저장하고, 추출하는 기능을 한다. 이러한 지식베이스 하위시스템을 크게 나누면 추론엔진을 이용하여 지식을 추출하는 기능과, 저장을 통해 의사결정에 필요한 지식을 제공하는 지식베이스 기능으로 구성된다.

4. 사용자 인터페이스

사용자가 의사결정지원시스템을 직접 접하게 되는 접점을 사용자 인터페이스(User-Interface)라고 한다. 이를 설계할 때 인터페이스는 이를 이용하는 모든 사용자들에게 유용성을 제공할 수 있도록 설계하는 것이 가장 중요하다. 특히, 사용자 인터페이스는 사용자가 자신의 의사결정 문제에 직면할 때 의사결정을 설계할 수 있는 대화기능과 시스템으로부터 얻게 되는 사용자의 의사결정 결과를 이해하기 쉽게 설명해주는 기능 등이 제대로 갖추어지도록 설계 되어야만 한다.

2.2 지능정보시스템

지능정보시스템은 AI(인공지능) 기술과 에이전트 기술을 접목시켜 경영자의 의사결정을 돕는 시스템을 일컫는 말로, 지능형 에이전트와 전문가시스템뿐만 아니라 방대한 양의 데이터로부터 유의미하게 반복되는 패턴을 찾는 데이터마이닝 기술이라 할 수 있다. 이것은 경영환경에서 경영자가 보다 효과적으로 의사결정을 할 수 있도록 돕는 역할을 하게 된다.

1. 전문가시스템

전문가시스템(expert system)이란 전문적인 경험과 지식을 컴퓨터 내부에 저장시킴으로써 전문적인 지식이 없는 사용자가 쉽게 전문가의 지식을 이용하여 의사결정 문제를 해결할 수 있도록 지원하는 시스템이다. 본 시스템은 컴퓨터에 저장된 전문가의 지식을 즉시 처리할 수 있는 형태로 바꾸어 표현하는데, 이를 통해 컴퓨터가 문제를 자동적으로 추론하고 진단, 제안할 수 있도록 한다. 앞에서 설명한 것과 같이 의사결정지원시스템의 하위시스템인 지식기반의 토대가 될 수 있는 것이 바로 전문가시스템이다. 그러나 전문가시스템은 의사결정지원시스템의 하위시스템 역할만 하는 것이 아닌 그 자체가 독립적인 정보시스템으로서 활용될 수도 있다.

전문가시스템이 기존의 단편적 차원인 컴퓨터시스템과의 두드러진 차이점은 바로 추론 과정을 통한 지식의 처리가 가능하다는 점인데 이러한 추론기능은 곧 불완전한 데이터를 활용하고 이를 통해 의사결정에 필요한 정보를 제공할 수 있도록 하는 문제해결능력을 의미한다. 또한 컴퓨터에 저장되어 있는 지식의 양이 다양하고 많아질수록 문제해결에 대한 다양한 관점의 접근이 가능하며, 의사결정 과정에서 문제인식에 대한 논리적 접근법도 제시한다. 또한 전문가시스템의 가장 큰 장점은 시스템에 한 번 저장해놓으면 소멸되지 않고 사용자가 필요할 때마다 수정이나 새로운 정보의 입력이 용이하다는 것이다.

다음은 전문가시스템의 기본적인 구성 요소와 동작원리, 그리고 적용 분야를 나타낸 것이다.

① 전문가시스템의 구성 요소

- **지식베이스**: 인간의 뇌에 해당되는 부분으로, 전문적인 지식을 데이터베이스 형태로 저장하는 곳이다.
- **추론엔진**: 기존의 지식베이스에 저장되어 있던 지식을 새로운 문제를 해결하기 위한 기능을 담당하는 부분이며 이는 지식의 표현 형태와 방식에 따라 다양한 추론이 이루어진다.
- **블랙보드**: 현재 의사결정자에게 닥친 문제를 설명하기 위하여 독립적으로 분리된 작업메모리 장소이다. 블랙보드는 추론 등과 같은 중간결과를 기록하기 위해서 이용되기도 한다.
- **인터페이스**: 사용자와 시스템이 의사소통을 할 수 있도록 하는 부분이다. 일반적으로 시스템의 질문에 대해 사용자가 적절한 답변을 주고받는 과정을 통해 의사소통이 이루어진다.

- **설명기능 부분**: 전문가시스템이 추론을 통해 도출한 결과에 대해 사용자가 이에 대한 적합한 근거를 요구할 때 이를 사용자에게 설명하기 위한 부분이다. 전문가시스템은 사용자가 잘 모르는 전문지식을 근거로 결과를 도출하므로, 사용자가 저항 없이 도출한 결과를 받아들일 수 있도록 충분한 설명을 제시해야 한다.

② 전문가시스템의 작동원리

전문가시스템이 작동하기 위해서는 먼저 인간의 지식이 컴퓨터에서 처리가 가능하도록 가공되어야 한다. 이때, 전문가시스템에 저장되어 있는 인간의 지식을 지식베이스라 하며, 이곳에 저장된 인간지식은 규칙과 프레임(knowledge frame), 의미론적 연결망(semantic network) 등의 방법으로 표현이 가능한데, 이 중 가장 일반적으로 사용되는 표현 방법은 바로 규칙을 이용하는 것이다. 규칙은 보통 일반적인 규칙의 형태를 이용하여 인간의 지식을 표현한다. 다음과 같은 표형 방식이 그 예이다.

*IF '학년' > 1
*THEN ' 학생명단을 작성하라'

따라서 이와 같은 규칙 형태로 표현되고 가공된 지식들이 모여서 축적됨으로 인해 '지식베이스'의 기본적인 형태를 만들게 된다.

이러한 방식은 전통적인 데이터베이스 방식에서도 유사한 규칙의 형태를 이용하는 경우가 많이 존재했으나, 전문가시스템에서의 규칙은 보다 복잡하고 다양해지고 있다. 전통적인 데이터베이스 방식은 사용자에게 규칙을 통해 필요한 자료를 추출하기 위한 목적으로 사용한 반면, 지식베이스 내의 규칙은 사용자에게 그 자체가 지식으로 접근하며 가장 핵심적인 부분을 차지한다. 이와 같은 내용은 예를 들어 다음과 같이 표현할 수 있다.

```
If 당일의 시스템 생성신호 = "강세장" (익일 기준)
And 전일의 의사결정 = "매수"
    Then "매도" ;
    Else "매수" ;
If 당일의 시스템 생성신호 = " " 대응하는 규칙이 존재하지 않는 경우)
Or 당일의 시스템 생성신호 = "약세장" (익일 기준)
And 전일의 의사결정 = "매수"
    Then "매도"
    Else "투자 보류"
```

2. 전문가시스템의 응용 분야

스탠포드대학에서 개발한 DENDRAL 시스템은 전문가시스템 응용의 시초가 되었다. 이 시스템은 화학 분야에서 분자의 구조물을 파악하기 위해 사용되는 시스템이었는데, 이후 뇌수막염 환자의 진단을 지원하기 위한 MYCIN과 같은 시스템 등으로의 발전의 근간이 된 바 있었다. 초기의 전문가시스템은 이학, 의학, 공학 등의 과학 분야에 주로 활용되었지만, 이후 경영학과 접목되면서 투자의사결정 지원이나 신용카드 부정사용 적발, 생산일정 계획, 주식가격 예측, 세액계산 지원 등의 다양한 경영과학 분야에서 활용성이 증대되고 있는 현실이다.

이러한 전문가시스템의 가장 큰 장점은 법률상담이나 투자자문, 의학적 진단 등의 다양한 방면에서 폭넓게 사용 가능하다는 것이다. 하지만, 이를 적절히 활용하기 위해서는 해결책에 대한 우선적인 합의가 이루어져야 하며 또한 현실에 적용하기에는 복잡하다는 단점이 있다. 더욱이 새로운 규칙이나 상관관계를 발견하기 위해서는 사용할 수 없다는 단점도 가지고 있다.

3. 지능형 에이전트

지능형 에이전트(intelligent agent)는 일반적으로 인터넷상에서 지능적으로 활용되는 소프트웨어 프로그램을 의미한다. 이에 앞서 우선 전자상거래(EC: Electronic Commerce) 환경에서 에이전트의 개념을 살펴볼 필요가 있는데, 여기서의 에이전트란 전자상거래상에서 판매자, 고객, 중개인 등의 전자상거래 참여자들을 대신해서 업무를 수행하는 소프트웨어 프로그램을 의미한다.

한편 지능형 에이전트는 사용자의 개별적인 선호도를 고려해서 의사결정이 이루어질 수 있도록 구성되기도 한다. 예를 들어, 사용자가 필요로 하지 않는 스팸메일을 자동으로 지워주거나, 일정관리, 네트워크에 있는 상품들의 가격을 비교해 가장 저렴한 상품을 찾아주는 기능 등이 여기에 해당된다. 이 외에도 사용자 대신 다양한 업무를 수행하기도 한다.

또한 에이전트들이 어떠한 일을 하냐에 따라서 특정 정보와 사건을 자동적으로 검색한 후 사용자에게 정보를 제공하는 관찰자 에이전트(watcher agent), 사용자가 원하는 조건에 가장 알맞은 상품을 구매하도록 해주는 구매 에이전트(shopping agent), 정보검색을 위해 사용자가 지정한 기준을 파악하는 정보재생 에이전트(information retrieval agent), 통신망 등의 오류를 찾은 후 자동적으로 문제를 해결해주는 도우미 에이전트(helper agent), 그리고 사용자의 과거의 행태를 분석해서 학습한 후 사용자들이 선호하는 정보를 제공해주거나 비구조적 문제에 대한 해결책을 제시해주는 학습 에이전트(learning agent) 등이 있다.

4. 데이터마이닝

데이터마이닝(data mining)이란 대량의 데이터에서 새로운 가치 있는 정보를 추출해서 의사결정 과정에서 활용하는 작업이다. 컴퓨터 기술이 발전하고 저장장치가 대형화 됨에 따라서 기업이 처리해야 할 데이터의 양도 급속도로 증가하고 있다. 이러한 상황에서 기업은 데이터를 효과적으로 관리하기 위한 방법을 찾아야만 하는데 데이터베이스

조회 도구인 OLAP(Online Analytical Processing) 등은 데이터를 통해서 가설을 확인하는 반면, 데이터마이닝은 데이터에 숨겨져 있는 정보를 찾아내기 위해서 사용된다. 즉, 데이터마이닝은 컴퓨터시스템을 이용해서 가설을 발견하기 위해서 데이터를 이용하기 때문에, 비교적 짧은 시간 내에 다수의 유용한 정보를 발견한다. 일반적으로 데이터마이닝은 장바구니분석, 의사결정나무, K-평균군집화, 사례기반 추론, 인공신경망 등의 분석 방법론을 많이 사용한다. 오늘날에는 e-Business 환경에서 수많은 데이터들이 생겨나고 있으며 이를 분석하기 위한 웹마이닝을 많이 사용한다.

① 장바구니분석

장바구니분석(market basket analysis)은 문자 그대로 고객들이 구매를 위해서 시장에서 장바구니에 담아 둔 상품들 사이의 구매에 관한 연관관계를 파악하는 방법이다. 예를 들어, 여러 사람들의 장바구니에 A라는 제품과 B라는 제품이 공통적으로 들어 있다면, 이 두 상품은 동시에 구매되는 횟수가 잦은 상품으로 그 연관관계가 결정되는 것이다. 장바구니분석 같은 경우는 그 분석 방법이 간단하고, 많은 양의 데이터에 적용하기가 용이하다. 또한, 상품들 간의 연관관계를 찾기 위해서 'if-then'의 형태로 그 결과가 제공되므로 이해 역시 용이하다는 장점이 있다. 이 때문에 데이터마이닝에서도 유용하게 사용된다. 하지만, 데이터들의 양이 증가함에 따라 분석하는 과정에서와 마찬가지로 의사결정규칙 역시 증가하게 되고 이로 인해 경우에 따라 규칙들이 서로 충돌하기도 한다. 때문에, 수많은 의사결정 규칙 중에서도 유의미한 규칙을 발견하고, 규칙들이 서로 상충할 경우에는 어느 규칙이 보다 영향력이 있는지를 파악하는 것이 반드시 필수적이다.

② 의사결정나무

의사결정나무(decision tree)는 주로 분류(classification)에 사용되는

데이터마이닝 기법이다. 분류란 서로 다른 데이터 간의 공통점을 찾아낸 뒤 개별집단으로 그룹화 하는 것을 의미하는데, 일반적으로 전체 데이터에서 각 그룹의 특징을 정확히 반영할 수 있는 일부를 먼저 선정하거나, 분류를 위한 모형을 생성한다. 이를 활용해서 목표 데이터를 처리하는 것이 분류의 기본적인 과정이다.

의사결정나무 역시 기존에 만들어진 의사결정나무 모형의 지시에 따라 데이터의 속성에 대한 반복적인 질문을 하는 과정을 통해서 데이터가 속해 있는 집단에 대한 예측을 하게 된다. 이때 어느 질문을 하느냐에 따라서 복잡한 데이터를 한 번에 분류할 수도 있기 때문에, 이 기법의 핵심은 곧 얼마나 효과적인 나무를 만드느냐가 주요 관건이다.

한편 의사결정나무를 구성하는 요소에는 4가지가 있다. 우선 가장 상단 부분을 뿌리마디(root needs)라고 부르며 속성의 분리기준이 포함되어 있는 곳을 내부마디(internal needs)라 한다. 마디와 마디를 잇는 부분은 가지(link)라고 부르며, 최종 분류에 해당되는 부분은 잎(leaf)이다. 예를 들어서, 향후 고객들이 컴퓨터를 구매할 가능성을 계산하기 위해서 과거의 구매 여부에 대한 데이터를 이용할 수 있는데, 이를 통해 구축된 의사결정나무는 **그림 2-9**와 같다.

그림 2-9 의사결정나무 활용

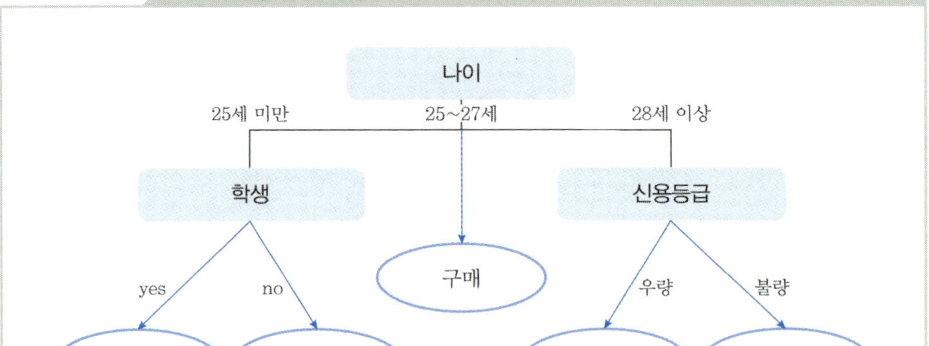

의사결정나무 기법의 첫 번째 과정은 각각의 속성들이 고객 분류에 미치는 영향의 정도를 측정하는 것이다. 여러 속성 가운데 고객에게 가장 큰 영향을 미치는 속성이 나무의 뿌리마디로 지정된다. 이 예시에서는 '나이'라는 속성이 뿌리마디로 지정되었으며, 25세에서 27세로 분류된 고객들은 신용등급과 직업과 무관하게 컴퓨터를 구매한다는 규칙이 도출된다. 이 기준에 다른 속성 기준들을 추가하여 나무를 확장시켜 총 5개의 분류 규칙이 만들어진다. 수립된 의사결정나무에 의하면 결과적으로 신규 고객이 25세 미만의 학생일 경우 컴퓨터를 구매할 것이라는 예측이 가능하다. 하지만, 실제 데이터에는 오류 값과 결측 값이 존재하므로 모든 데이터를 완벽하게 분류할 수 있는 나무를 만들게 될 경우 필요하지 않은 속성들이 나무에 포함되게 된다. 이로 인해 산출되는 규칙의 정확성이 떨어지게 되고, 모형의 예측력 역시 떨어진다. 이때의 오류 값과 결측 값과 같이 불필요한 마디들을 제거하는 과정을 '가지치기(pruning)'라고 한다.

③ K-평균군집화

K-평균군집화(K-means clustering)는 비슷한 속성을 가지고 있는 데이터끼리 그룹화하는 기법이다. 그룹화를 위해서 우선 유사한 속성을 지니고 있는 것들을 몇 개의 집단으로 묶은 뒤, 각 집단의 성격을 파악한다. 이러한 과정을 통해서 데이터의 전반적인 구조에 대해 이해할 수 있으며, 이러한 특성으로 인해 다른 데이터마이닝 기법에 선행해서 사용되기도 한다. 여기서의 '클러스터'는 분류된 각 집단들을 의미하며, K는 클러스터의 개수를 뜻한다.

K-평균군집화는 사전에 분류된 K개의 군집에 기반하여 전체 데이터의 유사도를 기준으로 하여 구분하는 방법인데, 군집의 수를 정한 후 해야 할 과정은 데이터에 존재하는 속성 값에서 초기 K개의 중심 값을 선택하는 것이다. 다음으로 다른 레코드들과 중심 값 간의 거리를 계산한 다음, 그 거리가 가장 가까운 군집을 분류한 후, 각 군집의

그림 2-10 K-평균군집화

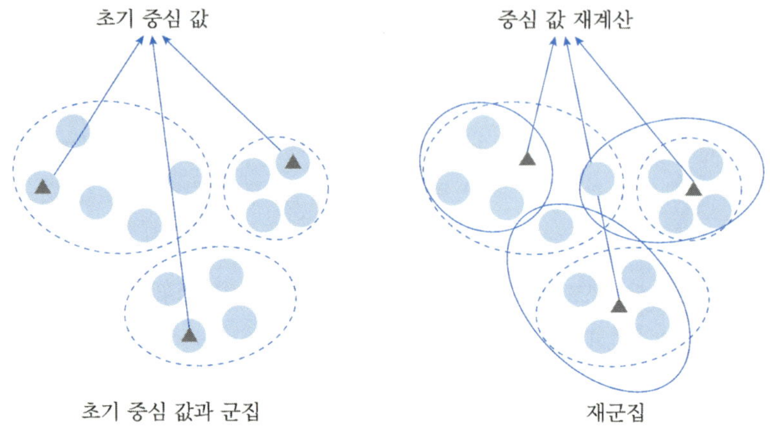

중심 값을 추가적으로 계산하게 된다. 이후 다시 각 레코드들과 새로운 중심 값의 거리를 계산한 후 그 값이 가장 가까운 레코드들을 재군집하는 방식으로 진행하게 된다. 이렇게 계산된 중심 값과 기존의 중심 값에 차이가 없을 때까지 이 과정을 반복하게 되는데 여기서 일반적으로 '유클리디안 거리'가 많이 사용된다.

K-평균군집화의 결과는 사전에 초기 군집 수 K를 어떻게 정하느냐에 따라 달라질 수 있으므로, 유의미한 결과를 얻기 위해서는 초기 군집 수에 변화를 주어 여러 번 수행하는 것이 필요하다. 또한 거리 측정 기준 역시 값의 범위나 속성의 형태에 따라서 달라질 수 있으므로, 각 속성을 분류하기 적절한 방법을 이용해 거리를 계산해야 한다.

④ 인공신경망

인공신경망(artificial neural networks)은 말 그대로 생물학적 뇌의 작동원리를 모방해 새로운 형태의 알고리즘을 만드는 데서 기인하였다. 이의 시작은 컴퓨터의 뛰어난 연산능력과 생물의 추론능력을 결합하고자 하는 시도였다.

그림 2-11 인공신경망의 구조

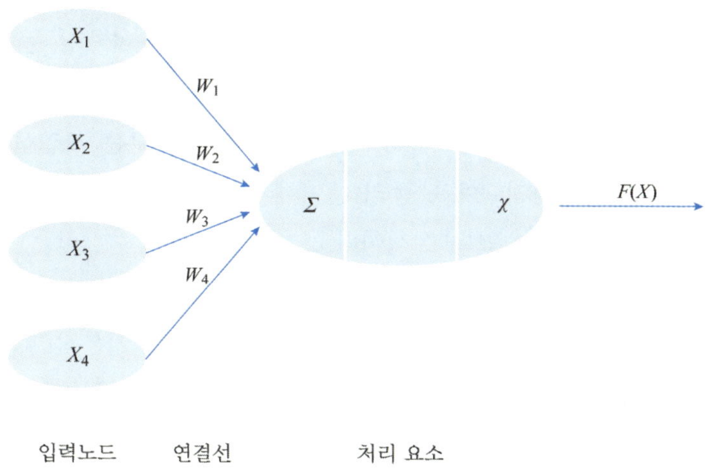

인공신경망은 동물의 뇌에서 일어나는 생물학적 과정을 컴퓨터시스템으로 모방한 것이다. 이는 특수한 컴퓨터에 의해 구성될 수도 있지만, 보통 일반적 컴퓨터의 응용 소프트웨어에 의해서도 구현될 수 있다.

그림 2-11에서와 같이 인공신경망에는 입력된 정보를 처리 요소로 연결시켜주는 연결선이 존재한다. 입력노드를 통해 입력된 여러 가지 정보는 이 연결선을 따라서 처리 요소(processing element)에 입력하게 되는데, 여기에서 연결선은 그 중요도에 따라서 가중치가 부여되며, 각 입력정보들은 이 가중치를 반영해 처리 요소에 입력되는데, 이때 합산함수를 이용한다. 한편 처리 요소에 입력된 정보들은 처리 요소 자체의 내부 변환함수에 의해 출력신호로 변환된 후 다음 단계인 처리 요소로 전달되며 이때 각 처리 요소에 전달된 입력정보는 마찬가지로 합산함수에 의해서 변환된 후 입력된다. 보통 각 처리 요소에 전달된 모든 입력 요소들의 가중치 합계를 이용한 합산함수가 가장 많이 이용되는데 계산된 입력값은 마지막으로 변환함수에 의해서 변환된 뒤 출력된다. 보통 시그모이드 함수(Sigmoid function)를 이용해서 비선형

예측을 하며, 이는 복잡한 의사결정 문제에 대해 비교적 정확한 의사결정 해결책을 구할 수 있게 된다.

최근에 이르러 이를 활용한 회계, 재무, 생산, 마케팅 등 비교적 다양한 분야에서 인공신경망을 경영과학적 차원에 응용하고자 하는 노력이 진행되고 있는데, 특히 재무 분야 같은 경우는 기업신용평가, 환율예측 및 주가지수예측 등의 분야에 거쳐서 이와 관련한 응용연구가 활발히 진행되고 있는 현실이다.

뿐만 아니라 기업의 신용평가에도 역시 인공신경망 모형이 직접적으로 활용되고 있는데, 이때 인공신경망시스템은 기본적인 재무비율에 대한 입력처리가 된 후 이를 곧 처리 요소로 전달하게 된다. 그리고 전달받은 요소를 처리한 후 그 결과에 대해 연결선의 가중치를 결정짓는다. 마지막으로 이러한 가중치에 기반하여 신규 기업에 대한 신용평가가 이루어지게 되는 것이다.

⑤ 사례기반추론

사례기반추론(case-based reasoning)은 새로운 문제가 발생할 때, 과거의 유사한 사례를 이용해 이를 해결하고자 하는 것이다. 이는 인간이 문제를 해결하는 방식과 가장 유사한 방식이다.

사례기반추론의 개념을 다음의 예를 통해 이해해보자. 자동차면허의 필기시험을 준비하기 위해서는 과거의 기출문제들을 통해 문제의 경향을 분석하는 것이 교통 관련 법규집을 정독하는 것보다 더 효과적일 것이다. 뿐만 아니라 운전면허시험을 준비해야 하는데 대입 기출문제집을 공부한다면, 이는 운전면허시험과 전혀 무관하기 때문에 과거의 경향분석에 전혀 도움이 되지 않는다. 반면 특수차면허나 원동기면허에 관한 기출문제집은 자동차면허시험과 완벽하게 일치하지는 않지만 어느 정도 유사한 부분들이 있기 때문에 자동차면허 기출문제집을 구입할 수 없는 경우 대신에 이와 유사한 시험문제집들을 참고하는 것이 가능하다.

이와 같이 의사결정 문제를 해결하기 위한 기본은 과거의 유사한 사례를 참고해서 그를 바탕으로 현재의 문제를 해결하고자 하는 것이 바로 사례기반추론의 기본 개념이다.

사례기반추론은 과거의 사례를 참고하기 때문에 과거의 사례와 현재의 문제가 얼마나 유사한지가 가장 중요한 관점이다. 또한 과거의 모든 사례를 사용할 수 없고 그 사례들 중 현재의 문제와 유사한 몇 가지 사례를 추출해야하기 때문에, 해결해야 하는 문제와 과거의 사례들 사이의 유사도를 측정할 수 있는 척도가 필요하다.

⑥ **웹마이닝**

웹마이닝(web mining)은 웹상의 고객의 행위를 분석하고 속성데이터를 추출, 정제, 로딩해서 의사결정에 활용하는 데이터마이닝 기법이다. 웹마이닝의 과정은 다음과 같다.

웹마이닝의 일반적인 구조는 **그림 2-12**에서 처럼 크게 웹구조 마이닝과 웹내용 마이닝, 웹사용 마이닝 등으로 분류되는데, 웹구조 마이닝은 웹사이트들 간의 연결을 사용자들이 최적의 접속경로를 통해 접근할 수 있는 방식에 대한 문제이며, 최적화 알고리즘을 이용해 사용자들의 접속경로에서 공통되는 패턴을 찾는 과정으로 이루어진다. 웹

그림 2-12 **웹마이닝**

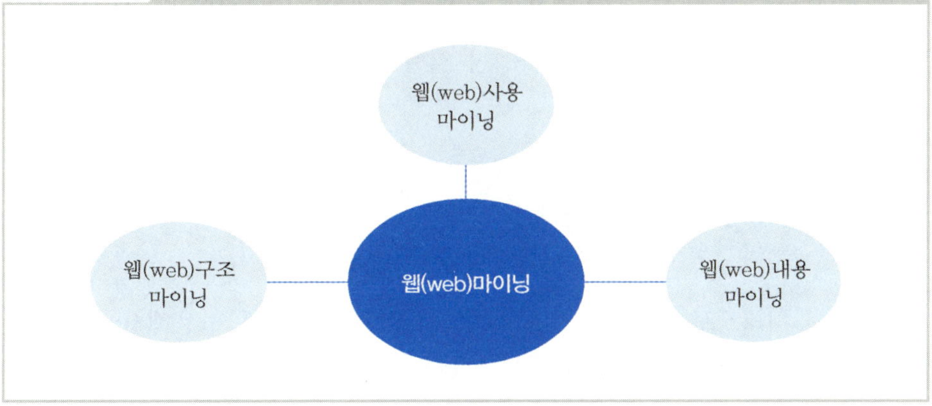

내용 마이닝은 웹페이지상에 존재하는 내용들을 검색하는 방식으로 일반적인 웹 정보검색과 유사하다. 웹사용 마이닝은 사용자의 행태에 대한 패턴을 발견하기 위해서 사용흔적을 분석하는데, 즉 웹서버에 접속하는 사용자의 접속 패턴을 분석해, 웹 사용자의 행동을 분석하는 것이다.

▶▶ **표 2-2 웹마이닝 단계**

단 계	내 용
자원 발견(source finding)	웹상의 데이터 검색 및 획득
정보선택 및 전처리(information selection & pre-processing)	획득한 웹상의 자원들로부터 필요한 정보를 자동적으로 선택한 후 전처리
일반화(generalization)	개별 웹사이트와 다수의 웹사이트들의 공통된 일반 패턴을 자동으로 발견
분석(analysis)	발견한 패턴의 해석 및 검증

자료: 서영호 외(2013), e-business시대의 경영정보시스템, p. 246 내용편집.

특히, 웹사용 마이닝을 시행하기 위해서는 웹서버에 존재하는 웹 로그파일을 구해 전처리를 한 후, 데이터마이닝 기술을 이용해 분석한다. 이를 위해 웹사용 마이닝의 웹 로그파일은 모든 사용자의 방문흔적을 기록하고 있기 때문에, 불필요한 정보들로 인해서 용량이 증가하게 된다. 이 때문에 사용자를 파악하고 동일 사용자의 방문횟수를 산정하기 위한 세션파악, 로그파일에 기록되어 있지 않은 사용자의 방문경로를 완성하는 등의 전처리 과정이 일반적인 데이터마이닝과 다르게 굉장히 중요시된다.

2.3 지리정보시스템

지리정보시스템(GIS)은 데이터 시각화 기술을 사용해서 데이터를 분석하고 표현하는 의사결정지원시스템이다. 이는 공간상 위치를 의미하는 지리자료와 그와 관련된 속성자료를 통합해서 처리하는 정보시스템으로, 지리적으로 표현된 정보를 수집하고 저장 후 조작하고 표현한 데이터를 지도상에 표시된 점과 선 지역에 연결한다. GIS가 지니고 있는 모델링 능력은 데이터를 변환하고 더 나은 해결책을 제시하기 위해 비즈니스 시나리오를 자동으로 연결하는 것인데, 이를 통해 사람 또는 자원의 지리적 분배를 바탕으로 의사결정을 지원한다.

즉, GIS는 단순히 지도상에 지리를 표시하는 기술이 아니라, 그러한 지도가 특정 질문에 대한 해답을 가지고 있도록 그래픽 요소와 함께 보여주는 것이다.

■ 지리정보시스템의 구성 요소

오늘날 지리정보시스템은 수많은 분야에서 사용되고 있으며, 각 분야와 시스템 성격에 적절한 구성 요소들을 지니고 있다. 일반적인 지리정보시스템의 구성 요소에는 데이터, 소프트웨어, 하드웨어, 인적자원 등으로 구성되어 있으며 각각의 구성 개념은 다음과 같다.

① 데이터

지리정보시스템을 구축하거나 과제를 시행할 때 70~80% 가까이 차지하는 부분이 바로 데이터와 관련된 부분이다. 이 분야는 다양한 지리정보시스템 소프트웨어에 따라서 다양한 데이터 모델 및 아키텍처를 가지고 있는데 이에 따라 데이터의 유형 역시 다양해지게 된다. 입력 방식과 아키텍처는 데이터 유형에 따라 데이터를 처리하고 분석하는 방법 역시 달라지며 데이터 구축 유형에 따라서도 달라진다.

한편 지리데이터(geographic data)는 다른 말로는 지리정보시스템 데이터라고도 하며, 이는 지리정보시스템 분야에서 사용되는 데이터를 의미한다. 또한 이 데이터는 속성데이터(attribute)와 공간데이터(space data)로 구성되는데 공간데이터 부분은 데이터의 유형에 따라서 세분화되어 각 특성에 따라 분석과 처리 과정 역시 달라진다. 이는 때로는

그림 2-13 지리정보시스템 데이터의 구성 관계도

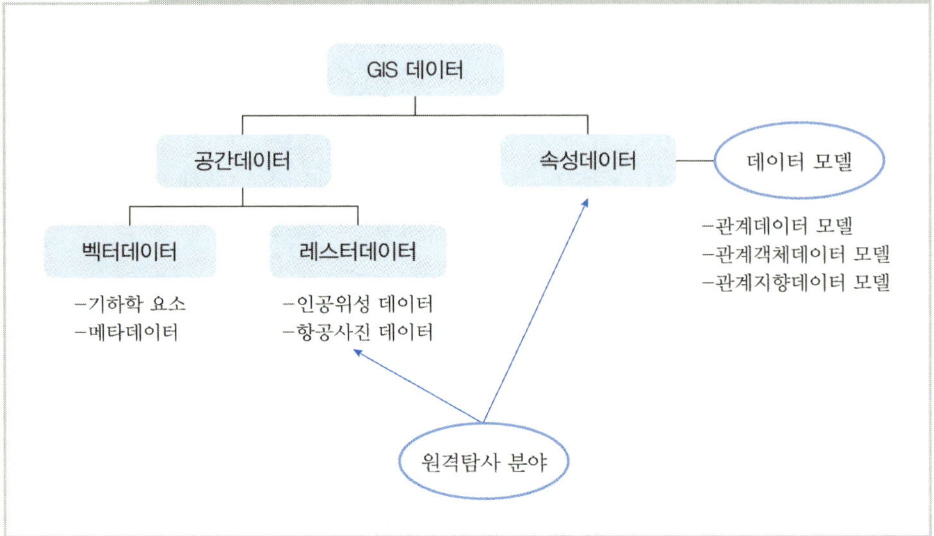

데이터 분석의 결과에 차이를 가져오기도 하기 때문에, 공간데이터 부분이 더 중요한 부분으로 다루어진다.

② 소프트웨어

소프트웨어는 데이터와 함께 지리정보시스템의 핵심 구성 요소에 속한다. 소프트웨어는 지리정보시스템 작업 수행의 대부분의 과정에서 활용될 정도로 굉장히 다양한 기능을 수행하고 있다. 또한, 다양한 지리정보시스템 소프트웨어에서 어떤 데이터 모델 및 아키텍처를 지원하느냐에 따라 데이터의 활용이 달라지므로, 소프트웨어는 데이터와 매우 밀접한 관계가 있다.

③ 하드웨어

하드웨어는 지리정보시스템의 구현을 위한 기본 토대이다. 소프웨어가 이 하드웨어상에서 운용되며 데이터를 구축하고 저장하며 프로세스를 수행하는 곳 역시 이 하드웨어이다. 여기에 포함되는 것에는 데스크탑 PC, 워크스테이션부터 플로터, 스캐너 등의 입·출력장치까지 다양하다. 최근에는 컴퓨터 기술이 발전하면서 하드웨어장비의 비용이 낮아지고 성능은 향상되고 있어서 일반 사용자들의 접근이 용이해지고 있다.

④ **인적자원**

지리정보시스템이 점점 복잡해지고 그 규모가 커짐에 따라서, 다양한 인적자원들의 결합이 지리정보시스템을 효율적으로 구현하기 위한 필수적인 요소로 주목받고 있다. 지리정보시스템의 인적자원 과정이 이루어지는 첫 단계는 시스템을 구축하고, 유지관리, 활용하는 것이다. 그 다음에 데이터 제작자, 시스템 관리자, 시스템 엔지니어, 프로그래머, 사용자 등 다양한 역할을 하는 인적자원들의 결합이 필요하다. 지리정보시스템이 적용되는 분야는 지리학, 환경, 통신, 교통, 비즈니스, 토목 분야 등 다양하며 이는 종사하는 인적자원을 기준으로 구분할 수 있다.

국내 지리정보시스템 분야는 1990년대 전반기에 활성화되기 시작해서, 1995년에는 국가 차원의 사업으로 확대되어서 급격히 발전했으며, 지리정보시스템 관련 전문가 및 기술인력 양성을 위한 노력이 행해지고 있는 현실이다.

2.4 소셜 네트워크 서비스(SNS) 기반 시스템

소셜 네트워크 서비스(SNS)는 월드와이드웹(www)을 기반으로 해서, 최근 스마트폰과 인터넷의 급격한 발전에 힘입어 성장이 가속화되고 있으며 이는 사회적·학문적 관심의 대상으로 자리매김하게 되었다. 이는 소셜 미디어와 소셜 네트워크 서비스 산업의 성장을 가속화시키는 계기가 되었는데, 특히 소비자들이 소셜 네트워크 서비스를 통해 정보를 획득하는 속도가 빨라지면서, SNS의 영향력 역시 커졌다. 소셜 네트워크의 효과적이고 적절한 소통기능은 소비자뿐만 아니라 기업에서도 그 중요성을 인식하게 되었는데, 이러한 환경의 변화는 기업이 고객과 더 빠르게 소통하게 하고, 고객 역시 신속한 응답을 요구함에 따라, 이전 기업이 SNS를 적절하게 활용하는가에 대한 여부가 곧 고객의 충성도에 영향을 미치게 되었다.

이로 인해 SNS가 기업의 환경에 가져온 변화는 고객의 정보와 고객의 의견을 반영한 제품과 서비스에 대한 피드백이 더욱 신속하게 이루어질 수 있는 계기를 마련하였으며, 또한 이를 반영한 신속한 의사결정의 중요성 또한 증대되었다.

한편 SNS의 이해보다 선행되어야 할 것이 바로 소셜 미디어에 대한 이해이다. 소셜 미디어란 사람들이 모여서 구성한 커뮤니티로서, 사용자들이 개개인의 경험과 생각, 글, 사진, 정보, 동영상 및 오디오의 형태로 각자의 정보를 공유할 수 있는 개방된 온라인 플랫폼이다. 이러한 소셜 미디어의 대표적인 예로는 블로그(blogs), 콘텐츠 커뮤니티(contents community), 팟캐스트(podcasts), 소셜 네트워크(social networks), 위키(wiki) 등이 있다.

특히 SNS는 사용자들이 서로의 정보를 공유하고 서로간의 의사소통을 통한 사회적 관계 형성 및 강화를 핵심으로 하는 온라인 플랫폼이다. 이 대표적인 예로는 페이스북(facebook), 트위터(Twitter), 유튜브(YouTube) 등이 있다.

고객의 이해능력은 곧 SNS에서 기업의 핵심역량에 해당한다. 이 때문에, 기업들은 고객의 니즈를 바탕으로 기업전략을 수립하고, 프로슈머화되는 고객들을 기업의 의사결정에 참여시키는 등의 방법을 모색해야 한다.

SNS의 유형

SNS에는 프로필 기반 SNS(Profile-based social network service), 콘텐츠 기반 SNS(content-based social network services), 화이트 라벨 SNS(white-label social network services), 모바일 SNS(mobile social network services) 등이 있다.

① **프로필 기반** SNS

프로필 기반 서비스는 사용자들의 정보를 중심으로 네트워크를 구성한 유형이다. 주로 사람들의 사진과 관심사, 연령, 성별, 직업 등을 포함하는 개인정보로 이루어지며, 대표적인 프로필 기반 서비스에는 마이 스페이스(My Space), 페이스북(Facebook) 등이 있다.

한편 SNS를 이용하는 사용자들은 다양한 방식으로 그들의 공간을 확장한다. 서로 간의 공간에 글을 적거나, 메시지 월(message walls)을 통해서 외부 콘텐츠의 링크를 걸거나, 콘텐츠를 게시하거나, 게시물에 댓글을 남기거나 혹은 게시물에 대한 평가를 함으로써 그들의 공간을 확장할 수 있다.

② **콘텐츠 기반** SNS

콘텐츠 기반 서비스 유형은 사용자의 정보가 네트워크 연결망 형성에 중요한 역할을 한다는 점에서는 프로필 기반 서비스 유형과 비슷하지만, 여기에 게시된 콘텐츠의 역할이 콘텐츠 기반 서비스에서 더 큰 역할을 한다. 예를 들어 플리커(Flicker)는 콘텐츠 기반 서비스를 제공하는 대표적인 사진 공유 사이트이다. 플리커 사용자 대부분의 가입 목적은 단순히 그들의 친구나 가족사진을 보기 위해서 사진 보호 허가를 받으려는 것이다. 또 다른 예로 유튜브(YouTube)가 있는데, 여기에는 다양한 비디오가 저장되어 공유 가능하며, 동일한 영상을 시청한 사용자들은 서로 연결된다. 즉, 사용자들의 활동이 어떤 콘텐츠가 서비스 되는지를 결정하는 것인데, 특정 사용자의 소비가 SNS상에서의 개인정보를 생성하고, 그 행동이 반복될수록 정보의 양 역시 증가한다. 이러한 과정을 통해서 사용자들은 이웃(neighbour)들에 대한 테이터를 생성하게 된다.

③ **화이트 라벨** SNS

대부분의 SNS는 사용자들이 소커뮤니티(mini-community)형태의 기능을 사용할 수 있도록 그룹 생성기능을 제공한다.

예를 들어, 닝(Ning)과 피플 어그리게이터(people aggregator)와 같은 서비스는 개별사용자에게 알맞은 모델을 제공하는데 이 서비스의 사용자들은 소규모의 소셜 네트워크 사이트를 만들어서, 개인의 흥미와 활동에 도움이 되는 행위를 할 수 있다. 이러한 공간을 즉 '미니-마이스페이스(Mini-myspace)라고 부르는데, 이러한 사용자가 직접 SNS를 설계, 운영할 경우 사용자에게는 사용 권리뿐만 아니라 이에 대한 책임과 의무 역시 부여받게 된다.

④ **기업용** SNS

SNS는 고객과의 관계 형성 및 발전에 도움이 되기도 하는데 이는 사용자의 선호도를 수집하여 분석하는 소셜 인덱싱(social indexing) 방법이 적용 가능하다. 이는 사용자와 그 주변 사람들이 서로의 선호도에 관한 정보를 바탕으로 기존 추천 시스템에 비해 세밀화 되어 자신에게 맞추어진 서비스를 제공 받을 수 있게 하였다. 이는 최근 SNS가 비정형화된 정보의 양을 급속도로 증가시키면서, 빅테이터 분석과 소셜 네트워크 분석의 중요성도 증대되고 있는 현실이다.

한편 기업용 SNS는 직장 동료들이 서로 실시간으로 정보를 공유하며 관계를 맺을 수 있도록 지원한다. 대표적인 서비스로는 야머, 레어베일, 소셜캐스트, 셰어포인트 등이 있으며 이 외에도 꾸준히 기업용 SNS들이 증가하는 추세이다.

기업 내 SNS는 단순히 지식의 공유에서부터 프로젝트 관리나 문서 공유까지 가능하게 해주기 때문에 업무 간의 협업에 큰 도움이 된다. 또한 기존에 사용되던 그룹웨어는 대부분 협업을 위해서가 아니라 단순히 관리를 위해서 사용되었다는 점에서 기업용 SNS와는 차이가 있는데, 즉 기존의 그룹웨어는 기존 조직에서 정의되어 있었던 내용대로 지시를 전달하는 기능중심의 획일적 환경이었던 반면, 기업용 SNS는 기존의 기능을 포함해서 정서와 개방, 참여, 협업 등을 위한 신축적인 플랫폼을 추가적으로 제공한다.

이에 따라 최근 소셜 SCM(social Supply Chain Management)을 통해 SNS를 SCM 분야의 생산부터 유통까지 전 과정에 이르러 적용하고 있다. 이는 기업의 의사결정의 효율성에 크게 기여할 것으로 예측되며, 문제를 실시간으로 파악할 수 있기 때문에 이에 대한 기업의 대응 역시 신속해지면서 상당한 비용을 절감할 수 있게 되었다. 또한, SNS를 이용함으로써 특정 프로젝트 및 활동에 관한 정보를 획득하기 위해 자발적으로 참여, 홍보하는 추세가 증가하고 있으며 이를 크라우드펀딩(crowd funding)이라고 부른다.

이처럼 SNS는 고객 및 기업 내부 관계자들 간의 실시간 의사소통과 정보 공유를 가능하게 하기 때문에 기업의 의사결정에 큰 도움이 된다. 하지만 정부의 통제가 불가능하다는 한계를 동시에 지니고 있기 때문에 SNS를 활용할 때는 적절한 통제와 관리가 수반되어야 할 것이다.

고객이 있는 곳이라면 전 세계 어디든 특급배송 '페덱스',
장소불문 24~48시간 내 고객 앞으로… '사람중심' 경영으로 이끈 성공

페덱스 익스프레스(FedEx Express)가 전세계 220여 개국으로 화물을 실어 나르는 '슈퍼 허브'인 테네시주 멤피스공항은 낮보다 밤이 더 분주하다. 하루에 해리포터 35만 질을 미국인의 안방으로 배달하는 저력. 고객들이 잠자는 사이 휘파람 불며 밤을 새우는 페덱스 사람들의 희망과 열정의 비결은 무엇일까.

'아무것도 만들어내지 않는 기업'이라는 수식어가 붙어 있는 페덱스는 세계 시장을 지배하는 초우량기업으로 국제 물류산업을 선도하고 있다. 특히 항공특송 분야에서 세계 1위를 굳건히 지키고 있는 페덱스(FedEx)의 임원들은 자신들이 '아무것도 만들어내지 않는 기업'에서 일한다는 사실을 밝히는 데 주저함이 없다. 단, 아무것도 만들어내지 않기 때문에 서비스만큼은 세계 최고수준이라고 자부하고 있다.

1965년 예일대학 경제학과 학생이었던 페덱스의 창립자 프레드릭 스미스(Fredrick W. Smith)는 24시간 안에 전 세계 어느 곳이든 화물을 보낼 수 있는 방법을 생각해냈고, 이 아이디어를 학기말 레포트로 제출했다. 결과는 C학점.

볼티모어에서 그리 멀지 않은 수도 워싱턴으로 물품을 보낼 때에도 중부에 있는 허브를 경유해야 한다면 매우 비효율적이라는 게 이유였다. 하지만 스미스는 석사학위 논문에 이러한 개념의 항공운송시스템 '허브 앤 스포크(Hub & Spoke)'를 제안했고, 후에 이것은 글로벌 운송회사 '페덱스(FedEx)'의 출발이 되었다.

스미스가 제안한 '허브 앤 스포크' 항공운송시스템은 미국 내 모든 도시에서 4시간 안에 도착할 수 있는 허브(공항)를 축으로 화물을 모아 다시 화물을 정리해 도착지로 배달하는 것이었다. 하지만 이미 사람들은 기존의 운송체계인 '포인트 투 포인트(point-to-point: 두 지점을 최단거리로 잇는 배송 방식)' 방식에 익숙해져 있었다. 때문에 프레드릭 스미스가 처음 '허브 앤 스포크' 방식을 들고 나왔을 때 사람들은 그의 주장을 이해하지 못했다. 뉴욕에서 필라델피아로 부치는 화물을 굳이 멀리 떨어져있는 멤피스까지 보내야 하는 것을 이해할 수 없었던 것이다. 하지만 스미스는 허브를 중심으로 수많은 가지로 연결이 되기 때문에 적은 비용으로도 많은 연결망을 구축할 수 있다는 '허브 앤 스포크'의 매력을 포기할 생각이 없었다.

많은 이들이 납득하지 못했지만 자신의 아이디어에 자신이 있었던 스미스는 이를 보다 구체화시켜 1973년 '페더럴 익스프레스(Federal Express)'라는 회사를 차리게 되었고, 이를 줄여 지금의 '페덱스'라는 이름을 갖게 되었다. 그리고 '허브 앤 스포크' 방식은 지금의 택배 방식으로 굳어졌다.

1973년 4월 17일. 드디어 스미스가 고안해낸 '허브 앤 스포크' 방식을 이용한 페덱스의 첫 배송이 시작됐다. 프레드릭 스미스는 미국 테네시주 멤피스 국제공항에서 14대의 소형 항공기를 띄웠다. 비행기에 실린 총 186개의 물품은 뉴욕주 로체스터에서 플로리다주 마이애미에 이르는 미국 내 25개 도시에 성공적으로 배송되었는데 이것이 페덱스의 공식적인 첫 배송이었다. 물품을 단 하루 밤 사이에 운송해준다는 익일 '특급 배송' 서비스가 현실화된 것이었다. 스미스가 자신 있어 한 특급 배송은 기존의 서비스에 시간의 중요성과 신뢰성을 결합한 것으로, '정시 배달', '익일 배달'이라는 새로운 시도를 도입한 것이었다.

그는 비행기 이동이 많지 않은 밤 시간을 이용하는 전략으로 '야간에도 배달한다'는 원칙을 세우기 시작했다. 또한 자신의 화물이 지금 어디쯤 오고 있는지 확인할 수 있는 화물추적시스템도 도입했다. 그러면서 점차 '땅에서는 UPS, 하늘에서는 페덱스'라는 평판을 얻기 시작했다.

고객이 직접 자신의 화물번호를 이용해 자신의 화물상태를 체크할 수 있는 시스템은 'COSMOS(Customer, Operations, Management and Service)'라고 불렸다. 고객이 수신자 부담 전화를 걸어 화물의 상태에 대해 문의하면 신속하게 답하기 위해 개발된 것이다.

페덱스는 1994년 겨울, 이 시스템을 웹을 통해 공개하기로 결정했고, 고객들 사이에서 큰 반향을 일으켰다. 이는 전화문의시스템에 대한 번거로움을 해소시켜 고객만족도가 증대될 뿐 아니라 비용 면에서도 절감효과를 얻을 수 있었다. 이것이 바로 페덱스 최고의 자랑이다.

고객의 화물과 편지가 처음 배달원의 휴대정보 단말기인 '슈퍼 트랙커'에 읽히는 순간부터 수신자에게 전달되는 순간까지 총 12번의 갱신을 통해 화물의 현재 위치를 30분 안에 확인할 수 있다. 배달원의 트랙커, 수송차량, 수송기에도 설치되어 있는 디지털 특송 시스템도 COSMOS와의 연락을 통해 현재의 화물상태, 수송 장애 요인에 대한 정보를 수시로 교환해 만일의 사태에 철저하게 대비한다.

수송기가 목적지로 출발하면 전자교환문서를 통해 화물의 모든 정보를 해당 국가 세관에 통보, 비행기가 도착하면 이미 모든 통관절차를 마친 상태로 공항을 빠져나올 수 있는 것이야말로 페덱스 정보통신기술의 정점이다.

페덱스는 인터넷을 기반으로 재고관리, 온라인 발송, 주문처리, 반품, 물류업무의 완벽한 관리가 가능한 e-비즈니스 패키지(e-Business Package)를 도입하는 등 시류에 부합한 서비스를 제공함으로써 오히려 더욱 성장했다.

스미스는 직원들에게 항상 '1:10:100 법칙'을 강조한다. '1:10:100 법칙'이란, 불량이 생길 경우에는 즉각 고치는 비용에 1이라는 원가가 들지만 이를 숨기고 시장에 내보내면 10의 원가가 들고, 이것이 고객의 손에 들어가 문제가 제기되면 100의 원가가 든다는 법칙이다. '호미로 막을 것을 가래로 막는다'는 속담처럼 실수를 숨기면 그에 따르는 비용이 10배, 100배가 되어 돌아온다는 의미이다. 때문에 스미스는 고객이 느낄 수 있는 불편을 사전에 점검하고 고객의 입장에서 살펴볼 수 있도록 직원들에게 항상 강조하고 있다.

이러한 법칙을 강조해오고 있는 페덱스는 창립 13년째인 1986년 드디어 100억 달러의 매출을 돌파, 지금은 하루 650만 개의 화물을 취급하고 있다.

말콤볼드리지 국가품질상을 받은 최초의 서비스기업으로 널리 알려진 '페덱스'라는 기업 명칭은 오늘날 물건을 밤 사이에 택배로 보낸다는 뜻으로도 통용되고 있다. 그래서 "페덱스한다(fedexed)"라는 말이 자연스럽다. 창업한 지 10년이 채 못 되어 10억 달러의 매출을 돌파하고, 그 후 13년 만에 매출규모 100억 달러의 거대기업으로 성장했다.

한편 한국에서는 1988년부터 대리점을 통해 영업을 시작했으며, 2000년 9월 페덱스코리아(FedEx Korea) 한국 직영으로 전환했다. 2001년 인천공항 외항사터미널에 입주한 이래 주력항공기인 B777을 활용해 한국 발착 화물, 아시아와 미주를 잇는 환적화물을 운송하고 있다. 국토교통부는 인천공항에 페덱스 전용 화물터미널을 세워 2019년 하반기부터 운영에 들어갈 예정이다. 페덱스는 글로벌 경제 위기 상황에서도 세금공제 전 이익의 1.5%를 자선활동에 사용하고 있는 것으로 알려졌다. 페덱스 cares 주간에는 38개국 직원들이 2만 시간이 넘는 자선활동에 자선봉사자로 참여한 것도 알 수 있다.

이러한 성과들은 결국 '세계에서 가장 존경받는 20대 기업'으로 선정되는 결과로 이어지게 되었다. 글로벌 경제전문 매거진인 포춘지가 실시한 '세계에서 가장 존경받는 20대 기업' 연례 설문조사에서 페덱스는 13위로 선정되기도 했다. 이 밖에도 포춘지가 선정한 '세계에서 가장 일하고 싶은 직장'에도 12년 간 선정되는 영예를 안기도 했다.

흔히 '페덱스(FedEx)'라고 하면 항공 특송업체인 '페덱스 익스프레스(FedEx Express)'만 생각하는 사람이 많지만, 페덱스는 이외에도 4개의 계열사를 갖고 있어 '항공화물 및 수출입 전문업체'라고 표현하는 것이 훨씬 정확하다. 소형화물 택배서비스를 담당하는 택배그라운드(FedEx Ground), 한 트럭 분량 이내의 화물만을 취급하는 페덱스 화물운송(FedEx Freight), 귀금속류와 같은 특수화물만을 취급하는 페덱스 커스텀 크리티컬(FedEx Custom Critical), 무역 상담과 솔루션을 담당하는 페덱스 트레이드 네트웍스(FedEx Trade Networks) 등의 자회사가 모여 거대기업 페덱스를 구성하고 있다.

출처: 시사매거진, 2016.11.04. http://www.sisamagazine.co.kr/news/ 기사편집

02

PART

플랫폼 비즈니스의 이해

03 Chap. 플랫폼 생태계

도입사례 4차산업혁명에서 공개SW가 주목받는 이유

■ **4차산업혁명의 중심에 있는 공개SW**

4차산업혁명은 인공지능, 사물 인터넷, 빅데이터[78], 모바일 등 첨단 지능정보 기술이 사회와 산업 전반에 융합된 혁신적인 변화를 일컫는다.

지능정보기술 중심에 있는 공개SW는 클라우드/가상화, 컨텐츠 관리, 모바일, 보안 등의 산업을 이끌고 있다. 또한 스마트시티, 스마트팩토리, 헬스케어, 핀테크[408], 블록체인, 자율주행, 가상현실[409] 등 새로운 시장도 창출해가고 있다.

공개SW는 소스코드가 공개되어 있어 누구나 자유롭게 사용·복제·수정 재배포가 가능하다. 집단지성을 통해 최신 트랜드를 빠르고 유연하게 적용할 수 있고 글로벌 기업(마이크로소프트, 애플, 페이스북 등)들도 자사가 개발한 기술을 공개SW로 제공해 기술과 산업의 발전에 큰 영향을 미치고 있다.

그런데 공개SW를 누구나 무료로 사용이 가능한 프리웨어와 같다고 오해하시면 안 된다. 공개SW는 소스코드만 공개되었을 뿐이지 라이선스는 저작권으로 보호되고 있다. 공개SW를 상업적, 비상업적 모두 이용할 수 있지만 활용하려면 저작권자가 허가한 라이선스를 준수해야 한다.

공개SW는 클라우드, 가상화부터 콘텐츠 관리, 보안 산업은 물론이고 스마트 시티, 블록체인, 가상현실409 같은 새로운 시장을 창출해 나가고 있다. 매년 20%의 비약적 성장을 거듭하며 4차산업혁명의 핵심적 역할을 수행하고 있다.

공개SW은 경제적 효율성이 높다. 제품개발 시 시간, 인력 등 개발 투입 비용을 절감과 서버 도입 및 유지보수 비용 감축을 고려했을 때 연간 약 1,040억 원의 경제적 이득이 발생한다.

공개SW는 기술혁신을 주도한다. 집단 지능을 활용해 최신 기술을 빠르게 반영하고 다양한 컴퓨팅 환경에 최적화된 SW 기술을 축적한다. 공개SW 프로젝트 참여, 소스코드 활용으로 '개발–공개–참여' 과정 속에 개발방식이 성숙된다 되는 거죠.

소스코드에 대한 자유로운 접근으로 SW 교육의 효과적 활용 및 실무 SW 기술 학습이 가능하다. 또 마이크로소프트, 오라클 등 글로벌 기업이 차지하고 있는 독과점 SW 종속성에서 벗어날 수 있다. 기업들은 소스코드를 개방해 글로벌 고객을 확보하고 자사의 SW를 널리 알릴 수 있다.

다양한 장점을 가진 공개SW를 더욱 활성화하기 위해 정보통신산업진흥원의 공개SW역량프라자에서는 기술 컨설팅과 라이선스 검증 및 교육, 거버넌스 체계 구축 등을 지원하고 있다.

그러므로 4차산업혁명 시대를 주도하려면 기업들은 공개SW에 반드시 주목해야 한다.

출처: ET · NEWS 2018.12.31.http://www.etnews.com/

01 플랫폼의 외형과 역할

플랫폼에 대한 개념적 정의는 형태와 역할이라는 두 가지 관점으로 나누어 살펴볼 수 있으며 분류체계는 다음과 같다.

1.1 형태와 역할에 따른 분류체계

플랫폼에 대한 구분은 우선 형태를 기준으로 다음과 같이 네 가지 구분이 가능하다. 첫째는 현실계(Physical World) 플랫폼이다. 현실계 플랫폼이란 물리적인 실체를 가지고 있는 플랫폼을 의미한다. 이는 물리적인 제품과 공간을 포괄하여 의미하며 결혼 정보회사와 부동산 중개업소 상품권 등이 바로 현실계 플랫폼이라 할 수 있다. 특히 부동산 중개업소 같은 경우는 판매자와 구매자를 중개해서 그들의 부동산 거래를 지원한다. 이뿐만 아니라 오프라인에는 다양한 현실계 플랫폼들이 존재하고 있으며 오프라인 업종을 '매개'라는 관점에서 살펴 볼 경우, 상당한 수의 비즈니스가 바로 이 플랫폼에 해당된다고 볼 수 있다. 하지만 부동산 중개업소나 백화점 등의 업계는 사실상 플랫폼이란 단어를 잘 사용하지 않지만, 그렇다고 해서 그들의 사업이 플랫폼에 해당되지 않는다고 볼 수도 없다. 그들이 그러한 사실에 대해 인식하고 있지 않다 하더라고 그들은 분명히 플랫폼을 통해서 수익을 창출하고 있는 것이다.

두 번째는 하드웨어 플랫폼이다. 모바일 AP, CPU, 전자책 전용 단말기, 콘솔 게임기 등이 이에 해당한다고 볼 수 있는데, 특히 모바일 AP의 경우는 곧 디바이스에서 '기반'인 베이스(base)의 역할을 한다고 볼 수 있다. 모바일 AP는 스마트폰이 작동되기 위해서 필수적이며, 이 모바일 AP를 구동시킬 운영체제 역시 탑재되어 있어야 애플리케이션의 설치와 실행이 가능하다.

이때 모바일 AP와 CPU는 '부품 형태'의 하드웨어 플랫폼이지만, 전자책 전용 단말기와 플레이스테이션 같은 가정용 콘솔 게임기는 '완제품 형태'의 하드웨어 플랫폼이라 할 수 있다. 콘솔 게임기의 경우 수많은 게임 제작사들이 게임기 업체가 제공하는 개발도구를 기반으로 게임을 개발해서 출시하면, 게이머들은 이를 구매해서 게임을 즐길 수 있게 되는데, 이때 게임기는 게이머와 게임 제작사들을 매개하고 있다고 할 수 있다. 이처럼 부품 형태의 모바일 AP, CPU는 '기반'으로서 역할을 담당하는 반면, 완제품 형태의 전자책 전용단말기와 콘솔 게임기의 경우에는 '매개'로서 역할을 담당한다. 즉, 하드웨어 플랫폼은 기반 혹은 매개의 역할을 하는 하드웨어의 실물 IT제품이라고 정의내릴 수 있다.

셋째는 소프트웨어 플랫폼이 있다. 안드로이드, iOS, 윈도우 등의 운영체제부터 오라클 같은 데이터베이스 소프트웨어 등이 이 예이다. 이들 역시 '기반'으로서의 역할을 담당하는데 이들은 애플리케이션을 제작하는 개발환경과 이를 실행하는 구동환경을 제공한다.

이를 기반으로 개발자들은 다양한 종류의 애플리케이션들을 개발하며 또한 이용자들은 개발된 애플리케이션을 사용한다. 한편 애플리케이션의 종류가 다양한 만큼 다양한 구매자들의 욕구를 충족시킬 수 있으며, 소비자의 욕구에 부응할만한 여러 종류의 애플리케이션을 개발하고 구동환경을 제공하는 것은 소프트웨어의 중요한 기능이라 할 수 있다.

마지막으로 인터넷 서비스 플랫폼이다. '다음' 혹은 '네이버'와 같은 포털 서비스 혹은 카카오스토리나 페이스북, 트위터와 같은 SNS, 이베이와 같은 커머스 서비스 등과 같이 사용자들을 매개해주는 성격을 가진 인터넷 서비스가 바로 인터넷 서비스 플랫폼에 해당된다.

이러한 인터넷 서비스 플랫폼들은 경우에 따라 소프트웨어 플랫폼과 유사해 보일 수도 있지만, 소프트웨어 플랫폼이 운영체제 등의 형태로 환경을 제공해주는 소프트웨어를 의미하는 반면, 인터넷 서비스 플랫폼은 사용자들을 서로 연결하여 매개하는 인터넷 서비스를 의미한다.

결국 이러한 구성개념들을 정리하면, 현실계 플랫폼은 Non-IT 플랫폼을 의미하며, 인터넷 서비스, 하드웨어 플랫폼, 소프트웨어 플랫폼은 IT 플랫폼에 해당된다. 또한 하드웨어 플랫폼은 실물 형태로 존재하지만 인터넷 서비스 플랫폼과 소프트웨어 플랫폼은 실체를 가지고 있지 않으며, 가상공간에 존재한다.

이제 플랫폼을 역할에 따라 구분하면 기반형과 매개형, 복합형 세 가지 형태로 구분할 수 있다.

첫째로 '기반형 플랫폼'은 사용자들의 요구사항을 충족시켜주기 위한 '기반'으로써의 플랫폼이라 할 수 있는데 이는 안드로이드나 iOS, 윈도우와 같은 운영체제, 모바일 AP, CPU 등이라 할 수 있다. 이들 운영체제는 외형상 보기에는 소프트웨어와 같지만 이들 모두 운영상의 역할의 관점에서 본다면 모두 기반형 플랫폼에 해당한다. 일반적으로 애플리케이션은 운영체제를 기반으로 구동되는데, 이는 곧 운영체제 자체가 애플리케이션의 개발뿐 아니라 실행을 기반으로 작동됨을 의미한다.

한편 특정한 소프트웨어가 또 다른 소프트웨어에게 자신의 기능을 제공할 경우 또한 그 소프트웨어 자체를 기반형 플랫폼이라고 부른다.

그림 3-1 계층구조와 기반형 플랫폼 운영체제

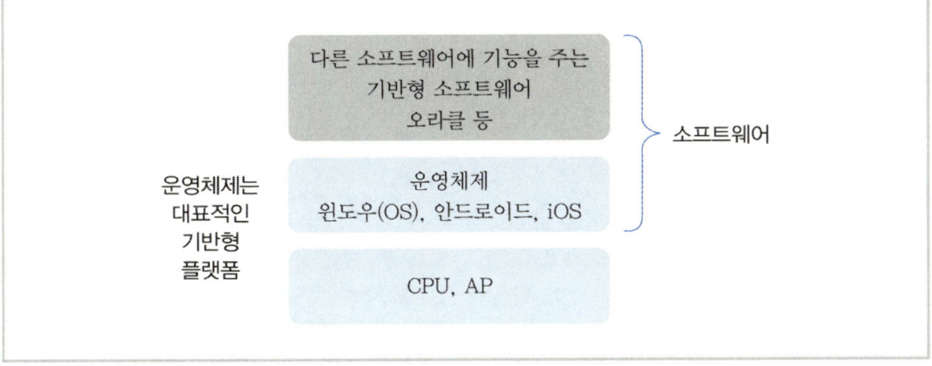

반면, 소프트웨어 자체로써 계층구조의 최상위에 존재한다면 이 소프트웨어는 운영 베이스인 '기반'의 역할을 담당하지 않기 때문에 기반형 플랫폼으로 보기 어려우며, 이는 일반적인 차원의 소프트웨어나 애플리케이션으로만 볼 수 있다. 결론적으로 볼 때 소프트웨어가 모두 기반형 플랫폼으로써의 역할을 한다고 볼 수는 없으며, 외형과 관계없이 다른 소프트웨어에게 기능을 제공하면 이는 기반형 플랫폼이라 할 수 있는 것이다.

둘째는 매개형 플랫폼인데, 이는 사용자들을 매개함으로써 그들 간의 상호작용을 창출하는 것을 의미한다. 예를 들어, 트위터, 카카오스토리나 페이스북 같은 SNS 들이 있으며 G마켓과 11번가 같은 오픈마켓 역시 이에 해당한다.

매개형 플랫폼이 그 역할을 제대로 수행하기 위해서는 우선 다수의 사용자들이 사용하고 있어야 한다. 또한 어떤 상품판매자가 플랫폼을 이용할 경우, 플랫폼을 이용하지 않는 경우보다 많은 구매자들에게 그들의 상품을 판매할 수 있어야 하며, 구매자 역시 그러한 플랫폼을 이용할 경우 다양한 상품을 저렴한 가격에 구매할 수 있는 플랫폼만의 장점이 있어야 한다.

이처럼 IT 정보통신을 기반으로 한 온라인 네트워크 서비스와 더불어 인터넷은 사용자 간의 커뮤니케이션을 더욱 증대시켰고 그들의 더 많은 콘텐츠를 매개로 계속 새로운 콘텐츠를 생산할 수 있도록 하였다. 이렇게 생산된 콘텐츠는 또다른 사용자들 간의 커뮤니케이션에 기여하는 행태로 반복되면서 플랫폼 자체가 매개공간으로써의 역할을 하게 되는데, 결국 이러한 사용자들의 행위는 모두 소비행위로 이어지는 것이다.

그림 3-2 대표적 매개형 플랫폼 형태

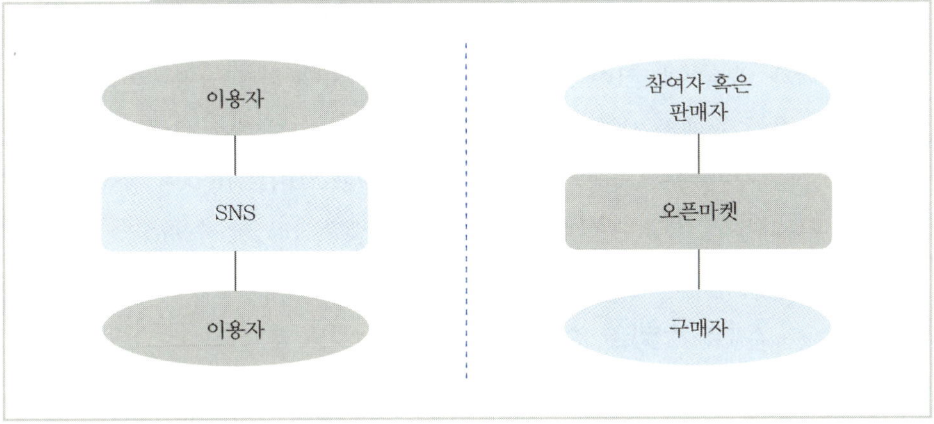

셋째, 복합형 플랫폼이다. 이는 기반형과 매개형 플랫폼의 형태를 복합적으로 지니고 있는 유형으로 대부분의 플랫폼들이 궁극적으로 지향하는 형태이다.

즉, 복합형 플랫폼은 다음 중 한 가지 형태로 생겨난다. 즉, 기반형에서 시작해서 매개형의 형태를 갖추게 되면서 진화하거나 혹은 매개형에서 시작해서 기반형의 형태까지 갖추어 복합형으로 진화하는 방식이 있으며, 혹은 처음부터 기반형과 매개형의 모든 성격을 모두 갖추고 시작되는 복합형도 있다.

예를 들어, 기반형에서 시작해 복합형이된 대표적인 플랫폼은 바로 윈도우(Microsoft Window)다. 윈도우 시스템 7까지만 하더라고 그 자체로써 매개형 서비스를 가지고 있지 않았지만 윈도우 8부터는 윈도우 스토어(Window Store)를 내장시키면서 복합형 플랫폼의 성격을 갖추게 되었다.

반면 매개형 플랫폼에서 시작해 복합형 플랫폼이 된 경우도 있는데, 그 예로는 페이스북, 카카오스토리 등을 들 수 있다. 특히 페이스북은 시작은 단지 SNS로 시작했지만 이후에는 개발환경에 대한 애플리케이션 소스를 공개하면서 기반형 성격을 갖추게 되었다. 오늘날의 페이스북은 복합형 플랫폼으로서 상당한 위력을 펼치고 있다.

또한 처음 시작부터 복합형의 성격을 지닌 경우도 있는데 대표적인 예가 바로 안드로이드이다. 안드로이드 마켓(현 구글플레이)은 앱 개발자와 구매자(사용자)를 매개한다는 점에서 매개형 플랫폼처럼 보일 수 있지만, 운영체제의 기반과 더불어 안드로이드 마켓이 통합되어 있기 때문에 결국 복합형에서 출발한 플랫폼이라 할 수 있다.

1.2 IT 플랫폼 생태계

플랫폼은 제품 자체가 될 뿐만 아니라 경우에 따라서는 제품을 구성하는 부품이 될 수도 있다. 이 때문에 다른 서비스와의 연계나 판매를 위한 서비스처럼 특정한 고정적 형태를 지니고 있지 않다.

애플의 iPhone은 제품 플랫폼의 대표적인 예라고 할 수 있으며 또한 인텔의 Pentium 칩 역시 제품을 구성하는 부품이면서 동시에 다른 서버들이 공통적으로 사용하는 부품이 되기 때문에 이 또한 부품 플랫폼이라 할 수 있다.

플랫폼의 존재는 여러 참여자가 같은 기술 사양과 규칙에 따라서 어느 정도의 경제적 가치를 창출하느냐에 따라 그 의미가 달라질 수 있다. 그만큼 플랫폼의 성공 여부는 곧 사업에 연결되어 있는 비즈니스와 이해관계자들이 어느 정도 협력하는지에 따라 달라질 수 있는데 이는 플랫폼에 대한 가치가 곧 여러 주체들이 이를 통해 거래함으로써 창출되기 때문이다.

그렇다면 거래를 통한 플랫폼의 가치가 창출되는 요인은 무엇일까? 이는 바로 플랫폼 비즈니스가 일반적으로 갖추어야 할 특징인 네트워크 효과와 규모의 경제라는 두 가지 원칙에 따라서 이루어진다. 이들을 살펴보면 첫째, 네트워크 효과는 재화를 사용하는 한 명의 사용자가 또 다른 사용자에게 재화에 대해 느끼는 가치에 영향을 줄 때 발생한다. 즉, 이때의 재화의 가치는 얼마나 많은 사용자가 이를 사용하고 있느냐에 따라 결정된다. 예를 들어서 페이스북의 경우 사용자가 이를 통해 많은 사람과 연결지을수록 그 가치는 기하급수적으로 증가한다.

이러한 네트워크 효과를 통해 플랫폼이 한 번 시장에서 주도권을 형성하게 되면 향후에 그 분야를 이끌어나갈 가능성이 높아지는 것 역시 네트워크 효과의 영향을 받은 결과이다. 플랫폼의 규모가 커질수록 가치가 커지고 이에 따라 더 많은 사람들이 그 플랫폼에 유입되기 때문에 일반적으로 네트워크 효과는 사용자 서로간의 연결이 중요시 될 때 더욱 큰 효과를 가져온다.

둘째, 규모의 경제는 경제학의 기본 개념으로 생산량이 증가함에 따라 경제적 이익 역시 빠르게 증가하는 현상을 의미한다. 예를 들어, 아마존은 기존에 개발해 둔 전자상거래 인프라를 통해 점점 더 많은 판매자가 이를 사용함과 동시에, 인프라 개발에 사용된 고정비용을 점차 많은 판매자들이 각각 나누어서 부담하므로 단위비용이 점차 줄어들게 되고, 이는 곧 비용에 대한 상대적 부담감을 현저히 감소시켰는데, 이를 곧 플랫폼 가치창출에 대한 규모의 경제 효과라고 설명할 수 있다. 따라서 다수의 사용자와, 개방형 인프라가 규모의 경제 실현에 중요한 요인이 될 수 있다.

1.3 플랫폼 생태계의 기본 원리

플랫폼 기반의 생태계는 자연상에 존재하는 생태계와 마찬가지로 몇 가지의 기본적인 핵심원리를 가지고 있다.

첫 번째는 개방성을 의미하는데, 플랫폼의 가치를 높여주는 효과가 극대화되기 위해서는 많은 사용자를 확보해야 한다. 생태계의 개방성은 이러한 플랫폼의 가치를 증대시키기 위한 전제라고 할 수 있는데, 플랫폼 운영 소스가 개방적이면 다양한 서비스와 제품이 등장하게 되는데, 이때 다양한 서비스를 바탕으로 가치에 끌린 소비자는 결국 그 플랫폼 체계를 선택하게 된다. 그 결과 개방적이면서 다양성을 전제로 한 플랫폼 사업자 역시 동반으로 성장할 수 있다.

두 번째 원리는 다양성이다. 즉, 연관되어 있는 비즈니스와 이해관계자들이 어느 정도로 협력하는가에 따라서 플랫폼의 성패가 결정될 수 있음을 의미하는데, 플랫폼의 가치는 여러 주체들이 서로 거래할 때 창출되기 때문에, 최대의 가치를 창출하기 위해서는 산업분야 혹은 시장에 참여하고 있는 산업과 주체를 구성하는 기술, 인력, 자본 등이 다양하게 존재해야 한다. 즉, 있어야 할 구성 요소가 없거나 사라져버린 생태계는 건강한 플랫폼 생태계라고 할 수 없다.

세 번째는 자기조직화이다. 성공적인 플랫폼 기업들은 다른 기업과 차별화 되는 자신만의 핵심기술을 가지고 있어야 플랫폼 시장을 주도할 수 있다. 이는 생태계의 개념 중 자기조직화에 해당한다. 특히 해당 분야에서 플랫폼이 결정적인 역할을 할 수 있도록 핵심적인 기능을 제공하거나 문제를 해결해줄 수 있어야 한다.

예를 들어서 인텔 칩과 Window OS의 경우 이 둘이 없다면 PC가 작동할 수 없으므로 이들은 PC의 플랫폼 메인 컴포넌트라고 할 수 있으며, 이들이 속해 있는 플랫폼 분야에서 표준으로 대표될 수 있을 만큼 제품이나 서비스를 사용할 수 있어야 한다는 것이다. 이는 해당 플랫폼이 API나 핵심 소스를 공개하고 플러그인을 제공함으로써 제3자 참여자를 점차 넓혀나가고 사용자들이 플랫폼을 쉽게 사용할 수 있도록 접점을 제공해야 함을 의미한다.

마지막은 진화이다. 플랫폼의 가치증대를 통한 진화는 단계적으로 이루어진다. 이러한 성장 과정은 일반적으로 3가지의 단계를 거치게 되는데 첫째, 산업의 초기 생태계를 조성하는 차별화단계, 둘째 참여자에게 인센티브를 제공해 생태계에 참여하도록 유도하는 참여유도단계, 마지막으로 개방을 통해 생태계의 영향력을 확대시키는 확산단계를 들 수 있다. 차별화단계에서는 초기 생태계가 구성된다. 이 단계에서는 차별화 기술을 확보하는 것에 주력해야 하는데, 예를 들어 페이스북의 개발도구인 API를 확보해 그 초기 시장을 형성하는 것이 바로 본 단계라 할 수 있다. 참여유도단계는 공급과 수요에 인센티브를 제공해서 이용자들의 참여를 유도하는 것인데 이용자에게 인센티브를 제공하는 방법들로는 타 시스템과의 호환성 마련, 그리고 광고채널 확보 등의 다양한 혜택이 포함될 수 있다. 마지막으로 확산단계에서는 플랫폼 사업자가 새로운 참여자를 지속적으로 확보하기 위해 API 등의 기술정보를 계속 공유하며, M&A 등을 이용해서 비슷한 사업으로 영역을 확장시키는 것을 말한다. 이러한 확산 메커니즘이 자리잡은 생태계는 지속적으로 발전할 수 있는데 그림 3-3은 이러한 비즈니스 플랫폼 생태계의 단계적 진화 과정을 나타낸 것이다.

02 IT 플랫폼의 주요 형태

2.1 운영체제(OS) 플랫폼

그림 3-3 비즈니스 플랫폼 생태계의 단계적 진화 과정

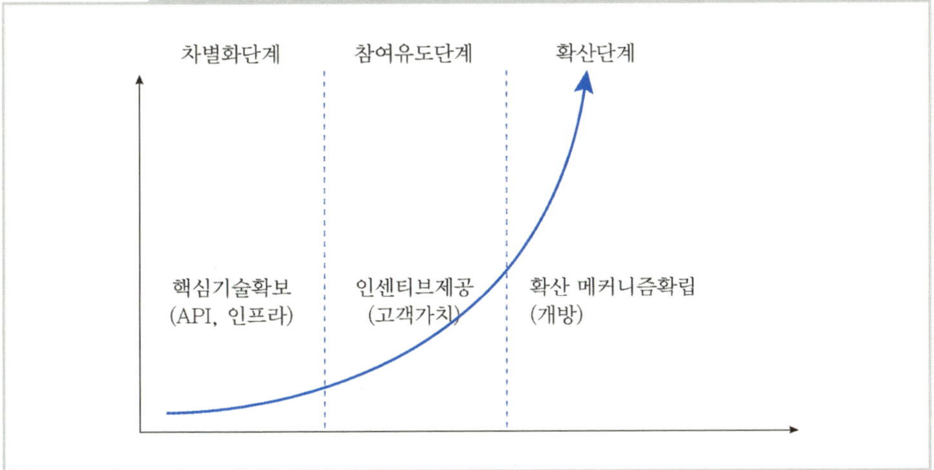

자료: 채병삼 외(2011), 비즈니스 플랫폼의 부상과 시사점, 재구성됨.

운영체제, 즉 OS는 애플리케이션과 하드웨어의 사이에 위치하며, 애플리케이션을 실행하고 하드웨어를 제어하는 기능을 담당한다. 운영체제에는 게임기, 스마트폰, PC, 자동차, 로봇, TV 등이 포함되며 이 뿐만 아니라 소프트웨어와 하드웨어가 활용되는 대부분의 분야에서 운영체제를 찾아볼 수 있다.

운영체제는 다양한 애플리케이션 개발의 기반이 되며 동시에 다양한 개발자와 사용자가 공존하는 생태계 구축에도 기여한다.

기계적 측면으로 간주하면 운영체제는 애플리케이션과 하드웨어를 연결해주기 때문에 IT 플랫폼 중 가장 중요한 역할을 수행하고 있다고 볼 수 있다.

세계 최초로 개발된 운영체제는 GM-NAA I/O로, 1956년에 제너럴 모터스 연구소에 의해 개발되었다. 이 운영체제는 처음에는 대형 컴퓨터인 IBM-170을 위한 것이었지만, 개인용 컴퓨터가 보급되기 시작하면서 윈도우, MS-DOS 등의 운영체제는 일반적인 사용자들에게 활용될만한 중요한 기술로 여겨지기 시작했다. IBM PC는 모든 명령을 일일이 키보드를 이용해서 내리는 방식을 사용하는 MS-DOS를 사용해야 했지만, GUI(Graphical User Interface)를 탑재한 윈도우가 널리 사용되기 시작하면서 운영체제의 사용은 이전보다 쉬워졌으며, 이후 사용자 환경에 맞게 인터페이스도 많은 변화를 겪어왔다.

그런데 이와 같은 운영체제를 기반으로 작업을 수행하기 위해서는 적절한 애플리케이션이 필요하다. 즉, 다양한 욕구를 지닌 수많은 사용자들을 만족시키기 위한 다양한 애플리케이션이 필요하기 때문에 모든 운영체제는 애플리케이션의 개발을 지원하는 API(Application Programming Interface)를 제공한다. 이는 시스템 제어를 위한 프로그래밍용 함수로, 프로그램 개발자는 운영체제가 제공하는 API 사양에 적합한 프로그램을 작성하며 또한, 사용자는 운영체제를 개발한 기업이 제공하는 애플리케이션이나 독립 개발업자(개발자)가 만든 다양한 종류의 애플리케이션 중 자신의 욕구를 충족시켜주는 것을 이용하게 된다. 이때 애플리케이션을 운영체제 개발 기업이 아니라 제3자인 독립 개발업체가 만들었기 때문에 이를 일컬어 '써드파티 애플리케이션(Third Party Application)'이라고 부르기도 한다.

이처럼 플랫폼 기업은 다양한 방식으로 운영체제를 제공함으로써 그들의 수익을 증대시킬 수 있는데, 특히 마이크로소프트는 OS인 윈도우(Window)를 개별상품으로 패키징해서 고가에 판매하였으며, 애플은 자사의 서비스와 하드웨어를 강하게 결합시킨 아이튠즈 등을 통해 서비스뿐만 아니라 이를 탑재한 아이폰, 아이패드 등의 하드웨어 디바이스 판매량 증대를 통해서 그들의 수익을 극대화시켰다.

반면 구글은 구글플레이와 모바일 광고를 통해 막대한 수익을 창출했다. 뿐만 아니라 애플이나 구글은 앱(App) 내에서 결제를 진행하는 방식인 인앱(In-App)구매 시 발생하는 수수료나 유료 앱 판매를 통해서 수익을 창출해오고 있다.

한편 운영체제는 시스템 구동을 가능하게 해주는 핵심엔진으로 운영체제가 플랫폼 중 최고의 위치에 있는 이유는 다음과 같다.

첫째, 하드웨어를 제어하고, 소프트웨어 애플리케이션을 구동하하기 위해서는 운영체제가 필수적이다. 이는 기반 플랫폼이 가장 핵심적인 역할을 담당함을 의미한다. 둘째, 운영체제는 지속적으로 애플리케이션을 개발함으로써 시스템이 지속 확장 가능하게 해준다. 모든 운영체제는 개발도구(SDK)를 제공하며, 개발자들은 이를 이용해서 다양한 종류의 애플리케이션을 개발해 판매한다. 충분한 수의 사용자가 운영체제를 사용하는 시점에 다다르면, 그 이후에는 운영체제를 개발한 업체의 큰 노력 없이도 개발자들이 스스로 발전해서 계속해서 새로운 애플리케이션을 개발하고 보급하는 '선순환 메커니즘'이 구축되게 되는데 이는 곧 개발자가 애플리케이션을 통해 어느 정도의 수익을 창출하거나 명성을 쌓을 수 있는 기반이 구축되었다는 것을 의미한다. 그렇기에 한번 운영체제가 확실히 안정화되면, 웬만해서는 실패하지 않을 정도의 지위를 갖게 된다. 즉, 새로운 애플리케이션이 계속돼서 공급되고 이는 사용자들이 계속해서 애플리케이션을 사용하는 원인으로 작용하게 되는 것이다.

또한 운영체제와 관련된 특이한 사실 한 가지는 운영체제가 최근에 점차 복합형 플랫폼으로 진화하고 있는 추세라는 점이다.

애플이 자사의 iOS에 앱스토어(App store)인 아이튠즈 스토어(iTunes store)와 같은 서비스를 포함시켜 운영체제 자체가 매개형 플랫폼으로서의 기능을 갖추게 되었다. 이후 안드로이드 역시 구글플레이를 기반으로 등장하였으며 이에 영향을 받은 데스크톱 운영체제 윈도우 8, 윈도우 10 역시 기존의 버전들과는 다르게 윈도우 스토어를 포함한 형태로 출시되었다.

2.2 오픈마켓 형태의 플랫폼

오픈마켓(Open Market)이란 다수의 판매자가 다수의 구매자를 상대로 제품을 판매하는 쇼핑몰을 의미한다. 해외사이트의 경우 이베이처럼 경매기능을 가지고 있는 사이트는 온라인 경매 웹사이트로 칭하며, 그 외의 사이트들은 온라인 쇼핑 웹사이트에 해당한다. 판매자와 구매자를 매개해서 상거래를 창출하는 과정에서 발생한 판매자의 수

그림 3-4 오픈마켓 매개형 플랫폼

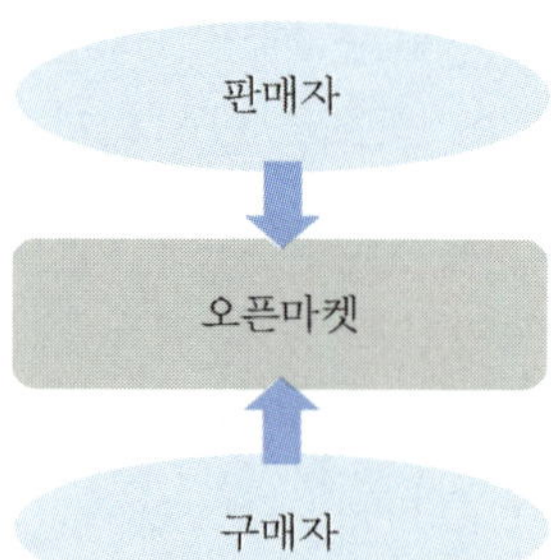

익 중 일부를 수수료로 받는다는 점에서, 오픈마켓은 가장 대표적인 매개형 플랫폼에 속한다.

오픈마켓의 기능은 플랫폼을 통해서 상거래를 매개하고 공통적인 서비스를 제공하는 데에만 한정되고, 실질적인 상품의 발송, 반품, 교환은 판매자가 담당한다. 반면에 일반적인 쇼핑몰의 경우는 쇼핑몰 운영업체가 상품을 매입, 발송, 반품, 교환하는 과정을 모두 담당해야 하기 때문에 이와 관련된 비용이 큰 비중을 차지한다. 또한 오픈마켓에 비해서 판매수량 역시 상대적으로 적기 때문에 충분한 마진을 확보하기 위해서 상대적으로 비싼 가격을 책정할 수밖에 없다.

오픈마켓이 활성화되기 전에는 이러한 온라인 쇼핑몰이 주를 이루었지만, 오픈마켓이 저렴한 가격을 앞세워 성장하면서 시장의 모습이 크게 변화하였다. 국내 온라인 쇼핑몰 같은 경우도 11번가, G마켓, 옥션이 가장 큰 비중을 차지한다. 한편 최근 소셜 커머스 또한 빠르게 성장하며 오픈마켓을 추격하고 있다.

한편 오픈마켓은 상거래를 매개하는 과정에서 얻는 직·간접적인 수수료와 판매자들이 자신의 제품을 광고하기 위해 지급하는 비용을 주 수입원으로 삼는다.

2.3 소셜 커머스 특성의 변화

한국에서 그루폰(Groupon)은 소셜 커머스가 초기 등장할 때 소셜 커머스의 초기 모델이 되었다. 그루폰은 지역 상점의 상품을 일시적으로 세일하는 쇼핑몰로 시작되었는데, 초기에는 하루에 하나의 거래(Deal)만 다루었고 그로 인해 '원딜 어데이(One-deal-a-Day)', '딜 오브더 데이(Deal-of-the-Day)' 등의 명칭으로 불렸다. 이는 국내의 소셜 커머스 업체들의 초기 사업 형태로 구축된 비즈니스였으나 현재는 그 형태에 변화가 생겼다. 실제 대부분은 오픈마켓처럼 식료품, 공산품 등 다양한 종류의 실물 상품 판매에서 매출을 창출하고 있다. 오픈마켓에 비해서 적은 상품의 종류를 취급하고, 판매자의 진출입이 덜 자유롭다는 점을 제외하고는 오픈마켓과 굉장히 유사한 형태를 지니고 있다.

한국형 소셜 커머스를 비즈니스 모델의 관점에서 보면 오픈마켓과 사업영역이 상당히 겹친다고 할 수 있으며, 소비자들 역시 오픈마켓과 소셜 커머스의 실질적인 차이를 인식하기 힘들다.

또한, 최근 쿠팡은 판매자와 소비자를 다이렉트로 연결해주는 '마켓플레이스'를 통한 오픈장터 서비스를 제공하겠다고 밝힌 바 있으며, 이는 비즈니스 모델 자체를 오픈마켓과 동일시 하겠다는 의미로 해석할 수 있다. 이처럼 판매자와 구매자를 한 공간에서 만나게 해서 상거래를 창출하고 그 수수료를 받는 오픈마켓의 비즈니스 모델은 매개형 플랫폼의 정석이다. 더욱이 오픈마켓이 한번 자리를 잡으면, 사업은 순탄하게 흘러간다. 이는 오픈마켓이 이뤄낸 플랫폼 선순환 메커니즘 덕이라 할 수 있으며 오픈마켓의 시스템이 선순환되는 요인은 다음과 같이 4가지 요소로 파악할 수 있다.

첫째, 판매자는 수수료만 지급하기 때문에 비교적 저렴한 가격에 상품을 판매할 수 있다. 둘째, 다수의 구매자가 상품을 구매하기 때문에 판매자는 박리다매로 상품을 판매할 수 있다. 셋째, 저렴한 가격은 더욱 많은 구매자를 불러들인다. 마지막으로 이러한 과정이 반복되면 오픈마켓은 이벤트, 쿠폰, 매체광고 등을 통해서 더욱 많은 구매자를 유인할 수 있다.

이처럼 더 많은 구매자는 더 많은 판매자를 불러들이고, 더 많은 판매자는 또 다시 더 많은 구매자를 불러들이는 선순환구조가 이루어진다. 많은 판매자가 모이면, 시장의 경쟁은 더욱 치열해지고 가격은 또다시 낮아지게 되는 것이다.

오픈마켓이 정상적으로 운영된다는 것은 곧 이러한 메커니즘이 어느 정도 최적화된 상태에 도달했음을 의미한다. 또한 대부분 오픈마켓

업체는 특정 경쟁업체가 압도적인 점유율을 지니고 있는 것이 아니라면, 장기간 플랫폼 기업으로서 이익을 누릴 수 있게 된다.

2.4 SNS 형태의 플랫폼

SNS(Social Network Service)라는 약어는 우리나라에서만 사용되는 단어 중 하나이다. 이 단어는 해외에서는 사용되지 않는다. 특히 영어권 국가에서는 이 단어 대신 소셜 미디어(Social Meadia)라는 단어를 사용한다. 소셜 미디어란 사용자 콘텐츠를 공유하는 웹 2.0 서비스를 통칭하여 이르는 용어로 팟캐스트(Podcast), 블로그, 유튜브 등을 포괄한다. 특히 일반적으로 페이스북과 같은 서비스를 SNS 대신 소셜 네트워크라고 부른다.

즉, SNS는 사용자들이 서로 관계를 맺고 상호작용을 할 수 있도록 그들을 매개해주고 촉진해주는 서비스이다. SNS는 다른 인터넷 서비스와 다르게 개인을 중심으로 한다. 이는 이용자가 SNS에 처음 로그인할 경우 초기화면의 '마이페이지' 와 같이 자기자신 중심의 화면구성으로 시작되는 것만 보아도 SNS의 구성 자체가 개인을 중심으로 화면을 구성하고 있음을 확연히 파악할 수 있다. 한편 네이버와 같은 경우 소셜적인 성격을 가지고 있지만, 개인과 타인이 맺는 관계가 네이버의 주된 요소로 작용하지는 않는다. 그러나 SNS 는 개인의 페이지에서 서비스가 시작되며, 활동의 궁극적인 목적 역시 개인이 타인과 맺는 사회적인 관계성에 목적을 두고 있다. 또한 사회적 관계와 상호작용을 통해 사람들의 일상에 깊게 자리잡으며 그를 통해서 커머스, 게임, 광고 등의 다양한 경로가 수익의 원천으로 작용한다.

이에 따라 SNS의 특성을 기준으로 나눠보면 범용 SNS, 버티컬(Vertical) SNS로 구분이 가능하다. 우선, 범용 SNS란 특정 분야에 한정되지 않고, 모든 분야에 걸친 사회적 관계를 기반으로 하는 소셜 그래프를 구축하는 형태이다. 또한 버티컬 SNS는 스포츠, 게임, 회사 동료, 동일 직종, 동창 등 특정 분야에 국한되어 있는 사회적 관계를 기반으로 하여 소셜 그래프를 구축하는 형태인데 범용 SNS의 예로는 카카오스토리, 페이스북 등이 있으며, 버티컬 SNS는 비트윈(Between)과 링크드 인(Linked in) 등을 들 수 있다.

이처럼 여러 종류의 SNS가 존재하고 있다지만 아무리 이용자가 범용, 버티컬 네트워크를 종횡하며 인맥을 맺은 이용자와 서로간의 네트워크를 형성하고 관리하려 해도 SNS를 통한 사회적 관계를 충분히 관리하기란 그리 쉬운 것만은 아니다. 일반적으로 사용자들은 다수의 비슷한 SNS를 이용하는 것에 부담을 느끼기 때문에 대부분의 사람들은 한두 개 정도의 범용 SNS만을 이용하게 된다. 어떤 사람은 버티컬 SNS를 아예 사용하지 않을 수도 있으며, 사용하더라도 한두 개 정도만 사용하는 경우가 대부분이다.

이러한 이유가 곧 페이스북이 전 세계를 지배하는 SNS로 만들어 주었다. 즉, SNS에 대한 사람들의 공통된 가치관은 '다른 사람들이 많이 이용하고 있는 서비스는 나 역시 이용해야 한다'라는 생각을 갖게 한다. 때문에 SNS 시장에서는 경쟁에서 이긴 자가 막강한 수익을 올리게 되며 시장에 강한 영향을 미치는 '승자독식(Winner-Take-All: WTA)' 현상이 두드러지게 나타나는데, 페이스북의 경우 이런 범용성의 특성과 더불어 관계를 맺을 수 있는 이용자를 흡입함으로써 시장에서의 승자독식을 형성하게 되었다. 페이스북과 같이 성공적인 SNS는 분명 뚜렷한 '소셜 오브젝트(Social Object, 사람들이 목적을 갖고 공유하기 바라는 것들)'를 갖고 있으며, 해당 소셜 오브젝트를 갖고 있는 사람들이 모이면 모일수록 더욱 탄탄한 커뮤니티가 구축되는 것이다.

한편 시장에는 다양한 종류의 SNS가 존재하는 것을 감안할 때 틈새시장을 형성해 개척해 나갈만한 버티컬 SNS 형태가 다양하게 존재한다. 또한, 각 나라마다 문화에 최적화 된 지역 특성의 SNS가 시장에서 어느정도의 지위를 확보하고 있으며, 새로운 라이프스타일에 알맞은 형태의 SNS가 성공적으로 시장에 자리잡고 있다.

이러한 상황으로 인해 전 세계 시장에선 꾸준히 수많은 SNS가 등장하고 틈새시장에서 승리하기 위한 치열한 경쟁을 벌이고 있다. 그 중 일부는 싸이월드, 아이러브스쿨 처럼 과거에 정점을 찍은 후 사라질 것이고, 또한 대부분은 시장에서 두드러진 모습을 보이지도 못하고 사라지게 될 것이다. 이처럼 시장에서 수많은 SNS들이 승자독식을 꿈꾸며 치열한 경쟁을 해나가고 있다.

다음은 SNS가 공통적으로 갖고 있는 주요 기능들이다.

① 사용자가 사진, 글, 동영상 등의 콘텐츠를 업로드 하면 그 내용은 사용자와 관계를 맺고 있는 또 다른 사용자에게 자동으로 공유되며 마찬가지로 자신 또한 다른 사용자의 업로드된 콘텐츠도 공유할 수 있다.
② 타인과 개인적인 메시지를 교환할 수 있다.
③ 그룹에 참여해서 개인적인 관계와 그룹 내 다수와의 관계를 형성할 수 있다.
④ SNS의 검색기능은 실시간 사람들의 관심사에 대한 정보를 제공해준다는 점에서 차별성을 갖고 있다.
⑤ 관계를 맺은 타인이 어떤 활동을 했는지 스마트폰 알림, 이메일 등을 통해서 실시간으로 알려줌으로써 SNS에 끊임없이 방문하도록 유도한다.

이처럼 사람들이 SNS를 통해 서로 콘텐츠를 공유하고, 이에 반응할 때 중독성이 발현되는데 이런 지속적인 과정을 통해 결국 플랫폼 선순환구조를 이뤄내며, 이는 곧 사람들이 지속적으로 접속함에 따라 매개형 플랫폼으로서 상당한 영향력을 행사하게 된다.

한편 SNS의 수익 원천은 비교적 단순하다. SNS의 수익은 크게 광고수익과 커머스, 게임 등의 요소에서 창출되는 수수료 수익으로 나뉜다. SNS 중 가장 많은 기능을 제공하는 페이스북의 수익 역시 다양한 방법으로 창출하고 있다고 하지만 수익의 약 90퍼센트 이상은 광고에서 발생하고 있는 것이 현실이다.

2.5 성공하는 SNS의 특징

앞서 살펴본 5가지의 SNS의 기능과는 다르게 성공한 SNS가 보유한 기능적 특징은 무엇보다 이용자에게 소셜 그래프를 기반으로 한 애플리케이션 제공과 더불어 타인과의 관계를 형성하도록 한 게임, 커머스 등을 서로 교류할 수 있는 환경을 제공해준다는 데 특징이 있다.

이와 더불어 SNS를 플랫폼 삼아 작동하는 소셜 애플리케이션을 써드파티 개발자가 만들도록 환경을 제공하는데, 예를 들어 페이스북은 별도의 개발자 사이트를 구축하고 있으며 개발자를 위한 소프트웨어 개발도구를 제공함으로써 써드파티 개발자의 개발을 독려하며, 이는 마치 기반형 플랫폼의 운영체제가 하는 역할과 유사한 서비스를 제공한다.

개발자는 페이스북이 제공한 페이스북의 소셜 그래프를 이용해서 페이스북을 플랫폼으로 구동되는 애플리케이션을 개발하게 된다. 페이스북 뿐만 아니라 카카오톡 역시 동일한 방식의 플랫폼을 제공하는데 대표적으로 카카오톡의 게임이 바로 플랫폼 기반 하에서 써드파티 개발자가 만든 게임의 대표적인 예라 할 수 있다.

이렇게 개발된 소셜 애플리케이션은 전적으로 무료로 제공되기도 하고, 경우에 따라 결제를 통해 이용하기도 한다. 이때 카카오톡이나 페이스북과 같은 소셜 플랫폼은 사용자가 소셜 애플리케이션을 이용하기 위해 결제하는 비용 중 일부를 수수료로 받게 된다. 페이스북이 이러한 수익 모델의 원조라 할 수 있으며 또한 애플의 앱스토어 역시 페이스북의 수익구조를 어느 정도 모방하고 있다.

결론적으로 이는 매개형 플랫폼에서 출발한 SNS가 추가적으로 소셜 애플리케이션을 개발하고 구동 가능한 환경, 즉 기반형 플랫폼의 역할을 추가해서 복합형 플랫폼으로 거듭난 케이스라고 할 수 있다. 소셜 플랫폼을 기반으로 해서 새로운 소셜 애플리케이션이 계속해서 개발된다는 것은 결국 소셜 플랫폼 입장에서 젊은 피를 계속해서 수혈 받는 것과 마찬가지이다. 이것이 곧 페이스북이 성공적인 소셜 애플리케이션으로써 생태계를 구축한 것인 반면 싸이월드 같이 다른 SNS들이 오래가지 못한 것의 가장 큰 차이점이다.

이처럼 SNS는 소셜 애플리케이션 개발환경이 추가되면서 점차 복합형 플랫폼으로 거듭나고 있는 현상은 어찌 보면 사용자를 최대한 끌어들여야 하는 필연에서 본다면 소셜 플랫폼의 궁극적인 방향이라 할 수 있다.

03 플랫폼 비즈니스의 특징과 기술

3.1 플랫폼 네트워크 효과

네트워크 효과란 동일한 제품이나 서비스의 사용자가 증가할수록 각각의 사용자가 얻을 수 있는 효과나 가치도 함께 증가하는 것을 의미한다. 소셜 플랫폼인 페이스북의 경우 이를 이용하는 이용자는 사용에 대한 편의성이나 접속의 용이성, 그리고 다양한 기능 등과 같은 소셜 미디어로서의 서비스 특징과 기능뿐 아니라 페이스북을 얼마나 많은 사람들이 이용하고 있는가에 많은 가치를 두게 된다.

SNS가 웹서비스의 기능과 더불어 품질을 바탕으로 한 효용성은 사실상 사용자와 기업 간의 거래에 대한 측면이지만, SNS를 통해 커뮤니케이션을 할 때의 이용하는 상대방의 숫자는 서비스 품질이 아닌 얼마나 다수의 사용자가 같은 SNS를 이용하고 있는가에 대한 다른 측면의 효용성을 의미하며 이는 곧 SNS 이용가치에 해당되는 것이다.

만일 한 명의 개인만이 특정 SNS를 사용한다면, 그 사람이 SNS를 이용해서 얻을 수 있는 가치와 효용은 거의 없다고 볼 수 있다. 하지만, 그 SNS의 이용자가 증가할수록 가치와 효용은 증가되는데, 이처럼 SNS의 가치가 이용자 수에 비례해 증대되는 현상은 곧 네트워크 효과로 볼 수 있다. 이때 효과의 크기를 결정짓는 것은 구매자(SNS 이용자)와 서비스를 운영하는 기업 간의 거래가 아닌 그 밖의 다른 요소들이기 때문에 이를 일컬어 '네트워크 외부성'이라고 표현하기도 한다. 또한, 네트워크 효과는 서비스 이용자가 늘어나면 늘어날수록 효용성이 증가하기 때문에 '수요 규모의 경제성'이라고 한다.

또한 플랫폼 비즈니스는 서비스 이용자와 제공자라는 복수의 서로 다른 참여자로 이루어져 있으며 사이드 내의 네트워크 효과와 사이드 간의 네트워크 효과라는 두 가지 종류의 네트워크 효과가 작용한다.

첫째, 사이드(side) 내의 네트워크 효과는 다수의 사용자가 같은 목적으로 사용할수록 해당 참여자에 대한 플랫폼 효과가 증가함을 의미한다.

둘째, 사이드 간의 네트워크 효과는 한 종류의 참여자가 많을수록 다른 종류의 참여자가 플랫폼에서 얻을 수 있는 가치도 증대됨을 의미한다.

이처럼 SNS를 이용하는 이용자의 수가 많아질수록 네트워크망이 점점 커짐으로 "친구"라고 불리는 다른 이용자와의 커뮤니케이션이 활발해지는데 이때 이용자 측에서 강한 사이드 내의 네트워크 효과가 발생하게 된다. 한편 앞서 설명했듯이 SNS 상에서 광고회사나 소셜게임 운영회사 등 각종 서비스를 제공하기도 하는데 이때 이용자가 많을수록 강한 사이드 간의 네트워크 효과로 인해 플랫폼의 가치가 더욱 커진다. 즉, SNS가 제공하는 서비스가 다양하면 다양할수록 이용자들이 보다 다양한 선택을 할 수 있고 편의성이 증대됨으로 인해 사이드 간의 네트워크 효과가 발생하게 된다.

그림 3-5 쇼핑 플랫폼 구조

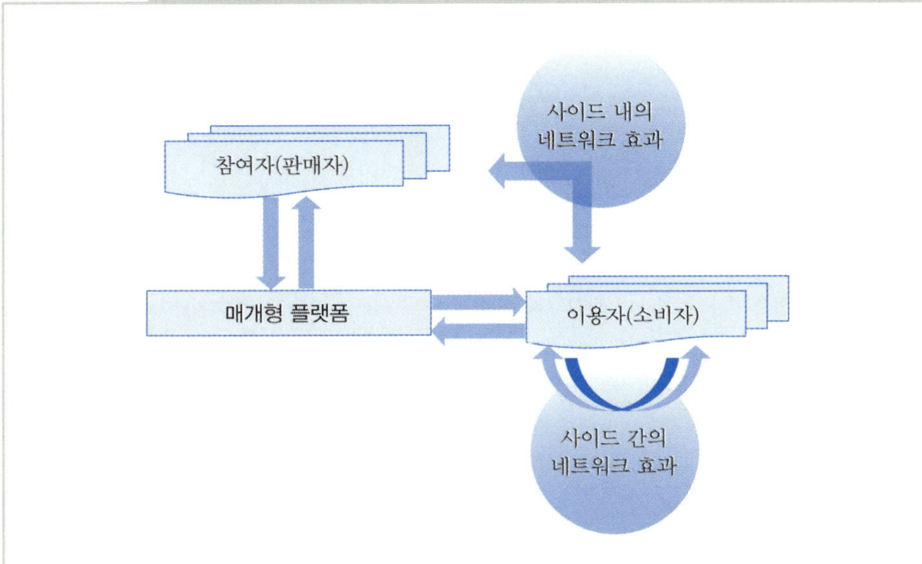

한편 사이드 내의 네트워크 효과는 동일한 종류의 참여자가 늘어날수록 각각의 참여자에게 플랫폼의 가치가 증대됨을 의미하지만, 동시에 타깃인 사용자 층이 같다면 참여자끼리 경쟁 상대가 될 수 있다. 따라서 참여자가 플랫폼을 선택할 때 SNS 이용자 수가 많은 플랫폼일수록 그 가치는 확실히 높지만, 이와 동시에 경쟁 상대 또한 많아진다는 점을 주의해야 한다.

3.2 플랫폼 경쟁

네트워크 효과는 플랫폼 비즈니스의 가치를 증대시키기 때문에 점유율을 높이는 데 큰 도움이 되며 네트워크 효과를 지닌 서비스가 타 서비스에 비해 압도적인 점유율을 갖게 된다. 일반적으로 네트워크 효과로 인한 승자가 된 플랫폼은 시장에서 강한 영향을 미치는 승자독식 현상(WTA)의 승자로 발전하게 되는데, 오직 네트워크 효과(서비스의 이용자나 참여자의 수) 만이 승자독식 현상을 발생시키는 것은 아니다. 승자독식 현상이 발생하게 되는 메커니즘은 그림 3-6과 같다.

그림 3-6 WTA형성 메커니즘

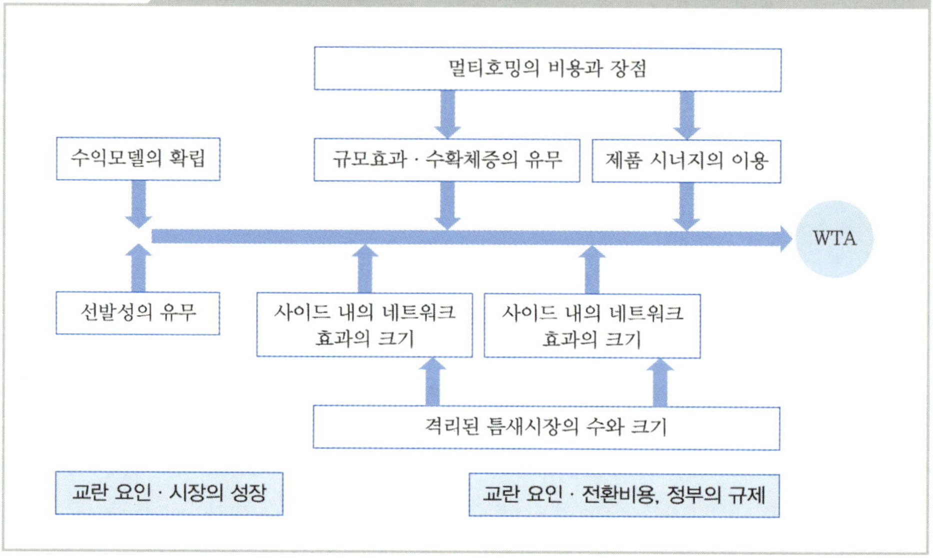

자료: 후지쯔총연(2014), 플랫폼비즈니스 최전선, p.30.

먼저, 최초로 시장에 출시한 서비스는 초기의 이용자 수도 많고, 이용자들로부터 받은 다양한 피드백으로 서비스를 개선할 수도 있기 때문에 경쟁상 우위를 점할 수 있다. 즉, 시장에 처음 들어가는 것이 중요한 경우 WTA 현상이 이루어지기 쉽다. 또한 특정 서비스가 확실한 수익모델을 확립한 경우에는 투자자금을 유치하기가 쉽다. 이는 다양한 프로모션을 통한 신규 이용자 유입과 품질향상이 비교적 용이하다는 것을 의미하기 때문에 WTA 현상이 되기 쉬워지는 것이다.

그림 3-6에 나와 있는 '규모효과·수확체증의 유무'라는 것은, 이용자가 많을수록 규모의 경제성이 작용하여 이용자 1인당 지급해야 하는 비용이 지속적으로 감소하게 되는 수확체증의 현상이 이어지게 됨으로써 승자독식에 대한 메커니즘이 더 강하게 작용될 수 있다는 점

을 의미한다.

또한, '제품 시너지의 이용' 이란 새로운 서비스를 이미 승자독식 상태에서 서비스에 추가로 제공함에 따라 양자 간에 강한 시너지효과를 나타내는 것이다. 그리고 이러한 시너지효과가 강할수록 더욱 승자독식 현상이 되기 쉽다. 그리고 '멀티호밍(multihoming)'이란 이용자(SNS 사용자)가 복수의 플랫폼을 이용하는 것을 말하는데, 이때 승자독식 현상은 현저하게 약해진다. 따라서 이미 사용하고 있는 플랫폼에서 기존의 서비스 이용자가 가능한 다른 플랫폼을 사용하지 않도록(멀티호밍을 하지 않도록) 해야 자사의 경쟁력을 더욱 강하게 키울 수 있다.

또한 그림의 '격리된 틈새시장의 수와 크기'라는 요인이 있는데, 이는 거대한 시장의 비즈니스와 격리되어 있는 틈새시장의 수와 크기라는 변수가 곧 승자독식 메커니즘에 영향을 줄 수 있다는 점을 의미한다. 예를 들어, 호텔이나 여관과 같은 숙박시설의 예약서비스는 이미 거대한 시장이 형성되어있으며 대형 플랫폼이 존재하고 있으며 여기에 '당일 예약'이라는 틈새시장의 플랫폼이 숙박예약시장에 틈새로 참여하기는 어렵다는 것을 의미한다. 그 이유는 숙박시설 측에서는 예약취소에 따라 갑작스럽게 발생한 당일판매 객실만 당일예약 플랫폼 서비스 측에 저렴하게 제공하는 것이 불가능하며, 저렴한 가격을 노리고 당일까지 예약을 하지 않는 서비스 이용 고객들이 증가하면 결국 기존의 일반 예약서비스의 수익성이 떨어질 위험성이 크기 때문이다. 이처럼 격리된 틈새시장의 수가 점차 많아지고 시장의 크기가 증가할수록 시장은 WTA인, 즉 승자독식 현상을 이뤄내기 어렵게 된다.

한편 플랫폼 비즈니스에서 승자독식이 쉬운 만큼 그 상태를 계속 유지시키는 것마저 쉬운 것은 아니다. 때로는 선발 기업의 시장점유율을 후발 기업이 추월하는 경우도 존재한다. 예를 들어, 페이스북은 2004년 미국 대학생이라는 좁은 타겟을 대상으로 한정적인 서비스를 시작한 후발주자인데, 기존에 존재하던 프렌드스터(Friendster, 2002년 개업)나 마이스페이스(MySpace, 2003년 서비스 개시)라는 선발주자를 추월하였다. 일본 SNS의 경우에 2012년 페이스북이 선발 기업인 믹시의 PC사이트 페이지뷰를 넘어서는 일도 있었다. 이는 승자독식을 취하고 있는 서비스라 할지라도 지속적인 우위를 점할 수 있다는 보장이 없음을 의미한다.

3.3 플랫폼에 축적되는 빅데이터

빅데이터란, 최근 들어 관심이 급증하고 있는 분야로, 인터넷의 보급과 컴퓨터의 처리 속도 향상, 각종 기기의 개발과 보급 등에 따라서 생성된 대용량의 데이터이다. 이는 SNS와 같은 커뮤니티 기능을 포함하고 있는 플랫폼상에는 수많은 사람들이 끊임없이 소통하는 내용이나 상황이 플랫폼에 축적된다. 또한 매개형 플랫폼에서는 각종 매매나 거래에 관한 데이터가 셀 수 없이 쏟아지며, 그 중 대다수의 것들이 데이터베이스에 축적되고 있다. 이는 심지어 우리가 선불교통카드를 충전하기 위해 구입한 전자머니의 이동 기록까지 데이터베이스에 쌓이게 된다.

한편 최근에는 IoT(Internet of Things: 사물인터넷)라는 용어가 대두되고 있는데, 이는 자동차나 생산설비, 의료기기 등 다양한 기계를 네트워크에 연결시켜 기계와 기계 간의 통신(Machine to Machine, M2M)을 가능하게 하는 것이다. 이를 통해 우리는 대용량의 데이터를 분석함으로써 얻게 되는 거액의 경제적 가치도 예상해볼 수 있다.

대부분의 빅데이터는 SNS 등의 커뮤니케이션 계열이나 쇼핑 등의 중개계열, 그리고 전자머니와 같은 결제계열, M2M 통신을 기반으로 하는 교통카드 등이 있고, 이러한 것들은 플랫폼상에서 서로 데이터를 주고받으며 데이터베이스에 축적되고 있다. 또한 빅데이터의 발생원인은 주로 플랫폼상에서의 이용자들의 활동이라고 할 수 있다.

그림 3-7 빅데이터 축적량

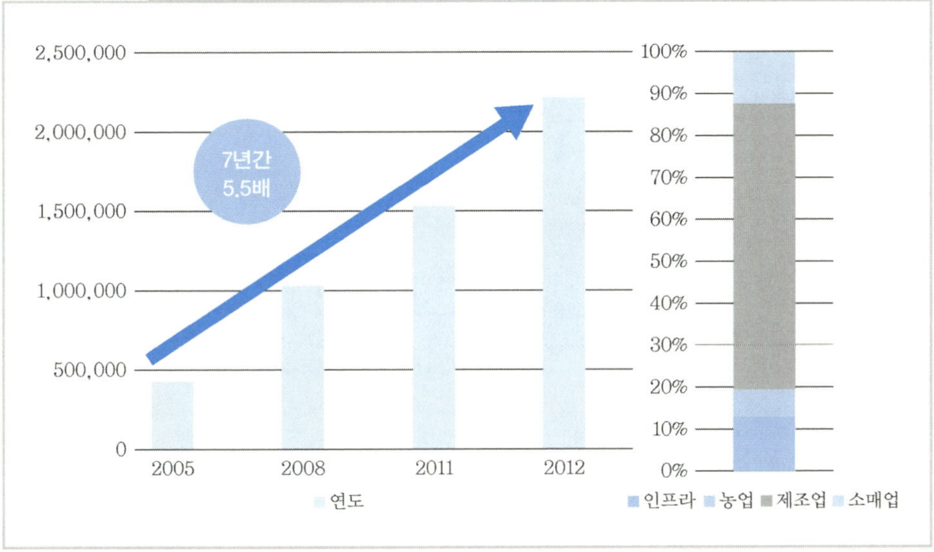

자료: 정보통신백서(2013), http://www.soumu.go.jp/johotsusintokei/whitepaper/ja/h25/pdf/25honpen.pdf

그렇다면 플랫폼에 축적되는 데이터는 어떤 것일까? 다음과 같이 소문 사이트의 플랫폼, 자동차의 위치정보관리 플랫폼의 사례학습을 통해 데이터 활용 방안에 대해 살펴볼 수 있을 것이다.

첫 번째 사례를 살펴보면 일본의 앳코스메(@COSME)라는 한 조사회사는 화장품 제조사들에게 화장품에 대한 입소문에 관한 분석자료를 분석하는 보고서를 제공한다. 여기서 미용·화장품에 대한 행동분석 도구는 "ALCOS"라고 하며 앳코스메가 가지고 있는 입소문에 대한 데이터베이스를 중심으로 SNS 이용자의 접속 데이터와 블로그나 페이스북, 트위터와 같은 외부 SNS에 올라오는 글도 함께 분석하였다.(그림 3-8 참조)

그림 3-8 앳코스메 이용데이터

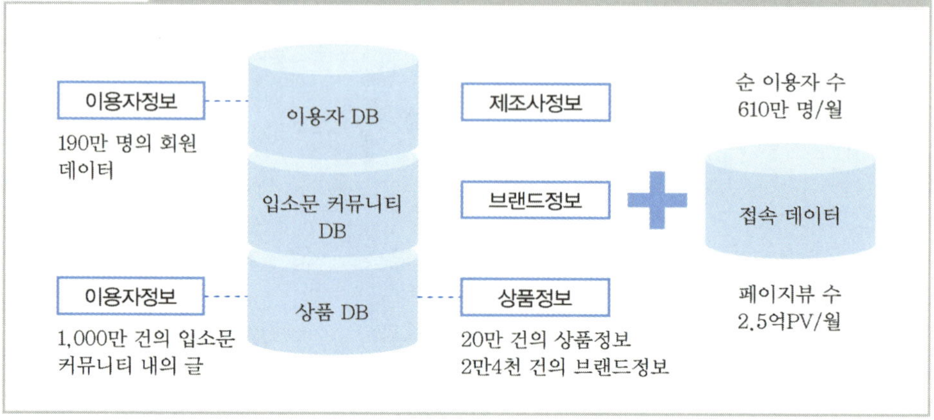

자료: ALCOS서비스 자료 http://www.istyle.co.jp

이를 통해 자사의 프로모션 효과를 측정할 수 있고, 또한 경쟁중인 타사의 제품 평판을 비교할 수도 있는 등 다양한 분석이 가능하게 되었는데 이전까지의 화장품 제조사들은 POS[1]의 데이터를 이용하여 자사 제품의 매상 매출 현황을 분석하거나, 소비자 서베이조사 또는 인터뷰 등과 같은 조사 방법을 시행하여 고객들의 평판을 듣는 정도가 전부였다. 하지만 현재는 입소문 커뮤니티와 SNS의 플랫폼상의 데이터들을 분석하여 자사 제품 평판에 대해 파악할 수 있을 뿐 아니라 타사 제품에 대한 소비자들의 선호도까지 거의 실시간으로 파악이 가능해졌다. 따라서 플랫폼상의 데이터는 기업의 마케팅에서 지금까지 이용되지 못했던 중요한 정보들을 기업에게 제공해주는 주된 자원이 되고 있다.

두 번째 사례로 '자동차 위치정보'를 관리하는 플랫폼 사례에 대해 알아보면, 2011년 3월에 동일본에서 발생한 대지진으로 인해 많은 도로들의 통행이 불가능하게 되었다. 당시 지진 피해 지역에 물자를 안

1) POS(point of sales) – 금전등록기를 컴퓨터와 결합시킨 형태의 시스템. 판매시점의 정보축적이 가능함.

전하게 조달하기 위해 통행이 가능한 도로를 파악하는 것이 급선무였으며, 이때 지능형 교통 시스템(Intelligent Transport System)을 보유하고 있던 비영리 활동 법인 ITS Japan이 각 자동차들 프로브 데이터(Probe data)를 수집한 후 공개한 사례가 있다. 여기서 프로브 데이터란 GPS기능이 있는 네비게이션을 탑재한 자동차의 주행정보들을 축적하여, 차량의 위치나 속력 등의 정보를 담고 있는 데이터베이스인데, 각 자동차 제조사들은 일반적으로 자사의 정보만을 수집·제공하고 있으며, 자사의 데이터를 타사와 공유하면 타사와의 경쟁관계에 영향을 미칠 수 있기 때문에 각 사별로 자료를 공유하지 않는 것이 관례였다. 하지만 ITS Japan이 주도적으로 각 회사별로 주행정보를 수집함에 따라 그해 3월에 혼다, 도요타, 닛산 자동차 등에서 받은 프로브 데이터를 제공하기 시작했고, 이용자들은 ITS Japan 사이트를 통해 피해 지역의 도로상황을 실시간으로 파악할 수 있었다. 이후 그해 4월 도로정보를 알 수 있는 다른 방법이 등장하자, JTS Japan은 프로브 데이터의 공개를 중단한 사례가 있다.

이처럼 데이터를 공유하는 플랫폼의 구축은 비상상황에서 효율성 높은 유용한 자료가 되었던 바, 이와 같은 데이터를 공유하는 플랫폼이 구축되면 도로상황을 실시간으로 파악함으로써 여러 가지 주행 방법 분석 등에 대한 서비스의 응용도 가능하다. 이는 또한 전망있는 데이터 기반 플랫폼으로 평가받고 있다.

소셜 커머스 3사, '빅데이터'로 고객서비스 혁신

4차산업혁명이 화두인 가운데, IT기업에 뿌리를 두고 있는 소셜 커머스 3사도 시대의 흐름에 동참하고 있다. '빅데이터' 기술을 200% 활용해 고객서비스 고도화 혁신에 조용한 행보를 보이고 있는 것이다.

15일 업계에 따르면 소셜 커머스 내 '빅데이터' 이용은 과거부터 한걸음씩 시작돼, 현재는 고객관리나 배송 등 서비스 질 향상을 위해 활용되고 있다.

작은 화면으로 모든 걸 해결하는 모바일 커머스 시대로 변하면서 소비자에게 최적의 상품과 카테고리를 제공하는 일은 소셜 커머스에게 늘 과제로 존재해 왔다. 이를 위해 기업들은 빅데이터 기반의 '개인화 기술'이 모바일 커머스의 핵심 경쟁력이 될 것으로 보고, 개발에 힘을 쏟고 있다.

티몬은 2014년부터 체계적인 빅데이터 전략을 수립해 활용하고 있다. 지난해 상반기에는 그 동안 빅데이터를 계속 축적·적용해 새로운 개인화 서비스를 시작했다. 이에 현재 티몬앱을 켜면 바로 추천탭이 보이는데, 추천탭에 노출되는 딜은 소비자마다 다르게 적용된다.

티몬은 카테고리(탭) 순서에서도 개인화를 진행할 예정이다. 현재는 티몬앱 속의 탭이 '추천-베스트-슈퍼마트-설프라이즈-꿀딜' 순으로 정해져있지만 개인화가 고도화되면 탭의 순서도 바뀌게 된다는 것이다.

티몬 관계자는 "궁극적으로 티몬은 '고객이 제일 먼저 선택하는 라이프스타일 커머스'가 되기 위해 모든 모바일 쇼퍼에게 개인화된, 나만을 위한 쇼핑 경험을 제공할 계획"이라며 "구매·기록 등을 통해 '자주 구입하는 물건' 등을 추천하는 것은 기본적인 수준의 개인화다. 티몬은 사고 싶은 물건을 추천하는 서비스를 제공하는 것을 목표로 하고 있다"고 전했다.

쿠팡과 위메프는 배송에서 빅데이터를 활용한 서비스 차별화가 이뤄지고 있다.

쿠팡을 대표하는 배송서비스 '로켓배송'은 빅데이터를 기반으로 쿠팡맨 전용 앱에 고객 관련 정보를 축적해 놓고, 이를 배송 때 활용하고 있다. 로켓배송을 담당하는 직원인 쿠팡맨은 배송 전 잠자는 아기가 있는 가정에는 초인종을 누르지 않고 노크를 한다거나, 직접 받고 싶은지, 문 앞에 놓고 갈 것인지, 경비실에 맡기기를 원하는지 등 고객이 원하는 대로 배송할 수 있도록 편의를 돕는다.

위메프는 빅데이터를 활용해 소비자의 구매 패턴을 찾은 뒤 이에 적합한 상품군을 인근 택배 차량에 배치했다가 주문 즉시 배송하는 '지금 사면 바로 배송'서비스를 시행하고 있다. 일부 상품에 한해 아직 주문이 들어오지 않은 상태에도 소비자의 구매 패턴을 미리 파악한 택배차가 특정 소비자 집 주변에서 기다리고 있다가 주문이 들어오면 바로 상품을 배달해 주는 것이다.

쿠팡 관계자는 "쿠팡은 IT기업을 지향하며 개발자가 프로젝트의 중심이 되는 개발 방법론인 '애자일(Agile)'을 성공적으로 안착시켰다"며 "특유의 빠르고 유연한 개발시스템과 혁신 기술력을 바탕으로 IT기술 기반의 차별화된 고객서비스를 끊임없이 만들어 내고 있다"고 전했다.

출처: 아주경제 2017.01.15. http://www.ajunews.com

Chap. 04 플랫폼 비즈니스 경쟁

도입사례 동대문에도 O2O 시장 뜰까… 새로운 방식의 온/오프라인 패션 비즈니스 플랫폼 무장

▪ 기존 방식에서 차별화 및 성공 가능성에 주목

한국의 대표적인 의류, 패션타운인 동대문 시장에 O2O 플랫폼을 장착한 쇼핑몰들이 등장하면서 그 성공 여부에 관심이 쏠리고 있다.

O2O는 'Online to Offline' 즉 온라인 시장과 오프라인 시장이 결합하는 형태의 사업군을 뜻하는 용어로 패션 시장의 경우 온라인 쇼핑몰과 실제 매장이 연결된다는 의미로도 해석된다.

최근 전통적인 패션 쇼핑몰인 '디자이너클럽'을 리뉴얼한 디씨엘라운드(DCL-ROUND) 등의 쇼핑몰이 그 주인공들로 새 시스템과 함께 동대문 시장의 새로운 도약을 꿈꾸고 있다.

이들이 표방하고 있는 O2O 전략은 전 세계 SPA(다품종 대량공급 가능한 패스트패션)브랜드의 시초격인 동대문에서 상품의 기획, 생산, 판매를 한 회사에서 운영하며 자체 브랜드로 유통하는 방식에 온라인 판매 및 주문까지 결합하는 방식이다.

디자인, 생산, 유통, 판매에 이르기까지 하나의 플랫폼에서 이루어지는 공동 브랜드의 개발을 통해 새로운 동대문 유통 트랜드를 이끌어 간다는 전략도 가지고 있다.

또한 원단 공동 구매를 통해 애초부터 원가를 대폭 절감시키는 제도를 마련해 입점 디자이너와 상인들은 초기 원단 수급에서부터 원가를 낮추고 임대료와 관리비, 광고 홍보비 등의 각종 비용이 현실적인 수준에 맞게 대폭 낮추는 식으로 경쟁력도 확보해 나가고 있다.

그동안 동대문 시장의 상가들은 운영 비용이 점진적으로 상승해 현재 매장 당 월 수천만 원대의 비용이 발생하는 것으로 알려져 있다.

이런 높은 비용 형성으로 젊고, 감각적인 신진 디자이너들을 발을 붙이지 못했던 게 사실이나 새 시스템으로 실력 있는 디자이너들이 맘껏 활동할 수 있는 공간을 제공해 이들이 창의적인 상품을 선보여 동대문 시장의 옛 명성을 되찾게 한다는 포부다.

디씨엘라운드의 운영기획사인 노크그레이트 측은 "브랜드별 가격 정책(Price), 홍보 마케팅(Promotion), 상품 개발(Product), 바이어 유통(Place) 등 4P 전략을 마련하고 있다"면서 "감각적인 디자이너들과 상인들이 주인공이 되는 O2O플랫폼을 구축했다"고 밝혔다.

한편 이같은 동대문 시장의 새로운 변화에 한동안 발길을 끊었던 중국 소비자 및 시장 관계자들도 관심을 보이기 시작한 것으로 알려졌다.

실제 지난 3월 초 진행된 디씨엘라운드의 오픈식에는 중국 정부의 상업 관련 고위 간부들과 유명 왕홍들이 참석한 것은 물론이고 CCTV 등의 매체들도 취재에 나선 것으로 알려졌다.

출처: 중앙일보, 2018.04.17. http://news.imaeil.com/ 기사편집

01 IT 플랫폼 경쟁

IT 업체들의 어떤 플랫폼으로 시장을 어떻게 주도해나갈 것인지에 대한 고민은 예로부터 계속 되어왔다. 1950년대 처음으로 컴퓨터가 등장한 이래 현대사회는 무한한 정보기술의 발전이 이루어져 왔다. 하지만 이러한 정보기술의 발전은 대부분 플랫폼 간의 경쟁과 긴밀한 관련이 있다고 말해도 과언이 아니다.

여기서는 실제로 우리 주변에서 발생했거나, 현재 진행되고 있는 IT 플랫폼의 경쟁사례를 통해 1980년대 초반부터 시작된 PC 플랫폼 비즈니스의 경쟁을 시작으로 몇 년 전부터 촉발되어 현재까지 활발하게 진행되고 있는 스마트폰(모바일) 플랫폼 비즈니스에 이르기까지 플랫폼 경쟁구조에 대해 이해해보도록 하자.

1.1 PC 플랫폼 경쟁

퍼스널 컴퓨터가 처음 우리 삶에 등장한 것은 1976년 4월 1일로, 스티브 잡스와 스티브 워즈넥의 Apple 1이라는 컴퓨터가 최초의 개인용 컴퓨터로 등장하였다. 이 컴퓨터의 사용자 층은 주로 학생이거나 개인 사용자였다. 그리고 Apple 1에 뒤이어 곧바로 Apple 2가 시장에 등장하였는데, 이는 기존의 Apple 1의 업그레이드 버전이었다. 이후 Apple 2의 등장에 이어 아타리, 탠디, 코모도 등 다양한 퍼스널 컴퓨터도 시장에 나오게 되었는데 이들 대부분은 자체적인 고유의 기술과 제품을 위주로 개발에 착수했기 때문에, 기술표준이나 플랫폼이라는 개념은 존재하지도 않았다.

당시에 IT업계의 최고였던 IBM은 퍼스널 컴퓨터의 첫 등장을 그다지 심각하게 받아들이지 않았다. 하지만 그로부터 몇 년이 지나 퍼스널 컴퓨터 시장이 매스컴에 회자되기 시작하면서 IBM은 퍼스널 컴퓨터의 경쟁 제품을 개발하여 시장에 출시하기로 결정했는데 당시 IBM은 이 제품을 IBM PC(Personal Computer의 약자)라고 정하게 되었다.

이러한 결정을 내릴 때 IBM은 IT 역사상 매우 중요한 몇 가지의 선택을 했는데, 즉 빠른 시장침투가 가능하도록 PC의 관련 부품을 이용하고 동시에 제품에 대한 외부 업체의 기술을 이용하거나 외부의 제품(인텔 칩 등)을 가져와 조립하고 또 시스템에 대한 설계구조를 최대한 대외적으로 개방한다는 결정을 하였다. 이때의 IBM의 결정은 시장에 빠르게 진입하기 위함이었으므로 사실상 기술적으로 혁신적인 제품을 만들 필요까지는 없다고 판단했던 것이다. 즉, IBM PC의 비즈니스 목표는 이를 하드웨어 플랫폼으로 만드는 것이었다.

이러한 결정으로 인하여 PC의 OS(운영체제) 개발업체로 당시에는 작은 기업이었던 빌게이츠의 마이크로소프트가 선정되었다. 이 시스템은 개방형 구조를 기반으로 하고 있었기 때문에 다른 기업들도 주변기기 개발이나 호환 가능한 소프트웨어를 판매하기 시작하였다. 또한, IBM은 자사의 기술에 대해 공개하는 것을 허용했으며, 곧 IBM은 많은 업체들과 협력을 통해 기업의 업무를 위해 사용될 많은 소프트웨어(Lotus; 현재의 엑셀 프로그램)가 탄생하게 되었다.

당시 기업들의 수요는 자연스럽게 증가하게 되었으며 경쟁사들은 IBM의 빠른 성장에 대응하기에 이르렀는데, 이때 Apple은 그래픽 인터페이스를 탑재한 Lisa 컴퓨터를 시장에 내놓았다. 이것은 1983년 당시로서는 매우 놀랄만한 수준의 기술이었으나, 그만큼 고가의 가격에 판매되었기 때문에 당시 시장에서 좋은 반응을 얻을 수 없었다. 이로 인해 재정부담을 짊어진 채 시장경쟁에서 실패한 Apple이 고전을 겪고 있었을 당시 마이크로소프트는 IBM PC(Clone)에 DOS를 제공해 큰 수익을 올리는 성과를 거듭하고 있었다.

이후 1987년에 접어들어 IBM은 이전과는 약간 다른 방식의 한 단계 업그레이드 된 성능의 PC를 시장에 출시했는데 이는 기존의 개방형 구조와는 다르게 이번에는 Apple과 유사한 방식을 적용하였다. IBM은 이를 PS(Personal System)/2라고 이름짓고, 대부분의 하드웨어를 직접 개발하였다. 이제 더 이상 PS(Personal System)/2는 다른 PC와 호환될 수 없었다.

뿐만 아니라 IBM은 1990년 대 초반에 또다른 실수를 범하였는데, 즉 OS(운영체제)를 기존의 마이크로소프트의 DOS 대신 자체적으로 개발한 고성능의 OS/2로 대체하겠다는 것이었다. 이로 인해 마이크로소프트사와 IBM사의 협력은 결국 끝이 나게 되었다. 이후 마이크로소프트사는 이미 잘 형성되어있는 시장을 계속적으로 추진하는 방향으로 운영체제인 Window를 개발했는데 얼마 후 마이크로소프트사의 OS인 Window가 사실상 운영시스템 소프트웨어의 표준이 되어 버린 것이다. 이에 따라 하드웨어 플랫폼이었던 IBM PC는 시장에서 사라지게 되었고, 새로운 플랫폼인 소프트웨어가 자리 잡는 역사적인 변화가 이루어지게 되었다.

한편 IBM은 이러한 잘못된 전략적 선택으로 인하여 PC 제조업체로서 제대로 된 역할 구실을 할 수 없게 되었고, 결국 2005년에 중국 Lenovo사에게 PC 사업부의 전체를 넘겨주며 시장에서 철수하게 되었다.

이는 플랫폼 시장이 경쟁기업의 플랫폼 사용자가 자사의 플랫폼을 사용하도록 유인하기 위해 얼마나 치열한 경쟁을 하고 있는지 보여주는 사례라고 할 수 있다.

1.2 모바일 플랫폼 경쟁

모바일 플랫폼의 최초 구현자는 바로 Apple이다. Apple은 2007년 iPhone의 출시를 통하여 이 세상을 스마트폰의 시대로 만들었다. 실제로 한국에서는 iPhone이 시장에 출시된 지 거의 3년 만인 2009년 말에 서비스가 처음으로 개시되었다. 여기서 iOS는 애플 컴퓨터에서 사용하던 OS X를 개량한 것으로 이는 아이폰의 운영체제이자 핵심 플랫폼으로 작용한다.

이와 동시에 Apple은 Apple Store라는 콘텐츠 장터를 도입했다. 사용자들은 여기서 동영상, Podcast, 강의, 앱, 음악 등의 콘텐츠를 올리고 다운받을 수 있었다. 또한, 콘텐츠를 효율적으로 관리하고 활용하기 위해서 iTunes라는 서비스를 제공했다. 이와 같은 Apple사의 노력은 인터넷 시장의 정의에 근본적인 변화를 가져온 게임 체인져(game changer)였다. 즉, 기존과 달리 이제는 우리가 필요로 하는 콘텐츠를 스마트폰과 같은 모바일 디바이스를 이용하여 별도의 장터에서 언제든지 쉽게 다운받을 수 있도록 하는 시장의 개념이 새롭게 등장한 것이라고 볼 수 있다.

이러한 Apple사의 시장 개념을 재정의하기 위한 노력으로 인해 기존 ICT 관련 업계에서 받는 영향력은 매우 막대했다.

이전까지는 이동통신 업체와 콘텐츠 생산업체 간의 역할 분담이 확실하게 이루어져 있었으며, 이것은 휴대폰과 같은 이동통신 디바이스 및 제공할 콘텐츠를 사전에 미리 확보한 후, 자신의 통신망을 이용하여 서비스를 제공하고 있었던 것이었다. 이는 곧 통신업체가 생태계의 주도자라 볼 수 있었다. 그러나 이후 Apple사가 직접 휴대폰 디바이스와 콘텐츠 유통을 통합하면서 시장의 주도권을 잡은 것이다.

이러한 시장의 큰 변화는 인터넷 콘텐츠의 출입문 역할을 하던 Google사에게도 큰 위협으로 다가왔다. 즉, 기존 시장에서는 이용자들이 Google 웹사이트에 흩어져있던 정보를 검색하기 위하여 자사 사이트로 접근해왔으나, Apple사는 자사의 콘텐츠로의 접근을 PC에서 모바일 디바이스로 확장했기 때문에 Google사는 자연스럽게 자신의 위치에 대한 불안감을 느끼게 된 것이다.

이에 Goolge사의 대응 수단은 바로 Android 모바일 디바이스 운영체제였다. 이 OS는 Android사에서 최초로 개발되었으나, 2005년에 Google에서 인수한 후 무궁무진한 발전을 이룩하게 된 셈이다. 구글은 이 안드로이드 운영체제를 더 보수하여 2007년에 처음으로 시장에 출시하였고, 이와 관련된 협력업체와의 관계를 맺는데 심혈을 기울였다. 즉, 구글은 이동통신과 관련된 디바이스 제조사와 소프트웨어 업체, 이동통신 서비스 업체들과 협력하여 Open Handset Alliance(OHA: 개방형 휴대전화 동맹)를 결성했고 이를 바탕으로 Android를 개방형 기술의 표준으로 발전시켰다. 당시 한국의 삼성전자, LG전자, 그리고 대만의 전자업체 등 세계의 수십 개의 업체들이 이에 참여하였지만, 이동통신 단말기 시장의 압도적인 1위였던 Nokia는 참여하지 않았다.

이렇게 Apple사와 Google사가 주도하는 각각의 모바일 플랫폼은 **그림 4-1**과 같다. 이 두 기업의 플랫폼의 차이점을 살펴보면 다음과 같다. Google은 OHA에 참여한 기업들에게 소스코드(source code)를 공개하였고, 필요에 따라 기업들이 자체적으로 추가하거나 변경하는 것을 허용하였다. 이에 반해 Apple은 자사에서 디자인한 디바이스를 직접 하청업체에게 생산을 맡기고, 오직 자신의 유통망을 통해서만 직접 판매하는 방식을 고수하고 있다. 즉, 구글은 개방형 플랫폼이고 애플은 폐쇄형 플랫폼이라는 것에서 그 차이점이 드러난다.

현재의 시장점유율은 구글이 우세한 쪽으로 변화하고 있다. 2013년 11월 현재 Android의 시장점유율은 약 81%를 넘어섰고, iOS의 시장점유율은 12.9% 아래로 떨어졌으며, 그 뒤로는 Windows 휴대폰이

그림 4-1 **플랫폼 비교**

APPLE	Google
마켓플레이스 App Store	마켓플레이스 Google Play
운영체제 iOS	운영체제 Android
디바이스 iPhone, iPad 등	디바이스 갤럭시, G5, 갤럭시 노트 등

3.6%, BlackBerry가 1.7%를 점유하고 있다고 보고되고 있다.

이러한 애플사와 구글사의 플랫폼 경쟁에서 최후의 승자는 누가 될 것인가에 대한 전문가들의 견해는 매우 다양하다.

안드로이드는 다양한 종류의 디바이스를 기반으로 해서 차별적인 서비스를 제공한다는 장점을 가지고 있지만, 그런 다양한 디바이스와 서비스를 관리하기 힘들다는 점이 그와 동시에 단점으로 작용한다.

현재 구글은 더 많은 사용자와 개발자를 유인하여 개방형 전략을 확산시키고자 노력하고 있는데 그 대표적인 예로 구글이 현재 지원 중인 MIT의 Apple Inventor인데, 이는 누구든지 프로그래밍을 하지 않고도 앱을 구현할 수 있도록 지원해주는 서비스라고 할 수 있다.

사실상 모바일 플랫폼 전쟁에는 애플과 구글 이 두 기업만 존재하는 것은 아니다. 삼성전자와 인텔사가 공동개발한 타이젠(Tizen)이나 캐나다 RIM사의 BlackBerry 등도 자사의 운영체제를 모바일 플랫폼으로 개발하여 시장에 진입시키기 위하여 엄청난 노력을 하고 있다.

1.3 IT 플랫폼의 종류 및 특성

IT 플랫폼은 다양하게 분류할 수 있는데, 일반적으로 사업적인 관점을 기준으로 하여 여섯 가지 형태로 구분된다. 표 4-1은 각 구분별 세부 유형과 사례, 그리고 생태계의 역할에 대하여 간략하게 제시하고 있다.

우선 자사가 제공하는 기술을 바탕으로 관련 기술, 서비스 등의 개발을 가능하게 하는 것을 목표로 하는 기술 플랫폼이며 이것의 대표적인 예는 iOS, Android, Facebook의 API제공이 있다.

두 번째 분류로는 제품 플랫폼이 있는데, 이는 관련 기업 기술의 플랫폼을 확산시켜주거나 고객을 기반으로 하여 확산할 수 있는 제품을

▶▶ **표 4-1 ICT 산업에서의 비즈니스 플랫폼 유형**

구분	세부 유형	사례	대상	생태계 역할
기술 플랫폼	웹 플랫폼, 애플리케이션 플랫폼, 모바일 플랫폼	HTML5, iOS, Android, Facebook	개발자	보완재 개발의 활성화
제품 플랫폼	제품패밀리, 스마트 플랫폼, 웹브라우저	아이폰, iPad, FireFox, Chrome 등	제품 사용자, 액세서리 공급자	기술 플랫폼 확산, 고객 기반 확보
서비스 플랫폼	개인 클라우드, 소셜 미디어 서비스, 검색, 메신저, LBS, 온라인 게임	페이스북, 트위터, 아이클라우드, EC2, 지도 서비스 등	서비스 사용자	서비스로 시장 규모 확보
유통 플랫폼	커머스 플랫폼, 마켓플레이스, 콘텐츠 유통 플랫폼	G마켓, 이베이, 앱스토어, 구글마켓 등	제품 판·구매자, 콘텐츠 공급자·수요자	부가 제품의 판매 채널
광고 플랫폼	마케팅 플랫폼	다음의 AD@m, 구글의 AdMob, 애플의 iAd, 삼성 애드허브 등	제3자, 광고주	수익화 모델 제시
결제 플랫폼	모바일 결제, 전자결제, 스마트카드	페이팔, 스퀘어, T머니 등	제3자, 은행 및 카드사	수익화 모델 제시

자료: 김성근 외 (2014), 플랫폼 경쟁 시대의 MIS, p. 91.

의미한다. 그 대표적인 예로는 구글사의 Chrome 브라우저와 애플사의 iPhone 및 iPad 등이 있다.

또한 서비스 자체도 플랫폼으로 작용할 수 있는데, 트위터나 페이스북, 그리고 메신저 서비스 카카오톡 등이 대표적이며, 이 외에도 데이터의 저장 및 접근을 지원하는 iCloud 서비스가 존재한다. 이들의 수익구조는 보다 많은 사용자들을 서비스에 참여시켜, 추가 서비스의 제공을 목적으로 한다.

세 번째 플랫폼의 유형은 유통 플랫폼으로, 이는 재화의 판매 및 구매가 이루어지는 플랫폼을 의미한다.

네 번째 종류인 광고 플랫폼은 광고주로 하여금 모바일, 포탈 등의 매체에 광고의 기획이나 실험, 캠페인 실행 혹은 효과 평가 등과 같은 것들을 지원해주는 서비스를 제공한다.

마지막으로는 결제 플랫폼이 있는데, 이것은 상거래 혹은 경제활동에 수반되는 결제기능을 수행·지원해주는 서비스이다. 결제 플랫폼의 대표적인 회사로는 전 세계적으로 인터넷상의 결제와 자금이체기능을 지원해주는 PayPal 등이 있다.

02 플랫폼 비즈니스와 경제

오늘날 우리는 하루 중 상당히 많은 시간을 인터넷을 사용하는데 할애하고 있으며, 벗어나기 힘들 정도로 이에 중독되어 있다. 2009년 Council for Research Excellence가 조사한 바에 따르면, 당시의 기준으로 대부분의 사람들이 하루 평균 8.5시간 이상 인터넷을 사용하는데 투자하고 있다고 발표된 바가 있다. 이 시간은 스마트폰이 발달함과 동시에 종이책과 잡지 대신 킨들 같은 전자책 리더기들이 계속해서 등장하면서 더욱 더 증가할 것으로 전망된다. 또한, 클라우드 컴퓨팅은 이제 사람들이 위치하고 있는 장소에 구애받지 않고 데이터와 웹을 이용할 수 있도록 해주었다.

시대가 변화함에 따라 기술의 발전 속도가 점점 더 가속화되고 있기 때문에, 콘텐츠를 제작하고, 소비, 구매, 공유하는 사람들 역시 빠르게 증가하고 있다. 그리고 콘텐츠의 이용자들 대부분은 다른 사람들과 쉽게, 더 자주 의사소통 할 수 있기를 원하기 때문에 통합적이면서 사용자 친화적인 다양한 방법들이 발명되기를 희망한다. 그리고 이것이 바로 플랫폼의 중요성을 더욱 증대시키는 것이다.

2.1 비즈니스 모델로서의 플랫폼

플랫폼은 뉴 밀레니엄 시대에서 중요한 비즈니스 모델 중 하나로 자리 잡고 있다. 플랫폼 시장의 선두주자인 페이스북, 애플, 구글, 아마존의 성공에 힘입어 수많은 신생기업들이 그들의 뒤를 이어 플랫폼 사업에 뛰어 들고 있다. 이러한 신생기업 인큐베이팅 프로그램을 계획하는 기업들이 제시한 구체적인 기업목표는 다음과 같다.

- 최대한 영향력 있는 플랫폼이 되는 것
- 상호 보완적이며 유용한 플랭크(기존의 플랫폼과 통합이 가능한 제품, 서비스, 커뮤니티) 구축 혹은 더 나아가 그러한 플랫폼을 구축하는 것

그렇다고 해서 이러한 신생기업과 소규모 기업들이 플랫폼을 독점하고 있는 것은 아니다. 오히려 많은 대기업들은 여전히 혁신적인 플랫폼을 개발하기 위한 많은 노력을 하고 있다. 그렇다면 과거의 플랫폼과 오늘날의 플랫폼의 변화 사이에는 어떠한 차이점이 존재하고 있을까?

표 4-2 플랫폼 시대의 특징

속성	플랫폼 시대 이전	플랫폼 시대
목표시장	대부분 비즈니스 중심. 단일 기기(PC)로 직원들만 플랭크를 사용	사업과 고객중심. 누구나 어디서든지 다양한 기기로 플랭크 사용
에코 시스템	친분이 있는 판매 대행업체와 전략적 제휴 업체들로 구성	개별적인 개발자들과 소규모 제휴업체들로 구성, 파트너십과 커뮤니티의 형성과 변화.
협력	한정된 파이(fixed pie). 경쟁 기반	함께 파이를 증대시킴. 협력 기반
기술	대부분 클로즈드 소스(closed source)이거나 독점적, 경우에 따라 고가의 라이선스를 통해 이용 가능	대부분 오픈 소스이며 비독점적, 무료 개발 키트나 API 형태
혁신	하향식 내적 혁신 혹은 인수나 매입을 통한 혁신. 일반적으로 속도가 느림	상향식. 인적 혁신 혹은 파트너 기반이나 협력에 의한 혁신. 속도가 훨씬 빠름
마케팅	중앙집중적 마케팅. 융통성 없이 통합되고 통제되어 있음	공동 마케팅 및 파트너가 주도하는 캠페인. 더 독립적이고 유기적.

자료: Pill Simon (2009), *Age of Platform*, p. 75.

그림 4-2는 비즈니스 플랫폼의 형태와 그를 통한 매출과 수익창출 방법을 표현하고 있다. 이를 분석하면 플랫폼을 성장시키고 이에 더 많은 플랭크를 추가할 방안에 대한 해답을 찾을 수 있다. 그림에서 볼 수 있듯이 플랫폼의 시작은 플랭크이다. 플랫폼이 가치를 지니기 위해서는 우선 플랭크를 가지고 있어야 한다. 구글을 예로 들면, 구글의 검색기능이 유명해 질 수 있었던 기반에는 탁월한 검색 엔진이 존재한다. 이는 사용자들이 구글을 보다 다양한 용도로 사용할 수 있게 해주었다.

그림 4-2 플랫폼을 통한 수익창출 순환구조

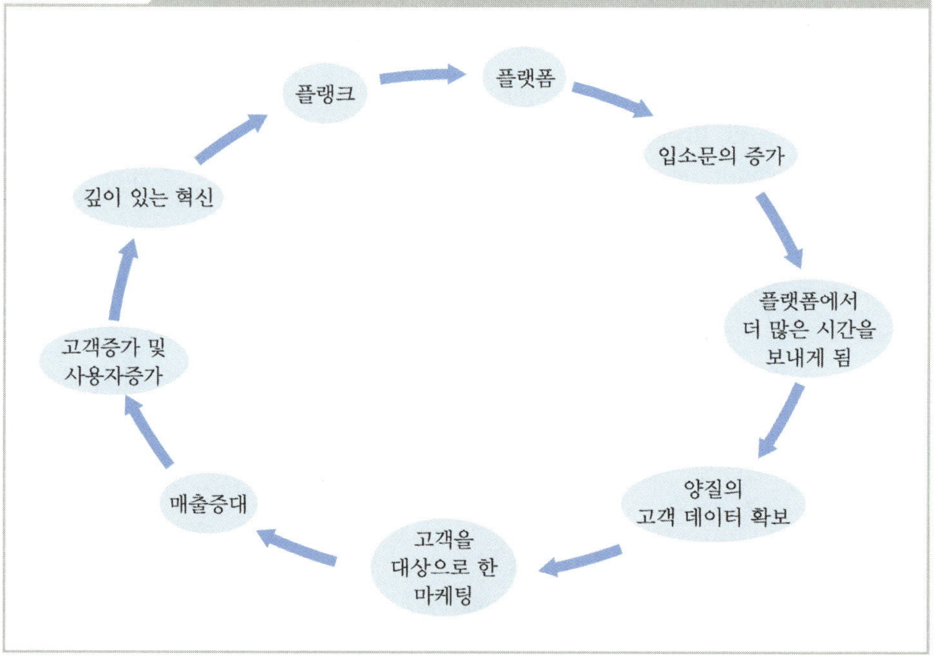

플랫폼의 가치는 플랫폼의 사용자가 증가할수록 기하급수적으로 증가한다. 인기를 끈 플랫폼은 더 많은 인기를 끌게 되며, 더 나아가 플랭크와 가치까지 증가한다. 여기서 나타나는 이러한 네트워크 효과[1]는 결국 플랫폼의 수익에 엄청난 영향을 미치게 된다. 페이스북이 초기의 백만 명의 사용자를 확보하는 것보다 다음의 백만 명을 확보하는 것은 이러한 네트워크 효과로 인해 훨씬 수월했을 것이다.

2.2 플랫폼과 기술

과거의 기술은 오늘날의 기술에 비견하여 보았을 때 훨씬 뒤쳐져 있었다. 1908년에 출시된 포드의 모델 'T'는 그 당시에는 뛰어난 기술과 생산 방식으로 주목 받았었지만, 당시의 기술은 현재의 기술과 단순히 자동차라는 공통점 이 외에는 비교 자체가 무의미할 정도이다.

이는 과거의 플랫폼과 현재의 플랫폼 간의 비교에 있어서도 마찬가지이다. 즉, 비교를 한다는 것 그 자체가 말이 안 된다.

기술 컨설팅 회사인 Deal Architect의 설립자인 비니 머천다니(Biny Mirchandani)는 "결국, 고객들이 구매하는 것은 기반 기술이 아니라 애플리케이션이며 30년 전과 비교해 달라진 점은 첫째, 수십만 개의 상점과 커뮤니티가 앱스토어와 생태계를 움직이는 원동력이 되고 있다는 것과, 오늘날 앱은 다운로드를 통해 수십억 건이 판매되고 있다"는 점이다. 즉, 과거의 플랫폼과 비교해 규모 자체가 비교가 안 된다는 의미로 해석할 수 있다.

이처럼 머천다니가 언급한 견해는 오늘날 기술 기반의 플랫폼들이 고성능 컴퓨터, 초고속 인터넷, 모바일 통신 등의 폭발적인 증가에 힘입어 전보다 훨씬 강력해졌음을 의미한다. 이는 수많은 소비자의 다양한 욕구를 충족할 수 있음을 의미하며, 페이스북 플랫폼에서는 단순히 고등학교 동창을 찾는 것 이외에도 많은 것들을 할 수 있고, 구글 플랫폼을 이용하면 이메일 작성은 물론, 음악 감상, 리서치, 웹 페이지 작성, 쇼핑, 웹 기반 설문조사, 전화 등 100여 개 정도의 작업이 가능

---

1) Network effect: 특정 상품에 대한 수요가 다른 사람들의 상품 선택에 영향을 미치는 현상을 말한다. 일반적으로 특정 상품에 수요가 몰릴수록 그 상품을 선택하는 사람들이 증가하는 효과가 나타난다.

한 것이다.

하지만 일부 몇몇 사람들은 페이스북을 사용할 필요성을 느끼지 못하여 이를 이용하지 않는다. 한편 어떤 이들은 웹 페이지 구축에 구글 사이트만이 필요하다고 생각하지 않으며, 유튜브만이 동영상 업로드를 가능케 한다고 생각하지도 않는다. 중요한 것은 바로 다양한 형태의 플랫폼이 요구되어온 만큼 누구든지 플랫폼을 구축할 수 있다는 것이며, 실제로도 이미 많은 사람들이 그렇게 하고 있다.

현재의 기술은 과거에 비해 급속도로 향상되었고, 기술의 향상에 반해 가격은 더 저렴해졌다. 이는 플랫폼 기술에 있어서도 마찬가지인 상황이라 할 수 있을 것이다.

강력한 기술이 강력한 플랫폼을 만든다는 것은 분명한 사실이다. 하물며 현재의 세계 최대 클라우드 컴퓨팅 기업인 아마존도 초기부터 클라우드 컴퓨팅 시스템을 도입해온 것은 아니었으며, 인터넷을 통한 기술이 점차 혁신적으로 발전함에 따라 킨들에 이르기까지 플랫폼 기술이 향상된 것이다.

한편 충분히 강력한 기술을 보유하고 있을지라도 플랫폼을 구축하고 유지하는 것은 쉬운 일이 아니며, 꼭 진보된 기술이 필요한 경우가 아니라면 기존의 기술을 효율적으로 활용하는 것 또한 비즈니스를 보다 성공으로 이끄는 방법이 될 수도 있다.

그러나 분명한 것은 과거의 플랫폼들보다 오늘날의 플랫폼들이 더 강력해지고 중요해졌음은 분명한 사실이다. 이는 과거의 플랫폼들은 다음과 같은 제한적 특징을 갖고 있었기 때문이다.

① 오늘날의 플랫폼들만큼 새로운 플랭크들을 빠르게 도입할 수 없었다.
② 오늘날의 플랫폼들만큼 재미있고 사용하기 쉽지 않았으며, 추종자들이 생기지 않을 정도로 매력이 없었다.
③ 협업과 동업이 불가능했다.

④ 오늘날의 통합적인 플랫폼 수준에 버금가는 플랫폼을 제공할 기술을 가지고 있지 않았다.

그러나 통합과 편의성만으로는 플랫폼의 완성을 말할 수는 없다. 위에서 언급한 것과 같이 플랫폼은 유용성과 함께 사용자중심의 경험을 이루어내야 한다. 그렇지 않은 플랫폼들은 사용자들이 외면할 것이 당연하다.

그리고, 하나의 플랫폼이 생겨나면 그보다 더욱 발전된 기술을 토대로 소비자의 이목을 끄는 플랫폼이 생겨나기 마련이므로 어떤 플랫폼이 생겨나든 그보다 더 매력적인 플랫폼이 생겨나기 마련이다.

2.3 플랫폼과 경제원칙

검증된 몇 가지의 경제원칙에 대하여 이야기해보자. 먼저 독점이란 '법적 특권, 공급 통제, 담합을 통하여 얻어진 배타적 소유(권)'이라고 정의되고 있으며, 역사적으로 보았을 때 많은 대기업들은 수평적 혹은 수직적 통합을 위하여 독점권을 소유해왔다. 그리고 이것이 제대로 시행되기 위해서는 전체 생산 과정(수직적)과 전체 시장(수평적) 통제가 동시에 이루어져야 한다.

수평적·수직적 통합은 예로부터 석유업계의 거물인 존 록펠러, 철강왕 앤드루 카네기 등 전형적인 냉혹한 기업가들로부터 시행되어져 왔다. 그들은 협력보다 시장에서 살아남기 위한 극악무도한 사업만을 추구했다. 더 나아가 그들은 시장의 지배가 적정한 제품의 통제만으로도 가능하다는 사실을 보여주기 시작했는데 20세기 초반까지 미국의 석유산업을 독점지배 해왔던 스탠더드 오일은 운송 시간의 단축과 운송비 절감을 통하여 시장에서 수많은 잠재적 경쟁업체들을 내몰았다. 결과적으로 스탠더드 오일은 손쉽게 원하는 모든 것을 지니며 시장에서의 권력을 행사하게 되었다. 왜냐하면 석유와 철강과 같은 재화의 수요는 '비탄력적'이어서 대체할 수 있는 것들이 한정되어있었기 때문이다.

그러나 수평적·수직적 통합은 반(反)경쟁적인 상황을 초래할 수 있다.

오늘날, 사실상 독점기업으로 분류되는 기업들에는 마이크로소프트, IBM, AT&T 등의 대기업들이 있다. 현대 시대는 악덕 기업가들이 시장을 독점 지배하던 시대에서 많은 변화를 겪어왔으며, 20세기 중후반의 AT&T 등과 같은 독점기업들이 전성기를 누린 시대도 지나왔다.

앞서 살펴본 스탠더드 오일을 비롯한 석유기업들은 19세기 후반부터 엄청난 가격결정권과 세력을 가지고 있었으며, 현재도 마찬가지 상황이다. 하지만 석유업종 이외의 다른 업종들에서는 이정도의 막대한 권력을 가지고 있는 기업은 그리 많지 않다. 그렇다면 애플, 페이스북, 구글, 아마존은 스탠더드 오일이나 카네기 철강회사와 같은 부류인 것인가? 답은 '그렇지 않다.'이다. 하지만 위의 4기업이 매우 강력한 플랫폼을 구축해낸 것은 분명한 사실이나 그렇다고 할지라도 이 4기업을 독점기업이라고는 할 수 없는데 그 이유는 다음과 같다.

1. 가격결정력

오늘날 기업들의 일반적인 수익성과 가격결정력에 대해 살펴보자. 기술과 인터넷의 비약적인 발전은 기업의 이윤 창출에 지속적으로 부담을 안겨주고 있다. 비록 애플의 수익률은 약 40%에 달하고 있지만, 이러한 경우는 극히 드문 예이며 대부분의 기업은 이윤이 한 자릿수에 머물고 있다. 대부분의 기업이 낮은 수익률에 머무는 많은 이유 중 하나는 가격결정력의 저하에 있다. 즉, 기업이 판매가격을 자체적으로 올릴 수가 없어졌기 때문이다.

또한 장기적으로 볼 때, 인터넷과 세계화로 인해 대다수의 기업이 평균보다 높은 이윤을 창출하지 못하는 현상이 증가하고 있다. 웹에 대한 지식을 통해 접하게 되는 인터넷의 여러 유용한 정보들은 소비자들이 원하는 제품, 서비스의 최저가를 알게 되는데 기여한다. 만약 아마존에서 판매하는 제품이 고가라면, 소비자들은 e-bay 혹은 다른 사이트들을 통해 같은 제품을 보다 저렴한 가격으로 얻을 수 있다.

2. 어디에나 경쟁자가 존재한다

현재 사회에서는 누구든지 온라인 서점이나 소셜 네트워크를 쉽게 개설할 수 있다. 과거에 존재하던 악덕 자본가들의 대부분은 다른 선진국과의 경쟁을 경험해본 적이 없었다. 하지만 세계경제가 생산자와 소비자가 직접 거래를 하게 된 사회에 접어들면서, 구글과 페이스북 등의 미국에 기반을 두고 있는 대기업들도 중국이나 인도, 러시아, 브라질과 같은 신흥 경제 강국들은 물론, 전 세계에 존재하는 모든 기업과의 경쟁을 해야 하는 국면에 접어들게 되었다.

3. 탄력적 수요와 필요악

앞서 설명했듯이 비탄력적이었던 석유와 철강의 수요는 여전히 그대로이다. 그러나 검색 엔진의 경우, 선호하는 검색 엔진이 다운됐을 때는 또 다른 검색 엔진을 이용할 수 있어 대체 가능하다.

여기서 경제학자들은 수요의 탄력성에 대해 논한다. 수요의 탄력성이란 소비자들이 시장가격의 변동에 대하여 민감하게 반응하는 정도를 뜻한다. 탄력성의 개념은 '기업의 독점권'과 독립적으로 다루어질 수 없다.

한편 기업이 살아남을 수 있는 가장 중요한 요인은 주요 시장에 대한 막강한 영향력이다. 예를 들면, 미국의 발데즈호 원유 유출 사건에도 불구하고, 시장에서의 영향력이 막강했던 다국적 석유화학 기업인 엑슨모빌(Exxon Mobil Corporation)은 별다른 타격을 입지 않고 살아남았다. 그 이유는 석유에 대한 사람들의 의존도가 급격히 낮아지지 않기 때문이다. 이와 반대로, PC 통신업체에서 BP(영국국영석유회사: The British Petroleum Co., PLC)나 엑슨 만큼 끔찍한 일을 저지르지 않았는데도 불구하고 AOL사는 시장에서 도태되었다. 왜냐하면, 시대가 발전됨에 따라 전화 모뎀을 통하여 인터넷에 접속하는 것을 매우 귀찮게 여기는 사람들이 많아졌고, 또한 AOL보다 뛰어난 서비스를 제공하는 기업들이 증가했기 때문이었다. 뿐만 아니라 마이크로소프트사의 새로운 운영체제(OS)를 사용하는 방법에 대해 배우는 것은 그 어떤 것보다 더 간단하고 쉽다. 그러나 모든 사람에게 애플의 iPhone과 iPad는 필요하지 않으며, 이들은 다른 것들에 의해 충분히 대체 가능한 것이다.

4. 끊임없는 경쟁

2011년 9월에 발표된 아마존의 태블릿 PC '킨들 파이어'의 출시 계획은 구글의 하드웨어와 애플의 아이패드와 새로운 경쟁을 암시했다. 또한 페이스북 역시 구글의 버즈, 오르컷, 플러스원 버튼 등의 소셜 서비스를 경계하고 있다. 더군다나 구글의 트위터에 대한 인수 의지는 페이스북의 경계를 더욱 심화시키고 있다.

이처럼 기업의 미래 수익과 규모는 예측 불가능하며 현재와 같이 유지하기 힘들기 때문에 기업가들은 경쟁에 대한 불안과 사업을 초기 단계에서부터 다시 진행시켜야 할지도 모른다는 두려움들을 지니고 있다. 이는 야후와 AOL의 경우, 시대에 맞추어 변화하지 못하게 되자 소비자들은 바로 그들을 떠나 다른 대체 사이트들을 찾아나선 것에 반해, 높은 수익을 창출하고 있는 애플과 같은 기업들은 진입장벽이 높은 철도나 통신, 석유회사 등 전통적인 독점기업들과는 다르게 경쟁한다.

모바일 플랫폼, 점포 기능 대체… 해외서 기업·소매금융도 척척

금융그룹 모바일 플랫폼의 해외 진출 성과

		주요 모바일 플랫폼	해외 진출 성과
	KB금융	리브뱅크 리브메이트	글로벌 뱅크 '리브 캄보디아' 출시 연내 '리브KB 미얀마' '리브KB 베트남' 출시 예정
	신한금융	써니뱅크 신한판클럽	베트남 써니뱅크 출시 써니마이카를 탑재해 베트남 자동차 금융시장 공략
	하나금융	하나멤버스 원큐뱅크	다이렉트 뱅킹 서비스인 글로벌 원큐뱅크를 캐나다와 중국 등에서 론칭
	우리은행	위비뱅크 위비멤버스 위비톡	해외 비대면 전담 마케팅 그룹인 글로벌 위비파이오니어 출범. 글로벌 위비뱅크에 한류 콘텐츠 및 K팝 음원서비스 탑재

최근 수년간 국내 은행들은 해외 진출을 적극 추진해왔지만 해외 현지에서 기업금융과 소매금융을 아우르는 은행으로까지 발전한 사례는 흔하지 않다. 해외 점포를 유지하는 비용이 만만치 않은데다 조달금리 등에서 세계 유수 글로벌 은행들과 경쟁이 쉽지 않기 때문이다. 특히 선진국과 중국시장에서의 고전은 국내 은행들의 해외 진출을 더욱 곤혹스럽게 만들고 있다. 금융감독원에 따르면 지난 2014년 1억570만 달러에 달했던 중국시장 국내 은행 당기순이익은 2015년 2,090만 달러로 급감했다.

이런 가운데 국내 은행들이 '모바일 플랫폼'을 급속히 발전시키면서 이를 통한 해외 진출을 새로운 활로로 삼고 있다. 작고 가벼운 '손안의 은행'인 모바일 플랫폼을 통한 해외 진출이 현지 리테일(소매)금융 시장공략에 더 효율적이라고 판단하기 때문이다. 이광구 우리은행장은 "위비뱅크(우리은행의 모바일 플랫폼)는 처음부터 해외시장 공략을 염두에 두고 만든 모델"이라며 "해외 현지 네트워크 확대에 한계가 있는 만큼 모바일 플랫폼을 통한 해외 진출을 가속화하겠다"고 말했다.

은행들은 이와 더불어 국내에서는 조회·이체·예금·대출·외환 등 모든 은행 업무를 모바일 안에 이식시켜 은행 지점의 기능을 90% 이상 대체하는 플랫폼으로 발전시키고 있다. 당장 올해부터 상당수 시중은행에서 신용대출뿐 아니라 주

택담보대출까지 모바일을 통해 받는 게 가능해져 모바일 대출 규모가 본격 확대될 것으로 전망된다.

은행들은 이와 동시에 별도의 멤버십 플랫폼을 통해 포인트 비즈니스를 확대하며 충성고객과 핵심 예금 잡기에 나섰다. 포인트를 현금으로 전환해주거나 포인트를 쓸 수 있는 제휴처를 넓히고 멤버십 플랫폼 안에 쇼핑이나 게임기능까지 담아 금융을 넘어 '생활밀착형 플랫폼'으로 발전시키고 있는 것이다. 스마트폰이 은행을 삼키면서 은행의 기능이 공간의 제약을 뛰어넘어 무한대로 확장하는 셈이다.

모바일 플랫폼을 통한 해외 진출은 초기단계이기는 하지만 조금씩 성공하는 사례들이 보인다. 신한은행의 베트남 써니뱅크는 현지에서 모바일 플랫폼을 통한 자동차 금융시장 공략에 나서 고무적인 성과를 냈다. 지난해 6월 출시한 베트남 써니뱅크는 가입자가 4만3,000명을 넘었고 마이카 대출 상품은 출시 6개월 만에 1,000만 달러가 넘는 실적을 달성했다. 이 대출 상품은 자동차 딜러가 고객을 위해 직접 대출을 신청할 수 있도록 설계됐는데 현지에서는 파격적인 6.99%의 금리를 적용, 큰 인기를 끌고 있다.

신한은행 관계자는 "베트남 국민의 계좌 보유율이 20% 미만으로 금융 콘텐츠만으로 접근하기 어려운 시장"이라며 "써니뱅크에 한류와 관련된 콘텐츠 등을 담아 젊은 층의 관심을 끌면서 자동차 금융 등 특화된 상품에 고객 접근이 쉽도록 하는 전략을 짜고 있다"고 말했다.

은행들은 이와 더불어 금융그룹 차원에서의 멤버십 플랫폼 서비스 확대를 통해 국내 시장에서의 외연 넓히기에도 나서고 있다. 하나금융의 하나멤버스는 금융권 최초의 증강현실(AR) 서비스를 탑재한 '하나머니 고'를 론칭했다. 다양한 혜택과 쏠쏠한 재미까지 맛볼 수 있는 이 서비스는 출시된 후 입소문을 타면서 인터넷상에서 '하나머니 고 체험기'가 수두룩하게 올라온다. 신한금융의 판(FAN)클럽 또한 조만간 네이버 페이 포인트와 제휴를 추진, 유통 채널의 강자로 자리 잡은 네이버 쇼핑 시장에서 고객들의 편의를 더욱 높일 예정이다. 시중은행의 한 핀테크 담당 임원은 "은행 업무를 처리하는 모바일 플랫폼은 해외 시장을 개척하는 '용병'으로 발전시키고 멤버십 플랫폼은 국내에서 핵심 예금 유치가 가능한 충성고객을 확보하는 통로로 활용하고 있다"고 말했다.

이처럼 모바일 플랫폼이 은행을 삼키는 사이 기존의 은행 오프라인 지점들은 숫자 축소와 함께 외형적인 모습 또한 변해갈 것으로 전망된다. 당장 씨티은행 등은 '메가점포' 전략을 통해 오프라인 지점의 기능을 자산가에 집중하는 구조로 재편하고 있고, KEB하나은행은 지점을 복합 문화공간으로 발전시키는 '슬로뱅킹' 실험에 나섰다.

출처: 서울경제 2017.01.15. http://www.sedaily.com/NewsView/ 기사편집

05 Chap. 플랫폼 파워와 비즈니스 수익모델

도입사례 로봇 디자이니즘과 디자인의 미래

인공지능(AI)에 기반을 둔 소프트웨어(SW)는 인터넷 각종 데이터를 수집, 정리한 후 알고리즘으로 분류하고 의미를 해석해 기사화한다. 이를 '로봇 저널리즘'이라고 부른다. 이것은 4차산업혁명으로 지금 대다수의 일자리가 없어지지만 인간의 창의 영역만은 기계가 대체하기 어려울 것이라는 생각을 뒤집는 사건이다.

이 같은 사례는 유사한 지식 서비스 개념인 디자인에서도 가능함을 보여 준다. 다양한 제품의 외형, 색깔, 재질, 사용자 취향과 반응 등 디자인에 필요한 빅데이터78를 수집·분석·활용할 수 있는 알고리즘을 개발하면 가능하다. 그리고 3D프린터·가상현실409(VR)·증강현실(AR)과 같은 시각화 기술은 디자이너가 한 번에 만들 수 있는 것보다 수십 배는 빠르고 정교하며, 색다른 시안을 더 많이 만들어 낼 것이다.

그렇다면 디자이너도 소멸하는 직업인가. 결론부터 말하면 디자이너는 창의 사고력을 지닌 비즈니스 필수 인력으로, 가치가 증대할 것이다. 이렇게 되기 위해서는 디자인 인식과 관점이 중요하다. 그러나 4차산업혁명을 이끌고 있는 선진 국가와 우리나라 간에는 많은 차이가 존재한다.

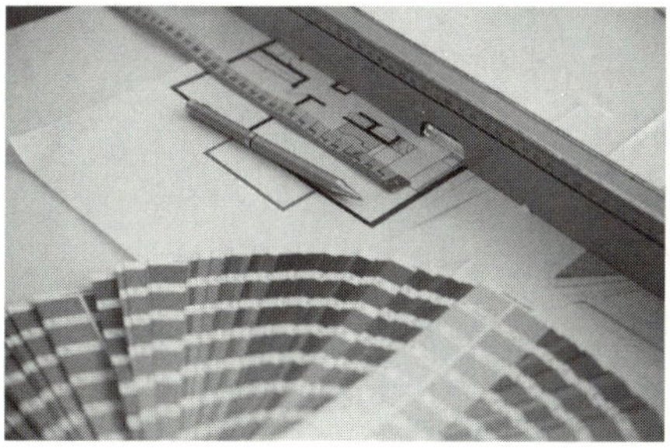

자료제공: 게티이미지

그들에게 디자인이란 도구가 아니라 문화와 같은 것이다. 그래서 새로운 무언가를 시작하면서 디자인은 그들에게 선택이 아닌 필수 조건이다. 미국 플랫폼 기반의 비즈니스로 세계 경제를 이끌고 있는 대다수 기업이 디자인 전문 기업을 인수하거나 디자이너를 주요 임원으로 영입한다. 그들은 창의 아이디어를 만들고, 그것을 누구나 공감할 수 있도록 현실화하는 일을 담당한다.

혁신 아이콘으로 불리는 애플의 스티브 잡스, 날개 없는 선풍기로 유명한 다이슨의 제임스 다이슨 모두 디자이너 출신이다. 그러나 잘 알려져 있듯 잡스와 다이슨이 우리가 알고 있는 디자인을 하는 것은 아니다. 그들은 디자이너에게 있는 창의 사고 능력으로 혁신 비즈니스를 만들어 낸 것이다.

이것을 아이데오(IDEO) 같은 디자인 기반의 경영컨설팅 기업은 '디자인 싱킹'이라는 혁신 기법으로 정립했다. 독일에서 4차산업혁명 핵심인 스마트공장을 기획, 설계하는 다국적 정보기술(IT) 기업 SAP에서도 디자인 싱킹의 중요성과 가치를 인식하고 있다.

자료제공: 게티이미지

4차산업혁명을 선도하고 있는 미국, 독일의 공통점은 디자인이 그리는 수단이 아니라 새로운 비즈니스를 만들어 내는 최고 방법이라는 것을 알고 실천한다는 것이다.

우리 상황을 살펴보면 디자인은 비즈니스에서 중요한 수단의 하나일 뿐이다. 이 때문에 디자인이란 하면 좋지만 하지 않아도 괜찮은 것이다. 우리에게 디자인이란 충분 조건이지 필수 조건은 아니다.

삼성, LG 등 대기업의 디자인 역량은 인력 자원, 개발투자비, 인프라 구축 등 모든 면에서 세계 최고 수준이다. 그러나 아직 우리가 세계를 먼저 선도하는 디자인은 나오지 못하고 있다. 우리나라 디자인은 결과물에 한한다면 최고 수준이지만 1등이나 선도하는 통찰력은 있지 못하다.

이런 결과는 우리가 아직도 디자인 가치를 문화 수준에서 인식하지 못하기 때문이라고 생각하게 한다. 우리는 디자인을 상업미술이라는 관점에서 마케팅 수단으로만 인식한다. 디자인은 단순히 제품을 외형미로 만들어 주는 과정을 지칭하는 것보다 더 포괄된 의미를 내포하는 단어다. 여기에는 만들어 내고 개발하는 계획의 의미도 있고 여기에 맞춰 결과물을 만드는 행위 자체를 포괄하기도 한다. 즉 완성하려는 사물이나 행위를 위한 준비 계획 결정 과정이 바로 디자인이다.

'DESIGN'이라는 철자를 분석해 보면 'DE'와 'SIGN'이 조합된 것이다. 'DE'는 무엇인가를 분리해 내는 행위로, 생각한다는 의미의 제안이나 계획을 뜻한다. 이것을 시각화해서 실행에 옮기는 행위와 결과, 즉 제안이나 계획을 그리는 것이 'SIGN'인 것이다.

우리가 지금처럼 'SIGN' 중심으로 디자인 가치를 인식하고 판단한다면 로봇 디자이니즘은 디자인계에 재앙이다. 'DE'와 'SIGN'의 조화로 해석한다면 새로운 기회를 제공할 것이다. 디자이너에게 충분한 '사유(思惟)'의 시간을 보낼 수 있도록 해 주고, 창의 제품과 서비스를 창출하는데 주도할 수 있게 해 주는 계기가 될 것이다.

4차산업혁명 시대는 창의력을 기반으로 하는 소프트파워 시대라고 한다. 우리나라도 디자인에 있는 본연의 의미를 인식하고 사용할 수 있다면 중심이 될 수 있다. 그러나 디자인 가치가 지금처럼 수단으로만 여겨진다면 디자이너는 언젠가 대한민국에서 사라질 직업의 하나일 뿐이다.

출처: T·NEWS 2017.09.19. http://www.etnews.com/

01 플랫폼 기업들의 DNA 특징

1.1 주요 플랫폼 기업들의 규모 확장 능력

플랫폼의 가장 중요한 특징들을 크게 두 가지로 나눈다면, 더 많은 것을 더 쉽게 통합하는 능력, 구축된 플랫폼을 기반으로 확장하는 능력이라고 볼 수 있는데 이러한 플랫폼 안에 사용자, 플랭크, 고객, 제품, 커뮤니티, 검색, 웹페이지, 파트너, 광고 등 수많은 항목들이 포함되어 있다. 그리고 이 모든 요소들이 하나의 플랫폼에 의존하고 있다.

이에 마크 주커버그는 일찍부터 플랫폼 규모의 중요성에 대해서 인지하고 있었다. 만일 그가 하버드대학에서 페이스북 서비스를 제공하기 시작할 당시에 시간적·금전적 여유가 충족되지 못한 상황이었다면, 그리고 그 상황에서 단순히 서비스 확장만을 위하여 더 많은 사용자를 수용하려 했다면, 페이스북은 지금과 같은 성장을 이룩하는 것이 불가능했을 것이다. 여기에서 우리가 파악해야 할 것은, 플랫폼 비즈니스를 하는 기업들은 자사 플랫폼의 인기가 언제 증가할지 모르기 때문에 항상 그 규모를 쉽게 확장할 수 있는 능력을 지니고 있어야 한다는 것이다. 한편 이를 보다 쉽게 가능하게 해주는 서비스 기술은 클라우드 컴퓨팅 기술이라 할 수 있는데, 특히 아마존, 페이스북, 구글, 애플은 클라우드 컴퓨팅을 이용해서 초고속 서비스를 제공할 수 있게 되었으며, 기술 리소스가 부족할 것을 걱정할 필요도 없어졌다.

이처럼 오늘날 기업들은 기술이 발전함에 따라 플랫폼의 규모를 더욱 쉽게 확장시킬 수가 있게 되었다. 이러한 기술소스를 운용하기 위해 아마존, 애플, 구글, 그리고 페이스북은 데이터 센터에 막대한 자금을 들였지만 클라우드 컴퓨팅 기술 덕분에 이젠 일반 기업이라면 사실상 데이터 센터에 수백만 달러의 거금을 투자할 필요도 없게 되었다.

또 다른 차원의 특징은 플랫폼의 확장능력을 들 수 있는데, 즉 기업들은 플랫폼의 구축과 확장을 통하여 브랜드를 확장하고 개발할 수 있었으며, 브랜드 가치를 극적으로 높일 수 있게 된 것이다.

한편 애플은 전 세계에서 가장 가치 있는 브랜드로 손꼽힌다. 하지만 애초에 애플이 상호에서 '컴퓨터'라는 단어를 제외시키지 않고 단순히 컴퓨터 제조업체로 남았다면 어떤 상황이 초래되었을까? 만약 그랬다면 애플은 지금처럼 천억 달러 이상의 가치를 지닌 브랜드가 될 수 있었을까? 그리고 애플이 제조업체로서의 저비용 고효율 기기만을 생산하게 되었다면 분명 지금과는 다른 상황에 처해있을 것이다.

또한 구글이 오직 검색 엔진 사업만을 고수했다면 현재와 같은 가치를 지닐 수 있었을까? 애플과 구글이 오늘날 뛰어난 플랫폼과 높은 브랜드 가치를 구축할 수 있었던 것은 결코 우연이 아닐 것이다. 그리고 각 기업의 사용자, 고객, 파트너, 그리고 벤더들은 이러한 브랜드를 구축하는 과정에 있어서 해당 기업에 못지않은 역할을 해왔다. 이것은 각 기업이 사용자중심의 상향식 프로세스를 통하여 유기적으로 기업을 운영 및 확장하고 있음을 의미한다. 게다가 기업의 에코시스템 내부에 위치하고 있는 핵심 그룹들은 각자의 플랫폼으로 기업의 발전을 위해 노력하고, 브랜드 성장에 기여한다. 그들의 계획을 효과적으로 활용하면 기업과 브랜드, 커뮤니티, 플랫폼의 공생관계가 자연스럽게 발전할 수 있으며, 더 나아가 강력한 플랫폼은 '브랜드를 동사화'하기 위해 사용되기도 함을 이해할 수 있다. 여기서 브랜드 동사화란 '다수의 사람들이 회사의 상호를 동사처럼 사용하는 상태'를 의미하는데 기업의 브랜드가 고유명사가 아닌 동사화 됨으로써 사람들의 뇌리에 더욱 쉽게 각인이 될 수 있게 되었고, 이로써 얻게 되는 이득은 상당히 크다. 과거에 제록스[1]는 막대한 비용을 투자하여 언론 출판 전문지인 '에디터 앤드 퍼블리셔(Editor & Publisher)'에 '제록스'를 동사화하여 사용하지 말아달라는 당부의 내용을 광고에 실었다. 그러나 사실상 사람들이 해당 브랜드를 인지하게 되고, 일상생활에서 실용적인 것으로 받아들이게 됨으로써 기업에게 있어서 매우 긍정적인 효과를 낳게 되었다. 이는 완전히 새로운 현상이라고는 할 수 없지만, 소비자들의 선택의 폭이 점차 넓어짐에 따라 동사화된 브랜드의 영향력은 확실히 증대되었다.

한편 브랜드를 동사화한 수많은 기업들 중 구글은 다음 두 가지 방

1) '제록스(하다)'라는 말이 동사화 되어 '복사하다'라는 뜻으로 널리 쓰이게 되면서, 제록스는 자사 제품이 타사 제품과 차별화되지 않으며 단순한 '복사기'라는 인식이 확산될 것을 우려했다.

법을 통하여 '성공적인 브랜드의 동사화'를 이룩했다. 그 첫 번째 방법은, 소비자의 관심을 집중시키는 매력적인 신제품의 개발이었다. 지난 1990년대의 인터넷 검색 엔진들은 매우 정확하지 못했기 때문에, 검색어와 관련성이 떨어지는 검색결과들을 제공하는 일이 허다했다. 심지어 당시로선 최고의 기술력으로 인해 높은 공신력을 가지고 있던 라이코스, 알타비스타 등의 사이트들조차도 대부분이 정확도와 신뢰도가 떨어지는 검색결과들을 제공했다. 그러던 와중 구글이 등장하게 되었고, 구글은 경쟁업체들과 '경쟁'이라는 말이 무색할 정도로 극명한 차이를 두었다. 구글이 선보인 뛰어난 검색기능과 강력한 확장성, 그리고 간단명료한 인터페이스 덕분에 구글은 사용자들로부터 폭발적인 인기를 얻었다.

두 번째 방법은 구글의 사용에 따른 '입소문의 증가'를 들 수 있다. 2000년경부터 사람들은 '구글'이라는 브랜드를 동사화하여 사용하기 시작했다. 사람들은 일상생활 속에서 궁금한 것이 생겼을 때, 혹은 가까운 식당을 찾을 때 등의 검색이 필요한 많은 상황 속에서 그것들을 '구글(링)한다'라고 표현하기 시작했다. 이렇게 사람들이 'Google'이라는 동사를 매우 유용하게, 널리 사용하게 되자, 2002년 미국방언협회(American Dialect Society)에서는 이를 '올해의 가장 유용한 단어'로 선정하기도 했다. 그리고 이 상황에서 2006년 6월 15일에 'Google'이라는 단어는 옥스퍼드 영어 대사전에 동사로 공인되었다. 또한 현재 메리엄-웹스터 사전에서는 Google을 '월드 와이드 웹에서 정보를 얻기 위하여 구글 검색 엔진을 이용하는 것'이라고 정의내리고 있다. 구글은 사람들이 Google이라는 동사처럼 사용하도록 하기 위해 광고나 어떠한 인위적인 노력을 하지 않았지만, 소비자들은 Google이라는 단어를 동사로 사용하여 유대감을 느낀다. Facebook에서는 새로 사귄 친구끼리 'Facebook me'라고 말하는 모습을 볼 수 있는데, 이는 소셜 네트워크 사이트에서 상대방을 친구로 추가하는 것을 의미한다. 이처럼 강력한 플랫폼들은 브랜드 동사화를 통해 그 규모와 영향력을 확장시키고 있다.

1.2 데이터와 기술에 대한 큰 비중

아마존, 애플, 구글, 페이스북은 그들의 서비스를 사용하고 있는 고객에 대한 데이터의 양이 엄청나게 많다. 이러한 고객에 대한 세부 데이터들은 그 자체로써 뛰어난 가치를 내포하고 있으며, 본 4기업들이 새로운 제품이나 서비스를 신속하고 용이하게 출시할 수 있는 것 또한 데이터의 힘이다.

현대 사회에서 비약적인 발전을 이룩한 기술과 귀중한 고객의 데이터를 활용한다면 기업들은 단순히 고객의 요구를 충족시키는 것 이상으로 더 많은 것을 해낼 수 있는데 예를 들어, 고객의 잠재적 수요를 예측하는 것 뿐만 아니라, 구매를 종용하는 것도 가능하다.

특히 아마존, 애플, 페이스북 그리고 구글 등 많은 기업들이 자사의 정보기술을 이용해서 고객과 사용자에 대한 상세한 개인정보를 수집할 수 있었다. 또한, 이러한 데이터는 다음과 같은 중요한 기록들을 이용해 사용자에게 맞는 제품을 추천할 수 있게 되었다.

- 고객 구매 기록
- 태그 혹은 상품 상세 설명에 나타난 상품의 종류와 기능 등을 통해 파악한 유사한 구매 패턴을 지닌 고객들의 구매 기록

이 4개 기업들은 각각 자사의 사용자들에 대한 개별 프로파일을 구축한 후 자신들이 필요로 하는 정보를 선정한다. 이는 자사 제품에 대한 강한 구매 의사를 지니고 있는 고객들을 선별할 수 있도록 도와준다. 다음은 그 활용 예를 설명한 것이다.

- 애플 아이튠즈 스토어의 유사 제품 추천

- 아마존의 이메일과 사이트 추천
- 페이스북 그룹이나 웹 페이지 오른쪽에 표시되는 제품 추천

이는 고객에 대해 이해하고 있지 못하는 수많은 기업들과 상당히 대조적인 모습을 나타내고 있는데 아직까지 많은 기업들은 계속해서 구식 시스템과 잘못된 데이터를 사용하고 있는 현황이다.

1.3 보컬 커뮤니티

아이디어와 제품을 자연스럽게 확산시킬 수 있는 방안으로 세스 고딘의 '보랏빛 소가 온다'의 입소문의 상향식 특징에 대해서 설명하면 다음과 같다. 예를 들어, 아마존, 애플, 구글 그리고 페이스북은 자연스럽게 제품과 아이디어를 구축하고 성장시켜왔다. 이 중 페이스북의 경우 처음에는 회원가입을 하기 위해 대학에서 부여하는 '.edu'이메일 주소를 요구했다. 이 당시 페이스북 서비스가 제공되지 않았던 대학교의 학생들이 계속해서 문의했음에도 불구하고 마크 주커버그는 기술적인 이유로 페이스북을 확장하지 않았다. 한편 구글도 단순하고 빠른 검색 엔진으로 인해 사람들이 집단적으로 사용하기 시작했다. 2004년에 구글이 G Mail을 출시하고, 이를 사용하기 위해서는 기존 지메일 사용자의 초대를 받아야 한다고 발표하자, 이베이에서 지메일 계정의 경매가 이루어지기도 하였다. 애플 역시 최신 제품이 출시되는 날에 이를 구매하기 위해서 상점이 문을 열기도 전에 사람들이 줄을 서고 있는 모습을 볼 수 있다.

이러한 인기는 기존의 전통적인 마케팅 방식만으로는 이뤄내기 힘들다. 특히 애플은 제품 출시 정보를 살짝 새어나가게 하여 소비자들의 호기심을 자극하는 마케팅을 하기도 한다. 이처럼 보컬 커뮤니티(Vocal Community)는 브랜드를 홍보하는 사회 마케팅 팀이 그 역할을 담당하는데 애플, 페이스북, 구글, 아마존은 기존의 진부한 마케팅

방식에 의존하지 않고 혁신적인 플랫폼을 이용해 제품의 실질적인 판매가 플랫폼을 통해서 이루어지게 하고 있다. 그 효과성을 보기 위해서 다음의 예를 살펴보자. 다음의 두 가지 중 구매욕구를 더 자극하는 것은 무엇인지 파악할 수 있다.

- 당신에게 어떤 행동을 하라고 하는 광고
- 친구와 동료(혹은 사업상 파트너)의 강한 추천

전자의 예로 마이크로소프트를 들 수 있다. 마이크로소프트는 검색엔진 bing을 홍보하기 위해서 '디시전 엔진(decision engine)'을 표방하였으며, 이에는 엄청난 광고비가 들었다. 하지만 이러한 마케팅이 가져온 실질적인 도움은 없었다. 게데가 'bing'이라는 상표는 소비자에게 제대로 인식되고 있지도 않다. 결국 오늘날까지도 구글이 시장을 주도하고 있으며, 마이크로소프트는 구글을 따라가고 있지 못하고 있다. 여기서 보듯, 대기업들이 경쟁을 할수록 시장점유율을 높일 수 있다는 것은 과거의 이야기에 불과하다. 플랫폼의 시대에서 가장 강한 영향력을 가지는 것은 바로 입소문이다.

1.4 단순함(Simplicity)

사용자들과 고객들이 아마존, 애플, 구글, 그리고 페이스북의 웹사이트와 제품 혹은 서비스를 찾게 되는 가장 큰 이유는 사용의 편리성 때문이다. 예를 들어, 아마존은 '원클릭'버튼으로 유명하며 페이스북은 단지 몇 분 만에 사람들이 새로운 계정을 개설할 수 있도록 돕는다. 애플은 사용자가 아무런 기술적 지식을 가지고 있지 않아도 손쉽게 음악이나 앱, 영화, TV 프로그램 등을 구매할 수 있다. 그리고 심지어는 5살짜리 어린아이도 쉽게 iPod이나 iPad를 사용할 수 있다. 구글은 메인 화면을 아주 심플한 디자인과 이목을 끄는 기념일 로고 doodle로 잘 알려져 있다. 이는 본 4기업들이 '지나치게 영리해지려고 하는 유혹'의 위험성에 대해 잘 알고 있음을 의미한다 이에 〈우아한 아이디어가 세상을 지배한다〉의 저자인 메이(매튜 포 메이)는 다음과 같은 말을 했다.

"많은 기업들이 부가기능의 함정에 빠지고 있다. 고객들과 사용자들이 정말로 원하고, 필요로 하고, 요구하는 것, 즉 진정한 가치가 무엇인지 수시로 망각하는 경우가 너무 많다. 따라서 불필요한 기능이 추가되고, 결국 너무 많은 기능 때문에 사용자들의 스트레스도 커지는데 그제야 기업들은 과도하고, 소모적이며, 사용자들의 혼란을 가중시키고, 사용하기 어려운 흉측한 것은 만들었다는 사실을 깨닫는다. 구글의 홈페이지, 버튼이 없는 아이폰, 아마존의 원클릭과 비교해보면 세 가지의 공통점은 엄청나게 복잡한 기능과 구조를 가지고 있지만, 사용자들이 그것에 대해 거부감을 느끼지 않도록 최대한 단순화시켰다는 점이다. 누구나 탐내는 단순함(simplicity), 그것이 지금 추구해야 할 것이다"라고 한 바 있다.

메이의 견해를 좀 더 확장해보면, 소비자들의 구매욕구를 자극하는 것은 바로 편의성, 단순함, 간결성이라는 것이다. 또한, 이것들은 더 많은 소비자들이 제품을 선택하게 되는 동기를 유발한다. 그리고 이것은 결국, 네트워크 효과와 플랫폼의 확장으로 이루어진다. 지금처럼 빠르게 변화하는 시대에서는 이러한 디자인 원칙이 중시되는 것이 곧 현실이다.

위의 4기업들은 자사의 주력 상품과 서비스에 한해서 '단순함'이라는 원칙을 지키기 위해 노력하고 있다. 한편 단순함을 위해 새로운 앱과 서비스를 개발할 때는 소프트웨어 개발 도구 같은 진일보한 도구(tool)가 필요한 것은 당연한 사실이지만, 한편으론 이것은 개발자들이 고려해야 할 문제이지 일반 사용자들이 생각할 문제는 아닐 것이다.

02 플랫폼 수익모델

플랫폼 비즈니스는 복수의 참여자(여기서 참여자란 특히 매개형 플랫폼에서 상품이나 정보의 거래를 위해 참여한 개인, 기업 혹은 단체)들로 구성되기 때문에, 플랫폼 제공자는 참여자들에게 어떠한 형태의 수익을 창출하느냐에 따라 다양한 수익 모델이 생겨날 수 있다.

그림 5-1 쇼핑몰에서의 플랫폼 비즈니스 수익모델 형태

① 인터넷 쇼핑몰이 내는 판매수수료

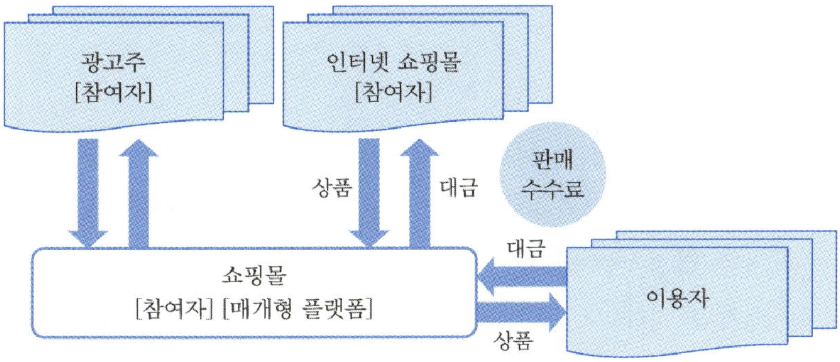

② 광고주가 내는 광고비(수수료)

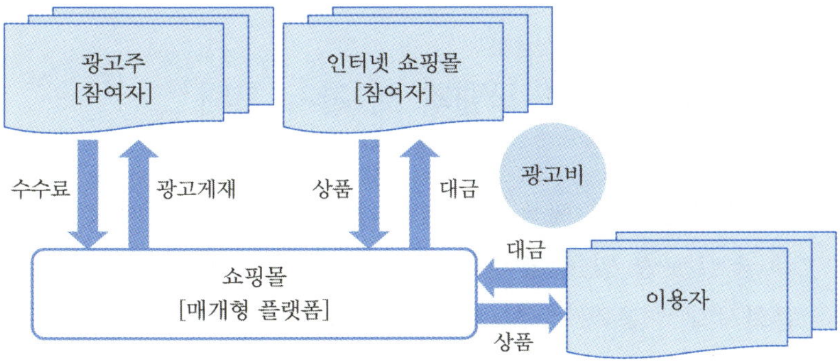

③ 이용자가 내는 회비(참가비)

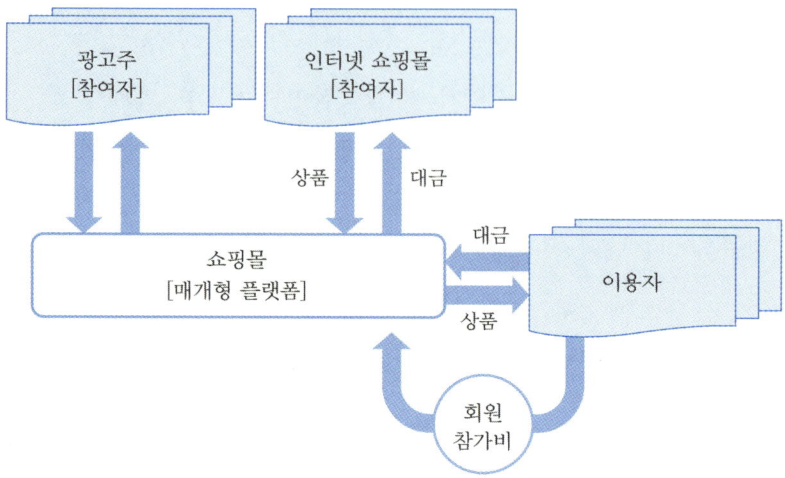

자료: 후지쯔총연(2014), 플랫폼비즈니스 최전선, p. 39.

이처럼 플랫폼은 수익모델의 형태를 결정하며, 여러 모델들 사이의 조합 역시 가능하기 때문에, 수익모델의 내용은 이용자나 참여자 수의 확대를 결정짓는 중요한 전략적 요소 중 하나로 작용한다. 실제로 서비스가 초기에 도입될 때는 낮은 수수료를 책정해서 빠르게 이용자와 참여자를 모으고, 네트워크 효과를 발생시킴으로써 승자독식 상태에 들어서면 수수료를 올리는 방식으로 수익모델을 변경하는 플랫폼 구조가 대체로 많이 존재한다.

2.1 플랫폼 수익모델의 세 가지 형태

플랫폼 수익의 대표적인 모델로는 취급하는 상품이나 서비스의 대금 중 일부를 받는 '중개수수료' 형태와 참여자, 모델이나 광고모델을 분화시킨 '이용자 과금모델' 그리고 참여자 '임대모델' 등을 들 수 있다. 본 3가지 형태를 매개형 플랫폼의 특징을 기준으로 수익모델을 살

그림 5-2 3가지 형태의 수익모델

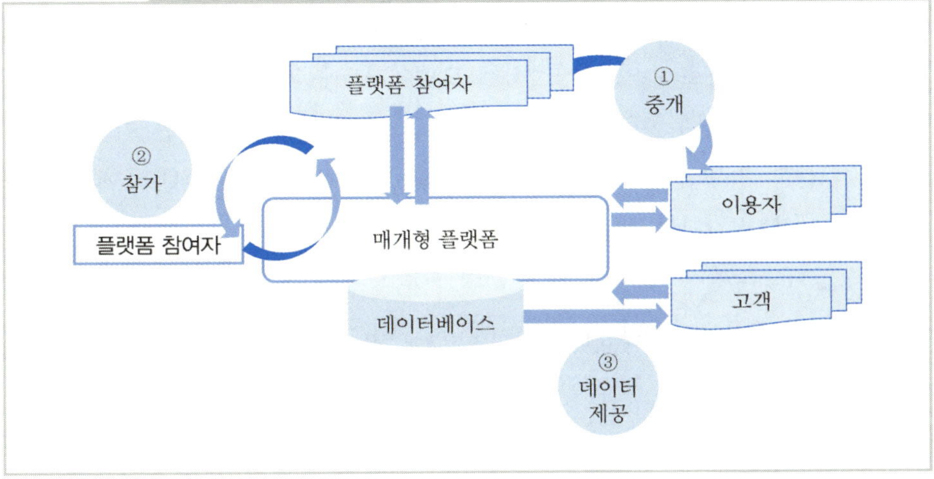

펴보면, 무엇보다 매개형 플랫폼의 대표적인 기능은 집적된 참여자들이 만날 수 있도록 하는 중개의 기능이다. 이와 더불어 여러 가지 정보가 축적되게 되는데 다음 세 가지 항목은 플랫폼 서비스가 제공하는 가치를 의미한다.

- 중개수수료: 이용자와 참여자를 중개하는 가치
- 참가비: 이용자와 참여자를 플랫폼에 참가시키는 가치
- 데이터, 분석서비스 제공비: 플랫폼에서 획득한 정보를 제3자에게 제공하는 가치

위의 세 가지 가치를 플랫폼 수익모델로 변경하면 “중개수수료”, 플랫폼의 “참가비”, 그리고 “데이터, 분석서비스 제공비”가 된다. 즉, 광고모델과 판매수수료모델은 “중개수수료”에 해당하며, 임대모델과 이용자 과금모델은 플랫폼의 “참가비”에 해당하는 것이다.

1. 중개수수료

중개수수료는 플랫폼을 운영하는 기업이 참여자와 이용자를 중개해 주는 대가로 수익을 창출하는 모델이다. 예를 들어서 콘텐츠 전송서비스 같은 경우 이용자가 콘텐츠를 구입하게 되면 플랫폼은 이용자가 지급한 비용 중 일부를 판매수수료로 받고, 나머지는 콘텐츠 제공 회사에게 지급하게 된다.

그림 5-3 **콘텐츠 전송서비스의 중개수수료 형태**

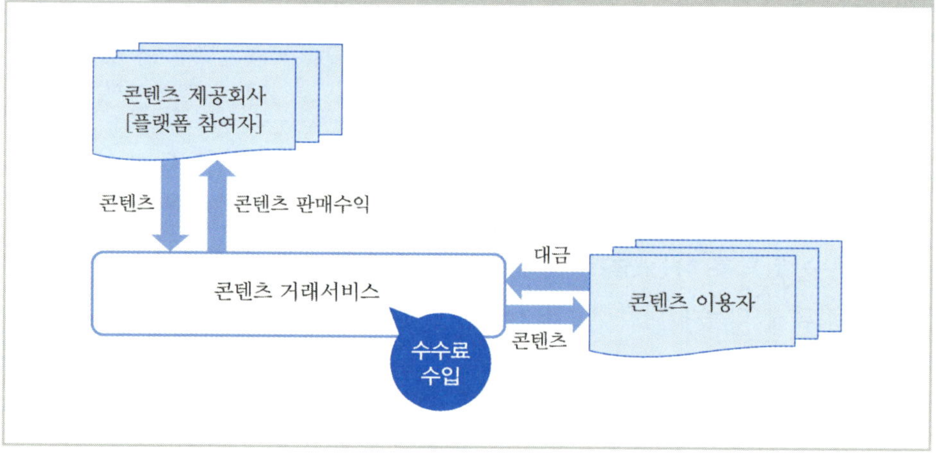

중개수수료 형태는 콘텐츠를 전송해줄 뿐만 아니라 정보 매핑 서비스, 쇼핑 서비스 등의 매개형 플랫폼에서도 광범위하게 사용되고 있으며 상품, 광고, 콘텐츠부터 비즈니스 아이디어나 기술에 이르기까지 다방면의 대상들을 중개해주고 있다. 광고모델 역시 광고를 중개해준다는 점에서 중개수수료에 속하며, 네트워크상의 플랫폼에서 실제의 오프라인 매장으로 유도하거나 다른 사이트로 연결해주어 수익을 창출하는 성과급형, 그리고 제휴 광고비 역시 본 중개수수료에 속한다. 또한, 서비스와 상품은 참여자뿐만 아니라 플랫폼 제공자가 직접 제공할 수도 있다.

2. 참가비

이는 참가자가 플랫폼에 참가할 때 비용을 받는 수익모델로, 임대인을 모으는 쇼핑몰이나 건물과 동일한 형태라는 점에서 임대모델이라고도 부른다.

매개형 플랫폼인 쇼핑 서비스 같은 경우는 참여자가 새롭게 가게를 낼 경우 초기 등록비를, 서비스를 이용하는 동안에는 매월 시스템이용료를 받는 방식을 운영한다. 또한 회원제로 운영되는 쇼핑 서비스 혹은 월정액제 콘텐츠 전송서비스처럼 참여자가 아니라 이용자에게 직접 비용을 받는 경우도 있다.

기반형 플랫폼 형태에서의 참가비에 해당하는 대표적인 예로는 게임기의 수익모델이 있다. 게다가 플랫폼 제공자는 판매수량에 따라서 게임기의 소프트웨어를 제공하는 참여자에게 '라이선스 비'라는 형태의 참가비를 받는 경우 역시 많이 존재한다.

3. 데이터, 분석서비스 제공비

데이터, 분석서비스 제공비는 중개정보를 참여자 혹은 참여자 이외 대상에게 제공함으로써 대가를 얻는 수익모델을 칭한다. 이때 플랫폼에는 이용자의 속성정보나 중개정보 등 다양한 종류의 데이터가 축적되어 있는데 이 데이터들은 참여자 혹은 플랫폼 제공자가 서비스를 향상시키기 위한 목적으로 사용하지만, 플랫폼에 참가하고 있지 않은 제삼자 역시 이를 통해 유용한 데이터를 얻을 수도 있다. 예를 들어서 앳코스메(@COSME)는 화장품에 관련된 다양한 입소문을 모으고 있으며, 이를 통해 화장품 제조사들에게 데이터 분석서비스를 제공하고 있다.

이 외에도 컨설팅을 통한 데이터를 제공하는 플랫폼 제공자가 늘어나고 있으며 빅 데이터가 주목 받기 시작한 이후로 점점 더 많은 기업들이 데이터 분석을 위한 많은 노력을 기울이고 있는 현실이다. 플랫폼 제공자 수익모델로서의 테이터, 분석서비스 제공비는 앞으로도 계속 중요해질 전망이다.

그림 5-4 입소문 커뮤니티 사이트의 데이터, 분석서비스 제공 형태

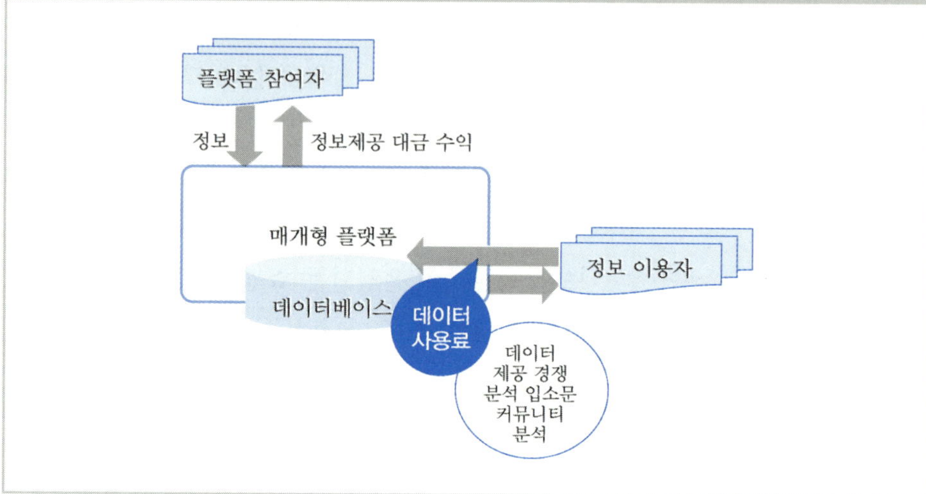

2.2 플랫폼이 비즈니스 모델에 미치는 영향

플랫폼 제공자는 거래의 장을 제공해주는 것부터 광고, 결제, 배송 등 거래를 위한 여러 기능들을 제공한다. 이 기능들은 플랫폼 제공자가 직접 제공하기도 하지만, 참여자가 제공하는 경우도 있다.

쇼핑 플랫폼을 예를 들어 살펴보면, 쇼핑은 인터넷이 발달하기 이전부터 "쇼핑몰"의 형태로 플랫폼 비즈니스가 이루어진 분야이다. 백화점의 임대 매장과 같은 모습이라 할 수 있으며, 기업이 쇼핑몰에게 임대료를 지급하고 일정 구획을 빌린 후 가게를 내는 것이다. 쇼핑몰 측은 장소를 제공하여 주는 것부터 공용광고와 공용 포인트 제도 또는 시설 내 이벤트 등을 제공하는 방식으로 고객을 모집하고 공용 카드 결제기능과 배송서비스 등의 다양한 부가서비스를 제공한다. 또한 쇼핑몰 자체의 브랜드 파워 역시 고객을 모집하는 게 큰 도움이 된다. 이러한 다양한 기능들을 쇼핑몰 측에 위임한 결과 기업이 가게를 임대할 경우 노점상 등의 독립 점포에 비해 저렴한 비용으로 가게를 운영할 수 있다.

한편, 소비자는 많은 매력적인 기업들이 쇼핑몰에 입점해 있을수록

다양한 상품들을 한번에 구매할 수 있는 구색형성의 편의성과 더불어 부가적인 편리함과 즐거움을 누리게 된다. 이처럼 높은 고객 모집력은 쇼핑몰 자체의 브랜드 가치 상승에도 도움이 될 뿐만 아니라 점포를 낸 기업의 매력 역시 상승시켜주는 선순환구조를 가져오는데 이는 곧 네트워크 효과가 적용되고 있다고 볼 수 있다.

뿐만 아니라, UI(User Interface)의 구성에서부터 고객관리에 이르기까지 쇼핑몰 측의 시스템을 활용함으로써 개점비용을 낮출 수 있다. 그 결과 개인이라도 가게를 낼 수 있도록 비즈니스 참가비용이 낮아지게 된다. 인터넷 쇼핑몰 역시 쇼핑몰 자체를 설치하기 위한 비용이 저렴해진다.

또한 인터넷 쇼핑몰에 나타나는 롱테일 현상에도 주목할 필요가 있다. 롱테일 현상은 잘 팔리지 않는 틈새 상품들의 판매액의 합계가 인터넷 등을 통한 판매 시 베스트셀러 상품들의 판매액 합계보다 높아지는 현상을 의미한다. 가로축에 상품, 세로축에 판매수량을 표시해서 판매순위를 기준으로 왼쪽부터 나열한 그래프를 그리면 판매수량이 적은 상품은 공룡 꼬리(테일)처럼 늘어지기 때문에 이를 롱테일이라고 한다.

그림 5-5 **롱테일의 개념**

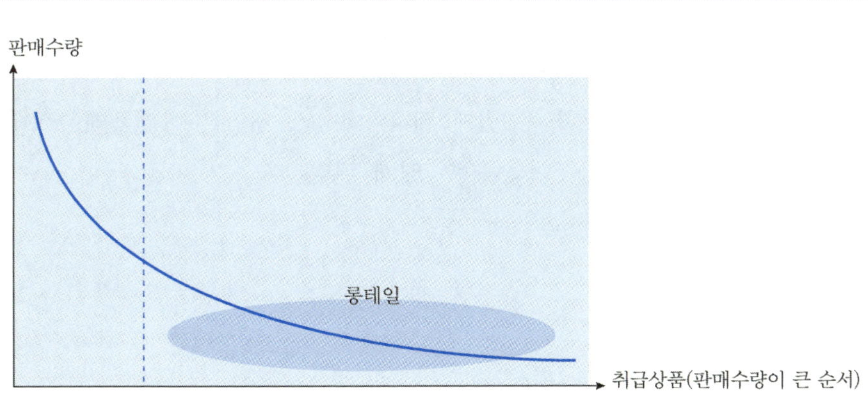

그렇다면 왜 인터넷 판매에는 이러한 롱테일 현상이 발생하는 것일까? 우선 상품 제공자의 입장에서 보자면 인터넷상에는 가게 공간이나 재고 공간을 걱정하지 않고 상품을 진열할 수 있다. 소비자 역시 추천시스템이나 검색도구를 이용해서 여태껏 보지 못한 상품정보를 접할 수 있기에 특정 요구사항에 부합하는 상품을 쉽게 탐색할 수 있다. 게다가 인터넷은 전세계인을 고객으로 한다. 그 결과, 공급자는 잘 팔리지 않는 상품이라 하더라고 수 많은 사이트에 올려둠으로써 전체적인 매상을 늘릴 수 있다. 특히 각 상점들이 인터넷상에서 상품을 판매하는 경우와 다르게 플랫폼 제공자는 실제로 재고를 보유하고 있지 않아도 되므로 플랫폼 비즈니스에서는 비교적 쉽게 롱테일 현상이 일어나곤 한다.

한편, 이렇게 발견된 틈새시장에 대한 정보는 소셜 네트워크의 커뮤니케이션을 통해서 순식간에 확산되므로 고객층이 시간과 장소의 제약을 넘어서 전 세계적으로 퍼져나가 기하급수적으로 확대될 수도 있다. 그 결과, 기업은 그 규모의 크기에 상관없이 직접적으로 세계와 연결되어서 글로벌 틈새시장에도 진출할 수 있게 되었다.

한편, 플랫폼 비즈니스가 진전될 경우, 지금까지의 기존 가치사슬은 붕괴될 위험에 처하게 된다. 이 플랫폼 비즈니스는 판매의 장과 더불어 다양한 기능을 제공하고 있으므로, 초기에 많은 투자를 하지 않더라도 참여할 수 있으며 누구나 플랫폼을 매개로 고객과 연결될 수 있다. 그렇기에 현지에서 거래하지 않은 중소기업 역시 전국이나 세계를 상대로 해서 장사할 수 있게 된다. 게다가 개인은 마켓플레이스에 부담없이 중고물품을 내놓을 수 있게 된다.

그림 5-7 플랫폼을 중심으로 한 생태계에 따른 가치창조

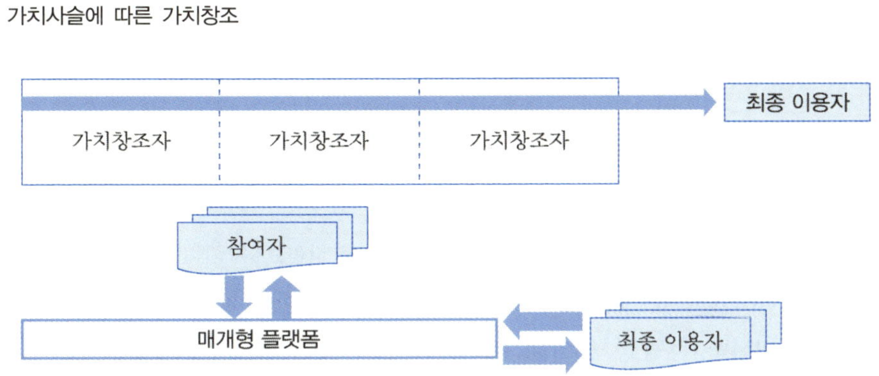

-플랫폼이 새로운 가치창조의 원천이 될 수 있다.
-모든 참여자들은 플랫폼을 매개로 최종 이용자에 접근 가능.
-정보의 흐름은 양방향이고, 역할은 고정이 아니며, 최종 이용자도 가치창조자가 될 수 있다.
-플랫폼이 새로운 가치에 대한 공통 창조의 장이 된다.

특히 음원, 출판 및 영상자료 등의 콘텐츠나 소프트웨어의 분야에 있어서 디지털화가 진행될수록 더욱 다양한 콘텐츠 도구들이 제공되고 이에 따라 누구나 할 것 없이 제작자나 제공자가 될 수 있는 환경이 조성되고 있다.

이와 동시에 가치사슬의 중간 과정은 점차 생략되게 된다. 플랫폼 비즈니스에서 고객이 공급자와 직접 연결될 경우 그 외의 기업의 역할은 축소된다. 특히 디지털 콘텐츠나 정보를 판매할 경우 그 경향은 더욱 두드러진다.

플랫폼 비즈니스의 주위에 형성된 생태계에서는 특정 기능 혹은 서비스, 제품 등을 제공하는 기업이 참여자로서 생태계의 일부를 담당한다. 이에 따라 참여자와 플랫폼 사업자가 협동해서 이용자들을 끌어당길 필요성도 생겨나게 된다. 또한 이때 소비자 역시 일방적으로 상품을 수취하는 것에 머무르지 않게 된다. 구루폰, 티몬 등 소셜 커머스는 네트워크상의 개인들이 연결돼 새로운 구매력(buying power)을 형성한 예라 할 수 있다.

이처럼 구매자들의 구매력은 공동 구입 사이트에서 제품의 가격이 내려가거나 입소문의 평가에 따라서 식당의 순위가 결정되어 매상에 영향을 미치는 등의 다양한 형태가 실현되고 있는 현실이다.

2.3 플랫폼 비즈니스의 경쟁전략

최근 정보통신기술 ICT(Information and Communications Technologies) 분야에서의 환경이 빠르게 변화하고 개방도가 높은 산업에서 전략과 경쟁에 대해 주목할 필요성이 점차 증대되고 있다. 이러한 흐름에 따라서 최근 비즈니스에 있어서 생태계적인 차원의 사고 방식이 새롭게 주목받고 있다. 여기서 ICT 생태계 간의 경쟁은 곧 플랫폼 간의 경쟁을 의미하기도 한다.

세계적인 수준의 콘텐츠 비즈니스로는 구글, 아마존, 애플이라는 대형 플랫폼 제공업체가 존재하며, 이들의 각각의 비즈니스는 공통점과 차이점을 가지고 있다.

즉, 애플리케이션 또는 콘텐츠를 써드파티(개발 참여자)가 제공함으로써 플랫폼 제공자와 참여자가 협력하여 생태계를 형성하는 구조로 볼 때는 동일하다. 그러나 매개형과 기반형 플랫폼의 통합 정도나 주요 수익원에는 구글, 아마존, 애플 3사의 생태계가 각각 다른 형태를 취하고 있다.

콘텐츠 전송 플랫폼 방식에서는 아마존과 애플이 직접 운영, 시장에서도 독점적으로 운영하고 있지만, 구글(안드로이드)은 제삼자가 독자적으로 시장을 형성하는 것이 가능하다. 여기에 제조사들이 하드웨어를 제공하는 것을 지원하기 위해서 OS(안드로이드)를 오픈소스로 제공하고 있다. 이에 따라 아마존은 오픈소스인 안드로이드를 자사에 맞게 최적화하여 탑재한 전용 단말기(킨들)를 개발했으며 이외에도 수많은 하드웨어에서 안드로이드를 통해 콘텐츠를 활용할 수 있도록 하고 있다.

그림 5-8 애플, 구글 및 아마존의 생태계

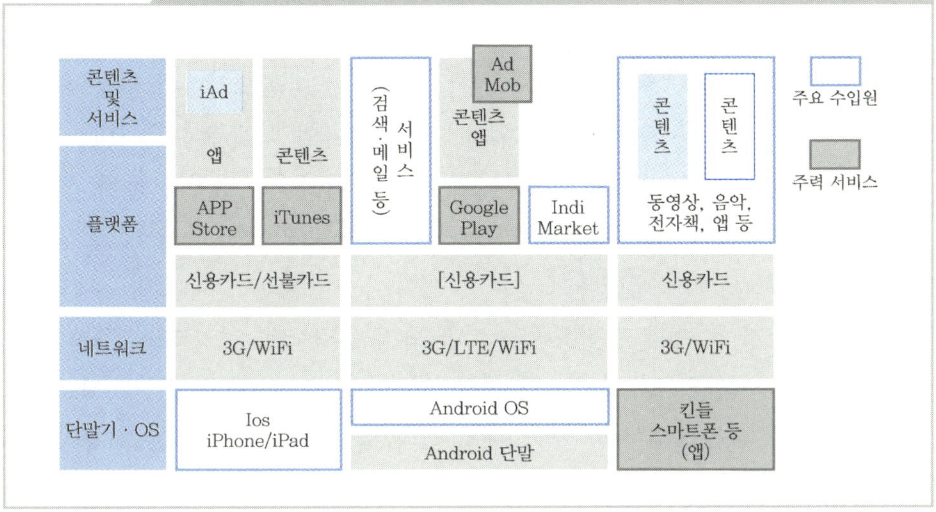

자료: 2013년 정보통신 백서 http://www.soumu.go.jp

앞서 설명에서 알 수 있듯이 플랫폼 간의 경쟁은 곧 비즈니스 경쟁이라 할 수 있다. 그렇다면 플랫폼 생태계의 관리 방식과 일반적인 기업에서의 제품관리는 어떤 차이점을 갖고 있을까? 이에 대한 해답으로 우선 "플랫폼 참여자를 어떤 방식으로 흡입시키는가"에 대해 생각해보아야 한다.

즉, 플랫폼 사업자는 다수의 참여자가 플랫폼 생태계에 참여하고 이를 이용하도록 해야 한다. 플랫폼 참여자가 다양한 종류의 제품을 투입함에 따라 생태계의 전체 규모, 기능, 가치가 상승하며 결과적으로 더 많은 사용자가 플랫폼을 이용하게 된다.

이를 위해서는 플랫폼 제공자(플랫폼 사업자)가 제품의 참가나 혁신을 촉진하기 위한 장치들을 충분히 구축해 두어야 한다. 이러한 플랫폼 생태계에 스마트폰이라는 새로운 하드웨어가 도입되자 비즈니스와 형태가 크게 변화되었고 또한 이에 따라 다음과 같이 비즈니스의 구조에도 큰 변화가 생기고 있다.

1. 크로스 플랫폼 제품의 등장

이른바 게임기 혹은 스마트폰의 운영시스템인 OS 경쟁의 핵심은 서로 다른 플랫폼 제품을 제공하는 데에 있었다. 그러나 오늘날의 경쟁 구도는 훨씬 복잡해졌다. 우선, 첫째, 하나의 대체품이나 서비스가 다수의 플랫폼을 위해서 제공되며 경쟁이 일어나는 상황과 둘째, 특정한 플랫폼 제품을 기반으로 하는 또 다른 상위의 플랫폼 간에 발생하는 경쟁상황이 발생한다.

먼저 첫 번째 경쟁상황을 예를 들어 살펴보자. 마이크로소프트의 오피스 제품의 경우는 자사의 OS(윈도우)뿐만 아니라 애플의 Mac에도 호환 가능하게 제공된다. 이에 따라 양 제품을 이용하는 사용자에게 동일한 파일을 교환할 수 있는 환경을 제공해주었다. 즉, 마이크로소프트의 오피스 제품은 두 종류의 OS에 걸쳐 있는 '크로스 플랫폼' 제품이다. 두 번째의 경우 인텔의 CPU칩은 기반형 플랫폼 제품에 속하며, Mac과 윈도우는 각각 또 다른 플랫폼의 위치에서 생태계 경쟁을 한다.

크로스 플랫폼 제품의 경우 "경쟁"과 "협동"의 합동 작전을 통해 경쟁해야 한다. 경쟁 상대와 협력하며 공유함으로써 생태계의 가치를 높이기 위해 노력하는 동시에 자사 제품이 생태계 내에서 점유율을 높이기 위해 노력해야 한다.

2. 참여자 유입구조 형성

비즈니스상 기업은 가치사슬 구조에서 전·후 계층에 속한 사업자와 비즈니스 관계를 구축하는 것이 중요한 만큼, 플랫폼 비즈니스에서도 역시 중요한 것은 플랫폼 참여자를 유인하는 것이다. 이는 곧 전통적 비즈니스의 가치사슬 구조에서는 협력 구조를 강화시키는 "운명공동체", 즉 자동차 제조사가 부품회사와 공동개발을 통해서 제품의 품질을 높이는 것 등의 협력관계를 형성하는 것이 가장 우선시 되는 만큼 플랫폼 사업자 역시 참여자의 협력을 이뤄내야 한다.

하지만 플랫폼 제품의 경우는 전통적 비즈니스와는 다르게 간접적인 방법을 이용해야 한다. 특히 기반형 플랫폼 참여자는 최종 이용자를 직접 접하기 때문에 비교적 독자적으로 자신이 원하는 형식의 제품을 만들어 제공할 수 있으며, 또한 매개형 플랫폼 사업자 역시 참여자에게는 제공하는 정보와 소스 등을 자유롭게 편집할 수 있는 자유로운 특성을 지니고 있다. 즉, 플랫폼 생태계 아래에서는 운명공동체라는 성질이 약화된다. 그렇기에, 플랫폼 사업자는 참여자가 지속적으로 대체품의 기능을 향상하거나 실현시키기 쉽도록 플랫폼을 관리해야 한다. 또한, 참여자의 지속적인 수익창출에 기여할 수 있는 구조에 대해서도 고려해보아야 한다. 이를 통해 결국 단기간에 간접적으로 관련자들을 플랫폼에 연관시키는 구조를 형성할 수 있다.

3. 플랫폼 비즈니스의 확산

플랫폼 비즈니스가 어떤 방식으로 확대하고 침투하는지에 대해 살펴보면, 먼저 플랫폼 구조를 가지고 있는 비즈니스의 네트워크화 현상이 두드러짐을 알 수 있는데 이는 특히 부동산 중개, 아르바이트 소개나 취업소개 등에서 그 현상이 현저히 드러난다. 부동산 중개는 매개형 플랫폼을 중심으로 네트워크 비즈니스의 영역이 확산되는 한편 오프라인 비즈니스 역시 존재하고 있다.

또한, 전통적인 비즈니스가 새롭게 플랫폼 비즈니스에 의존하게 된 사례도 있는데, 예약 사이트에 의존하는 여관이나 호텔, 그리고 신용카드에 의존하는 통신판매, 아울렛이나 백화점 등의 쇼핑, 비즈니스에 의존하고 있는 브랜드 제품 등이 이에 해당된다.

인터넷을 기반으로 처음 등장한 플랫폼 비즈니스 역시 존재한다. 예를 들어서 경매 비즈니스는 기존에는 전문가들이 예술품의 일부를 매매하는 형태였지만, 오늘날에는 네트워크를 통해 소비자들 간의 가벼운 매매가 다수를 차지한다.

이 외에도 커뮤니티 비즈니스 역시 기존에는 동호회와 같은 형태로 존재했지만 오늘날의 네트워크상의 커뮤니티는 SNS를 기반으로 상당한 중요성을 지닌다. 뿐만 아니라 주차 비즈니스는 플랫폼 비즈니스를 통해 점차 시스템을 현실에서 자리잡아가고 있는 상황이다. 기존의 주차 비즈니스는 토지를 보유하고 있는 사람이 직접 운영하는 형태였지만, 점차 시간제로 이를 운영하게 되었다. 이에 따라 토지 소유자에게 땅을 빌려서 사업을 하는 회사들이 출현하게 되었고, 자동 요금기를 이용하는 무인주차 방식 역시 등장하였다. 이는 플랫폼 비즈니스를 무인주차 회사로 변경한 현실계 플랫폼 비즈니스의 한 형태라고 할 수 있다.

03 플랫폼 비즈니스 사례 및 구체적 형태

3.1 크라우드소싱과 협업, 투자 플랫폼

크라우드소싱(crowd sourcing)의 개념은 대중(crowd)과 아웃소싱(outsourcing) 두 단어의 합성어로 이는 대중이 직접 참여해 콘텐츠, 아이디어 등을 만들어가는 프로세스를 의미한다. 주로 자신이 좋아하는 일을 하고 있는 사람들이 여가 시간을 활용해서 크라우드소싱에 참여하게 된다. 여기에는 다양한 분야의 사람들이 자신의 전문성과 관심사에 따라서 각자의 생각을 공유하고 협력 하에 이루어지기 때문에 크라우드소싱 서비스는 매개형 플랫폼에 속한다.

크라우드소싱이라는 용어를 처음 소개한 사람은 2006년 미국의 Digital culture의 전문 잡지인 Wired의 제프 하우(Jeff Howe)이다. 사실 크라우드소싱은 특정한 현상을 용어로 정의한 것이며 이러한 개념 자체는 그 이전부터 존재해왔다. 예를 들어 2001년에 등장한 위키피디아는 크라우드소싱의 대표적인 사례라고 할 수 있다.

또한 크라우드소싱에 대해 알기 위해 서전에 오픈소스(open source)에 대한 개념을 살펴봐야 하는데 이 오픈소스는 크라우드소싱에 청사진을 제공하였다. 오픈소스란, '소프트웨어 개발자의 권리를 보장하지만 누구든지 소스코드를 열람할 수 있도록 개방해주는 개발모델'이다. 여기서는 많은 사람들이 공개된 소스코드를 열람해서 연구하고 이에 숨어있는 오류를 발견하고 더 나아가 제품을 수정하고 새로운 기능을 추가할 수 있다. 또한 커뮤니티에 속한 사람들이 개발에 대해서 의견을 나누고, 오류를 수정하며, 기능을 개선하는 과정에서 더 나은 소프트웨어가 창출된다. 이러한 결과물이 공개되면 또 다른 혁신을 자극하며, 이를 통해 선순환구조가 구축된다.

이후 오픈소스 문화를 상속한 크라우드소싱이 적극적으로 도입되었다. 앞서 살펴본 오픈소소의 선순환구조는 기본적으로 크라우드소싱이 추구하는 구조와 동일하다. 즉, 내용을 개방하는 것이 오픈소스이며, 여러 사람들이 협력해서 결과물을 만든 것이 크라우드소싱이다.

크라우드소싱을 한마디로 표현하면 '모든 사람들이 문제를 해결하기 위해서 달려들면, 해결하지 못할 문제는 없다'는 철학에서 나온다. 또한 이노센티브(InnoCentive)란 의미는 크라우드소싱 서비스 중 하나로 크라우드소싱을 연구개발(R&D) 문제를 해결하기 위해 도입한 사례라 할 수 있다. 이노센티브에서는 전 세계의 과학자들이 기업들과 협력해서 문제를 해결하기 위해 노력한다. 기업이 해결해야 하는 문제를 이노센티브에 등록하면, 이에 속해 있는 과학자들이 문제를 해결하고 그에 대해 금전적인 보상을 받는다. 이는 바이오, 화약, 식품, 농업 등 거의 모든 분야에 걸쳐서 이러한 서비스가 제공되고 있다.

한 예로 99 디자인스(99 designs)는 크라우드소싱을 디자인 분야에 가장 최초로 적용한 디자인 기업이다. 책 표지, 모바일 앱, 웹사이트, 로고, 명함, 티셔츠 등의 디자인 의뢰를 받은 후 그에 해당하는 콘테스트를 주최하고 그 결과물에서 의뢰인들이 원하는 디자인을 고를 수 있는 시스템을 제공한다.

이처럼 오픈소스를 기반으로 제공되는 프로젝트들은 또 다른 프로젝트의 기반이 되며, 사람들을 매개해서 결과물을 창출한다는 점에서 그 자체가 플랫폼에 해당된다고 볼 수 있다. 오픈소스 방식에서는 자신의 지적 자산과 아이디어를 공개해 그에 대한 활발한 토론과 피드백을 통해서 크라우드소싱을 통한 공동개발을 낳고, 한 개인이 만들 수 없는 창의적인 결과물을 가져온다. 이렇게 만들어진 결과물은 또 다시 공개되며 이러한 선순환 과정을 거쳐서 더욱 확산되며 발전한다.

이런 의미에서 크라우드소싱은 단순한 하나의 트렌드가 아니라 점점 중요한 경쟁력으로 작용하게 된다. 수 많은 개인들의 창의성과 전문성 그리고 그러한 개인들의 잉여 시간의 합은 크라우드소싱이 지닌 잠재력에 기여한다.

하지만, 대중들을 모아 그들의 사회적·정서적 욕구를 만족시켜주고, 그들이 협업하는 플랫폼을 구축하고, 이에서 수익을 창출하는 것이 쉬운 과정만은 아니다. 또한, '다양성'을 이해하지 않고, 발휘하기도 어려운 사회·문화적인 환경이 사람들이 크라우드소싱에 참여하지 못하도록 하는 것은 아닌지 생각해 보아야 한다.

3.2 핀테크, 금융 플랫폼

핀테크(Fintech)라는 용어는 '금융(Financial)'과 '기술(Technique)'이라는 용어의 합성어이다. 이는 금융과 IT의 융합에서 나온 새로운 기술과 서비스를 통칭하는 용어이다. 핀테크의 본질적 성격은 금융기관과 금융소비자를 매개하는 것이며, 기본적으로 매개형 플랫폼에 속한다.

IT 시장조사에 따르면, 핀테크산업에는 19개 분야에 거쳐 약 1,300여 개 이상의 기업이 존재하는 것으로 나타났다. 영국은 금융 허브인 런던을 중심으로 해서 핀테크산업을 발전시키고 있고, 미국의 핀테크산업은 금융의 중심지인 뉴욕 월스트리트, 기술의 중심지인 실리콘밸

리로 분산되어 있다. 미국의 핀테크산업은 IT 및 금융 역량을 기반으로 전 세계 핀테크산업의 중심으로 자리잡고 있다. 미국의 핀테크산업 수준은 이미 혁명의 초기단계를 지나서 사람들의 라이프스타일을 바꾸는 정도에 다다랐다. 또한, 미국, 영국과 함께 중국 역시 주목해야 하는데 중국은 방대한 내수시장과 다수의 모바일 인터넷 사용자를 지니고 있으며 중국 정부 역시 핀테크를 적극적으로 지원하는 정책을 취하고 있기 때문에, 핀테크산업이 빠르게 확대되고 있다.

주요 플랫폼 업체 중 핀테크 분야에서 좋은 성과를 내고 있는 업체로 애플을 들 수 있다. 애플은 전 세계에서 750여 개 이상의 금융기관들과 제휴를 맺고 있으며, 점점 더 많은 기관들과 제휴를 맺는 추세이다. 미국에서는 애플페이를 통한 결제와 결제액이 증가하고 있으며, 미국 전체 소매시장 매출액에서 적지 않은 비중을 차지할 것으로 보인다.

한편 핀테크를 기능에 따라 분류하면, 지급결제서비스, 금융소프트웨어, 인터넷은행, 대출서비스와 같이 4가지 형태로 구분할 수 있다.

1. 지급결제서비스

이는 송금과 결제를 보다 간편하게 할 수 있는 기능을 제공한다. 즉, 은행계좌나 신용카드와 연동된 송금서비스를 제공하거나 오프라인과 온라인에서 결제서비스를 제공하는 것이며, 삼성페이, 스퀘어, 카카오페이, 애플페이 등이 이에 해당된다.

2. 대출서비스

기존 금융기관의 대출이 가지고 있는 한계로 인해 해외에서 크게 각광받고 있는 분야가 대출(대부)서비스이다. 예를 들어, 렌딩클럽(Lending Club)은 미국의 최대 P2P 대출 기업인데, 이는 대출을 원하는 사람과 투자자를 모집하여 연결해주는 서비스를 제공해준다.

또한 온덱(On Deck)은 소상공인을 주요 고객층으로 삼는 고객서비스이다. 온덱은 대출을 간편하게 신청해주며, 신청 후 24시간 이내에 입금이 완료될 정도로 신속한 일 처리를 자랑한다. 또한 소상공인의 현금 흐름이나 매출 규모 등 합리적인 내용에 기반해서 대출을 집행하기 때문에 소상공인들에게도 좋은 반응을 얻고 있다.

3. 금융소프트웨어

통합 UI, 빅데이터 분석 등을 활용해 금융의 편의성을 증대시켜주는 소프트웨어들이 대표적인 금융소프트웨어이다. 예를 들어, 모바일 앱을 통해서 사용자의 은행계좌와 신용카드를 통합적으로 관리하고, 독자적인 데이터 분석 알고리즘을 활용해 신용카드의 도용과 수수료 오류 등이 발생할 경우 이를 발견해 사용자에게 알려준다.

4. 인터넷전문은행

전 세계의 많은 인터넷전문은행들은 오프라인 점포를 갖고 있지 않은 형태로 존재한다. 그 중 2003년에 설립된 피도르(Fidor)는 인터넷전문은행으로 인터넷 커뮤니티 은행을 표방한 형태이다. 고객은 페이스북을 통해서 피도르 계좌를 신청할 수 있으며, 직접 금융상품의 개발과 유통에 참여할 수도 있다.

이처럼, 간편결제서비스는 앞에서 나온 핀테크의 유형 중에 지급 결제서비스에 속한다. 간편결제서비스는 국내 핀테크산업의 선발 주자이다. 서비스 페이팔(Pay Pal)은 미국에 1998년에 등장한 간편결제시스템으로, 미국에서 널리 쓰이고 있으며, 2004년에 중국에 등장한 알리페이(Alipay) 역시 전국민이 사용하는 서비스로 자리잡았다.

국내 시장에는 삼성전자의 삼성페이, SK플래닛의 시럽, 카카오의 카카오페이, 신세계의 SSG페이, 네이버의 네이버페이, eBay의 스마일페이, 비씨카드의 페이올 등 다양한 간편결제서비스가 경쟁중이며, 계속해서 새로운 서비스들이 등장하고 있다.

이러한 서비스는 서로 다른 제공 주체를 가지고 있지만, 국내 간편결제서비스들은 기능과 사용자 편의성의 측면에서 큰 차별성을 가지고 있지 않다. 사용자들은 모두 미리 신용카드의 번호와 결제 비밀번호를 등록해 두며, 결제를 할 때에는 비밀번호만 입력하는 방식으로 결제가 이루어지기 때문에, 간편결제라는 기능 자체에는 큰 차별화 요소가 존재하지 않는다.

이처럼 수많은 간편결제서비스들이 특성과 기능으로 차별화를 하기가 힘든 상황에서 기업들이 할 수 있는 거의 유일한 전략은 가능한 많은 마케팅 예산을 확보하여 여러 쇼핑몰에 다량의 할인쿠폰을 나눠준 후, 이를 통해 경쟁사의 서비스보다 사용자들이 더 빠르고 더 많이 사용하도록 유인하자는 것이다.

삼성전자의 삼성페이 역시 MST(Magnetic Secure Transmission, 마그네틱 보안 전송) 기술을 사용해, 오프라인 매장에서도 기존 결제 단말기를 이용해 간편하게 결제를 가능하게 해주고 있다.

3.3 옴니채널과 비콘, 온·오프라인 유통 플랫폼

대한상공회의소에서 발표한 유통산업 통계에 따르면, 백화점과 대형마트의 매출이 역성장하는 것으로 드러났다. 특히, 쇼루밍(showrooming)족이 급증하면서, 패션상품, 주방용품, 전자제품 같이 주로 오프라인 매장을 통해 구매되던 상품들 역시 모바일을 통해 구매되는 추세이다. 쇼루밍이란 오프라인 매장에 방문해 제품을 살펴본 뒤, PC, 태블릿, 스마트폰을 이용해 인터넷에서 실제 구매를 하는 것을 의미한다.

스마트폰을 통한 정보검색과 가격비교의 용이성은 결국 쇼루밍족의 증가에 크게 기여하였는데, 한편 구글이 조사한 바에 따르면, 매장에서 쇼핑을 하는 소비자들 중에서 스마트폰으로 쇼핑을 한다고 대답한 사람들이 그러한 쇼핑의 이유로 꼽은 주된 이유에는 시간절약(51%), 비용절약(44%) 등이 있었다. 또한 가장 많이 사용하는 기능에는 가격비교(53%), 할인쿠폰 등의 프로모션(39%) 등이 있었다.

버버리, 구찌, 에르메스 등의 명품 브랜드들 역시 모바일 쇼핑이 점점 확대됨에 따라서 인터넷을 통해 제품을 판매하고 있다. 모바일 쇼핑몰과 함께 증가하는 것이 바로 해외직구이다. 소비자들 중 57.4%는 해외직구를 해보았으며, 1인당 연평균 소비금액은 약 87만 원인 것으로 집계되었다.

소비자들은 주로 해외직구를 통해서 패션 상품을 구매하는데, 이는 기존의 오프라인 매장에 방문해 구매하는 소비 패턴이 변화하고 있음을 의미한다. 이는 해외직구와 모바일 쇼핑이라는 두 가지의 소비 트렌드가 국내의 유통업체들에게 막대한 영향을 미치고 있음을 의미한다.

유통업체들은 이러한 상황에 대응하기 위해서 개별적으로 구축한 모바일, 소셜 미디어, 콜센터, 온라인 매장, 웹사이트 등에 다양한 고객들의 유입 채널을 통합해서 고객들에 일관된 경험을 제공하는 옴니채널(Omnichannel)을 대응전략으로 추진하고 있다. 이는 온라인과 오프라인에 상관없이 고객들에게 일관된 서비스를 제공해주는 유통체계를 의미한다.

유통업체들이 점점 옴니채널 전략에 대해 고려하게 되는 이유는 모바일 기기 활용 역량이 증가하며, 이를 통해 각종 소셜 미디어 정보들을 공유할 수 있기 때문이다. 이와 동시에 시장에 존재하고 있었던 채널 장벽은 허물어지고 있으며, 커머스 벤처들은 빠르게 혁신서비스를 선보임에 따라 품질, 가격, 고객서비스 등의 모든 측면에서 경쟁업체와 실시간으로 비교되는 상황에 처하게 되었다.

한편 쇼핑기기로서의 스마트폰은 양면성을 지니고 있다. 즉, 온라인 쇼핑(PC인터넷 쇼핑과 모바일 쇼핑)과 오프라인 쇼핑의 경계가 허물어지면서 오프라인 매장은 점차 붕괴되고 있는 현실인데, 이는 과거의 PC 기반의 인터넷 쇼핑의 경우 매장 내 가격비교 검색이 불가능하므로 오프라인 쇼핑과는 별도로 격리되어 있었지만, 이제 소비자들은 스마트폰을 이용해서 시간과 장소에 무관하게 가격을 비교하고 쇼핑한다.

반면 스마트폰의 또 다른 측면은 오프라인 매장의 이용을 유도한다는 것이다. 기업이 효과적인 옴니채널 전략을 기반으로 소비자의 흥미를 끌만한 서비스를 제공하면, 많은 소비자를 유인하는 요인으로 작용할 수 있을 것이다. 이는 유통업체가 어떠한 관점에서 사업을 추진하느냐에 따라서 어려운 상황에 처할 수도, 새로운 모멘텀을 찾을 수도 있음을 의미한다.

미국의 월마트(Walmart), 메이시(Macy's)백화점 등은 적극적인 옴니채널 전략을 펼치는 기업으로 유명하다. 메이시스 백화점은 옴니채널에 적극적인 투자를 하며, 매출이 증대되었으며, 월마트 또한 고객이 매장에서 앱을 통해 제품을 구매하고, 온라인에서 주문한 다음에 매장에서 결제하고 제품을 수령하는 서비스 등을 제공하고 있다.

게다가, 월마트는 2014년 2월에 새로운 '최저가 보장 제도(Price Match)'를 개시한다고 밝힌 바 있다. 이 프로그램의 이름은 세이버 캐처(Saving Cather)로, 월마트 매장에서 생활용품과 식료품을 구매한 후에, 영수증번호만을 입력하면 자동적으로 지역 내의 다른 경쟁사들의 제품가격과 비교해주며, 월마트의 제품가격이 더 비쌀 경우 그 차액을 보상해주는 방식인데 이는 국내 대형할인점에서와 같은 최저가격보상 서비스제도와 얼핏 흡사하지만 이는 단지 유통업체들 이름 붙이기에 불과한 최저가 보상 제도와 근본적인 차이를 지니고 있다.

시세이도(Shiseido)는 1872년에 설립된 화장품 제조업체이며, 전국적으로 자사 제품을 판매하는 화장품 유통업체이기도 하다. 시세이도는 역시 성공적인 옴니채널은 구축한 업체 중 하나로 꼽힌다. 시세이도는 라이프스타일의 전반에 거친 콘텐츠를 제공해주는 뷰티앤코(Beauty & Co.) 사이트를 모객 사이트로 운영한다. 뷰티앤코를 통해 여행, 패션, 건강, 요리 등 다방면에 거쳐서 흥미를 끌만한 콘텐츠를 제공하는 것이며, 모객효과를 높이는 것을 자사 제품을 직접적으로 홍보하는 것보다 더 중요시 한다.

그림 5-9 시세이도가 운영하는 모객 사이트, 뷰티앤코

자료: Beauty & Co.

또한, 뷰티앤코를 사용하여 모이는 포인트인 뷰티포인트를 모아서 체험, 공연, 호텔 식당 등을 신청하거나 상품을 받을 수 있다.

또한 시세이도는 와타시플러스(watashi+)라는 공식 브랜드 사이트를 운영하고 있다. 여기에서는 미용 상담, 미용 정보, 제품 카탈로그, 오프라인 매장 검색 및 예약, 온라인 쇼핑 등의 기능을 종합적으로 제공한다. 이 사이트에서 이루어진 방문 예약은 고객들을 자연스럽게 매장으로 유도한다.

반면 최근 유통업체들은 비콘(Beacon)이라는 옴니채널 전략에 관심을 갖고 있다. 비콘은 소비자들의 스마트폰과 자동으로 연동되는 서비스로 초정밀 실내 측위(Indoor Positioning)를 위한 서비스와 기기를 의미한다.

백화점과 대형 마트 등의 유통업체는 고객에게 상품과 프로모션에 대한 정보를 제공하기 위해서 고객의 매장 내의 동선을 파악하고자 한다. 애플의 아이비콘의 경우, 저전력 블루투스(BLE: Bluetooth Low Energy) 기술 및 와이파이를 이용해서 5cm부터 최대 49m의 거리에 이르기까지 고객의 위치를 정확하게 측정하고, 고객에게 광고 동영상,

각종 할인 혜택, 결제, 리뷰 정보, 상품 정보 등의 다양한 서비스를 제공해준다. 또 다른 기술인 NFC(Near Field Communication, 근거리 무선통신)가 작동되기 위해서는 10cm 미만의 거리에 리더기에 기기를 대야하는 것과는 다르게 아이비콘은 더 멀리 떨어져 있는 기기를 감지할 수 있으며, 지나가기만 하더라도 감지할 수 있다. 고객이 스마트폰을 조작하지 않고 가지고 있기만 하더라고 정보가 제공되고 결제가 이루어지는 만큼 편의성이 굉장히 증대되었다는 것이다.

최근 아이비콘 같은 실내 측위기술에 대한 관심이 증대됨에 따라, 애플뿐만 아니라 페이팔(PayPal) 등의 업체들이 이와 유사한 서비스를 제공하고 있다. 이제 소비자들이 스마트폰을 앞세워 매장을 돌아다니며 쇼루밍을 하고 해외직구에 관심을 가짐에 따라서 국내 유통업체들 역시 변화해야 하는 상황에 놓였다.

한편 픽업 서비스는 대형마트, 백화점과 같은 유통업체들이 전면적으로 실시하고자 하는 대표적인 옴니채널 서비스 중 하나이다. 예를 들어서 신세계 그룹의 백화점몰, 트레이더스몰, 이마트몰 등을 아우르는 SSG.COM 웹사이트가 출시되었고, SSG페이라는 간편결제서비스도 출시되었다.

이처럼 국내 유통업체들 역시 여러 가지 방법을 통해 나름대로의 옴니채널 전략을 위해서 노력하고 있지만, 변화하는 유통환경에 맞추어 가는 것은 쉽지 않아 보인다. 가격경쟁은 심화되고 있으며, 소비자들의 지식수준은 증가하고 있기 때문에 과거의 성공적인 방식은 더 이상 오늘날 성공적인 방식이라고 단정할 수 없다.

경기침체, 기술의 발전, 고령화, 1~2인 가구의 증가 등 환경이 변화하면서 소비문화 자체가 변화하기 때문에 이제는 유통업체들의 근본적인 변화가 필요한 시점이다. 상거래 역시 대부분 모바일을 기반으로 이루어지는 추세이며, 최근 들어서는 스마트폰이 발달하면서 부동산 중개, 음식 배달 등의 O2O커머스 역시 이러한 변화에 기반해 성장하고 있는 상황이다.

3.4 O2O커머스, 오프라인 생활 기반 플랫폼

소비자들은 최근 들어서 O2O(On-lin to Off-line)커머스를 빠른 속도로 수용하고 있다. O2O커머스는 온라인을 통해 모은 소비자들이 오프라인에서 상거래를 하도록 유도하는 것을 의미한다. 이에 해당하는 대표적인 서비스로는 우리가 잘 아는 우버(Uber)를 들 수 있는데, 이는 O2O분야 중 승객 운송 분야에 해당되는 O2O커머스라 할 수 있다.

전 세계의 인터넷 벤처들은 핀테크와 더불어 O2O 커머스에 주력하는 추세이다. 일부 서비스는 대규모 투자에 힘입어 주식을 상장했으며, 주차장, 숙박, 청소, 배달 등 오프라인 서비스의 대부분에 O2O서비스가 확장되고 있다. 국내 시장에서 주목 받는 분야에는 음식배달, 승객운송서비스, 부동산 중개 등이 있는데, 이 뿐만 아니라 앞으로는 자동차정비, 놀이방, 청소, 미용, 웨딩, 레저 등 다양한 분야에서 O2O적 지각변동이 발생할 것이다.

이중 대표적 사례로 '배달의 민족'은 음식배달 분야에서 점유율 50퍼센트 이상을 차지하고 있는 1위 기업으로 월 주문량은 500만 건이 넘으며, 골드만삭스 등으로부터 400억 가량의 투자를 유치했다고 알려졌다. 우리나라의 스마트폰 보급률은 세계 최고수준이며, 독특한 야식문화를 가지고 있다. 이 두 가지의 영향으로 이와 관련된 시장은 세계에서 가장 빠른 속도로 성장하고 있지만, 과다 수수료 논란 역시 적잖이 발생하고 있다.

다방, 복방, 직방 등은 부동산 중개 분야에 경쟁 중인 업체들이다. 300여 개 이상의 유사 서비스들이 과거에 등장했었지만, 현재에는 '직방'이 약 70%의 시장점유율을 차지하며, 독보적인 1위에 위치하고 있다. 기존의 부동산 중개 업체들과 마찬가지로 불공정 행위, 허위 매물 등의 문제가 발생하고 있지만, 부동산 중개 앱은 2조 원의 시장에 상당히 잠식할 것으로 예측된다.

운송 분야에서는 기업가치가 50억이 넘는 우버가 한국 정부의 규제로 인해 국내에서 그 공격적인 서비스를 중지해야 했다. 이에 따라 M택세, 티머니택시, 리모택시, 이지택시, T맵택시, 카카오택시 등의 업체들이 국내 시장에서 치열하게 경쟁하고 있다. 그 중에서도 카카오택시는 콜 수와 기사 수를 기준으로 업계 1위를 차지하며, 모바일 플랫폼의 사용자들을 장악하고 있기 때문에, 앞으로도 1위를 유지할 것이라고 전망된다.

우버는 글로벌 업계 중에서도 가장 많은 이목을 받고 있다. 차량 공유서비스 또는 승객운송 네트워크라고 할 수 있는 우버는 약 58개국에 거쳐 300여 개의 도시에서 현재 제공되고 있다. 우버의 기업가치는 약 500억 달러가 넘는 것으로 평가받고 있다. 우버가 이러한 막대한 자본을 기반으로 전 세계 각지에 발을 들임에 따라서, 각국의 택시기사들과 정부기관들과 갈등을 겪고 있다. '우버겟돈(Ubergeddon)'이란 우버와 아마겟돈의 합성어로 등장한 신조어로 우버가 사회에 가져온 혼란은 의미하는 말이다.

이는 우버만에 해당되는 문제가 아니다. O2O커머스는 그 성격이 기본적으로 오프라인 시장에 침투하는 것이기 때문에 그 분야와 무관하게 언제든지 우버겟돈과 같은 문제가 발생할 수 있다. O2O커머스의 성장 원동력은 경쟁에서 나온다. 우버의 경쟁사인 핑크색 콧수염을 단 차량을 트레이드마크로 삼는 리프트(Lyft)는 2007년에 페이스북 커넥트(Facebook Connect)를 통해서 회사 동료, 친구, 동급생 등의 차량 차풀을 도와주는 짐라이드(Zimride)라는 서비스를 만든 공동창업자들이 2012년에 출시한 서비스이다.

우버와 리프트는 치열한 경쟁을 벌이고 있는데, 우버는 경쟁사인 리프트에 속해 있던 운전기사가 우버에 등록할 경우 500달러를 지급하는 공격적인 프로모션을 제공하기도 하였다.

에어비앤비(Airbnb)는 숙박공유서비스를 제공해주는데 종종 우버와 함께 언급되는 유명한 O2O커머스 업체이다. 에어비앤비의 기업가치는 200억 달러가 넘는 것으로 평가되며 지금까지 총 23억 달러 이상의 투자를 유치했다. 에어비앤비는 전 세계 200여 개 국가에 거쳐서 34,000여 개 도시의 약 120만 개가 넘는 숙소를 등록해 두었으며, 한 해 이용자 수가 4,000만 명을 넘어섰다.

에어비앤비에 등록된 국내 숙소의 수는 서비스 시작 3년 만에 6,000여 개가 넘었으며, 외국에서 에어비앤비를 이용하는 한국인의 수와 한국에서 이를 이용하는 외국 여행객들의 수 역시 빠르게 증가하고 있다.

에어비앤비의 성장이 가속화되면서, 우버와 마찬가지로 지역 호텔 업계들과 갈등을 겪고 있기도 하다. 그들은, 호텔들은 여러 규제 아래서 운영되는 반면, 에어비앤비는 그러한 규제 없이 진행되는 불법 사업이라고 주장한다. 이와 같은 우버겟돈식의 갈등은 앞으로도 심화될 것으로 예측되는데, 그럼에도 불구하고 에어비엔비는 지속적으로 성장할 것으로 전망된다.

이처럼 우리 삶의 다양한 분야에 새로운 서비스들이 등장하면서 O2O커머스는 우리의 라이프스타일에 큰 변화를 가져왔으며, 오프라인 커머스에도 전반적인 변화를 가져올 것이다. 하지만, 국내 시장에서는 숙박, 부동산 중개, 승객운송, 음식배달 등 일부 분야를 제외하고는 아직 초기단계에 불과하거나 서비스조차 도입되지 않는 상황이다.

O2O커머스는 그 자체가 플랫폼 비즈니스로서 역할을 한다. 제공하는 서비스가 단순해 진입장벽이 낮을 것이라 생각되지만, 구매자와 판매자의 네트워크 자체를 장악해버리면 이는 높은 진입장벽을 형성하게 되고 결국에는 승자독식 현상이 나타난다. 즉, 시장 1위를 차지하면 어마어마한 수익을 창출할 수 있기 때문에, 경쟁수준이 굉장히 치열한 것이다. 이때 '자본'이 경쟁의 핵심적인 자원이다. 그렇기에 특정 O2O 커머스가 인기를 끄는 것처럼 보이면, 바로 상당한 양의 투자금이 집중되며, 투자 받은 업체는 그 금액의 대부분을 마케팅에 투자한다.

O2O커머스가 성공하기 위해서는 경쟁업체보다 빠르게 이해관계자

네트워크 또는 영업망을 구축해야 한다. 그렇기 때문에 고객에게 최대한 깊게 자신의 브랜드를 각인시키기 위한 효과적인 마케팅의 중요성의 증대된다. 그러기 위해서는 대량의 마케팅 자금이 적시에 투자돼야 하며, 내가 하지 않을 경우 그 경쟁자가 그 전략을 취할 것이기 때문에 또 다른 방법이 존재하지 않는다.

또한 벤처기업이 고려해야 할 또 다른 위협 요소 중 하나가 카카오가 O2O를 향후 1순위 사업 분야로 삼고 있다는 점이다. 카카오톡은 이미 모바일 킬러앱으로 자리 잡았으며, 사용자들의 일상에 스며들어 있고, 그 자본력 역시 막대하다. 그렇기 때문에, 어느 분야는 O2O커머스 사업을 도입해 성공시키기 유리한 입장에 위치하고 있다고 볼 수 있다.

3.5 클라우드 컴퓨팅, 컴퓨팅 자원 공유 가상 플랫폼

클라우드 컴퓨팅(Cloud Computing)은 막대한 영향력을 행사한다. 클리우드는 단순히 우리가 떠올리는 파일을 서버에 저장하고 보관하는 수준이 아니라, 단순한 파일 저장을 넘어서는 기능을 갖고 있다.

NIST(미 국립표준원)의 정의에 의하면 '클라우드 컴퓨팅이란 네트워크를 통해 각종 컴퓨팅 자원(스토리지, 애플리케이션 등)을 필요할 때마다 이용할 수 있게 해 주는 서비스 모델'이라고 정의하고 있다. 또한 시장조사 전문업체인 가트너(Gartner)는 클라우드의 기술적 측면에서 그 개념을 정의하였는데, 즉 '클라우드 컴퓨팅이란 인터넷을 활용해 많은 다수의 고객들에게 높은 확장성을 지닌 IT 자원들을 서비스로 제공하는 것'이라고 정의하였다.

클라우드는 IT 업계에서 컴퓨팅 자원을 공유하고 그 결과물을 서비스로 제공하기 위한 기술들을 모아둔 것이다.

한편 클라우드 비즈니스에 있어서 이해관계자는 클라우드 서비스 사업자와 벤더, 그리고 사용자로 구분할 수 있다.

먼저, 클라우드 서비스 사업자는 사용자를 위한 클라우드 서비스를 제공한다. 세일즈포스닷컴, 구글, 아마존 등이 이에 해당하는 대표적인 업체이다. 또한 벤더는 클라우드 서비스 사업자를 위해서 솔루션, 애플리케이션, 네트워크, 하드웨어 등을 제공하는 업체들을 통칭한다.

이러한 서비스를 직접 이용하는 사용자는 실제로 개인뿐만 아니라 공공기관, 기업 등이 있는데 이들은 조직이 필요로 하는 정보시스템을 클라우드 서비스를 기반으로 확장성이 높은 자료들을 서비스를 통해 활용하는 추세이며, 인터넷 서비스를 제공하기 위해 클라우드를 이용하는 인터넷 서비스업체 등도 다수 존재한다.

그렇다면 클라우드가 주목 받게 된 배경은 무엇일까?

첫 번째는 경제불황으로 인한 비용절감이다. 장비가 고장나거나 트래픽이 몰리는 등의 경우를 대비하기 위해서 IT 자원을 추가적으로 확보해 둬야 한다. 하지만, 경제가 불황에 처하게 되면 IT 운영비용을 절감해야 하기 때문에 IT 자원의 구매, 설치, 관리 등에 투자해야 하는 비용을 비즈니스 운영을 위해 사용하려는 기업들이 늘어난다.

두 번째는, 시장 상황이 치열해지면서, 비즈니스 속도 전쟁이 발생하는데 클라우드는 컴퓨팅 자원을 즉시 제공받아서 빠르게 비즈니스 구현에 활용할 수 있기 때문에 이러한 상황에서 좋은 대안이다.

검색서비스를 비롯하여 구글플레이와 G메일 등 구글의 모든 서비스는 클라우드에 기반해 구축되어 있다. 구글은 수백만 대에 가까운 서버를 자사의 데이터센터에 가지고 있으며, 이는 기업이 운영하는 서버 수 중 가장 많은 것으로 추정된다.

이와 같이 구글은 자사의 서비스를 개발하고 운영하기 위해서 클라우드를 이용하기 때문에 '최대의 클라우드 소비자'인 동시에 기업들에게 클라우드를 제공해 주는 공급자의 역할까지 하고 있다.

국내의 많은 사람들은 클라우드라는 용어를 콘텐츠 동기와 또는 인터넷 스토리지와 같은 의미로 이해한다. 이는 국내 통신사와 포털 등의 대부분의 업체들이 '클라우드'라는 명칭으로 스토리지를 제공하는 서비스를 칭하기 때문이다. 하지만, 해당 사실 스토리지 자체는 클라우드가 제공하는 전체 서비스의 일부분에 불과하다.

카카오의 다음클라우드, LG유플러스의 LG유클라우드, SK텔레콤의 T클라우드, 네이버의 N드라이브 등은 스마트기기 사용자의 콘텐츠 사용을 간편하게 도와주기 위해 제공되는 대표적인 서비스라 할 수 있다.

플랫폼은 어떻게 미래의 시장을 장악하는가?

안드로이드가 시장에 출시되기 전, 휴대폰 업계에서 구글은 아무것도 아니었다. 한마디로 존재감이 없는 기업이었다. 하지만 안드로이드가 시장에서 성공하고, 전 세계 스마트폰 운영체제 점유율 1위를 차지하면서 구글은 아주 짧은 시간에 막강한 권력자가 됐다. 그렇게 될 수 있었던 이유는 바로 '플랫폼'에 있다. 플랫폼 기업의 실체와 그들이 시장을 지배하는 원리를 알면 기술, 비즈니스, 시장에 대한 많은 비밀을 이해할 수 있다.

마이크로소프트의 실패 사례는 일일이 거론하기가 어려울 정도로 많다. 그럼에도 불구하고 마이크로소프트가 여전히 수익을 내면서 영향력 있는 기업으로 남아 있는 이유는, 그만큼 윈도우와 MS오피스라는 강력한 플랫폼과 킬러앱(Killer App)을 소유하고 있기 때문이다. 이 대목에서 우리는 플랫폼의 진가와 더불어, 플랫폼에 작용하는 '관성의 법칙'이 얼마나 대단한가를 뼈저리게 느낄 수 있다.

시장에서 경쟁자를 물리치고 시장을 지배하게 되면 지속적으로 수익을 창출할 수 있는 게 바로 플랫폼 사업이다. 그러한 플랫폼 사업을 소유하고 있으면 다른 사업에서의 온갖 실수에도 불구하고, 웬만하면 플랫폼에서 창출되는 수익을 통해 손실을 메우면서 기업경영을 계속해 나갈 수 있다. 왜 모든 기업들이 플랫폼을 소유하고 싶어 하는지를 알 수 있는 대목이다.

기업의 입장에서 볼 때 가상현실 시장은 엄청난 기회를 제공한다. 단지 VR헤드셋이나 관련 주변기기의 매출보다는 가상공간에서 사용자들이 소비하는 시간과 비용에 주목할 필요가 있다. 기존 오프라인 및 온라인의 비즈니스 모델과 수익모델 대부분을 가상현실에서 구현할 수 있다. 특히 명백한 킬러앱인 게임, 성인물 등을 미끼로 사람들이 가상현실을 경험하면서 빠져들게 될 것이고, 이를 기반으로 다양한 비즈니스가 확장되는 형태로 시장이 커져나갈 가능성이 높다. 그리고 이 모든 것은 가상현실 플랫폼을 중심으로 이뤄지게 된다. 그렇기 때문에 플랫폼을 장악하려는 치열한 경쟁이 벌어지게 되는 것이다.

한편 앞으로 드론 시장이 크게 성장할 것이라는 건 의심할 여지가 없는 사실이다. 왜냐하면 취미용으로 열광하는 개인들이 크게 늘어나고 있고, 드론을 이용해 기업의 생산성을 증가시켜 줄 수 있는 다양한 기업용 솔루션이 계속 등장하고 있는데다, 미국 정부의 대테러전 활용 사례에서 알 수 있듯이 군사용 드론은 이미 그 성과가 증명돼 여러 국가에서 도입 움직임이 활발하기 때문이다.

전 세계에서 로봇 시장이 크게 성장할 것으로 전망되는 가장 큰 이유는 '인건비의 상승과 로봇 가격의 하락'이다. 사실, 많은 나라에서 노동생산성이 증가하는 것에 비례해 인건비가 상승하고 있지는 않다. 노동자들이 충분한 대가를 지급받고 있지 못하다는 뜻이다. 그럼에도 대부분의 기업들은 조금이라도 더 인건비를 줄여 이익을 증대시키고자 하는 욕구를 갖고 있다.

시장경제에서 플랫폼의 필요성과 기여도는 명백하다. 경쟁환경에서 유리한 조건을 확보하고 지속적인 수익을 창출하기 위해 많은 기업들이 플랫폼이 되려고 한다. 시장에서 확고한 위치를 차지한 플랫폼은 (분야에 따라 차이가 있긴 하지만) 비교적 오랜 시간 동안 상당한 영향력을 행사하며 많은 수익을 거둬들일 수 있기 때문이다.

플랫폼이 시장에서 받아들여지고 성장하기 시작하는 초기단계에서는, 플랫폼을 이용하는 참여자들(개발자 및 사용자, 판매자 및 구매자)을 비롯해 시장 전반에 상당히 긍정적인 영향을 미치는 경우가 많다. 이때 플랫폼을 이용하는 참여자들은 플랫폼이 제공하는 공통기능과 표준화된 프로세스를 통해 비용 및 시간을 상당 부분 절약하는 경험을 하게 된다.

플랫폼이 등장함으로써 시장의 많은 문제가 해결되고, 그런 과정에서 중복 투자가 감소돼 산업 차원에서 자원을 절감하는 효과도 생긴다. 이처럼 플랫폼은 시장을 효율화시키고, 나아가서는 시장 자체를 크게 성장시키기도 한다.

이런 긍정적인 성과를 내는 상황에서 플랫폼은 '난세의 영웅' 대접을 받는다. 플랫폼 기업도, 참여자들도 모두 행복해 보인다. 모든 이해관계자들이 자신의 이익에 만족하고 시장이 계속 빠르게 성장할 때까지는 말이다.

출처: Weekly News 2017.01.02. http://www.futurekorea.co.kr/news/

03

PART

전자상거래와 온라인 비즈니스

06 Chap. 전자상거래와 마케팅 경로

도입사례 '비콘에서 O2O까지' 리테일 분야를 뒤흔드는 5가지 첨단기술

절정의 쇼핑 시즌이 수십 년째 반복되면서 온·오프라인 쇼핑몰 사업자들은 바뀌지 않는 사실을 몇 가지 체득했다. 휴가철을 노리는 사람들은 최고의 블랙 프라이데이 거래를 찾아 매장 복도를 미친 듯이 찾아 헤맬 것이다. 마지막 순간을 노리는 사람들은 12월 24일이 될 때까지 기다릴 것이다. 크리스마스 다음 날에는 선물을 반품하려는 사람들로 매장이 가득 찰 것이다.

하지만 쇼핑 경험 자체는 지난 20년 동안 엄청나게 변화했다. 특히 전자상거래가 소비자들 사이에 확산되고 스마트폰이 필수적인 액세서리로 자리 잡으면서 더욱 심화됐다.

오늘날의 소매 기업들은 엄청난 속도로 발전하는 디지털 세계를 탐험하기 위해 쉴새 없이 탐구하고 있으며, 기술에 능통한 소비자들은 쇼핑 장소와 방법에 구애받지 않는 원활한 경험과 개인화된 서비스를 강력하게 요구하고 있다.

Credit: Thinkstock

TMA(The Marketing Arm)의 마케팅 담당 부사장 마이크 팔리는 "오늘날의 연결된 세계 속에서 각 브랜드와 소매업자들은 다양한 채널 속 소비자들을 유인하기 위해 노력하고 있다. 기술 발전으로 인해 오프라인과 온라인 사이의 경계가 점점 더 모호해지고 흐려지고 있다"라고 말했다. 소매 업종을 발전시키고 있는 5가지 최신 기술 트렌드에 관해 살펴본다.

1. 비콘(Beacon)

다수의 소비자가 주머니나 가방에 스마트폰을 갖고 다니는 상황에서 블루투스(Bluetooth) 연결 비콘 등의 위치 기반 기술을 이용한 근접 마케팅이 단순한 유행이 아닌 하나의 트렌드로 자리 잡고 있다. 소매 기업들은 이를 활용해 더욱 개인화된 실시간 메시지, 거래, 프로모션을 제공하는 방법을 찾고 있다.

예를 들어, 메이시즈(Macy's)는 최근 4,000개 매장에 비콘을 배치했으며, L&T(Lord & Taylor) 및 UO(Urban Outfitters) 등의 기업들이 스월(Swirl)의 플랫폼과 하드웨어를 사용하고 있다. 비즈니스 인사이더에 따르면 올 해 비콘이 미국 내 40억 달러 이상의 소매 판매량에 직접적인 영향을 끼칠 것으로 관측되며 내년에는 그 수치가 10배나 증가할 전망이다.

2. 생체 인식

지문시스템, 안면 인식, 홍채 스캔, 음성 식별 등과 같은 생체 인식 기술은 소매업자들에게 적합할 수 있다. 이를 활용해 광고를 효율화하고 보안을 강화하려는 움직임이 두드러진다. BRG(Biometrics Research Group)는 국제 생체 인식 시장이 올해 3년 전에 예상했던 70억 달러보다 높은 150억 달러 규모를 형성할 것으로 기술 컨설팅 기업 F&S(Frost & Sullivan)는 2017년까지 약 5억 명이 생체 인식 기술이 탑재된 스마트폰을 사용할 것으로 전망하고 있다.

3. 모바일 전자상거래 붐

휴대폰이 더 이상은 첨단이 아닐 수 있지만 모바일 전자상거래 붐은 확실히 첨단기술과 전략 덕분이다. 이마케터에 따르면 2016년 말까지 미국 내 전체 소매 전자상거래 매출의 25%가 모바일 기기를 통해 발생할 것으로 예상된다.

다채널 상거래 플랫폼 디맨드웨어(Demandware)의 세계 마케팅 수석 부사장 엘라나 앤더슨은 "아이폰 6를 비롯해 스마트폰 화면의 크기가 커지면서 소매업자들의 매출도 증가했다"라고 전했다.

디맨드웨어의 2/4분기 쇼핑 지표에 따르면 태블릿이 아닌 스마트폰으로 쇼핑

방문이 94%나 성장했으며 장바구니 생성은 74%나 성장한 것으로 나타났다.

4. 쇼핑 플랫폼으로써의 소셜 네트워크

소셜 네트워크가 단순히 소문을 내는 것 이상이라는 사실이 이미 드러났다. 지난 1년 동안 소셜 거대기업 트위터(Twitter), 페이스북(Facebook), 핀터레스트(Pinterest)가 모두 자사의 사이트에서 직접 "구매(Buy)" 버튼을 실험했다.

트위터는 9월에 소규모 판매자들과 함께 "구매" 버튼을 시험했으며 현재 10만 명의 판매자를 거느린 쇼피파이(Shopify) 및 기타 전자상거래 소프트웨어 기업들과 협력하고 있다.

5. 매장의 디지털, O2O

오프라인 쇼핑몰 기업들 또한 소비자들을 유혹하기 위한 광범위한 매장 내 기술을 이용하고 있다. 이중 일부는 O2O(Online to Offline) 서비스라고 불리는 것들이다. 앤더슨은 "물리적 매장 분야가 중요한 변화의 종단에 위치하고 있다"라고 표현했다.

예를 들어, 어그 오스트레일리아(Ugg Australia), 유니클로(Uniqlo), 나이만 마커스(Neiman Marcus) 등의 소매업자 및 브랜드는 RFID 태그를 사용하는 "매직" 또는 "메모리" 미러 기술을 통해 고객들이 다양한 색상과 스타일의 가상 의류를 착용할 수 있도록 하고 있다.

레베카 민코프(Rebecca Minkoff)는 자신의 매장에 문자 메시지 및 터치 화면 기능을 추가해 소비자들이 음료를 주문하고 매장 카탈로그를 탐색하며 매장 직원들과 손쉽게 상호작용할 수 있도록 했다.

블루밍데일즈(Bloomingdale's)는 탈의실에 아이패드를 설치하여 고객들이 도움을 요청하고, 리뷰를 확인하며, 재고 사이즈를 확인할 수 있도록 하는 실험을 진행하고 있다.

앤더스는 "디지털을 이용한 다양한 실험이 진행되고 있다. 고객에게 매장 밖의 온라인 경험부터 매장까지 모든 서비스를 풍부하게 제공하려는 시도들이다"라고 말했다.

출처: CIO korea news 2015.10.08. http://www.ciokorea.com/news/

01 전자상거래 경로

마케팅 경로관리와 설계에 중요한 PC, 인터넷, 스마트폰과 같은 인터넷을 기반으로 한 기술들은 점차 시간이 흐를수록 마케팅 경로에서 그 중요성이 더욱 증대될 것이다. 20세기 후반에는 인터넷을 기반으로 한 전자상거래가 유통경로에 있어서 큰 변화를 가져올 것이며, 모든 쇼핑의 형태가 온라인 쇼핑으로 탈바꿈할 것이라는 주장이 제기되기도 하였다. 실제로 오늘날에는 그 정도는 아니더라도 전 세계적으로 온라인 쇼핑의 중요성에 대한 인식이 증가한 것은 명백한 사실이다. 즉, 온라인 쇼핑이 모든 부분은 아니라하더라도, 유통경로에서 큰 중요성을 가지고 있다는 의미이다. 물론 다른 쇼핑의 형태를 전부 대체하지는 못했지만, 전자상거래는 곧 하나의 중요한 마케팅 경로로서 자리매김을 하게 된 것이다.

더욱이 태블릿 PC와 스마트폰이 온라인 쇼핑 활성화에 점점 더 큰 영향을 미치고 있으나 모바일을 이용한 전자상거래는 현재로선 아직 시작하는 단계에 불과하다.

그럼에도 불구하고 모바일 상거래(mobile commerce; m-commerce)라는 새로운 쇼핑 형태는 편안함을 무기로 시장에서 자리매김 하기 시작했으며 지속적으로 급격한 성장을 이룩할 것으로 전망된다. 한편 페이스북이나 트위터, 마이스페이스와 같은 다양한 소셜 네트워크 매체가 또 다른 강력한 전자상거래 경로로서 등장하기 시작하였다. 특히 근래에 들어 SNS, 즉 소셜 커뮤니티를 통해 거래되는 제품과 서비스가 증가함에 따라 점점 더 많은 기업들이 이러한 유형의 거래에 관심을 가지게 되었다.

이러한 변화와 더불어 많은 관련 용어들 또한 새롭게 등장하였는데, 그 중 전자상거래 경로(electronic marketing channel)란 '인터넷을 이용하여 컴퓨터와 모바일 기기 같은 다양한 디바이스로 시장에 접속하고, 시장 안의 다른 전자기기들과의 상호작용을 통하여 거래나 쇼핑을 할 수 있도록 하는 것'을 의미한다. 그러나 이 정의에 있어서는 확실히 해야 할 것들이 있다.

첫째, 이 정의에서 '컴퓨터와 모바일 기기'라는 것은 데스크탑 컴퓨터와 노트북은 물론이고, PDA, 스마트폰, iPad, 아마존 닷컴의 킨들(Kindle)과 같은 e리더기(e-reader) 등을 포함하여 인터넷에 접속 가능한 모든 형태의 기기와 기술을 의미하는 용어이다.

둘째, '전자기기들과의 상호작용'을 통하여 거래나 쇼핑을 한다는 것은 단순하게 인터넷으로 상품을 검색하여 찾는 것을 넘어서는 의미이다. 기존에는 고객이 페이스북이나 웹사이트에서 마음에 드는 제품을 검색한 후 구매를 위해 전화를 하거나 직접 판매점으로 발걸음을 해야 했다. 하지만 이제는 고객이 제품을 인쇄매체나 TV가 아니라 스마트폰 화면에서 쉽고 빠르게 찾고 직접 구매하는 단계까지 이를 수 있게 되었다.

이처럼 전자상거래는 기존의 마케팅 경로의 구조에 있어서 급진적인 변화를 가져왔다. 이러한 변화는 다음의 세 가지 현상과 관련되어 있는 경로구조를 살펴봄으로 인해 알 수 있으며 내용은 다음과 같은 3가지 측면의 형태를 통해 파악할 수 있다.

1.1 탈중개화 현상 vs 중간상 강화 현상

중간상은 생산자와 최종소비자 사이의 상품과 서비스의 거래를 보다 편리하게 해주는 역할을 한다. 그리고 이제는 인터넷이 이러한 중간상의 역할을 대체하게 되면서, 기존에 존재하던 중간상들이 사라질 것이라는 새로운 견해가 등장하고 있는데, 이러한 과정을 일컬어 탈중개화(disintermediation) 현상이라고 한다. 이러한 탈중개화 현상의 원인은 생산자가 소비자에게 자신의 상품을 노출시키는 것이 용이해지면서 중간상이 불필요해 진 것에 그 원인이 있다. 생산자들이 직접 웹사이트를 구축하여 제품을 소비자들에게 쉽게 노출시키고, 이는 상품의 검색과 구매로 직결되기 때문에 탈중개화 현상은 냉혹한 현실로 다가오게 된 것이다.

그러나 현실은 이와는 차이가 있다. 인터넷 기업들은 오히려 중간상 강화(reintermediation) 현상을 보이기도 한다. 예를 들어, 전 세계에서 전자상거래 분야에서 가장 큰 기업인 아마존 닷컴은 제조업체나 도매상에게 구매한 물건을 인터넷을 통해 최종소비자에게 판매하는 중간상의 역할을 한다. 이 경로는 **그림 6-1**에서와 같이 이러한 구조에서는 소매상을 대신하여 제조업체가 고객에게 직접 제품을 판매하는 탈중개화 현상은 나타나지 않는다. 오히려 아마존 닷컴과 같은 온라인 소매상이 중간상을 강화하고, 이들은 마케팅 경로에 있어서 새로운 형태의 중간상의 역할을 맡게 되었다.

그림 6-1 전자상거래에서 가상 중간상의 역할을 하는 아마존 닷컴

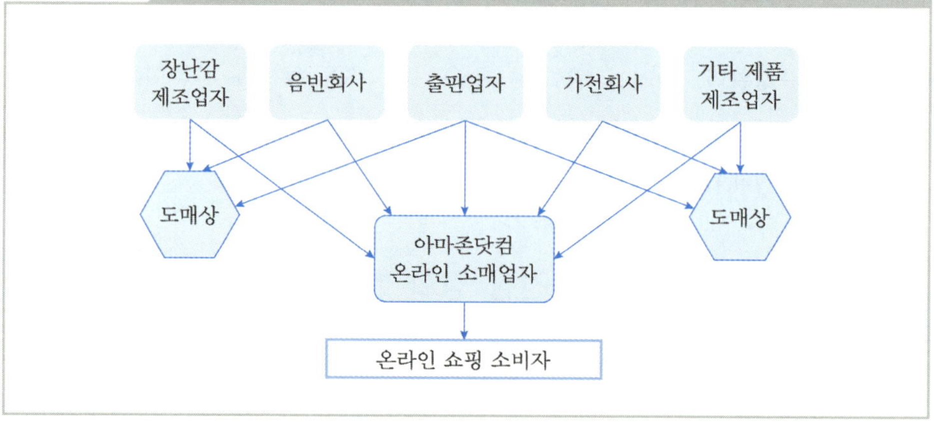

자료: 지성구 외(2015), 마케팅실무자를 위한 유통전략, 재구성됨.

이처럼 인터넷 기반의 마케팅 경로에서는 탈중개화 현상보다는 비교적 중간상 강화 현상이 자주 나타나지만, 이는 중간상 강화 현상이 미래에도 확실히 마케팅 경로를 지배할 것이라는 의미는 아니다. 실제 여행산업에서는 탈중개화 현상이 더 많이 등장하지만, 호텔스컴바인

(hotelscombine) 등과 같은 온라인 여행 중개상들의 등장에 따라 중간상 강화 현상이 함께 진행되고 있다.

따라서, 인터넷이 탈중개화 현상과 중간상 강화 현상 중 어느 현상을 유발하는지는 아직 결론 내리기 힘들다. 그러나 인터넷 전자상거래 경로는 곧 유통구조와 관련되어 있기 때문에, 유통의 과정에서 효율성을 통한 유통경로를 지배하는가에 따라 중간상의 역할이 좌우될 수 있다.

1.2 정보의 흐름 vs 상품의 흐름

인터넷은 빛의 속도로 이동하는 정보로 구성되기 때문에 가장 효율적일 수 있지만, 물질적인 상품의 흐름 자체를 디지털화 할 수 없으며, 사람이 직접 처리해야 하기 때문에 속도가 느려질 수밖에 없다는 한계점을 지닌다. 물리적인 상품의 흐름은 인터넷을 통해 전달할 수 없기 때문에, 유통 과정 중 운송, 저장, 주문처리 등과 같은 시간과 장소를 요하는 단계는 이를 지원할 다른 수단을 필요로 한다. 결국 인터넷은 정보의 흐름 자체를 가속화시켰지만, 판매자와 소비자 간의 실제 거래는 전통적인 방식을 통해 이루어지는 것이다.

앞서 아마존 닷컴의 사례에서 살펴보았듯이, 인터넷은 모든 상품의 정보를 효율적으로 전달해준다. 인터넷에서는 고객이 동의하는 범위의 가격대 내에서의 가격협상이 이뤄질 수 있고, 소유권 이전의 문제 역시 주문과 동시에 인터넷에서 이전된다. 이는 하물며 아마존 닷컴과 같은 첨단화된 기업조차도 저장한 해당 정보를 관리하고 있다가 발송, 운송하기까지는 상품의 유통 과정이 필수적이다. 아마존 닷컴은 이를 위하여 31,000명 이상의 종업원을 고용하여, 물리적인 상품에 대하여 인터넷에서 불가능한 유통의 전 과정을 수행하고 있다. 그리고 이들 대부분은 실제로 고객들에게 상품을 운송할 수 있도록 후선에서 상품을 포장하거나 발송하는 지원업무들을 수행한다.

이와 같이 모든 마케팅 경로가 인터넷을 기반으로 실행하지 않는다는 것을 알 수 있다. 이는 곧 인터넷만으로는 물리적인 상품의 흐름을 처리하는 것이 불가능하기 때문이다.

1.3 가상경로구조 vs 전통적 경로구조

전자상거래의 한계는 어디까지일까? 특히, 인터넷 기반의 가상경로구조가 오프라인 매장이나 쇼핑몰과 같은 전통적인 경로구조를 대체할 수 있을까?

이에 대한 응답은 같은 고객이더라도 어떤 상품과 서비스를 구매하느냐에 따라서 응답이 달라질 수 있다. 예를 들면, 대부분의 자동차 딜러들은 고객들이 자동차를 직접 보고 시승해보기를 원하기 때문에 매장에 방문하는 것이라고 생각한다. 그리고 아마존 닷컴을 통하여 주로 책을 구매하는 고객들조차도 여전히 반스앤노블(Barnes & Noble) 같은 서점에 들러서 진열장의 책을 구경하고 카푸치노를 마시며 서점의 분위기를 즐기기 위하여 서점을 찾기도 한다.

따라서 실제 오프라인 매장이나 쇼핑몰 등의 서비스를 선호하는 고객들이 존재하는 동안에는 전통적인 오프라인 상점 위주의 경로구조가 계속 유지될 것이다.

그러나 고객이 마케팅 경로에서 다양한 선택권을 얻고자 하는 것은 분명한 사실이다. 시간이 지날수록 더 많은 고객들이 하나의 경로만을 이용하지 않고, 여러 경로를 이용하여 구매를 할 것이다. 그러므로 경로관리자들은 고객들에게 실제와 가상을 섞은 다양한 경로구조들을 제공하여야 한다. 또한, 앞서 언급한 것처럼 점점 더 많은 고객들이 온라인 경로 내에서도 스마트폰을 사용할 수 있는 모바일 상거래와 같은 또 다른 선택권을 기대한다. 그리고 페이스북, 트위터, 마이스페이스와 같은 소셜 네트워크를 기반으로 하는 전자 유통경로의 선택 등 점차 다채로운 선택이 요구된다.

02 모바일·SNS 전자상거래 경로

2.1 모바일 전자상거래 경로

모바일 상거래, 즉 m-commerce란 소비자가 온라인을 통해 장소에 제한되지 않고 편리한 쇼핑을 하도록 해주는 전자상거래를 뜻한다. 모바일을 이용한 상거래의 가능성은 약 20년 전쯤에 제기되었는데, 이는 노트북의 휴대성이라는 장점이 고객들이 전자상거래에 참여할 기회를 제공했기 때문이다. 하지만 실제로 모바일 전자상거래가 잠재성이 있는 중요한 마케팅 경로로써 인식되기 시작한 것은 바로 스마트폰이 도입되던 시기이다. 따라서 본격적으로 모바일 상거래가 시작된 것은 약 10년도 채 되지 않았다. 한편 스마트폰의 휴대성과 다양성, 다기능성은 소비자들이 가상의 장소에서도 쉽게 쇼핑을 즐길 수 있도록 하는 이상적인 플랫폼을 제공한다. 또한 소비자들은 공간의 제약 없이 스마트폰만 가지고 있으면 쇼핑을 할 수 있기 때문에, 더욱 쉽게 전자경로의 표적고객이 된다. 뿐만 아니라 소비자들은 상품의 구매, 정보검색, 쿠폰 검색, 가격 비교 등 다양한 목적으로 스마트폰을 이용하며, 이는 모바일 전자상거래가 마케팅 경로에서 더욱 중요한 위치에 자리매김하게 한다.

2010년까지 모바일 전자상거래는 약 20억 달러의 수준에 이르렀고, 이는 온라인 판매 전체의 약 1%수준에 미치지 않는 수치이다. 이는 곧 스마트폰 시장의 성장에 발맞추어 모바일 전자상거래가 급부상할 수 있음을 의미하기도 한다.

표 6-1은 스마트폰을 통해 소비자들이 주로 구매하는 상품비율을 정리한 것인데, 표에서 보듯 스마트폰을 통하여 구매되는 상품의 종류는 주로 핸드폰을 위한 디지털 콘텐츠와 몇 개의 주요 카테고리에 집중되어 있다. 그러나 점점 스마트폰으로 쇼핑을 하는 것이 익숙해짐에

▶▶ 표 6-1 스마트폰을 통한 쇼핑에서 소비자들이 구매하는 상품

상 품	스마트폰 쇼핑객이 해당 상품을 사는 비율
핸드폰을 위한 디지털 콘텐츠	58
가전제품	51
컴퓨터 및 관련 기기	37
책	36
옷	31
보석 및 시계	20
기타	6

출처: Marketing Association, 2010, p. 101.

따라 구매되는 상품의 종류도 크게 증가하고 있는 현실이다.

A.C. Nielson의 조사에 따르면, 2009년도에는 모바일을 통해 상품을 구입한 경험이 있는 사람은 전체 스마트폰 사용자의 7%에 불과했다. 이를 통하여 모바일 상거래 시장이 높은 성장잠재력을 가지고 있음을 유추할 수 있다. 한편, 스마트폰을 이용한 모바일 전자상거래가 최대의 잠재력을 발휘하기 위해서 꼭 처리해야 하는 몇 가지 문제점이 있다. 즉, 소비자들이 스마트폰을 이용하여 쇼핑을 하지 않는 이유로 구매 프로세스에 시간이 많이 들며, 거래가 어렵고, 신용카드 보안 등의 문제가 아직까지 남아있는 현실이다.

2.2 SNS(social network service)를 통한 경로

전 세계적인 트렌드로 자리 잡고 있는 SNS는 2009년에 전체 미국인의 절반 이상이 페이스북 혹은 마이스페이스 계정을 가지고 있을 정도로 그 인기가 대단했다. 이는 18~33세의 미국인의 3/4이 페이스북 혹은 마이스페이스에 계정을 등록할 정도로 그 확산속도는 매우 빠르다.

지금까지 소비자들의 대부분은 그들의 의견이나 아이디어, 활동들을 다른 사람들과 공유하기 위하여 페이스북, 트위터, 마이스페이스와 같

은 새로운 의사소통 매체들, 즉 SNS를 사용해왔다. 그러나 18~24세 사이의 SNS 사용자들 중 약 18%만이 쇼핑을 하기 위하여 이를 사용한다고 답한 바 있는데 이는 소비자와의 의사소통하기 위해 이미 SNS를 이용하고 있는 기업들이 기존에 이용하던 전자상거래 기능을 추가적으로 제공할 지에 대하여 진지하게 고려해볼 필요성이 있음을 시사한다. 예를 들어, 델타항공(Delta)은 고객들이 티켓팅을 위해 페이스북 페이지를 이용할 수 있도록 하였다. 뿐만 아니라, 다른 항공사들도 이와 비슷한 시스템을 도입하고 있다. 지금까지의 기업들은 고객과의 의사소통을 위해 소셜 네트워킹을 해왔으며, 이제 추가적으로 SNS에서 제품과 서비스를 직접적으로 판매하려는 모습을 보이고 있다. 따라서 소셜 네트워킹 사이트는 곧 전자상거래와 통합된 경로가 될 것이라고 예측할 수 있다.

03 전자상거래 경로의 장·단점

전자상거래 경로는 온라인에서 제품의 판매가 이루어지는 중요한 마케팅 경로 중 하나가 되었다. 또한, 모바일 전자상거래 역시 급격하게 성장하고 있는 마케팅 경로 중 하나로서 그 중요성이 대두되고 있다. 아직 시작단계에 해당하지만, SNS를 통한 전자상거래 역시 매년 눈에 띄는 성장을 하며 유통경로로서 크게 자리 잡고 있다. 한편 전자상거래의 몇 가지 장·단점에 대하여 살펴보면 다음과 같다.

3.1 전자상거래를 통한 판매경로 활용의 장점

전자상거래를 통한 온라인 유통은 다음과 같은 다섯 가지의 장점이 있다.

1. 전 세계적 도달 범위

전자상거래는 판매자와 소비자의 위치에 제약을 받지 않고 인터넷으로 그들을 연결시켜 준다. 기업들은 소셜 네트워크 사이트나 웹사이트를 구축하여, 전자상거래를 통해서 전 세계 고객들과 접촉할 수 있다. 예를 들어, 이베이(eBay)는 온라인 경매 사이트를 통하여 소비자들에게 상품을 판매하는 사이트인데, 글로벌 시장에서의 전자상거래는 수요와 공급 양측에 효율성, 편의성을 충족시켜주는 플랫폼을 제공한다.

2. 편의성과 신속한 거래 프로세스

소비자들이 오프라인 매장에서 상품을 구입하기 위해서는 상점까지 가서, 상품을 찾고, 그것을 구매하기 위하여 줄을 서는 과정을 거쳐야 한다. 이러한 점들을 미루어 보았을 때, 전자상거래를 이용한 쇼핑은 고객들에게 굉장한 편의성을 제공해 준다. 이는 모바일 커머스 또한 전자상거래의 한 형태라 할 수 있으며, 스마트폰과 같은 휴대용 전자기기들을 통하여 장소에 국한되지 않고 마음껏 쇼핑을 즐길 수 있다는 것은 곧 소비자들로 하여금 큰 편의성을 가져다주게 되었다. 또, 소셜 네트워크 사이트를 통해 쉽게 쇼핑을 할 수 있다는 것 역시 소비자들의 편의성을 높이는 데 큰 기여를 하였다.

하물며 델타항공과 같이 전통적인 기업들조차도 페이스북 등을 기반으로 한 전자상거래를 통해 소비자들의 편의성을 높여주고 있다. 이러한 편의성은 소셜 네트워크 사이트가 제품의 구매경로로까지 역할을 할 수 있는 단계에 이르렀다는 것을 의미한다.

3. 정보처리의 효율성과 유연성

전자상거래는 유연하고 효율적인 거래를 가능하게 해준다. 우선, 판매자들은 막대한 양의 콘텐츠를 제공할 수 있다는 이점이 있으며, 소비자들은 상당한 양의 정보가 매력적이고 유용한 형태로 제공된 웹사이이트를 통해서 가격을 비교할 수 있다. 또한, 특별가를 알아볼 수도 있고, 특수한 정보들을 모으거나 쿠폰을 다운받거나 하는 것들이 가능하다.

정보를 보다 유연하게 사용하기 위해서는 정교한 검색과 분류기능이 갖추어져 있어야 한다. 정보전달의 유연성과 효율성이 최고단계에 이르게 되면 매우 긴밀한 상호작용이 가능해지고, 높은 수준의 고객맞춤화가 가능해진다. 이 역시 전자상거래를 통해 가능한 일이다.

4. 데이터 기반의 관리와 관계 증대

기업들은 마케팅 전자상거래 경로기술을 통해 고객들을 보다 효율적으로 표적화 할 수 있다. 이는 욕구가 비슷한 틈새시장까지 포함해서, 판매자가 고객들 개개인의 욕구를 만족시켜주는 1:1 마케팅까지 가능하게 한다. 이는 소비자가 기업의 소셜 네트워크 사이트나 웹사이트를 방문한 흔적을 추적하여 대화를 이어가고 그들과의 관계를 발전시키게 한다. 쿠키(cookie)라고 알려져 있는 고객의 방문에 대한 전자추적은 고객들의 이전 구매 내역이나 등록, 온라인 설문조사 등에서 제공 받은 심리학적·인구통계학적 자료들과 연계되면, 가장 강력한 마케팅 도구의 역할을 할 수 있다. 이를 통하여 어떠한 상품이나 서비스에 관심을 표한 표적고객들에게 이메일을 이용해 대화를 이어나갈 수도, 지속적인 관계를 구축할 수도 있다.

5. 판매 및 유통비용 감소

전자상거래를 이용할 경우 종래의 경로들보다 더욱 효율적으로 유통업무를 처리하게 되므로 판매와 유통의 비용이 절감된다. 이를테면 TV나 잡지광고, 판매원들을 통한 대면 의사소통보다 인터넷이 더욱 효율적이라면 판매비용은 당연히 감소한다. 기업들 입장에서는 각 점포에 많은 상품을 늘어놓는 것이 아니라 인터넷에 상품을 모아놓고 주문비용을 낮춘다면, 전자상거래에서 소요되는 유통비용을 줄일 수 있다.

그림 6-2 www.auction.co.kr의 웹사이트

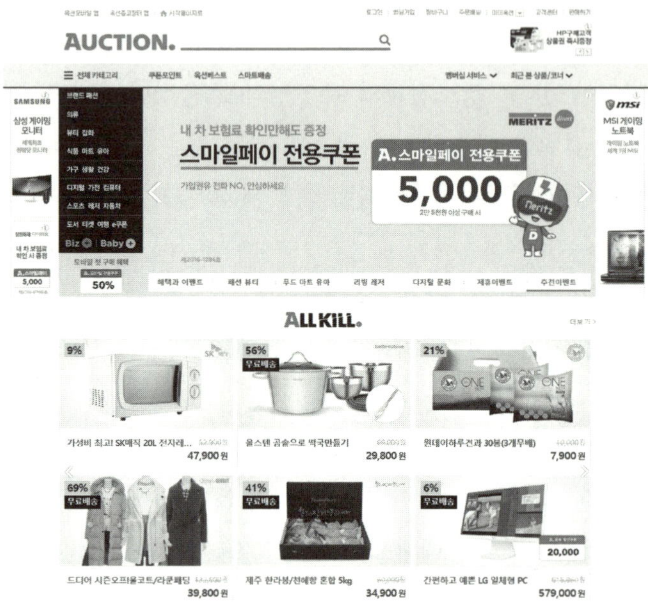

3.2 전자상거래를 통한 판매경로의 단점

반면 전자상거래 경로의 단점도 존재하는데 이는 다음과 같다.

1. 실제 상품과의 비접촉 및 소유권 이전 지체 현상

전자상거래는 첨단기술에 기반을 둔 것이지만, 기술수준 자체는 낮은 통신판매 경로와 동일하다는 한계점이 있다. 즉, 소비자들이 직접 상품과 접촉하는 것은 불가능하다는 것이다. 소비자들은 인터넷에 등록되어 있는 상품을 실제로 만져보거나 입어볼 수 없으며, 자동차, 오디오, 스포츠 장치와 같은 접촉이 꼭 필요한 것들도 실제로 시험해보는 것이 불가능하다. 게다가, 소비자들은 오프라인 매장에서 쇼핑을 할 때 느끼는 분위기나 기분과 같은 것들을 인터넷이라는 가상공간 속

에서는 느낄 수 없다. 마지막으로 상품을 구매함과 동시에 그것을 소유함으로써 얻는 즉각적인 만족감도 느낄 수도 없다.

이와 같은 문제점들은 한 세기 동안 통신판매 경로의 제약여건으로 여겨져 왔으며, 온라인 판매의 한계점으로 작용했다. 전자상거래가 쇼핑에 있어서 새로운 기술을 제공한다고 하지만, 이 기술은 고객이 상품과 실제적으로 접촉할 수 없고, 즉각적으로 소유함으로써 얻을 수 있는 만족감을 제공하지 못한다는 문제점들을 극복하지 못하는 것이 그 한계라 할 수 있다.

2. 효율성이 결여된 주문처리 및 물류관리

인터넷은 전자적인 처리만 할 뿐 실제로 상품을 운송하거나 처리하는 것은 아니다. 따라서 주문을 처리하거나 물류를 배송하는 일은 여전히 오프라인상에서 이루어진다. 다시 말하면, 상품의 구매는 온라인상에서 이루어지지만, 그 이후의 재고관리나 상품목록, 판매 상품의 선정, 주문의 처리, 포장 및 배송 등의 활동은 오프라인에서 수행되어야 한다. 게다가 주로 소량 주문 상품의 배송과 처리는 운송과 처리 양측에서 비효율적이다. 따라서 소량으로 판매되는 상품은 전체 상품 가격에서 주문 및 물류관리 비용이 높은 비중을 차지한다.

그러므로 음악, 문서, 예약, 금융 투자, 티켓 등의 전자적으로 전달이 가능한 상품을 제외하고는 대부분 인터넷상에서 물류처리 및 관리가 불가능하기 때문에 이에 대한 추가적인 관리가 필요하다. 즉, 실제로 전자상거래의 기본적인 물류에 대한 문제에 좀 더 초점을 맞추는 것이 필요할 것이다.

3. 과도한 수의 판매자와 소비자

제조업자로부터 소매업자까지의 모든 경로에 참가하는 수많은 판매자들은 소셜 네트워크 사이트나 웹사이트를 구축하였다. 이는 판매자들이 가상의 공간에 밀집되는 현상을 야기하였다.

하지만 소비자들은 여전히 온라인에 많은 상품들이 등록되어 있다는 사실에 당황스러워하며, 몇몇의 숙련된 소비자들을 제외하고는 대부분이 컴퓨터나 스마트폰에서 쉽게 접할 수 있는 방대한 양의 선택권에 오히려 더욱 혼란스러워한다.

공급의 측면에서는 어마어마한 자본력을 갖춘 몇몇 회사들을 제외하고 수많은 기업들은 경쟁사보다 더 눈에 띄는 것이 핵심이다. 규모가 큰 회사의 경우는 검색 엔진 최적화에 투자할 여유가 있지만, 중소업자들은 SNS나 웹사이트와 같은 전자경로를 이용하여 상대적으로 저렴한 비용으로 전 세계 곳곳의 소비자들과의 접촉이 가능하며 소비자들의 눈길을 끌기 위해서 더욱 인상적인 홍보가 필요하다.

4. 쇼핑의 구매 동기 유발

심리학자 Tauber는 사람들이 쇼핑을 하는 이유가 단순히 구매만을 위한 것이 아니라는 것을 발견하였다. 사람들의 구매욕구는 쇼핑을 하게 되는 개인적·사회적 동기 중 일부이며, 쇼핑의 개인적인 동기는 쇼핑객의 역할 그 자체라고 할 수 있다. 즉, 일상에서 벗어나 새로운 트렌드를 배우고, 신체활동 속에서 감각적 자극의 경험을 얻으며 자기만족을 느끼기 위하여 쇼핑을 한다는 것이다. 그리고 쇼핑의 사회적인 동기는 자신과 비슷한 관심사를 가진 사람들과의 의사소통을 통하여 동료집단 속에서 소속감을 느끼고, 사회적 경험을 하고자 하는 것에서 비롯한다. 또 일부의 쇼핑객들은 협상을 하면서 얻는 기쁨 때문에 쇼핑을 하기도 한다.

전자상거래를 통한 새로운 기술은 소비자들의 편의성을 크게 충족시키게 되었지만, 그들의 개인적·사회적 동기를 충분히 만족시켜주지는 못한다. 그의 주장에 의하면 "만약 쇼핑을 하는 과정에서 상품에 노출될 수 있는 것 이외에 쇼핑이 다른 이점을 제공한다면, 쇼핑하는데 드는 노력들(자동판매기나 통신판매 또는 가정배달)을 줄이려는 혁신들은 몇몇 상품 카테고리에서는 실패할 것이다."라고 주장한 바가 있다.

이는 편의성을 기반으로 한 접근들에 대한 분석들을 온라인 쇼핑에 접목하였을 때 분명 온라인 쇼핑은 소비자들 대부분의 쇼핑 동기를 불러일으키지는 못하는 것으로 해석할 수 있다.

'아마존 고 앱' 켜고 → 상품 담고 → 자동 결제… 아마존, 계산대 없는 매장 열어

글로벌 전자상거래 업체 아마존은 최근 시민들에 '아마존 고(GO)'라는 계산대 없는 매장을 선보인다. 아마존 고 홍보 동영상

아마존 닷컴은 전 세계에서 가장 거대한 온라인 유통망을 가진 전자상거래 기업이다. 1995년 인터넷 서점으로 시작한 아마존 닷컴은 현재 미국 온라인 소매시장의 절반을 차지하는 세계 최대의 온라인 쇼핑몰로 자리매김하고 있다. 이 아마존 닷컴이 혁신적인 오프라인 진출 모델을 잇따라 선보이면서 전 세계적인 주목을 받고 있다. 지난 한 해를 뒤 흔든 '알파 고(GO)', '포켓몬 고(GO)'에 이어 등장한 '아마존 고(GO)'다.

■ **계산대 없는 매장, 아마존 고(GO)**

아마존은 지난해 최대 실적을 기록했다. 6분기 연속 영업이익 흑자를 냈다. 롯데그룹 신동빈 회장은 최근 그룹 내부회의에서 "아마존에게서 배우라"며 '아마존 고'를 임원들에게 직접 소개했다. IT전문매체 벤처비트는 이달 초 아마존이 올해도 잘 나갈 수밖에 없는 이유 5가지를 제시했다. 그중 하나가 '아마존 고'다.

아마존 고는 '계산대 없는 매장'이다. 지난해 말 시애틀에 시범적으로 문을 열었다. 이름 그대로, 이곳을 찾는 고객은 물건을 고르고 매장 밖으로 '가지고 나가면' 된다. 카메라 센서와 인공지능, 자율주행기술이 그 핵심이다. 아마존이 지난달 공개한 아마존 고 홍보영상(//youtu.be/NrmMk1Myrxc)을 보면 이해가 쉽다.

영상을 보자. "한 고객이 스마트폰 전용의 '아마존 고' 앱을 실행하고, 아마존고 매장(식료품점)에 들어선다. 아마존 고 앱에는 이용자의 결제정보(아마존 고 계정)가 이미 등록돼 있다. 매장 입구의 개찰구 같은 검사대에 이 스마트폰을 인식시킨 후 매장에 입장한다. 이후엔 매장을 돌아다니며 원하는 상품을 진열대에서 고르기만 하면 된다. 고객이 물건을 고르면, 아마존 고는 이를 실시간 인식해 가상의 카트에 목록을 추가한다. 한 여성이 맘에 들지 않는 듯 고른 물건을 진열대에 되돌려놓는다. 그러자 가상의 카트에서 그 목록이 사라진다. 고객은 이렇게 고른 물건들을 가방에 넣거나 손에 들고 매장을 걸어나오면 된다."

아마존 고를 방문하는 고객은 계산대 앞에서 길게 줄을 설 필요가 없다. 계산대는 물론 계산해 주는 직원도 없다.

이런 일이 가능한 데는 아마존이 보유하고 있는 특허기술이 있다. 일명 '저스트 워크아웃(Just Walk Out) 테크놀로지'다.

특정 지역 밖으로 운반하는 상품을 추적하는 시스템과 카메라를 통해 선반에서 상품을 자동 감지하는 시스템이다. 매장 내 센서가 부착된 여러 대의 카메라가 쇼핑을 즐기는 고객의 동선을 추적한다. 고객이 물품을 집는 동작과 가방에 넣는 동작을 인식한다.

물론 아마존 고가 어느 정도 정확하게 고객의 동작을 인식할지는 현재로선 미지수다. 고객들이 혼잡할 때 과연 한 명 한 명의 동작을 다 따라잡을지, 결제 오류는 없을지 단정하기 어렵다.

하지만, 오프라인 매장의 '자동 결제'를 전혀 다른 방식으로 해결하려는 접근 시도는 전 세계 유통업체들의 시선을 잡기에 충분하다.

■ **온라인과 오프라인 경계를 허문다**

아마존이 오프라인 매장 개설에 도전한 사례는 또 있다.

월스트리트저널은 이달 초 아마존이 맨해튼의 타임워너센터에 뉴욕의 첫 서점을 올 하반기에 개점할 예정이라고 전했다.

서점이 들어설 타임워너센터는 뉴욕의 명소 센트럴파크와 인접해 있으며, 핸드백으로 유명한 코치(Coach)와 신발 메이커 콜한(Cole Haan), 고급 레스토랑 등이 입주해 있다.

아마존은 2015년에 워싱턴주 시애틀에 처음으로 서점을 오픈했으며, 지난해에는 캘리포니아주 샌디에이고와 오리건주 포틀랜드에서도 서점을 개설했다. 또 시카고와 보스턴에서도 서점을 오픈할 계획을 하고 있다.

이런 아마존의 오프라인 진출은 O2O(Online to Offline) 서비스의 극적인 확대가능성을 시사한다. 한 유통 전문가는 "O2O 서비스가 강화되면서 온라인과 오프라인 간 이질감을 극복하는 기술들이 더욱 다양하게 개발될 것"이라고 내다봤다.

출처: 매일신문, 2017.01.17. http://www.imaeil.com/

07 Chap. 온라인 유통시장의 비즈니스 모델

도입사례 덩치 커진 소셜 커머스, '착한 경영' 하시나요?

소비 절벽에도 가성비를 앞세운 소셜 커머스 업계가 성장세를 이어가고 있다. 쿠팡, 위메프, 티몬 등 소셜 커머스 3사는 6년째 적자 경영이지만 물류 투자를 확대하고 차별화된 서비스를 보이면서 미래를 위한 선제 투자로 평가받고 있다.

29일 산업통상자원부가 발표한 '2016년 상반기 주요 유통업체 매출 동향'에 따르면 오픈마켓, 소셜 커머스 등 온라인 쇼핑몰의 올해 상반기 매출은 지난해 같은 기간에 비해 20% 이상 증가했다. 오픈마켓은 21.5%, 소셜 커머스는 23.8% 매출이 신장한 것으로 집계됐다. 지난 10월 코리아세일페스타 시즌에도 온라인 쇼핑몰은 18.6%의 매출로 소비를 이끌었으며, 소셜 커머스의 경우 7월 1.2%, 8월 15.4%, 9월 9.3%, 10월 2.3%의 매출 증가세를 보였다.

일각에서는 소셜 커머스가 경쟁채널과 비교해 들쭉날쭉한 매출 추이에 매출 증가가 둔화했다고 분석하기도 했지만, 7월부터 10월까지 월평균 매출은 7.05%의 성장세를 보여 내년에도 매출 성장을 이어갈 것이라고 업계는 전망했다. 특히 소셜 커머스가 모바일, 오픈마켓 진출 등 사업구조를 바꾸면서 시장은 계속해서 늘어날 것으로 보고 있다.

coupang TMON 위메프

실제로 쿠팡은 지난 9월 오픈마켓 '마켓플레이스' 서비스를 선보였으며, 티몬도 관리형 마켓플레이스를 통해 판매자 상품에 대한 관리와 책임을 지고 있다. 위메프도 신선식품을 판매하는 '신선생'이나 B2B(기업간 거래)를 위한 '위메프 비즈몰'

서비스를 내놓는 등 차별화된 마케팅을 펼치고 있다.

업계 관계자는 "장기 불황에 '가성비'를 내세운 소셜 커머스는 소비자들의 관심을 받을 수밖에 없다"며 "다만 소셜 커머스와 오픈마켓 경계가 무너지는 만큼 전자상거래 시장에서 소셜 커머스 업체 간의 차별화 경쟁이 시작될 것"이라고 말했다.

하지만 이런 외적 성장과 함께 내면 성장도 뒤따라야 한다는 시각이 있다. 중소기업중앙회에 따르면 올해 8월 1일부터 9월 11일 전국의 소셜 커머스 가맹 업체 200곳을 대상으로 조사한 결과, 응답업체의 88.5%가 불공정거래 경험이 있다고 응답했다.

유형별로는 정산 시 판매자가 세부 내용을 알 수 없는 '일방적 정산절차'가 68.0%로 가장 많았고, 소셜 커머스가 판매자에게 지원하는 할인쿠폰 등의 기준이 불분명한 점 등의 '부당한 차별적 취급'이 61.0%로 뒤를 이었다. 촉박한 발주·지체상금 부과(53.0%)와 귀책사유 전가(52.0%), 대금지급 지연(45.0%)의 응답도 있었다.

이 밖에도 중기중앙회는 쿠팡이 4월부터 약관을 고쳐 상품정보를 게시하고 홍보·판매촉진의 용도로 입점업체의 상품 콘텐츠를 복제·전시·배포할 권리를 요구하고 있다며 이는 사실상 대가 없이 판매자의 지식재산권을 공유하는 의미라고 지적했다.

최윤규 중기중앙회 산업지원본부장은 "O2O 등 새로운 사업 형태가 중소기업 판로에 기여하고 있지만, 공정한 거래 관행이 정착될 수 있도록 정기적인 조사와 정부 건의에 나설 것"이라고 말했다.

이에 대해 쿠팡·위메프·티켓몬스터 등 3사는 입장 자료를 내고 조사결과의 객관성에 의문을 제기했다.

티몬 관계자는 "판매자는 파트너 센터에서 모든 정산 내역을 확인할 수 있음에도 '불공정거래' 관련 조사 내용은 일방적이고 부당한 주장이 많다"며 "지체상금 제도는 최소한의 재고도 없이 일단 판매를 시작하는 불량 입점업체 때문에 소비자가 피해보는 것을 막고자 주문일로부터 3일 안에 배송을 하도록 한 것"이라고 말했다.

출처: 이투데이 2016.10.29. http://www.etoday.co.kr/news/

01 비즈니스의 진화

온라인 유통시장에서 재화 또는 서비스의 거래에 대한 개념적 정의는 '전자상거래'와 'e-비즈니스'가 혼용되어 사용되고 있으며, 각 개념들에 관한 학자들의 견해도 다양하다. 종합적으로 보면, 전자상거래와 e-비즈니스는 유사한 개념이라 할 수 있지만, 전자상거래는 좀 더 시장과 고객지향적이며, e-비즈니스는 정보통신기술을 바탕으로 조직의 비즈니스 프로세스 효율성 증진의 관점에 해당한다.

온라인상 사용자에게 제공되는 비즈니스 모델은 '사업성 모델' 그리고 '영업발명 모델'로 분류할 수 있다. 이중 사업성 모델은 새로운 비즈니스 아이디어를 바탕으로 수익을 창출할 수 있는 구체적인 기반을 제시하는 것이다.

영업발명 모델은 이에 데이터 처리기술과 데이터 속성정보를 첨가한 것으로 특허 취득이 가능하다. 이는 국내에서는 비즈니스 아이디어에 기술적 데이터 처리의 노하우가 추가되지 않았을 경우 특허를 취득할 수 없음을 의미한다.

한편 온라인 유통시장에 대한 비즈니스 모델은 크게 '참여주체' 그리고 '수익원천' 등으로 온라인 비즈니스 모델들의 구분에 대한 기준이 될 수 있는데, 온라인 비즈니스 형태를 참여주체에 따라서 분류할 경우 일반적으로 소비자(Customer), 정부(Government), 기업(Business)의 세 가지 주체로 나눌 수 있다. 다시 말해, 경제 주체에 따라 기업과 소비자 간의 거래 B2C(Business to Customer), 개별 소비자와 소비자 간의 거래 C2C(Customer to Customer), 기업과 정부 간의 거래인 B2G (Business to Government), 기업과 기업 간의 거래인 B2B(Business to Business)로 분류할 수 있는데, 이들 중 B2B 시장은 국·내외를 막론하고 거래량의 증대와 시장성장 속도 측면에서 볼 때 단연 으뜸이다.

또한 온라인 비즈니스 형태를 수익원천을 기준으로 분류하면 광고형, 중개수수료형 그리고 회원가입비형 등으로 분류할 수 있다.

이들 중 교류가 필요한 사람들을 위한 커뮤니티(예: 채팅 공간, 게시판, 동호회 운영 등) 형태 역시 존재하는데 이는 광고형의 대표적인 형태라 할 수 있다.

중개수수료형은 온라인을 통해서 이루어지는 재화와 서비스의 거래에 대한 수수료에서 수익을 창출하는 형태이며, 회원가입비형은 소비자의 욕구를 반영한 기발한 콘텐츠를 제공(예: 가격 비교, 뉴스, 동영

표 7-1 인터넷 유통시장의 발전 과정

구분	중심쇼핑몰	과 정	대표 업체
1996년~	• 종합쇼핑몰	• 인터파크가 국내 최초의 종합쇼핑몰 운영	• 인터파크(1996) • 한솔CSClub(1997)
2000년~	• 종합쇼핑몰 • 전문쇼핑몰	• 종합쇼핑몰들이 다수 만들어지고 각 분야의 전문쇼핑몰이 다수 등장	• LG이숍(지금의 GS이숍, 2000) • 다음쇼핑(2000) • 롯데쇼핑(2000) • 제로마켓(2000)
2001년~	• 입점쇼핑몰 • 개인쇼핑몰	• 종합쇼핑몰이나 전문쇼핑몰에 입점을 하거나 종합쇼핑몰 및 전문쇼핑몰을 모방한 개인쇼핑몰이 다수 등장	• 다음쇼핑에서 디엔샵으로 이름 변경 • CJ몰
2002년~	• 온라인 마켓플레이스(개방적 오픈마켓)	• 종합쇼핑몰, 전문쇼핑몰 입점 시 까다로운 조건을 제시함에 따라 중계사이트(온라인 마켓플레이스) 시장이 급성장함 • 개인쇼핑몰의 경쟁력이 약화됨	• 옥션 • 온캣
2006년	• 오픈마켓(몇몇 업체는 제한적 오픈마켓 실시)	• G마켓을 시작으로 종합쇼핑몰, 전문쇼핑몰, 가격비교사이트, 포털사이트에서 오픈마켓 시장의 진출이 활성화됨	• 옥션 • G마켓 • 11번가 • 다음온캣 • GS이숍 등
2010년	• 오픈마켓(스마트폰의 확산으로 소셜 커머스의 본격적 실행)	• 공동구매의 형태를 띤 소셜 커머스의 활성화로 온·오프라인 업체들의 통합 전략이 활성화	• 티켓몬스터 • 쿠팡 • 위메프

자료: 김선기(2006), 소문난장터 오픈마켓 이야기, 길벗, 2006 내용편집.

상, 상품정보, 음악 등) 하여 회원가입을 유도하는 형태이다.

그러나 현재는 온라인 기업들이 각자의 영역을 넘나들고 있으며, 서비스의 융합화와 복합화로 인해 하나의 원천에만 의존하는 경우는 감소하고 있는 추세다. 즉, 상업(Commerce) 기반을 위한 Community를 형성하는 것이 일반적이며, 이에 해당하는 융합 네트워크나 온라인 지주회사가 등장하고 있는 현실이다.

1.1 오픈마켓(marketplace)의 등장

종합 온라인 쇼핑몰의 시초인 '인터파크'와 오픈마켓의 개척자라 할 수 있는 '옥션' 등 국내의 전자상거래의 선두업체들이 오픈마켓에서 많은 영역을 차지하고 있다. 이베이코리아 계열의 옥션과 지마켓, 그리고 SK플래닛 계열의 11번가 등 3사는 오늘날 국내 오픈마켓 시장의 약 80%를 구성하며 굳건한 시장을 형성하고 있다.

그림 7-1 오픈마켓

옥션	AUCTION	'당신이 찾는 모든 스타일'
G마켓	새로운 세상을 여는 문 Gmarket	'새로운 세상을 여는 문–G마켓'
11번가	11ST 11번가 WWW.11ST.CO.KR	'마켓플레이스의 새로운 강자!'
티켓몬스터	TICKETMONSTER MON	'모바일기기에 더 적합한 공동구매형 오픈마켓'

위 업체들 중 11번가와 옥션이 각각 4~5조 원, G마켓이 7조 원 정도의 연간 매출을 기록하고 있다. 한편 2010년 소셜 커머스는 '반값할인'을 앞세워 연간 거래액 3조 원에 달하는 수준의 엄청난 성장을 이루어냈으며 오픈마켓의 새로운 경쟁자로 올라서는 등 오픈마켓 시장에 새로운 바람이 불고 있다. 특히 모바일 디바이스가 보급되면서 PC를 기반으로 성장했던 11번가, G마켓 등의 오픈마켓이 모바일 디바이스에도 최적화된 오픈마켓으로 평가받는 등 화려한 성장세를 그려나가고 있다. 한편 기존 온라인 쇼핑몰에서 대다수 회원들이 오로지 구매자로서의 역할만을 했다면, 오픈마켓에서는 회원들 역시 판매자의 역할을 할 수 있다.

이에 앞서 오픈마켓의 개념 자체가 판매자와 구매자가 가격을 협상하기 위해서 일대일로 의사소통하는 메커니즘인 만큼 판매자와 구매자는 오픈마켓을 통한 하나의 절충안에 도달하기 전까지 계속해서 협상을 진행한다. 즉, 모두가 판매자로 작용할 수 있는 온라인 장터가 바로 오픈마켓인 것이다. 그러나 오픈마켓 비즈니스 사업자는 중개자의 역할만 수행하고, 거래에는 최대한 간섭하지 않는다. 오프마켓에서는 거래를 원하는 모든 사람(또는 조직)들이 인터넷의 거대한 규모의 장터에 입장하여 개인 대 개인(C2C), 기업 대 개인(B2C), 기업 대 기업(B2B) 등의 거래 방식과 균일가, 공동구매, 경매, 역경매 등의 모든 가격 제시 방법을 동반해 거래가 이루어지는 것이다.

한편 이러한 오픈마켓은 기존 온라인 쇼핑몰과 다양한 면에서 차이가 있다.

첫째, 운영 주체의 측면에서 보면, 오픈마켓에서는 모두가 동시에 판매자와 구매자가 될 수 있다. 운영 주체는 존재하지만, 무수히 많은 구매자와 판매자가 자발적으로 모여 거래를 수행하기 때문에 다양한 종류의 거래 방식이 적용된다.

둘째, 오픈마켓은 구매자와 판매자를 연결해주는 대신 일정 수수료를 받아 수익을 창출한다. 이 외에도 각종 부가서비스(쪽지 및 쿠폰 발급, 간판달기, 상점 스킨 추가 등), 무이자 할부 설정, 상품 등록, 광고 서비스에서도 수수료가 발생한다. 또한, 수량 추가 및 판매 기간 연장 수수료, 낙찰 수수료 등에서도 수익을 거둔다. 판매자들의 비용부담은 이러한 시스템 하에서 가중되지만, 고객을 유인하기가 쉽기 때문에 박리다매형 오픈마켓이 더더욱 활성화되고 있다.

셋째, 상품 구색 측면에서, 기존의 온라인 쇼핑몰은 구색을 확보함에 있어서 발생하는 한계와, 재고가 누적되는 등의 위험을 최소화시키기 위해 대중적인 상품을 다루는 반면, 오픈마켓은 입점해 있는 상인들의 역량에 따라 특화된 여러 종류의 제품들을 다룬다. 누구나 간단한 절차를 거쳐 오픈마켓에서의 판매자가 될 수 있기에 상대적으로 오픈마켓은 다양한 종류의 물품 구색을 형성할 수 있다.

넷째, 오픈마켓은 운영 방식 역시 판매자가 자율적으로 결정하게 된다. 기존의 온라인 쇼핑몰은 머천다이징(MD: merchandising)으로 운영되기에 (가격 측면에서 역시 B2C 판매 방식의 경우 판매수수료가 높아지게 됨) 소비자 구입 가격이 상승했으나, 오픈마켓에서 C2C의 경우에는 판매자 자율에 따라 박리다매 형태가 주로 나타난다. 그렇기에 소비자 구매가격이 자연스럽게 도매가격 수준으로 형성되기 마련이다.

이러한 특징을 바탕으로 기존 온라인 쇼핑몰이 제공하지 못한 특화된 장점을 바탕으로 운영된다는 점에서 차별적 매력을 갖고 있다. 한편, 오픈마켓은 "온라인 장터(marketplace)"에서 소비자와 판매자가 만나 가격을 흥정하면, 거래가 종결된다. 따라서 다수 판매자들끼리의 가격경쟁으로 인해 제품가가 자연스럽게 하락한다. 그러나 오픈마켓 판매자, 구매자는 각각 다음과 같은 단점을 갖고 있다.

첫째, 판매자는 오픈마켓에 진입하기 용이하고 자유롭게 경쟁이 가능하지만, 경쟁이 지나칠 경우 판매마진이 낮아지며, 높은 광고비와 수수료에 대한 부담이 따른다.

둘째, 오픈마켓의 운영자는 머천다이징(상품 기획 및 판매) 기능이 필요하지 않기 때문에 복잡한 과정을 거치지 않으며 인건비 절감을 꾀할 수 있을 뿐 아니라 재고와 물류비의 부담 없이 수수료 수익을 거둘 수 있다. 그렇지만, 오픈마켓을 초기에 개설하기 위해 일부 비용이 필요하고 입점의 개방성으로 인해서 판매자들이 비윤리적인 행위를 하거나 고객들의 신뢰를 상실하는 등 품질과 서비스 측면의 문제가 계속해서 제기되고 있다.

셋째, 오픈마켓의 구매자는 저렴한 가격에 여러 가지 상품을 구매할 수 있으나, 제품의 하자 등으로 인한 교환 및 환불이 기존 온라인 쇼핑몰보다 다소 복잡할 수 있다.

이와 같은 단점에도 불구하고 오늘날 국내 오픈마켓 점유율의 80%는 상위 3사가 차지하고 있으며 기존의 대형 온라인쇼핑몰들조차도 오픈마켓에 전입하고 시장이 커지면서 경쟁은 점점 치열해질 것이다. 이와 같이 오픈마켓은 온라인 유통시장에서 떠오르는 강자로 자리매김하고 있지만, 지속적 성장을 위해 다음 과제들을 우선적으로 수행해야 한다.

첫째, 고객들의 지속적인 신뢰를 얻기 위해 철저한 통제시스템을 구축해야 한다.

둘째, 상품의 등급화, 규격화 및 서비스의 표준화가 이뤄져 있지 않아 단순 거래알선에만 집중하는 방식은 판매자에게 고객대응, 클레임의 관리, 물품 배송 등의 어려움을 안겨줄 가능성이 크다.

셋째, 최적의 물류와 배송체계를 최소비용으로 구축해야 한다. 특히, 오픈마켓에는 입점한 기업들이 다수이기 때문에 소량이더라도 잦은 주문이 이루어지는 물류 역시 효율적으로 처리해야 한다.

넷째, 과다경쟁, 높은 수수료로 인한 수익성 감퇴의 문제를 해결해야 한다. 오픈마켓은 '판매'가 아닌 '수수료'를 기반으로 이윤을 창출한다. 하지만 지나친 경쟁을 막고 적절한 수수료를 책정하는 것이 오픈마켓의 윤리임에 대해서도 인식해야 한다.

1.2 모바일 시대의 마케팅 본질의 변화

스마트폰은 사람들의 라이프스타일에도 변화를 가져오고 있다. 스마트폰은 빠르게 대중에게 확산되어 세계적으로 10억 명이 넘는 수의 이용자 수를 확보했다. 그 중 한국은 스마트폰 사용 인구가 전체 인구의 60%로 그 비율이 가장 높다. 스마트폰의 대중화는 소비자들의 라이프스타일에 변화를 가져오면서 전자쿠폰 제공이나 단순한 광고문자 등으로 국한되던 기업의 모바일 마케팅에 터닝 포인트를 제공하고 있다.

이에 따라 스마트폰을 활용한 모바일 마케팅은 다음과 같은 장점을 갖는다.

첫째, 고객과의 연결성(connectivity)이다. TV광고와 라디오와 같이 전통적인 매체를 활용한 마케팅의 경우 반드시 해당 매체를 이용해야 소비자와 커뮤니케이션이 가능하지만 스마트 시대의 도래로 인해 시공간의 제약에서 벗어나 항상 고객과 연결될 수 있게 되었다.

둘째, 세분화된 타겟 마케팅이 가능하다. 오늘날 기업들은 QR코드나 위치 기반 서비스를 활용해 다양한 마케팅 활동을 전개한다. 개인정보와 관련된 문제는 여전히 해결해야 할 문제지만, 고객의 동의를 구한 후 개인별 인구 통계학적 정보와 고객의 라이프스타일 분석을 통해 보다 더 세분화된 커뮤니케이션이 이뤄질 수 있다.

셋째, 대부분의 스마트폰은 무선 인터넷, 터치스크린을 활용한 큰 화면, GPS, 진동센서 등 다양한 기능을 갖고 있다. 소비자는 App을 통해 이러한 기능들을 경험할 수 있으며, 브랜드 인지, 정보 습득 차원을 넘어 해당 재화 및 서비스를 간접적으로 경험할 수 있게 된다.

넷째, 라디오, TV와 같은 전통적 미디어는 각 매체에 높은 비용을 지급해야 마케팅이 가능하지만, 모바일 마케팅의 경우 App개발비와 일정관리비만이 있으면 된다. 최근 조사에 따르면 iPhone 앱스토어에 등록되어 있는 유료 애플리케이션의 개발비는 평균 3만 5천 달러 정도이며, 이는 기존 마케팅 비용에 비해 저렴한 편이다.

마케팅이 온라인 마케팅이나 매스 마케팅이 아니라 스마트폰을 통해 이루어질 경우 많은 장점이 존재한다. 그러한 장점을 유용하게 활용하는 최근의 마케팅 형태는 다음과 같다.

1. 증강현실

영화 '마이너리티 리포트'의 주인공이 주변을 바라보면 인물이나 사물의 정보가 가상공간에 나타난다. 2054년 세계를 그려낸 이 영화에 등장했던 상상 속의 기술들이 현실에 등장하고 있다. 증강현실(AR: augmented reality)이란 가상현실(virtual reality)과 같이 가상공간을 창조해내는 것이 아니다. 이는 실제 이미지를 바탕으로 3차원에 존재하는 가상정보를 수집해 실시간으로 보여주는 기술이다. 이 단어는 1990년대 초 항공사 보잉(Boeing)이 항공기 전선 조립 과정에서 실제 화면에 가상 이미지를 겹쳐보는 과정에서 처음 사용되었다. 스마트폰에는 이를 구현하기 위해 요구되는 컴퓨터 그래픽 및 디스플레이 기술, 센서, 카메라, 현실정보와 가상정보의 정합기술 등이 대부분 구축되어 있다. 스마트폰 카메라로 현실 이미지를 인식하면 그 이미지와 관련된 가상의 정보를 동시에 볼 수 있는 것이다.

2. 위치 기반 서비스

LBS라 불리는 위치 기반 서비스(LBS: location-based service)는 마케팅 수단으로 자주 활용된다. 위치 기반 서비스는 이동통신기지국에서 제공하는 위치정보나 스마트폰 내에 탑재된 GPS를 활용해 고객에게 여러 가지 서비스를 제공하는 방법을 말한다. 현재 LBS는 소프트웨어와 하드웨어를 갖춘 스마트폰의 등장으로 꽃을 피우고 있다. 최근에는 위치 기반 서비스에 SNS적 요소가 가미된 App들이 출시되고 있는데 그 중 포스퀘어(Foursquare)가 가장 큰 관심을 받고 있다. 2009년 3월 서비스에 착수한 포스퀘어는 한 해 만에 50만 명의 이용자를 확보했고 현재 그 수는 무려 200만 명에 달하고 있다. 목적지에 도달한 유저는 포스퀘어 App을 실행시키고 체크인하여 포인트를 얻는다. 또한 개인은 자신의 체크인 현황을 페이스북이나 트위터 등의 SNS에 지인들과 공유할 수도 있다. 최근에 포스퀘어는 기업과의 제휴마케팅 차원을 넘어서 대학과의 협업에도 착수했다. 하버드대학은 대학 최초로 포스퀘어와의 협업을 통해 학생, 학부모, 교수, 방문객들이 학교 캠퍼스나 주변 특정 장소에 체크인해 해당 시설을 이용한 사용자의 정보, 해당 시설을 잘 이용할 수 있는 방법에 대한 정보를 제공하고 있다.

3. QR코드

QR코드(quick response code)는 2D 바코드의 일종으로 1994년 일본에서 최초 개발되었으며 기존 바코드보다 더 많은 정보를 수용할 수 있다. 여태까지는 주로 일본과 유럽에서 사용되었으나 최근 무선 인터넷 기능과 카메라 기능을 갖춘 스마트폰의 급류를 타고 빠르게 확산되고 있다. 대부분의 스마트폰은 App을 이용해 QR코드를 해석할 수 있으며 일부에는 인식기가 내장되어있다. 스마트폰 카메라로 QR코드 사진을 찍으면 사진, 동영상을 포함한 재화나 서비스에 대한 정보가 표시되고, 홈페이지로 접속되기도 하며, 할인쿠폰이 제공되는 경우도 있다. QR코드의 인식은 100%에 가까운 정확성을 보여주며, 이름과 같이 반응속도 또한 매우 빠르다. 심지어 개인 명함에도 QR코드가 활용된다.

이런 특징을 반영하듯이 기업들은 QR코드를 마케팅 도구로 적극적으로 활용하고 있다. 그 대표적인 예가 일본의 코카콜라이다. 두 개의 차(tea)를 출시한 코카콜라는 QR코드를 지면광고에 삽입했고 고객들은 이 QR코드를 스캔할 수 있다. 그리고 다운 받은 QR코드를 길거리의 휴대폰 결제가 가능한 자판기에 갖다 대면, 광고에서 발견한 차를 무료로 받을 수 있다.

02 인터넷 비즈니스 환경

디지털 혁신은 인터넷과 컴퓨터를 기반으로 하여 더 이상 웹(Web)에 한정되지 않고, 이동전화, TV, PDA 등의 전자제품에서 시작해 우리 생활에서 빠르고 확실하게 자리 잡고 있다. 이는 장소에 상관없이 이용 가능한 유비쿼터스(Ubiquitous) 환경 안에서의 끊김 없는 세상(seamless world)을 등장시켰으며 인간과 자연, 인간과 인간, 디지털 기기와 인간이 일상 속에서 빠르게 이어지는 세상을 예고한다. 이는 궁극적으로 단순한 사이트만을 중심으로 한 마케팅전략은 더 이상 효과적이지 못한 방법임을 의미한다.

2.1 디지털 경제환경

컴퓨터가 등장함에 따라 변화한 인터넷이 가져온 새로운 세상은 그 자체가 디지털 혁명의 한 과정이며, 이를 둘러싼 모든 것은 디지털 환경이라 할 수 있으며, 이를 중심으로 한 경제는 '디지털 경제'라 할 수 있다.

디지털 혁명이 가진 영향력은 1만 년 전의 농업혁명, 200년 전의 산업혁명의 영향력보다 훨씬 강하다. 미국의 사회학자 토마스 쿤은 패러다임(paradigm)이라는 단어를 "한 시대를 지배하는 사고와 인식의 체계(혹은 provide rules for success)"라고 정의했다면, 오늘날의 시대가 그러한 패러다임의 모습이 적나라하게 드러나는 디지털 혁명기라 할 수 있다.

또한 정보와 지식은 디지털 패러다임에서 단연 중요한 위치에 있으며, 통신은 그들을 전달하는 수단이다.

컴퓨터 통신이 등장하면서 이용자들은 자유롭게 대화하고, 정보를 교환할 수 있게 되었으며 이는 온라인 시장 규모의 성장을 가져왔다. 게

그림 7-2 **디지털 혁명**

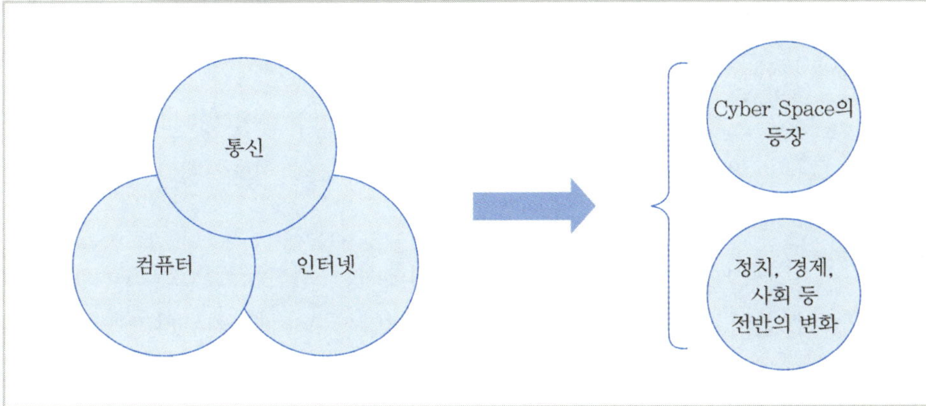

다가 웹(Web)과 IT 자원이 통합되며 개별 기업들은 내부 통합(e-ERP)과 기업 간의 외부 통합(e-CRM, e-SCM)을 위한 시스템을 구축하며 경영 과정에 혁신을 가져왔다.

그 뿐만 아니라 컴퓨터가 네트워크와 결합되면서 이에 연결되어 있었던 이용자들은 서로 통신하며 자신들이 검색한 정보를 교환하기가 매우 용이해졌다. 이는 가상공간(cyberspace)이라는 기존에 존재하지 않았던 혁신적인 형태의 새로운 공간을 창조했다.

한편, 현재 진행되고 있는 디지털 혁명은 우리의 삶과 직결되어 있는 정치, 경제 분야와 사회·문화적 기반에도 큰 변화를 가져왔다. 우리는 디지털 혁명이라는 역사적 기점을 기준으로 하여, 우리를 둘러싼 환경과 경제에 큰 변화를 경험하고 있다. 이로 인해 발생한 경제의 전반적인 모습은 고객중심, 산업구도의 변화, 가상공간의 활성화 지식활용의 증대, 소싱(sourcing) 확대 그리고 통합화, 표준화, 네트워크화로 요약할 수 있으며 그 내용은 다음과 같다.

첫째, 디지털 혁명은 인터넷을 통해 고객들에게 보다 다양한 구매방법, 더욱 많은 선택권, 다양한 정보 접근 방식 등을 제공한다. 그렇기 때문에 품질과 가격에 대한 정보를 제공하는 사이트 접근(acces)의 효율성도 곧 결정적인 경쟁우위로써의 역할을 한다.

둘째, 디지털 혁명은 기업과 산업의 구조적인 변화를 야기하고 있다. 이제는 기업과 관련되어 있는 패러다임에 전반적인 변화가 필요하다. 산업간 경쟁의 패러다임이 변화하자 기업이나 산업 내에서 상호작용 하는 협력자(collaboration), 소비자(consumers) 및 경쟁자(competitors)는 모두 서로의 파트너가 된다.

한편 기업의 구조적인 변화를 위해서는 우선 기업 스스로가 변화해야 한다. 디지털 환경에 알맞은 문제인식 능력과 업무처리 방식이 요구되며, 전략의 기본 틀 역시 기업이 주도적으로 변화시켜야 한다. 이와 더불어 기업의 수직적인 비즈니스 프로세스 역시 변화를 겪고 있다. 원자재를 구입하는 것부터 제품을 생산하고 마케팅 하는 과정을 통합할 수 있는 가치사슬을 개발해야 하며, 이는 내부통합(e-ERP)과 외부통합(e-CRM)이 동시에 이루어져야 함을 의미한다.

셋째, 디지털 경제는 물리적 공간뿐만 아니라 가상공간을 기반으로 하여 기존의 비즈니스 개념에 완전한 변화를 가져왔다. 특히 인터넷은 오프라인 상점들이 가지고 있었던 시간적·공간적 제약을 없애는 데 크게 기여하고 있다. 인터넷 기반의 새로운 형태의 기업은 점차 순수한 가상공간을 자신들의 사업 기반으로 삼고자 한다. 이러한 변화는 가상공간의 특성으로 강조되는 요소들과 더불어 새로운 문화를 창조하고 있다.

넷째, 디지털 경제로 인한 지식활용의 증대로 말미암아 소비자와 기업 사이의 정보와 지식의 교환이 쉬워지면서 지식의 습득과 저장, 교환 역시 용이해졌다. 전달 속도 역시 가속화되었으며, 전달되는 양 역시 기하급수적으로 증가했다. 지식과 정보가 핵심 요소로 작용하는 지식 기반 경제가 등장한 것이다.

다섯째, 디지털 경제로 인한 소싱(sourcing)의 확대 현상이라 할 수 있는데, 정보통신기술이 발달하면서 기업은 글로벌 시장을 대상으로 사업을 펼치게 된다. 이에 따라 기업들은 내부에서는 구매를 효율화하고, 외부에서 새로운 수익 원천을 찾기 위해서 소스(source)를 탐색하고 있다. 인터넷은 전 세계를 하나로 묶어주기 때문에 기업들이 가장 잘 맞는 비즈니스 파트너와 가장 마음에 드는 조건으로 거래할 수 있는 기회를 제공하고 있다. 글로벌 소싱만 아니라 공동 프로젝트 수행, 생산 요소 교류 등 새로운 사업기회를 발굴하는 것도 이전보다 훨씬 쉬워졌다.

통합화는 데이터, 유선과 무선, 문자, 음성, 영상 사설망 서비스를 통합해 우리 생활에 디지털 가전, 휴대폰, PC 등을 통합하는 기술이다. 표준화는 인터넷의 기본언어(HTML), 인터넷 통신규약(HTTP), 그리고 모든 사람들이 HTML을 사용하는 웹(WWW), 이동통신의 GSM(범유럽 디지털통신 방식)이나 CDMA(코드분할 다중접속) 등을 통해 아이디어와 자료의 통합을 지원한다.

마지막으로 네트워크화는 기업들이 비즈니스의 기반으로 인터넷을 사용하면서 네트워킹의 개념을 그대로 비즈니스에 적용하게 된 것을 의미한다.

이와 같은 거시적인 특성들로 인해 기업의 규모는 감소하고, 거래비용이 감소하고 전문기업 간의 네트워크가 형성됨에 따라 기업활동이 활발해질 것으로 예측된다. 특히 디지털경제 하의 출판, 금융, 관광, 여행 등의 소매업 분야나 음반 및 온라인 게임 등의 디지털 상품과 온라인 도박 등의 엔터테인먼트 분야에서도 획기적인 변화가 예상된다. 또한 개별기업들의 공통 경영 기능들 중 두드러진 변화는 표 7-2와 같이 요약할 수 있다.

2.2 사회·문화적 환경

디지털 사회는 일상생활부터 사고 방식까지 바꾸고 있다. 다시 말해 우리의 삶과 관련되어 있다면 디지털을 빼고 이야기하기 힘들다는 것이다. 인터넷은 현재 변화의 중심에 놓여있다. 인터넷이 가져

▶▶ 표 7-2 디지털경제 하에서 기업 경제활동의 변화

구분	구 경제		디지털경제	
	가치창출 수단	활용능력	가치창출 수단	활용능력
기업목표	순위 및 규모 경쟁을 통한 이익극대화		지속적인 경쟁력 강화를 통한 기업가치 극대화	
제품 및 기술개발	대량생산	기술혁신	다양성, 맞춤화, PLC 단축	디자인 능력, 제품 혁신, time to market
조달 및 물류	수직적 통합을 통한 구매력 확보	기업의 자본력과 시장지배력	수직적 통합, global sourcing	네트워크효과, 정보 수집 및 교환능력
제품생산	규모의 경제를 통한 비용절감	대량생산, 다품종 소량생산	고객 맞춤화, 개인화	대량개별화(mass customization), real time
마케팅	4P	영업망 확보, 영업사원 및 유통매장 관리	5C	network 구축, solution 개발
고객	고객만족, 시장점유율	매스 마케팅	고객감동, mind share	one to one marketing, 고객DB확보, CRM구축
조직 및 고용	평생직장, 임금을 위한 노동	단순노동, 계층/조직	평생교육, 소유를 위한 노동	multi-tasking, network 조직

자료: 박명호 외(2014), 인터넷 마케팅, 디지털 경제 하에서 기업 경제활동의 변화 내용 편집.

온 사회·문화적 변화 중 가장 큰 것은 가상사회의 형성이다. 가상사회에서의 공급은 가상기업(virtual enterprise)으로, 수요는 가상공동체(virtual community)로 구성된다. 가상공동체란 인터넷에 존재하는 같은 욕구와 관심사를 지닌 사람들의 집단을 의미하며, 그들이 게시판, 커뮤니티, 채팅, 블로그 등을 통해서 새로운 공동체를 형성할 수 있는 제2의 생활공간을 마련해준다. 이러한 생활공간에서 첨단 장비들을 가지고 활동하는 이용자들을 "디지털 노마드(digital nomad)"라 부르는데, 이들은 우리 사회 전반에 거쳐 변화를 가져올 것으로 예측된다. 이른 바 클릭 세대들이 만들어갈 디지털 사회 구성원들의 관계의 변화는 **표 7-3**에서 나타난다.

표 7-3 디지털 사회에서의 관계구축의 변화

구분	아날로그	디지털 사회
공간	물리적 공간	가상공간
대상	사람 간의 관계형성	사람 대 콘텐츠
형성	학연, 지연, 혈연	관계밀착 정도
방법	모임, 미팅 등	채팅, 게임 및 커뮤니티활동 등

아울러 디지털 세상에서 활약하는 클릭 세대들은 전 세계 사람들을 만나며, 많은 지식들을 빠르게 공유하고 세상을 이해한다. 이처럼 온라인상의 이미지와 멀티미디어들을 통해 대화하고 자신을 표현하는 관계지향적인 라이프스타일을 디지털 문화(digital culture)라고 부른다.

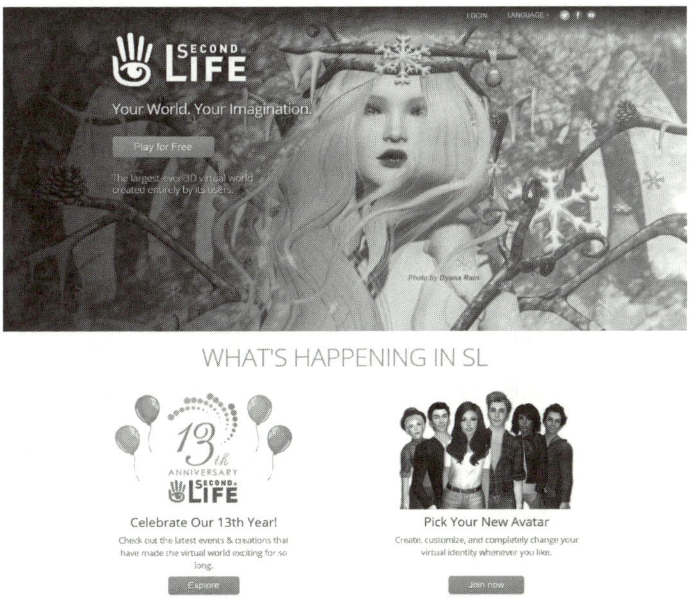

2.3 정치·법률적 환경

기존의 제도와 법으로는 인터넷 환경에서 발생하는 많은 법률적 문제들을 해결하기 힘든데, 특히 '조세문제', '지적재산권문제', '소비자보호와 정보보호문제' 그리고 '국가 간 법 제정 적용문제' 등이 그러하다. 이 중 소비자보호와 정보보호문제는 인터넷의 특성상 고객들은 대금을 우선 지급하고, 상품을 배달 받는 경우가 많고, 거래가 일어날 때마다 개인정보를 제공해야 할 경우가 많으므로 개인정보와 관련된 문제 역시 정보유출과 관련하여 발생한다.

조세문제는 내국세와 국제 거래상의 문제 두 가지로 나누어진다. 내국세는 거래가 암호화 될 경우 추적이 어렵고, 사업자들이 웹사이트를 쉽게 개설하고 폐지하기 때문에 자료 등을 획득하기 어렵다는 문제점을 가지고 있다. 국제 거래 분쟁의 경우 상품에 대해서 어느 정도의 관세를 부과할 것인가에 대해서 국제적인 합의를 내리기 어렵기 때문에 종종 발생한다.

지적재산권 보호문제의 경우 디지털 콘텐츠의 지적재산권 보호문제에 관한 측면인데, 특히 소프트웨어 같은 디지털 제품을 불법으로 복제하거나 도용하는 것이 쉽기 때문에 저작권을 침해하기가 쉽고, 도메인 네임 등 상표권 침해 분쟁, 비즈니스 모델의 특허 분쟁 역시 자주 발생한다. 특히 비즈니스 모델 특허는 특히 전자상거래의 핵심 이슈로 다뤄지고 있으나, 아직 특허를 허용할 것인지에 대한 합의 역시 이루어지지 않은 상태이다.

국가 간 법 제정 및 적용에 대한 문제는 거래 과정에 여러 나라에 걸쳐 이루어질 경우, 이에 발생한 분쟁을 어느 나라의 법에 따라 해결할지 혹은 관세부과에 관한 논쟁, 그리고 대륙법계 국가 간의 전통적인 관습과 법률의 차이로 인해 통일된 거래기준을 제정하기가 힘든 상황이다.

한편 국내의 경우 정보통신부에서는 "전자서명법"을, 산업통상자원부는 "전자거래기본법"을, 공정위는 "전자상거래 등에서의 소비자 보호에 관한 법률" 등을 제정하는 등 전자상거래를 활성화하기 위한 노력을 하고 있다. 현재 대통령령에 규정된 전자거래분쟁조정위원회는 법률에서 규정되어 국제적으로 발생하는 논의를 보다 효율적으로 처리하고 국가적 차원에서는 국내 전자상거래를 촉진하기 위해서 기반을 구축하는 등 국내 경기 활성화와 국제경쟁력을 향상시키기 위한 조항들이 포함되어 있다.

또한 정보기술이 확산되고 고도화되면서 불건전 정보 유통, 사이버 범죄, 개인정보의 무분별한 유통과 사생활 침해, 정보 격차 등이 역기능으로 드러나고 있는 가운데 이에 대응하여 제도와 법을 지속적으로 개선하고 있다.

현재까지 추진된 전자상거래와 관련된 제도와 법적 측면의 개선 현황을 사회·문화적 정보 인프라 확산, IT 기술 및 산업의 지속적 발전, 정보통신 기반의 고도화 등으로 분류한 것으로 내용은 다음과 같다.

그림 7-3 정보화 관련 법제도의 분류(2013)

국가정보화기본법

사회·문화적 정보인프라 확산			IT기술 및 산업의 지속적 발전	정보통신 기반의 고도화
전자정부 공공정보화 추진	정보이용환경 조성	정보화 역기능 방지	IT산업기반 조성과 신산업 육성	정보통신망 구축·고도화
•전자정부법 •행정업무의 효율적 운영에 관한 규정 •민원사무처리에 관한 법률 •주민등록법 •인감증명법 •공공기관의 기록물관리에 관한 법률 •공공기관의 정보 공개에 관한 법률 •원격영상재판에 관한 특례법 •국회법 •국가공간정보에 관한 법률 •국방정보화 기반 조성 및 국방정보자원관리에 관한 법률	•전자서명법 •전자문서 및 전자거래기본법 •지식재산기본법 •저작권법 •정보통신망이용촉진 및 정보보호 등에 관한 법률 •인터넷주소자원에 관한 법률 •전자무역촉진에 관한 법률 •관세법 •무역거래기반조성에 관한 법률 •국가통합교통체계 효율화법 •전자어음의 발행 및 유통에 관한 법률 •조세특례제한법 등	•개인정보보호법 •정보통신망이용촉진 및 정보보호 등에 관한 법률 •신용정보의 이용 및 보호에 관한 법률 •통신비밀보호법 •전기통신사업법 •정보통신기반보호법 •형법 •전자상거래 등에서의 소비자보호에 관한 법률 •표시·광고의 공정화에 관한 법률 등	•방송통신발전기본법 등 •전기통신기본법 •전기통신사업법 •위치정보의 이용 및 보호 등에 관한 법률 •소프트웨어산업진흥법 •산업기술혁신촉진법 •전자금융거래법 •콘텐츠산업진흥법 •방송법 •인터넷멀티미디어방송사업법 •이러닝(전자학습)산업발전 및 이러닝 활용 촉진에 관한 법률 •문화산업진흥기본법 •영화 및 비디오물의 진흥에 관한 법률 •게임산업진흥에 관한 법률 •음악산업진흥에 관한 법률 •지능형로봇 개발 및 보급 촉진법	•전기통신기본법 •전기통신사업법 •전파법 •정보통신공사업법 •전기사업법 •건축법 •도로법 •방송통신위원회의 설치 및 운영에 관한 법률

자료: 미래창조부 '2013' 국가정보화에 관한 연차보고서

2.4 기술적 환경

민원서류 신청 및 발급, 전자상거래, 금융거래 등이 초고속 인터넷망을 기반으로 하여 급증하는 추세지만, 정보를 제대로 보호하지 못해 다양한 사고가 발생하고 있다. 최근에는 은행의 비밀번호가 유출되거나 카드를 위조하거나 웜 바이러스가 가져온 인터넷 대란을 야기시킨 바 있다.

그렇기에 인터넷 사업을 하기 위해서는 우선 기술적으로 인터넷 비즈니스를 작동시킬 상거래 지급수단, 광대역통합정보시스템, 전송방식 기술, 그리고 내용을 구현해주는 콘텐츠 기술들이 고려되어야 하는데 그 범위와 내용들을 살펴보면 다음과 같다.

1. 상거래 지급수단

전자상거래를 위해 필요한 전자결제 관련 기술들 역시 인터넷 사업을 위해서라면 빼 놓을 수 없는 기술이다. 일반적인 거래나 전자상거래의 주요 지급수단으로서의 신용카드는 최근 스마트카드 형태로 변화하고 있지만, 미래에는 도난 위험이 전혀 없다고 볼 수 있는 지문 인식이나 홍채 인식 등의 생체인증시스템으로 전자인증을 대체하게 될 것이다. 전자상거래가 원활하게 이루어지도록 도와주는 지급수단은 다음과 같다.

- 전자지급수단: 선불카드, 신용카드, 사이버머니 등
- 전자지급도구: 전자화폐, 신용카드 등으로 사용이 용이한 소프트웨어 및 하드웨어 장치로 스마트카드, 전자지갑 등
- 전자지급서비스 기술: 청구서 처리 지원기술
- 전자인증서: 신원을 보증해주기 때문에 웹에서의 사기나 사칭을 방지하는 기술로 전자신분증 관련 기술

2. 광대역통합정보시스템

기존의 기업에 존재하던 전산시스템들과 e-비즈니스 시스템을 연결하기 위한 광역통합정보시스템은 굉장히 중요한 역할을 한다. 구체적으로는 광교환/라우터 기술, 광인터넷 네트워킹 기술, 네트워크 관리 기술 등이 주로 연구되고 있으며, e-비즈니스 허브를 구축하기 위해서 여러 기업들이 연계하고 있다. 예를 들어, 고객이 인터넷 쇼핑몰에서 제품을 구매하면, 배달을 위해 재고는 자동으로 검토되고 그와 동시에 대금이 결제되어야 한다. 이때 재고시스템, 대금결제시스템, 배달시스템이 모두 연결되어 있어야 신속한 구매가 가능하다.

3. 전송방식기술

인터넷 사업이 웹을 통해서 진행되면서 문서들에는 멀티미디어에 관련된 내용이 추가되었으며, 그 전송속도는 자연스럽게 중요한 문제가 되었다. 인터넷의 전송속도를 높이기 위한 기본은 대역폭(bandwidth)을 증가시키는 것인데, 여기에는 많은 투자가 선행되어야 한다. 최근에는 개인 통신 분야에서 IMT-2000(international mobile telecommunication-2000)이라는 새로운 사업이 진행단계에 있고 블루투스(bluetooth)와 같은 다양한 모바일(mobile) 인터넷 기술들이 개발단계에 있다.

이 기술들은 인터넷의 기능이 휴대용 단말기를 통해 수행하기 위해 요구되는 전송량이나 방식, 사용 방법들을 개발하는 것과 관련된 여러 사항들이다. 이에 따라 이제는 주식거래부터 정보탐색 및 영화관람, 전자상거래(e-commerce)까지 휴대용 단말기로 가능해지고 있다.

4. 콘텐츠 표현기술

디지털 콘텐츠 분야 핵심기술은 네트워크 가상환경기술, 게임소프트웨어기술, CG(computer graphic) 기반기술, 가상현실기술, 디지털 콘텐츠 유통 및 보호기술, 디지털 액터 기술 등으로 압축될 수 있다.

예를 들어서 사람과 유사한 사용자 인터페이스 화상 모형을 인간 메타포라 하며, 이는 가상공간의 거래자들이 빠른 판단을 내릴 수 있도록 도움을 주는 기술이다.

03 인터넷을 통한 시장기회 파악

기업은 무엇보다 스스로 '기업이 어디에서 경쟁할 것인가'에 대한 답을 찾아야 한다. 가장 이상적인 영역은 시장에 소수의 경쟁 기업만이 존재하여 고객의 모든 욕구가 충족되지 못하는 상태이거나, 혹은 시장 내에 경쟁기업이 존재하지 않기 때문에 경제적 기회를 쉽게 얻을 수 있고, 기업이 자력으로 혹은 파트너십을 통하여 고객들의 수요를 완전하게 충족시킬 수 있도록 잘 포지션 되어 있는 영역이다.

따라서 기업은 시장기회를 명확하게 식별할 수 있도록 시장기회분석(market-opportunity analysis)을 해야 하는데, 이를 위해서는 프레임워크를 제안하고, 시장 내의 기회들을 형성하는데 이용할 수 있는 몇 가지 도구(tool)들에 대하여 파악해야 한다.

이러한 연구는 기업이 어떤 제품과 서비스를 개발하여 시장에 출시할지에 대한 파악에 도움을 주는 역할을 한다.

시장기회분석을 위한 프레임워크의 주요 탐색단계는 다섯 가지이며, 이를 통해 시장에의 진출 여부를 파악하게 된다. 한편 경우에 따라 본 단계들의 순서를 거치는 것보다는 기업이 처한 상황에 따라 몇 가지만 선택하는 것이 더 중요할 수도 있다. 또한 이러한 단계들은 서로 상호 작용하기 때문에 초기에는 각각의 순서에 따라 단계별로 진행할 수 있지만, 색다른 아이디어나 장점이 있다면 다시 전 단계로 돌아가서 수정할 수도 있다.

3.1 기회 파악

시장기회분석은 전통적 경제 하의 분석과 다르게 마켓플레이스에서의 기회분석은 다음과 같은 이유로 인해 다른 차원의 접근 방법이 요구된다.

1. 경쟁은 산업군 간 발생된다.

웹기반 비즈니스 모델(web-enabled business model)은 물리적인 제품의 생산 혹은 서비스를 전달하는 것과 관련되어 별다른 제약이 없기 때문에 소비자에게 기업이 추구하는 가치를 보다 직접적으로 전달할 수 있다. 예를 들어, KT커머스는 KT가 보유하고 있는 뛰어난 IT 인프라 기술을 바탕으로 국내 최대의 one-stop 종합쇼핑몰을 만들기도 하였다.

2. 기업들 간 경쟁과 협력

다양한 기술을 기반으로 하는 여러 가지 제품들은 보완적 제품에 대한 의존도가 크다. 예를 들어, 웹 비즈니스는 브라우저 기술에, 브라우저는 PC와 모뎀, 운영시스템 등의 기술에 크게 의존한다. 그리고 웹으로 네트워크를 연결하면 기업들과 제휴를 맺는 것이 쉬워지므로 제품과 서비스를 지속적으로 공급할 수 있다. 기업들은 이와 같이 협력하는 동시에 경쟁하기도 한다. 다시 말하면, 전통적인 제품의 생산과 구매(make-or-buy) 결정과 동시에 제휴(ally)라는 세 번째 선택이 존재한다는 것이다. 오늘날 많은 기업들은 거대한 파트너 네트워크를 창조하고 있기 때문에 기업은 이러한 네트워크를 효과적으로 관리하기 위한 방안에 대해 생각해보아야 한다.

3. 새로운 소비자행동의 규명

현대 마케팅에서는 그 중심을 고객에게 맞춰야 한다. 이것은 고객의 욕구를 충족시킬 수 있는 제품을 개발하기 위해 고객의 욕구를 파악하고, 분석하여 이를 지원할 수 있는 전략을 실행해야 함을 의미한다. 하지만 새로운 경제체제에서 소비자행동의 패턴을 결정하는 것은 새로운 하드웨어와 소프트웨어이다. 즉, 새로운 고객의 소비욕구에 부합하고 행동을 지원해줄 수 있는 제품과 서비스를 제공하는 것이 기업의 임무이다. 하지만 고객의 욕구 자체는 이미 알려져 있기 때문에 이를 만족시키는 것보다 소비자들의 곁에서 요구사항을 충분히 경청하여 시장기회에 대한 통찰력을 개발하는 것에 집중해야 한다. 따라서 기업은 오늘날 고객들의 행동에 대한 관찰과 분석을 토대로 새로운 경험을 제공해주어야 한다.

3.2 고객의 미충족된 욕구 확인

고객의 욕구 중 무엇을 만족시킬지, 경쟁 기업이 그 욕구를 이미 만족시켜 주고 있지는 않은지, 만일 충족되고 있다면 왜 고객이 새로운 기업을 선택하였는지 등을 분석해야 한다. 이러한 시장기회분석은 기회의 핵심이 무엇인지 발견하게 해주는데, 여기에는 아직 충족되지 않았거나 혹은 제공되지 않은 욕구 등이 포함된다.

1. 고객의 의사결정 과정

고객의 의사결정 과정은 미충족되었거나 아직 제공되지 않은 욕구를 더욱 체계적으로 검토하기 위하여 구성된 틀이다. 이는 가치시스템 내에서 고객이 구체적인 경험으로 접근할 때 행하는 결정과 활동을 구체화하여 도식화(mapping)한다. 결과적으로 고객 의사결정을 이해함으로써 미충족된 혹은 과충족된 욕구에 적합한 아이디어를 창출하는 것을 도와준다. 예를 들어, 아마존(Amazon.com)은 타인의 추천이 소비자의 강한 구매 요인 중 하나로 작용한다는 것을 발견한 후, 그들의 웹사이트에서 책 서평과 다른 독자들의 코멘트를 읽을 수 있도록 하는 서비스를 함께 제공하였다.

또한, 기업들은 미충족되었거나 제공되지 않은 욕구를 발견해내기 앞서, 고객의 의사결정 과정이 세밀하게 작성되어야 한다. 다음에 제시된 질문들에 대하여 적절한 답변은, 경영자들은 고객의 의사결정 과정을 구성하는 데 많은 도움을 줄 것이다.

- 의사결정 과정에 관여하는 사람은 누구이며, 수행하는 역할은 무엇인가?
- 고객들이 거치는 의사결정단계는 무엇인가?
- 의사결정 과정은 어느 장소에서 주로 이루어지는가?
- 소비자들이 고려하지 않는 대안은 무엇이며, 모르고 있는 대안은 무엇인가?
- 특정 가치시스템의 고객 의사결정 과정에 참여하지 않는 고객은 누구이며, 그들이 참여하지 않는 이유는 무엇인가?

그림 7-4에서는 식사에 관한 고객 의사결정 과정이 제시되어있는데, 이는 고객들이 어떻게 식사 대안을 선택하는지를 보여준다. 의사결정 과정의 형태는 선형적이거나 복수경로를 지닌 형태, 그리고 고리 형태의 곡선 모양으로도 가능하다. 각 과정을 포괄적으로 나누면 구매 전, 구매, 구매 후 단계 등 세 가지로 분류 가능하다.

2. 미제공되거나 미충족된 욕구의 노출

경영진은 고객 의사결정 과정 단계를 확인하여, 제공되지 않았거나 미충족 된 욕구를 발견할 수 있으며, 다음의 질문들은 그러한 내용을 확인하는 것을 도와준다.

그림 7-4 고객 의사결정 과정

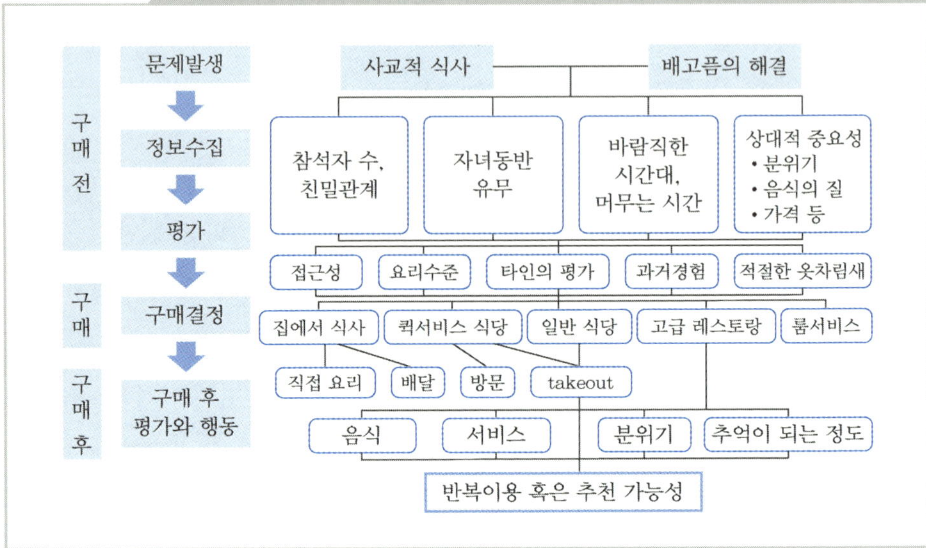

- 고객이 경험을 획득하기 위해서 고객 의사결정 과정 중 어느 단계에 참여하는가?
- 고객이 기능적으로 제공받길 원하는 경험의 본질이 무엇인가?
- 의사결정활동을 수행하는 것이 고객의 신념과 어떠한 관련을 가지고 있는가?
- 기업이 제공하는 제품에 대해 현재 어떠한 긍정적 또는 부정적 견해를 보이고 있는가?
- 온라인상에서 고객의 경험을 향상시키고 전환할 수 있는 방법으로 무엇이 있는가? 어떠한 수단(drivers)이 고객이 가치시스템에서 온라인 활동을 받아들이는 데 가장 결정적으로 기여하는가?
- 고객들은 의사결정단계의 가치를 어떻게 판단하는가? 고객들이 기업이 제공한 그러한 가치에 대한 대가를 지급할 의사가 있는가?

이러한 필요를 발견하기 위해서는 단순히 다수의 고객을 발견하는 것을 넘어서 그들이 인식하고 있지 못하는 것에 대해 발견하는 복잡한 과정까지 거쳐야 할 수도 있다. 고객 의사결정 과정을 분석하는 건 일을 처리하기 위한 더 나은 기회를 찾기 위한 가장 효과적인 방법이다.

3.3 목표고객의 확인

기업은 궁극적으로 그들이 제품이나 서비스를 제공하려는 소비자의 유형을 파악해야 한다. 이러한 점에서 기업은 접근 기회의 매력도가 높은 목표고객을 선정하고 목표고객에게서 좋은 반응을 유도할 수 있는 제품이나 서비스를 정교하게 만드는 것에 주력해야 한다.

목표고객 선정을 위한 시장세분화란 고객을 유사성을 기준으로 그룹화 하는 과정이다. 복수의 세분집단이 확인되고 나면, 현재 기업이 추구하는 기회 유형을 확실히 부각시켜 줄 수 있는 표적 고객군을 찾아야 한다. 따라서 현 상태에서 변화를 거친다면 커다란 이익이 발생하는 세분시장이나, 신제품 또는 새로운 서비스를 받아들이기 쉬운 세분시장을 찾아야 한다.

3.4 경쟁우위획득을 위한 자원 기반의 명확화

기업경영이 목표로 할 첫 고객층을 정하는 것은 기업의 경영단계 중 가장 첫 단계에 해당된다. 이 단계에서 기업은 목표고객들에게 제품이 어떤 경험과 혜익을 제공하는지를 확인하고, 이를 전달할 역량과 기술을 확보해야 한다.

1. 기업의 자원

마케터는 구체적인 비즈니스 모델을 만들기 전에, 자신이 선택한 온라인 영역에서 가장 효과적으로 사용될 자원을 골라야 한다. 이러한 자원의 가치는 기업 가치에 크게 기여하는 새로운 혜익의 전달이나 고착화된 가치에서 탈피할수록 증가한다. 그리고 이러한 자원은 목표시장의 현재와 잠재적 경쟁기업들을 고려한 우위의 획득이 보장되어야 한다.

자원시스템(resource system)이란 기업의 역량을 이끌어낼 수 있는 개별적이고 조직적인 활동과 자산의 집합체이다. 기업은 이러한 자원을 활용하여 고객의 욕구를 충족시킬 수 있다.

다음의 세 가지 유형은 기업이 달성할 수 있는 자원에 대한 분류이다.

- 고객대면(customer-facing) 자원: 상표이름, 복수 유통경로 및 판매 인력 등
- 내부적(internal) 자원: 경험이 많은 직원, 기술, 제품의 개발 및 규모의 경제
- 업스트림(upstream) 자원: 기업과 공급업자 간 운영상의 연속성 정도와 공급업자와의 파트너십

2. 파트너

모든 자원이 목표하는 세분시장에 기업의 가치를 전달할 때 사용 될 수는 없다. 그렇기에 기업을 각 자원들의 기회를 평가할 때 각각의 차이점에 대해 발견하고, 그러한 역량적 차이를 극복할 수 있도록 방법을 찾아야 한다. 이 상황에서 기업이 역량을 만들고 획득하기 위한 방안으로 파트너를 구하는 방법이 있다. 효과적인 파트너 관계는 기업의 우위 획득에 있어서 중요한 원천이 될 가능성이 있다.

3. 자원시스템

한 기업의 자원시스템을 정의하는 것에 있어서 기업의 가치제안은 매우 중요한 절차이다. 자원시스템은 기업의 내부시스템을 어떻게 배치하고 파트너를 선택하는 것이 기업의 가치제안 또는 가치군에 대한 효익을 고객에게 전달하는 데에 효과적인지에 대해 제시해준다.

기업의 성공 여부를 결정하는 것은 단순한 가치제안이 아닌 가치제안을 전달하는 수단(action)과 자산을 선택하는 것이다. 또한 수단에는 가치제안을 개성 있게 전달할 수 있는 역량, 활동의 선택이 포함된다.

그렇기 때문에 가치제안과 연계된 고유의 활동들이 곧 경쟁우위를 얻게 만든다. 그러나 이를 온라인 시장에 적용하기 위해서는 네 가지의 중요한 변화가 필요하다. 즉, 기업이 가치제안을 독특하게 전달하기 위해 기업의 역량과 활동의 선택이 우선시되며 뿐만 아니라 기업의 역량과 활동을 실천하기 위하여 필요한 모든 자원의 공급이 함께 이루어져야 한다.

4. 자원시스템의 품질 평가

자원시스템에 대한 품질 평가기준으로는 아래와 같은 지표들이 사용될 수 있다.

- 자원시스템의 독특성: 기업에서는 고객이 다른 곳에서는 얻을 수 없는 혜익을 제공하고 있는가?
- 역량과 혜익 간의 연계성: 기업이 가진 역량은 그 지원의 정도가 강력한가, 약한가?
- 시스템 내 역량 간의 연계성: 역량과 활동은 상호간 어느 정도 보완성이 있고 잘 지원되고 있는가? 역량과 활동 간의 연계가 밀접한가?
- 자원 간의 연계성: 자원들이 서로를 강화해주는가? 각 자원들은 상호 보완의 관계인가? 또한 자원은 혜익과 일관성을 가지는가?
- 가상적 세계와 물리적 세계의 비즈니스 시스템 간 연계성: 온라인 자원시스템은 오프라인의 시스템을 지원하는가?
- 지속적 우위: 자원시스템을 모방(replicate)하는 것은 어려운가? 아무리 개성 있고 독특한 자원시스템이라 하더라도 쉽게 모방할 수 있다면 기업의 강점을 오랜 기간 동안 유지시키지 못한다. 높은

성과와 이익을 지속적으로 유지하기 위해서 지속적인 경쟁력을 확보해야 한다. 자원시스템의 모방이 용이한 정도는 분명 문제가 될 수 있다.

이처럼 기업의 자원시스템에 대한 품질 평가는 전반적인 비즈니스 개념을 새롭게 만들 수 있다. 또한 이를 충분히 이해할 때 경쟁적·기술적·재무적 견해에 대한 미래의 기회에 대한 매력을 평가할 수 있다.

3.5 시장기회 매력도 평가

시장기회의 매력도를 평가하는 네 개의 분야와 아홉 개의 요소를 검토해 보면 아래와 같다.

▶▶ 표 7-4 기회의 매력도 평가 영역 및 요소

평가 영역	평가 내용
온라인 기업 경쟁강도	① 경쟁자 확인 – 경쟁기업의 수와 정체성 ② 경쟁자 지도 – 혜익 전달에 대한 강점과 약점
고객의 수요분석	③ 미충족된 요구의 수준·기회의 크기 ④ 주요 세분고객의 상호작용 수준 ⑤ 성장가능성
기술의 확산과 가치제안	⑥ 이용 가능한 기술 보급의 영향 ⑦ 가치제안에 포함된 신기술의 영향
재무적 기회수준 평가	⑧ 시장의 규모·크기 ⑨ 수익성 수준

1. 온라인 기업에서의 경쟁의 강도

① 경쟁자 확인

경쟁의 강도를 측정하기 위해서는 우선 직면하게 될 기업의 경쟁자들을 명확히 확인해야 한다. 이 단계에서 기업은 시장의 다양한 참여자들과 관련된 기회와 위협에 대한 이해가 필요하다.

온라인상의 경쟁기업을 확인하는 것은 오프라인 경쟁기업을 규명하는 것보다 쉬울 수도 있고, 어렵기도 하다. 즉, 기업이 경쟁기업을 확인하는 데 단순히 검색 엔진을 사용할 수도 있으며, 잠재적 경쟁기업의 웹페이지를 방문하여 그들에 대해 보다 정확한 이해를 할 수 있다. 한편으로, 온라인상의 경쟁은 전통적인 산업 영역의 경계를 초월한다. 이때, 유의해야 할 점은 기업이 직접적인 경쟁자(경쟁하고 있거나 유사한 제품을 제공하는 의미에서)로 인식되고 있지 않았더라도 같은 고객들을 대상으로 경쟁할 수준의 기술과 플랫폼 및 제공물을 빠른 속도로 발전시키면 새로운 경쟁자가 될 수 있다는 것이다.

즉, 직접경쟁자는 동일한 산업 내에서 라이벌이다. 마이클 포터(Michael Porter)는 그의 저서인 〈경쟁전략〉에서 직접경쟁자를 '유사 대체재'인 재화와 서비스를 제공하는 기업으로 정의했다. 예를 들면, 아마존과 반즈 엔 노블은 고객들에게 책을 판매하고 있다. 이들 두 기업은 직접경쟁기업이다. 직접경쟁기업들은 동일한 고객에게 도달하고자 하고 그들을 대상으로 경쟁하는 한편, 간접경쟁자(indirect competitors)는 다른 산업 내에 존재하고 있지만 같은 기능을 수행하는 제품과 서비스를 생산하는 기업인 대체 생산자이다. 그리고 대체품인 제품과 서비스를 직접적으로 제공하지는 않지만, 그러한 기능을 신속하게 수행할 잠재력을 지니고 있는 인접 경쟁자를 들 수 있다. 예를 들어, HP와 같은 경우 카메라와 필름업체의 간접경쟁자로 존재하다가 한때 이들의 직접경쟁자로 변신한 바 있는 인접경쟁자라 할 수 있다.

② **경쟁자 지도**(competitor maps)

현재 및 잠재적 경쟁자들에 대한 분석을 통해 회사가 가진 온라인상의 기회를 구체화할 수 있다. 앞서 기업이 직면할 경쟁기업들과 기업이 목표로 하는 세분화된 고객군에 대해 확인하였다. 한편 기업은 경쟁의 강도를 측정하기 위해 목표 세분시장에 대한 경쟁기업들을 도식화할 필요가 있다. 즉, 기업은 경쟁자들이 목표고객들에게 혜익을 전달하기 위해서 어떤 사업을 시행하고 있는지 도식화하여 면밀히 검토할 필요성이 있다.

2. 고객의 수요분석

기업은 자사가 시장에서 고객의 수요(unit demand)를 어떤 방식으로 창출하고, 촉진하고, 유지시킬 수 있을지에 집중해야 한다. 고객의 역동성을 분석하기 위해서는 다음 세 가지의 요소를 파악할 수 있다.

① **무제한적인 기회**(unconstrained opportunity)**의 크기**

이것은 시장에서 명백하게 비어있는 공간(white space)의 크기를 의미한다. 온라인 경매시장에서 폭발적으로 성장했던 eBay의 사례를 보면 경매시장에서 사람들이 사고팔기를 원하는 다량의 물건과 경매 시스템과의 상대적으로 이해하기 어려운 결합은 거대한 기회를 알리는 새로운 신호였다.

② **세분시장에서의 교류**(segment interaction)

세분시장에서의 상호작용은 더 많은 구매와 사용을 불러일으키는 활동을 한다. 멤버 간에 영향을 주고받는 역동성을 가진 기업은 많은 기회를 신속하게 포착할 수 있다. 일례로 Zoomerang.com은 고객이 스스로 피드백을 제공하는 기술로 이는 기하학적인 파급효과(geometric viral effect)를 발생시켰다.

③ **성장**(growth)

시장의 성장 전망이 높다는 것은 기업들에게 많은 기회가 있음을 의미한다. 예를 들면, 중소기업을 위해 일반적인 서비스를 제공하는 포털 사이트 Onvia.com은 아주 빠르게 성장하고 있는 중소기업 영역에서 매우 높은 성장률을 나타내고 있다.

3. 기술의 확산과 가치제안

현재 계획하고 있는 사업이 있을 때 가용 기술의 확산과 가치제안에 두 가지를 모두 신중히 고려해야 한다.

① 기술의 수준

고객으로 하여금 기업이 제공하는 것에 참여하도록 하거나 이익을 누리게 하는 기술(케이블 모뎀, 스캐너 등)이 충분히 보급되었는가를 판단해야 한다.

② 신기술의 활용

어떤 신기술이 경제성을 빠른 속도로 개선할 수 있는가. 신기술로 인해 제품의 실제 특성을 변경해야 하는가. 자사의 목표고객이나 경쟁사들이 그러한 신기술을 어떻게 활용하고 있는지 파악하는 것이다.

4. 재무적 기회 평가

기업은 재무적 기회수준을 평가할 필요가 있다. 재무적 기회수준을 평가하는 것에 있어서 시장규모(market size)와 이익(profitability)이라는 두 요인이 매우 중요하다.

① 시장규모의 파악

시장규모란 특정 시장에서 발생한 모든 매출에 대한 금전적인 가치이다. 큰 규모의 시장에서의 기회는 파이의 크기가 작을지라도 상당히 큰 수익을 얻을 수 있기 때문에 아주 매력적이다. 그러나 특정 시장에서 발생한 매출액은 오늘날의 실질적인 시장규모를 나타내지만, 기회를 정확히 평가하기 위해 진정 고려해야 할 것은 미래의 잠재력이다.

② 시장의 수익성 규모 평가

수익성의 규모란 시장에서 실현 가능한 이익 마진이다. 높은 이익

마진을 보유하고 있는 시장은 매우 매력적이다. 왜냐하면, 그러한 시장은 보통 수준의 판매량으로도 큰 이익을 창출하는 것이 가능하기 때문이다. 예를 들어, eBay의 경매시장은 80% 넘는 마진을 창출했기 때문에 매력적인 기회를 제공하고 있다고 할 수 있다.

시장규모의 파악과 수익성 규모 평가는 기업의 수익창출 방안을 정해준다는 점에서 매우 중요하다. 신 경제 하에서의 전형적인 수익 원천은 광고, 회원요금, 추천, 제품 및 서비스의 구입, 고객구독 등이다.

이처럼 전반적 기회의 매력도를 평가하기 위해 경영자들은 개별적으로 각 요인을 평가해야 할 뿐만 아니라 전체적으로 평가해야 한다.

앞서 설명한 바와 같이 시장기회를 명확히 파악하고 나면 구성원들은 그들이 참여하고 있는 산업의 가치시스템을 확실히 설명할 수 있어야 하며, 시장 진출 여부를 결정하기 위해서는 자사가 목표로 하고 있는 세분고객을 명확하게 확인하고 과충족되거나 미충족된 세분고객들의 욕구에 관한 자료를 분석해보아야 한다. 결국 이를 통한 경쟁사에 대한 분석은 시장기회를 더욱 증대시킨다.

모바일 구매율 높이기, 웹보단 앱이 효과적

한국이 스마트폰을 활용한 모바일 거래가 세계 최고인 것으로 조사됐다. 또한 단일 기기가 아닌 스마트폰, 데스크탑 및 태블릿 등 다양한 기기(cross device)를 사용해 온라인 쇼핑을 진행한 소비자의 비중도 전체의 60%를 차지하며 전 세계 평균(40%)을 크게 상회했다.

개인화 디스플레이 광고 업체인 크리테오는 소비자의 모바일 쇼핑 행태와 트렌드에 관한 이 같은 내용을 담은 〈2015년 2분기 모바일 커머스 리포트(The Q2 2015 State of Mobile Commerce Report)〉를 2일 발표했다.

보고서에 따르면 전 세계 전자상거래에서 모바일 기반 거래가 차지하는 비중이 34%까지 상승한 가운데, 한국의 경우 세계 최상위권인 45%를 기록했으며 스마트폰이 이러한 상승세를 견인하고 있다.

특히 한국은 모바일 거래의 99%가 스마트폰으로 이뤄져 세계 최고를 기록했으며, 이중 안드로이드폰 비중이 80%가 넘는 것으로 나타났다. 아이폰은 1분기 17.6%에서 2분기 19.2%를 기록, 완만한 상승세를 보이고 있다.

모바일 환경에 최적화된 사이트들에 힘입어 모바일상에서의 구매전환율은 미국보다 2배 이상 높은 수치를 나타냈다.

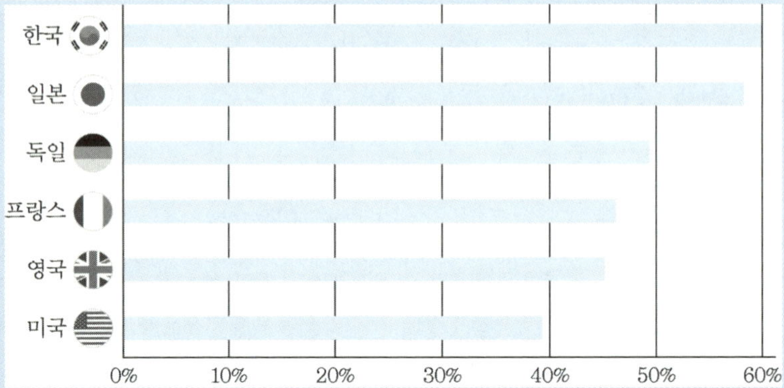

그 밖에 크리테오는 전 세계적으로 일부 대형 전자상거래 업체들이 전체 모바일 매출의 절반 가까이를 모바일 앱(application)을 통해 기록한 사실을 2분기 가장 주목할 트렌드로 뽑았다. 모바일 앱이 웹 브라우저보다 뛰어난 구매전환율을 기록한 것이 원인으로 분석됐다.

크리테오는 모바일 쇼핑이 대세가 됨에 따라 여러 기기를 사용하는 소비자를 정확히 한 명으로 인식할 수 있는 크로스 디바이스 기술, 쇼핑에 최적화된 모바일 사이트 구축 및 모바일 앱에 대한 투자가 광고주들의 성패를 가르는 요인으로 부각될 것이라고 예상했다.

크리테오 CPO(Chief Product Office)인 조나단 울프(Jonathan Wolf)는 "모바일 쇼핑의 증가는 이제 전자상거래 및 광고 분야에 있어 가장 큰 트렌드로 자리잡게 됐다. 그리고 모바일 쇼핑 강세는 더욱 지속될 것"이라며 "마케터들이 시장에서 성공을 거두기 위해서는 소비자들을 사로잡을 수 있는 모바일 앱을 제공하고 어떠한 기기상에서도 소비자와 원활하게 접촉하며, 개별 소비자의 특성을 정확하게 파악해낼 줄 알아야 한다"고 말했다.

한편 이번 리포트의 조사결과는 전 세계에 걸쳐 발생한 총 1,600억 달러 규모, 14억 건의 개별 전자상거래 내용에 대한 데이터분석을 기반으로 했다.

출처: THE PR news 2015.07.02. http://www.the-pr.co.kr/news/

04

PART

온라인 비즈니스와 마케팅전략

08 Chap. 온라인 비즈니스의 확대와 전망

도입사례 "고공성장 인터넷쇼핑몰 뒤에 '모바일' 있다" M-commerce 영향력 증대

대한상공회의소가 최근 유통업계, 학계·관련 단체의 유통전문가를 대상으로 2014년 유통산업 전망조사를 실시한 결과, M-commerce와 모바일 쇼핑이 유통 및 소비 관련 핵심이슈로 떠올라 유통시장 내 모바일의 영향력이 증대될 것으로 나타났다.

대한상공회의소는 "그동안 국내 경기둔화와 소비위축 등으로 성장세가 주춤했지만 내년에는 경기회복에 대한 기대감과 M-commerce, 복합몰 등의 신업태 활성화에 힘입어 성장세가 소폭 개선될 것으로 보인다"라고 분석해 유통시장에서 모바일의 영향력이 이어질 것임을 시사했다.

업태별로는 온라인쇼핑몰(10.3%)이 유일하게 두 자리 수 성장률로 고공행진을 이어가며, 이어 편의점(8.1%), 홈쇼핑(5.8%), 슈퍼마켓(5.3%), 백화점(3.9%), 대형마트(2.7%)도 올해보다 성장률이 높아질 것으로 전망됐다.

온라인쇼핑몰의 성장 요인으로 유통전문가들은 '모바일 쇼핑 확산'(87.9%)과 '합리적 소비패턴 확산'(81.8%)을 꼽았다. 실제, 2013년을 기준으로 스마트폰 이용자 수가 3,200만 명을 넘어서면서 M-commerce 시장규모가 커지고 있어 오프라인 유통이 모바일에서 선제권을 쥔 온라인쇼핑몰의 상승세를 꺾기 어려울 것으로 보인다.

홈쇼핑(5.8%) 역시 '인터넷·모바일 연계 강화'(60.6%)가 상승세를 이끄는 요인으로 지목해 최근 모바일을 통한 매출이 홈쇼핑의 성장을 견인할 것으로 예측했다.

백화점(3.9%)은 '복합몰 등의 신규출점 및 증축·리뉴얼'(54.5%), '외국인 관광객 증가'(48.5%) 등에 힘입어 성장세가 올해보다 나아질 것으로 예측됐다.

유통 전문가들은 2014년 유통산업 핵심이슈로 '대·중소 유통 상생협력'(45.5%), '유통업태 간 융합'(39.4%), 'M-commerce'(33.3%), '유통기업 간 경쟁심화'(30.3%), '대형유통업 규제 강화'(30.3%), '유통기업 사회적 책임'(27.3%)을 차례로 꼽았다.

2014년 소비 키워드로는 '모바일 쇼핑'(57.6%)'을 가장 많이 꼽았고, '합리적 소비'(51.5%), 온·오프라인을 동시에 이용하는 '멀티채널 소비'(48.5%), 쇼핑과 함께 여가 및 문화생활을 즐기는 '몰링소비'(39.4%) 등을 차례로 꼽았다.

출처: Chic News 2013.11.13. http://chicnews.mk.co.kr/, 기사편집

01 온라인 비즈니스의 확대

1.1 온라인 콘텐츠의 발전

21세기 접어들면서 한국의 인터넷 서비스는 포털 서비스를 중심으로 발달하고 있다. 인터넷 서비스의 첫 도래 이후 다양한 종류의 인터넷 서비스가 발달되었는데, 2000년 이후에는 무엇보다 커뮤니티를 기반으

로 한 서비스 경쟁 시대가 도래하였으며, 인터넷 포털 서비스의 중심은 초창기 시작된 라이코스나 야후의 시대가 저물고 네이버와 다음이 포털 업계의 선두주자가 되었다. 한편 인터넷 포털은 뉴스, 메신저, 이메일, SNS, 서비스 유형의 정보 등을 제공하면서 진화하였다.

한국 인터넷 포털기업들이 생산하는 대표적 서비스는 이메일, 검색, 게임 및 커뮤니티 등이다. 특히 메일과 각종 콘텐츠를 결합한 다음 카페는 유저들을 중심으로 한 커뮤니티 구축을 통해 로열티를 확보하여 트래픽을 유발하고 배너광고를 연계하였다. 그중 NHN 네이버의 경우 커뮤니티와 검색기능을 결합하여 지식 검색 서비스로 업계의 선두주자가 되었다. 네이버는 최고의 포털 서비스 기업에 이르기까지 콘텐츠가 부족한 현실 속에서 소위 '지식인 커뮤니티' 콘텐츠를 통한 트래픽을 유발함으로써 검색광고의 발전을 도왔다.

한편 한때 개인 미니홈피를 통한 커뮤니티가 한창 폭발적인 인기를 누렸던 시기가 있었는데, 이름하여 '싸이월드의 미니홈피'는 사진 공유와 채팅을 기반으로 한 개인 간 커뮤니티의 중심으로 자리매김한 적이 있었다. 싸이월드는 도토리 판매라는 새로이 등장한 독창적 수익 모델로 평가받고 있다. 또한 이 당시 트래픽을 기준으로 한국 웹사이트들은 세계 선두를 차지했는데 이 시기 개발된 커뮤니티를 기반으로 한 다양한 콘텐츠 제공 서비스들에는 웹 2.0의 모습이 그대로 담겨져 있다. 이를 바탕으로 가상세계를 기반으로 한 온라인 게임 서비스는 한국이 개발한 성공적이고 독창적인 비즈니스 모델이라 말할 수 있으며 계속해서 온라인 3D 게임의 가상세계, 가상화폐의 통용 및 판매 등을 통해 웹 2.0을 넘어서는 발전이 계속 진행되고 있는 현실이다.

1.2 포털 사이트

웹 포털(web portal) 또는 포털 사이트(portal site)는 www(world wide web)[1)]을 통해 사용자들이 인터넷에 접속할 때 반드시 거치도록 만든 사이트다. '포털'에 대한 어원의 시작은 '정문' 혹은 '입구'를 뜻하는 영어 단어의 뜻인데, 포털 사이트들은 초반에는 전자메일과 검색 서비스 위주로 사용자들에게 서비스를 제공하다가 점차 개인 블로그, 인터넷 홈쇼핑, 온라인 데이터베이스 제공 등의 여러 가지 서비스를 제공하기에 이르렀다.

종합적으로 포털 서비스가 제공하는 기능을 기준으로 본 서비스를 구분하면 기업응용 포털(EAP: Enterprise Application Portal), 기업정보 포털(EIP: Enterprise Information Portal) 그리고 지식 기반 기업 포털(KEP: Knowledge based Enterprise Portal)과 같이 세 가지 형태로 구분될 수 있다. 또한 세계적으로 포털 세계를 둘러보면 각 국가들마다 자국 내에서 영향력이 큰 포털 사이트들이 다양하게 자리잡고 있는데, 특히 미국의 구글, 야후, MSN, 그리고 중국의 시나닷컴과 바이두, 그리스의 In.gr, 인도의 레디프 등이 각각 그 국가들을 대표하는 포털 사이트들이라 할 수 있다.

한편 한국의 경우 1990년대 말 인터넷 포털 서비스의 시작은 이른바 닷컴 열풍을 배경으로 급격하게 성장했다. 하지만 얼마 지나지 않아 IMF 외환위기를 통해 닷컴 시장의 경쟁 구도는 커다란 구조조정을 거치게 되었으며, 현 시점에서 조정에 조정을 거듭하며 포털의 중심으로 지속되어 온 것이 바로 네이버, 네이트, 다음 이렇게 3강 포털에 해당된다. 이와 더불어 외국 포털 사이트인 구글이 국내 포털 사이트들과 치열한 경쟁 구도를 맺고 있는 현실이다.

이후 점차 인터넷 포털이 인터넷 서비스의 중추적인 역할을 담당하며 언론에 이어 사회적 영향력이 커짐에 따라 그에 상응하는 사회적 책임에 적극 임해야 한다는 목소리가 커지고 있다. 그 대표적인 예로 악성 댓글 자율 규제가 있다. 이에 네이버의 경우 일부 악성 댓글을

---

1) 월드 와이드 웹의 줄임말. HTML로 작성된 홈페이지의 데이터는 인터넷에서 상호 링크하여 복잡한 컴퓨터 네트워크를 형성하고 있다. 마치 거미집처럼 복잡하게 접속되어 있어서 Worldwide(세계적인) Web(거미집)이라고 불리게 되었다.

남발하는 사용자들을 규제하기 위해 각 유저들이 하루에 10개 이하의 댓글을 작성할 수 있도록 제한하고 욕설을 포함한 음란 단어 등을 금칙어로 지정하여 사전에 악성 댓글을 방지할 수 있도록 힘쓰고 있다. 또한 개별 게시물들은 모니터링되고 있으며 심각한 이슈 발생 시 댓글 작성이 원천 차단되는 등 근본적으로 예방 대책을 도입시키는 등 사회적 책임활동에 매진하고 있는 현실이다.

1.3 전자학습(이러닝)

이러닝(Electronic Learning, e-Learning, 전자학습)은 하드웨어 운영 및 관리에 필요한 소프트웨어 기술을 이용한 정보를 활용하는 모든 방법을 의미하는 ICT(Information and Communication Technology)[2]를 바탕으로 언제, 어디서나 원하는 수준에 따라 맞춤형 학습을 제공받을 수 있도록 한 시스템이다.

이러닝의 정의에 관한 여러 가지 관점이 존재하지만, 대체로 이러닝 시스템 전자학습이란 전통적인 교육과 비교해 학습경험과 공간이 더욱 확대되고, 학습자의 주도성이 강조되는 교육으로 ICT 활용교육과 일맥상통한다. 이는 디지털 매체를 토대로 교실 중심이었던 기존 ICT 소프트웨어 기반의 학습교육에서 사이버 장을 적극 도입함으로써, 학습공간이 학교뿐 아니라 가정 등으로 그 범위가 확장되고 언제 어디서든 원하는 맞춤형 학습을 주도적으로 하는 학습운영 체제라고 정의할 수 있다.

이처럼 이러닝은 면대면 학습에서 사이버 공간을 적용한 학습이므로 최대한 시공간상 제약의 틀에서 벗어난 자기주도적이면서 동시에 개인의 수준별 학습이 보다 강화될 수 있도록 한 학습체계라 할 수 있

2) ICT(Information & Communication Technology)는 정보기술(Information Technology: IT)과 통신기술(Communication Technology: CT)의 합성어로 정보기기의 하드웨어 및 이들 기기의 운영 및 정보관리에 필요한 소프트웨어 기술과 이들 기술을 이용하여 정보를 수집, 생산, 가공, 보존, 전달, 활용하는 모든 방법을 의미한다.

는데, 결국 온라인 교육과 유사한 개념이라고도 볼 수 있다.

한편 이러닝은 CATV, 위성통신, 인터넷 등에 접속 가능한 곳이라면, 언제 어디서나 개인 학습이 이뤄질 수 있도록 한다. 이는 네트워크를 기반으로 교육이 제공되고 상호작용이 촉진되는 모든 유형의 온라인 기반(Web-based)의 교육이 이에 해당된다.

한편 이러닝은 교육시설에서 진행하는 직접교육보다 비용이 훨씬 저렴해서 다양한 교육 대상자들로의 확대되는 경향이 있는데, 국내에서는 이러닝이 평생교육, 재교육 수요 등에 적합한 방식으로 운영됨에 따라 지나치게 높은 사교육비의 부담을 덜어주어 계층과 지역 간의 지식격차 해소에 기여하고 있다.

현재 이러닝은 교육정보화 정책에 의해 급속도로 확산되고 있으며 교육과학기술부는 대학에도 e-강의실을 계속해서 확충하도록 하고 있다. 또한 기업 내부에서도 이러닝 방식을 도입하고 있으며 사회 재교육, 평생교육도 확장되는 추세이기에 이러닝 산업 및 전체 시장의 규모도 빠르게 성장할 것으로 전망된다. 이와 더불어 기업 인력 재교육, 특수교육 등을 통한 사람들에게 교육의 기회가 확충되고 있으며, 장애인을 위한 원격교육 외에도 각종 분야의 전문종사자를 대상으로 한 재교육서비스도 생겨나고 있다. 특히 분야에 있어서 패션, 미용 등 교양강좌에서부터 각종 자격시험 대비 관련 교육, 학위 취득 및 초·중·고등교육을 위한 과정, 외국어 학습 등과 함께 국제 공인자격증 취득 등 수많은 범위에서 활용된다고 할 수 있다.

이와 같이 이러닝은 시공간 제약에서 벗어나 고품질 전문 교육서비스를 제공할 수 있다는 장점이 있으며, 교육자원에 대한 사회 전반의 접근성을 도모하고 평생교육 및 열린교육을 실현시킬 수 있을 것으로 전망된다.

한편, 미국 교육미래재단에서 발표한 '미래학습 창조'에 의하면, 2020년에 이르러 사회나 경제의 변화에 의해 전통적인 교육이 점차 사라지게 될 것이라고 전망하고 있다. 또한 해당 보고서는 전통적인 교육기관

밖에서 교육 변화가 이뤄질 것이라 전망되고 있는데, 모바일, 인터넷 등 기술과 기기의 발전에 영향 받는 수요자 층의 욕구 변화에 따라 상향식 위주의 변화가 이뤄질 전망이다. 그에 따라 수요자들이 정보를 수동적으로 전달받는 기존의 방식과 달리 개방적이며 동시에 실시간으로 현장에서 연결이 되는 능동적인 교육 방식이 실현될 것으로 예상된다.

1.4 디지털 무비 콘텐츠 산업

온라인상에서의 '디지털 무비 콘텐츠'란 기존의 콘텐츠를 인터넷에서 음성이나 영상, 애니메이션 등을 실시간으로 재생할 수 있는 기능인 스트리밍(streaming)[3]을 통해 서비스를 제공하는 것을 의미한다.

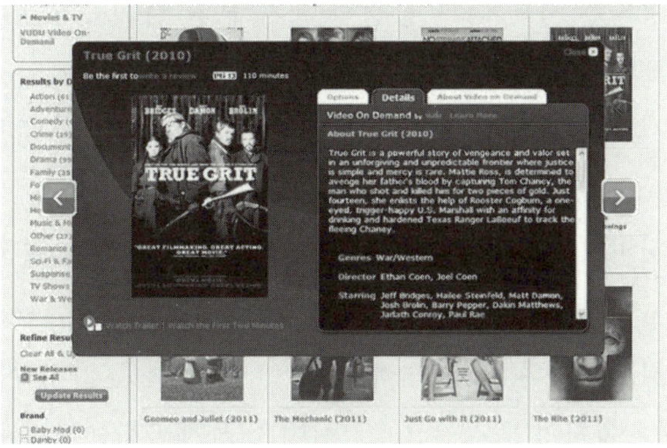

이는 영화 상영관 중심의 수익 모델에서 뒤쳐진 DVD 시장을 대처할 만한 신규시장으로서 온라인 스페이스를 활용한 것인데, 2014년 디지털 미디어 콘텐츠 산업 매출은 2,971억 원을 기록, 이중 대부

3) 1995년 리얼네트워크사가 개발한 리얼오디오에서 처음으로 선보였다. 인터넷에서 영상이나 음향·애니메이션 등의 파일을 하드디스크 드라이브에 다운로드받아 재생하던 것을 다운로드 없이 실시간으로 재생해 주는 기법이다. 전송되는 데이터가 마치 물이 흐르는 것처럼 처리된다고 해서 '스트리밍(streaming)'이라는 명칭이 붙여졌다. 파일이 모두 전송되기 전이라도 클라이언트 브라우저 또는 플러그인이 데이터의 표현을 시작하게 되어 있다. 따라서 재생시간이 단축되며 하드디스크 드라이브의 용량도 영향을 거의 받지 않는다. 스트리밍이 동작하려면 데이터를 수신하고 있는 클라이언트 측은 데이터를 모으고, 그 데이터를 사운드나 그림으로 변환해 주는 응용프로그램에 끊임없이 보내줄 수 있어야 하는데, 만약 클라이언트가 데이터를 수신하는 속도가 너무 빠르면 여분의 데이터를 버퍼에 저장하면서 동시에 스트리밍하게 된다. 그러나 데이터 수신속도가 빠르지 않으면 데이터의 표현이 매끄럽지 않게 된다.

분은 디지털 케이블 TV 및 IPTV의 관련 매출액으로 2013년 대비 29.7% 증가한 2,254억 원을 기록한 바 있어 디지털 무비 콘텐츠 산업의 확산에 큰 기대가 전망되었으나, 반면 같은 해 인터넷 VOD 등의 미디어(영화) 콘텐츠 매출액은 2013년 대비 31.5% 하락한 499억 원을 기록하는 아쉬움을 나타내기도 하였다.

이에 대해 관련된 한 연구보고서에 의하면, 2010년을 기점으로 3년간 연속적인 수익이 양의 수치로 지속된 바 있으나, 2013년 이후부터 투자수익률 기준 큰 폭으로 하락하고 있는 부분은 간과할 수 없어 아직까지 스트리밍을 통한 디지털 무비 콘텐츠 공급과 확산이 원활히 이뤄지지 못하고 있는 상황임을 시사하기도 하였다.

한편, 미국 내 온라인을 통한 디지털 무비 콘텐츠 공급상황은 국내 상황과는 사뭇 다른 긍정적 계기가 된 사례도 있는데, 미국의 대형 유통업체인 월마트는 허리우드 대형 영화사들과 계약을 맺고 영화 스트리밍 서비스를 제공 중에 있다. 특히 월마트는 콘텐츠 서비스 제공 기업인 vudu.com의 인수를 통해 미국 내 자사 매장에 디지털 무비 스트리밍 서비스 제공 상품을 출시·판매함으로써 놀라운 성공을 거둔바 있다.

이에 대해 조사기관 HIS에 의하면 특히 'vudu'를 월마트가 인수한 지 일년 후 vudu는 업계에서 세 번째로 인기있는 사이트가 되었고 이는 심지어 당시 비슷한 서비스를 제공하는 아마존과 소니를 앞지를 정도의 영향력을 갖고 있음을 시사했다.

반면 무비 다운로드 사업시장의 2011년 상반기 결산에서 vudu는 5.3%의 시장점유율을 보였지만 그에 반해 65.8%의 점유율로 시장을 장악하고 있는 애플의 아이튠 서비스에는 훨씬 못 미친 vudu가 월마트의 핵심 고객층의 마음을 얻을 수 있을 지 의문이라는 평가도 있다.

뿐만 아니라 허리우드 대형 영화사인 워너브라더스, 유니버셜픽쳐스, 파라마운트, 소니, 20세기 폭스사는 이들의 영화를 관리하는 디지털 영화 서비스인 'UltraViolet'과 협력해 'vudu' 유저들이 'UltraViolet'의 통합 온라인망을 사용할 수 있도록 했다. 참고로 UltraViolet은 클

그림 8-1 Vudu could become Wal-Mart's biggest

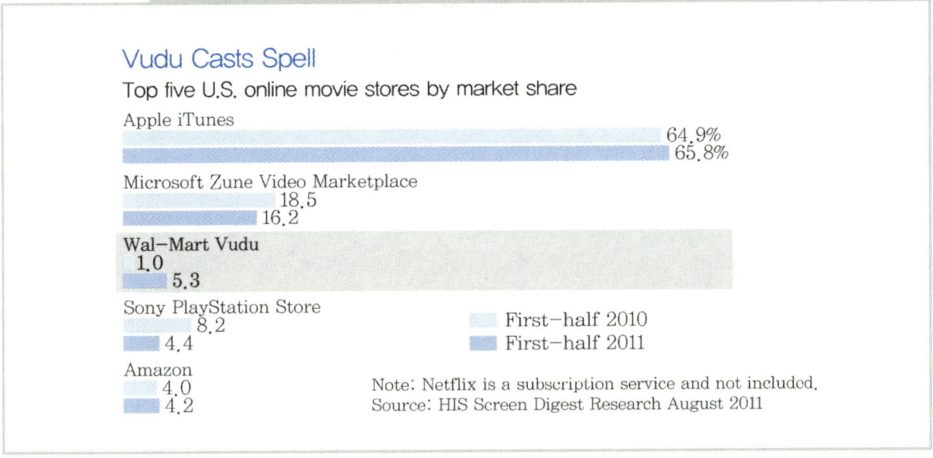

라우드 체계를 활용한 N스크린·콘텐츠 공유 시스템이다. 이는 '비디오 도서관 서비스'와도 유사하다 말할 수 있는데 당시 월마트는 영화 한 편당 가격을 2달러로 책정했고 고화질 동영상의 경우 5달러에 가격을 책정하여 제공하고 있다.

한편 온라인 영화시장이 아직 초기단계임을 감안할 때 그 성공 여부는 아직 미지수이다.

국내상황의 경우 씨네폭스는 노트북, 스마트패스, 스마트폰 등 다양한 휴대용 스마트 디바이스로 언제 어디서든 영화를 관람할 수 있는 서비스를 제공하고 있다. 2004년에 처음 디지털 무비 콘텐츠 다운로드 시장에 진입한 이후, 연간 약 20억 원에 육박하는 매출을 올리며 빠르게 성공기로에 올랐으나 P2P[4] 등의 각종 자료공유서비스 등으로 인해 많은 어려움을 겪었다. 그러나 2010년을 전후로 하여 P2P 사이트에

4) 인터넷에서 개인과 개인이 직접 연결되어 파일을 공유하는 것을 말한다. 기존의 서버와 클라이언트 개념이나 공급자와 소비자 개념에서 벗어나 개인 컴퓨터끼리 직접 연결하고 검색함으로써 모든 참여자가 공급자인 동시에 수요자가 되는 형태이다. 크게 2가지 방식이 있다. 하나는 어느 정도 서버의 도움을 얻어서 개인 간 접속을 실현하는 방식이고, 다른 하나는 클라이언트 상호간에 미리 주소(IP- address) 등의 개인정보를 공유하여 서버 없이 직접 연결하는 방식이다. 앞의 경우에도 접속 및 검색단계 이후는 뒤의 경우와 동일하게 개인끼리 직접 정보를 공유하고 교환하게 된다.

대한 단속과 저작권법이 강화됨과 동시에 씨네폭스는 새로운 원동력을 갖게 되었다. 씨네폭스 경쟁력의 근원은 시공간의 제약에서 벗어나 영화를 감상할 수 있는 N 스크린 기술에 있다. 현재는 유선 혹은 무선 인터넷이 사용 가능한 모든 기기에 최적화된 상태로 콘텐츠를 제공하고 있으며 200만을 초과하는 회원을 보유하여 7천여 편의 영화 콘텐츠를 보유해 다양한 채널로 서비스를 제공하고 있다.

1.5 전자책(e-book)

전자책(e-book)은 휴대폰, 전자사전, 컴퓨터와 같은 전용단말기를 통해 디지털화된 출판 콘텐츠를 볼 수 있도록 만든 것을 말한다. 전자책은 휴대폰이나 PC 등으로 파일을 다운받아 전용 뷰어를 통해 열람하는 형태와 전자책 단말기를 통해 열람하는 두 가지 형태가 존재한다. 이 중 전용단말기는 전자책을 열람할 수 있도록 만들어진 특화된 단말기로 아이리버의 전자책단말기, 아마존의 킨들 등이 있다.

반면, 범용단말기는 넷북, PMP, 아이폰과 같은 스마트폰 등 전자책 기능이 부가된 기기를 의미한다. 지금까지 전자책은 단말기에 종이책이 그대로 옮겨 보이는 개념에 가까웠다. 삼성전자의 단말기나 아마존 킨들에서 보는 전자책은 거의 대부분 종이책의 디자인과 내용을 화면으로 그대로 옮겨 볼 수 있도록 만든 것이었다. 그러나 최근의 전자책은 블로그, 잡지, 신문 등을 이용하는 서비스를 포함한 인터넷 검색, TTS(Text to Speech), 전자사전 등의 서비스를 포괄하는 형식으로 발전해 나가고 있다.

전자책은 멀티미디어 기능이 사용될 수 있도록 제작 가능하며, 콘텐츠의 추가 및 수정에 따른 즉각적 업데이트와 최신 정보의 유지가 가능하다. 뿐만 아니라 콘텐츠의 유통만을 볼 때, 공급에 따른 물류비용과 인쇄비가 절약되기 때문에 종이책과 비교해 볼 때 약 50% 이상 값이 저렴하다. 이와 같은 수많은 장점들 덕에 전자책은 새로운 출판시장으로 발걸음을 내딛고 있다.

이런 성공적인 전용 단말기들 중 특히 아마존 킨들의 성공 노하우는 전자잉크를 활용하여 LED 모니터보다 장시간 독서를 해도 눈에 피로감을 주지 않으며 무료 무선통신서비스를 제공하여 전자책 구매에 따른 통신비가 부과되지 않도록 했다. 더불어 9.99달러에 콘텐츠 값이 형성되도록 하였고, 단말기 가격은 399달러로 책정했다. 킨들은 2009 기준으로 3백만 대에 육박하는 판매량을 기록했으며, 그에 힘입어 전자책 콘텐츠의 판매량 역시 급성장했다. 이를 통해 비즈니스 위크지에서 선정한 2009 최고의 기술 제품 1위를 차지한 바도 있다.

이와 더불어 스마트폰의 출현에 전자책시장의 규모가 나날이 성장하고 있다. 이에 유료 콘텐츠 판매뿐만 아니라 여러 가지 관련된 비즈니스 분야들이 생겨나고 있는데, 이중 전자책 콘텐츠에 광고를 제공함으로써 북콘텐츠를 무료 배포하는 등의 방법도 생겨났다. 이에 스마트폰 유저들은 광고를 보는 대신, 양질의 전자책 콘텐츠를 무료로 관람할 수 있고, 전자책이 다운되는 만큼 저자들은 계속해서 수익을 거둘 수 있게 된다. 이에 콘텐츠 제공업체인 북팔은 현재 안드로이드와 아이폰 어플을 통해 100만 명에 달하는 전자책 어플 독자 수를 확보하고 있다.

1.6 온라인 게임 산업

온라인 게임(on-line game)이란 기존의 게임과는 다른 온라인상에서만 서비스가 진행되는 게임을 의미한다. 온라인 게임은 온라인을 기반으로 한 온라인 게임과 기존 패키지 게임에서 발전한 양상인 온라인 게임으로 분류될 수 있다. 전자는 웹페이지에 게시된 간단한 유형의 게임이나 웹페이지를 통하여 누구나 쉽게 접근하고 게임할 수 있도록 한 게임이다. 예를 들어 포트리스, 비주얼 고도리, 한게임 등이 대표적이다. 후자는 PC에서 구현되던 게임이 온라인에 구현되어 온라인상에서만 게임할 수 있도록 한 것이며, 전자의 게임들에 비해 전문적이며 규모가 크다는 특징이 있는데 리니지 등이 대표적이다.

한편 2013년의 국내 게임시장은 9조 7,198억 원의 규모에 달하며, 해마다 소폭 감소하는 경향을 보이는데, 이에 반해 모바일을 통한 태블릿 PC, 스마트폰 등의 휴대용 기기에서 구현되는 모바일 게임은 2015년 2조 3,277억 원의 매출을 거두었고 전년 대비 190.6%라는 경이로운 성장률을 기록했으며 온라인 게임시장(PC 기반의 인터넷, 모바일 게임 통합) 내 23.9%의 시장점유율을 달성했다.

현재 국내의 게임 유저 수는 PC 온라인 게임 유저 수의 약 3배 이상에 달한다. 구글 플레이스토어의 매출기준으로 한국은 세계 3위에 위치하고 있으며, 유저의 인앱 결제 크기가 큰 시장의 특성을 갖는 모바일 게임은 지속적으로 성장세를 나타내고 있다. 미래에도 모바일 게임은 스마트 기기의 계속된 보급확산에 따라 지속적으로 그 성장 추세를 이어갈 것으로 예측된다.

1.7 온라인 디지털 음원산업

온라인 디지털 음악(digital music)시장은 디지털화 된 음악 파일을 인터넷을 통해 다운로드하거나 스트리밍 서비스를 통해 스마트 기기, 모바일 등으로 유통하며 월정액 수익을 거두고 광고를 원천으로 한 무료서비스를 제공하는 등의 다양한 형태로 서비스를 제공하고 있다. 대표적인 서비스 방식은 클라우드, 스트리밍, 다운로드 방식이 있다. 2012년 기준 전체 디지털 음악의 시장규모는 전년 대비 8.0% 증가한 58억 달러를 기록했는데 이는 클라우드에 기반한 정액제 스트리밍 서비스의 유저 수 확대로 인해 이용자 수 증가로 인해 매출이 소폭 상승하였음을 나타내고 있다.

또한 점차 스마트폰과 무선 인터넷의 보급으로 인해 사용자 기반을 확장해나가고 있는 정액제 스트리밍 서비스는 매우 빠른 성장세를 그려나가고 있는 반면, 모바일 상품(통화대기음, 벨소리 등 모바일 부가서비스) 매출은 급격히 감소하고 있는 추세이다.

디지털 음악 시장은 저작권 권리에서 수익의 많은 부분이 발생하기 때문에 해당 시장의 로열티 요율이나 저작권 현황 등에 대해 파악할 필요성이 있다. 디지털 음악 플랫폼별 수익 과정과 유통 과정을 살펴보면 라디오-스타일 스트리밍 서비스형(월정액 혹은 광고 무료서비스), 온 디맨드 스트리밍 서비스형(광고 수익형), 기간제 다운로드형, 다운로드 플랫폼형(eMusic, Google, Amazon, iTunes 등) 등으로 구분할 수 있다.

국내의 경우, 음원 수익은 저작인접권자 44%, 음원서비스사 40%, 저작원자 10%, 그리고 실연권자 6%로 분배되는 것으로 알려져 있다. 하지만 44% 중 '음원유통사'의 몫이 20%에 달하기 때문에 이를 적용해 실질적인 백분율을 나타내 보면, 음원서비스사 40%, 저작인접권자 35.2%, 저작권자 10%, 음원유통사 8.8%, 실연권자 6%로 나타낼 수 있다.

1.8 온라인 디지털 만화산업

온라인 디지털 만화(digital webtoon)산업은 디지털 도구(스마트폰, 태블릿 등 모바일기기, PC 등)를 통해 창작되거나, 스캐너를 사용해 디지털화하여 저장된 만화 형태를 의미한다. 디지털 만화는 데이터 단위로 저장되며, 이를 매체를 통해 다양한 전송 방식으로 소비자들에게 전달되는데, 현재 디지털 만화의 플랫폼은 단말기의 특성에 따라 수상기, 전자책, 모바일, 웹 등으로 나눠진다. 이들 단말기 중 웹 플랫폼의 경우 만화는 주로 PC에서 구현되지만, 신제품 디바이스들의 웹브라우징 성능이 발달됨에 따라 점점 다른 범주들과 더 겹치고 있는 상황이다. 한국만화연감에 의하면 2009년 기준 매월 유료 온라인 유저 수는 약 56만 명 정도로 추정되며 주된 유저 층은 30대인 것으로 나타났다.

한편 2003년 이후 웹툰은 광고제공을 통한 무료서비스 제공 운영시스템 이상의 독창적인 모델을 만들어내지는 못했다. 이는 주된 콘텐츠 홍보나 이벤트, 혹은 대량으로 무료 독자를 유치해 광고수익을 내는 등의 수준에 그칠 것을 시사하기도 한다.

02 온라인을 통한 콘텐츠 개발

2.1 디지털 콘텐츠의 개발과 확산

최근 형성된 새로운 형태의 구매 형태는 소비자들이 여러 가지 정보를 공유하는 과정 속에서 관계를 형성(social networking)하고, 그 안에서 만들어진 여론에 따라 상품을 구매(shopping)하기도 한다. 특히 SNS, 개인블로그 등을 통해 사용자들은 관심 상품을 등록하고, 다른 사람의 의견을 참고하고, 직접 후기를 작성하는 등 쇼핑을 하는 전 과정에 소비자가 참여해 정보를 공유한다. 이처럼 온라인 매체를 통해 소비자가 쇼핑에 대한 정보를 직접적으로 제공하고 또한 스스로 다른 사람들에게 공유하면서, 소비자들은 예전에 단순한 상품의 구매자가 아닌 마케팅의 강력한 주체로 성장한 것이다. 이제 소비자는 수많은 판매자의 정보가 아닌 구매자들로 인한 직접적인 정보를 통해 구매를 하게 되며 커뮤니티를 통한 여러 가지 관련 상품이나 서비스 정보들을 접한 후 구매하는 것이 가능해졌다.

결국 소비자들이 상품 구매를 결정하는 대표적 요인으로 '구매자의 댓글'이 71%로 이는 판매자 신용도(17%), 전문가의 추천(6%), 주변인 추천(6%) 등의 다른 요인들을 제치고 1위를 차지했다.

그림 8-2 소셜 쇼핑 사이트 'Pumbl'

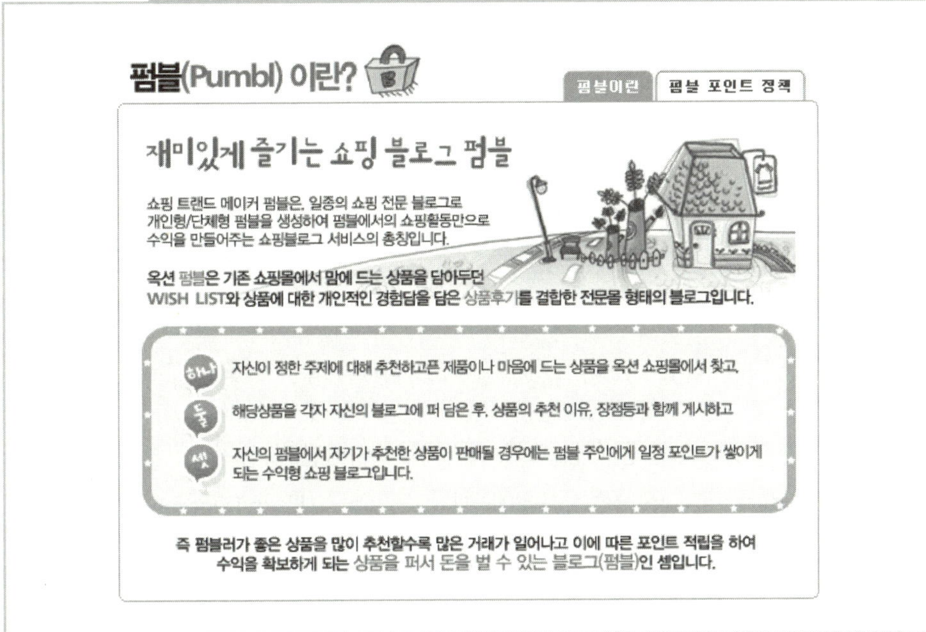

또한 디지털 콘텐츠의 생산과 소비, 유통에 있어서 UCC(User Created Contents)[5]는 단순한 오락적 기능을 담당하는 것에서 실질적인 상업적 거래의 매체로 바뀌었다. 여기서 UCC의 특성과 형성 과정을 살펴보면 이는 사용자가 직접 제작한 콘텐츠로 사용자가 상업적인 의도없이 제작한 콘텐츠를 온라인상으로 나타낸 것으로 인터넷·디지털 카메라·휴대전화 등 정보통신 분야가 발달함에 따라 전문가집단이 아닌 일반인들도 기존의 미디어보다 빠르고 의미있는 정보들을 생산해내면서 확산되었다. 대표적인 동영상 포털 사이트로는 미국의 유튜브(YouTube)와 한국의 판도라TV, 곰TV, 아프리카, 아우라, 엠군, 엠엔케

5) 초기에는 단순히 보고 즐기는 글과 사진 위주의 엔터테인먼트 콘텐츠(Entertainment UCC) 형태였다가 동영상 위주의 정보제공 콘텐츠(Information UCC) 위주로 발전하였으나 UCC의 빠른 발전과 함께 저작권 침해와 부적합한 콘텐츠의 범람, 명예 훼손과 프라이버시의 침해, 정보조작, 유언비어 등 해결해야 할 문제도 많다. 최근에는 전문가(professional)와 아마추어(amateur)의 합성어인 프로추어(Proteur)들이 자신의 블로그를 통해 콘텐츠를 제공하는 PCC(Proteur Created Contents)도 등장했다.

그림 8-3 동영상 콘텐츠 거래 개념도

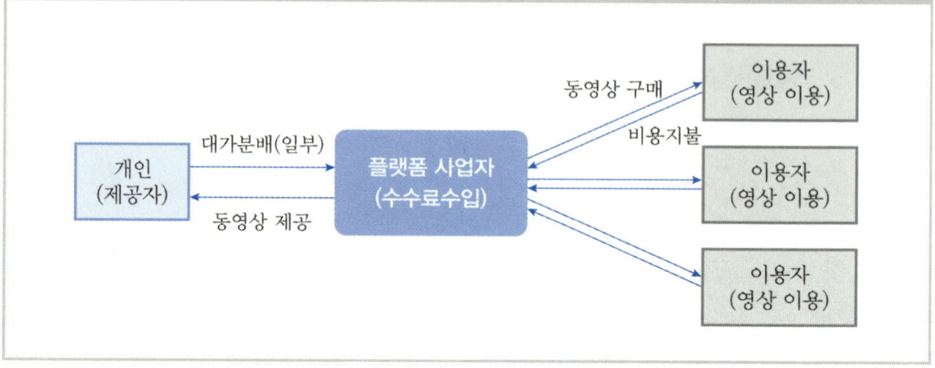

스트, 프리챌큐 등이 있으며, 국내에서 이들은 사용자 가공 콘텐츠(User Modified Contents), 사용자 재창조 콘텐츠(User Recreated Contents) 모두 일반적인 UCC로 통용된다.

이를 기반으로 UCC를 통해 수익을 제작자와 분할하는 방식의 비즈니스 모델과 직접 UCC를 매매할 수 있도록 도와 그에 따른 일정 수수료를 받는 인터넷 플랫폼 사업이 새롭게 등장하기도 했다.

한편 미국에서는 UCC 대신 창작의 개념이 강조된 UGC(User Generated Contents)를 쓰고 있는데 기업에서 UCC의 클릭 횟수에 비례하여 환산한 금액을 제작자에게 지급하는 사이트를 선보이기도 했다.

2.2 콘텐츠 상품 활성화

현재까지 온라인 쇼핑몰에서는 주로 의류, 가전 등의 유형화된 상품들을 중심으로 거래가 이루어졌으나, 최근에는 교육강좌, 취미강좌 또는 업무수행에 관한 경험담, 제안서 작성 노하우, 공문서 작성법 등의 다양한 종류의 교육콘텐츠와 노하우 등을 중개하는 사이트가 성황을 이루고 있다. 이러한 콘텐츠 공유 방식은 과거의 C2C 기반의 상품거래 방식을 도입했던 것과는 다르게 최근 e러닝을 중심으로 개인간 무형 콘텐츠의 거래가 활성화되고 있는데, 예를 들어 인터파크의 '토크빈'은 강사가 직접 제작한 강의콘텐츠를 거래할 수 있도록 중간시장의 기능을 담당한다. 더욱이 UCC 열풍에 힘입어 동영상을 감상한 이용자 또한 사용자가 되어 자신의 강의, 노하우 등의 콘텐츠를 고객들에게 유료로 판매하는 비즈니스 모델이 등장한 것이다.

표 8-1 무형의 콘텐츠 거래 사이트

사이트 명	주요 특징
지식월드	• 여러 형태의 지식, 전문 콘텐츠를 일반 상품처럼 판매 • 총 4개 형태의 전문지식 분야 콘텐츠 제공 – 전문지식, 논문, 기업신용보고서 등 분야별 전문지식 자료 콘텐츠를 제공
해피캠퍼스	• 각종 리포트, 양식뿐만 아니라 시험 및 취업 관련 대학생들의 경험담 기재
리포트월드	• 작성된 리포트를 전문적으로 거래

2.3 M-Commerce 개발을 통한 역량강화

이베이는 아이폰용(iOS) 앱의 개발 회사인 C.P. Software를 인수하고, 더 나은 모바일 쇼핑 경험을 제공하기 위해 많은 노력을 하고 있다. 특히 경매 비즈니스에 있어서 가장 중요한 것은 경매 참여자들이 실시간으로 참여하는 것이므로 언제 어디에서든 실시간으로 경매에 참여할 수 있도록 모바일 디바이스 특성을 활용한 24시간 경매시스템을 구현하고 가능하게 함으로써 이용성(usability)을 대폭 증가시켰다.

또한 ebay.com 앱 뿐만 아니라 특정 카테고리에 특화된 기능들, 예를 들어 바코드 가격 검색 기능인 RedLaser 등을 활용한 기술구현을 통해 설계된 App들을 출시하면서 Mobile Commerce 기술을 한층 업그레이드 시키고 있다. 이는 결제 수단인 Paypal을 베이스로 한 보완적인 시너지를 형성하는 계기가 되었는데, 무엇보다 2010년 RedLaser 인수를 통해 Local 검색서비스를 강화하는 한편 바코드로 상품의 가격 비교를 제공하게 되었다. 뿐만 아니라 당시 Milo 사의 인수를 통해 사용자가 위치하고 있는 지역 반경의 오프라인 매장의 재고를 찾아주는 서비스를 개시하기도 하였다.

그림 8-4 모바일 경매 사이트

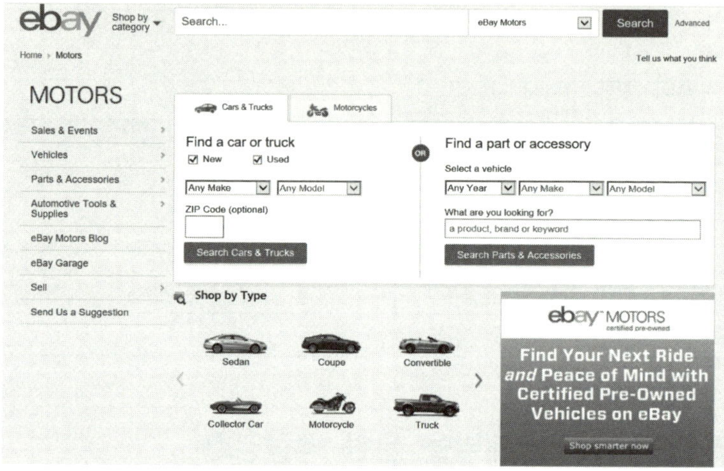

더 나아가 Commerce skill 활성화에 힘입어 결제시스템 개선을 위한 시스템 개발도 진행했는데 이는 이메일 주소와 비밀번호만 있으면 언제 어디서든지 결제가 가능한 Paypal 결제 애플리케이션이며 이는 고객들로부터 편리하고, 안전한 결제서비스로써 널리 확산되고 있다. Paypal은 다른 서비스와 다르게 보증기간 없이 매출액을 바로 입금시켜주는 특징을 갖고 있으며, 이용자 주변지역의 Paypal 결제가 가능한 상점에 대한 정보를 제공하기 시작했다. 동시에 Paypal 가맹점들에 대해 오프라인 결제를 더욱 강화하기 위해 모바일 결제 관련 금융서비스를 제공하는 Fig Card를 인수하였는데, Fig Card는 특히 오프라인 가맹점 내부에서 모바일 결제를 앱을 통해 손쉽게 결제할 수 있는 기능을 갖추고 있으며, 이는 오프라인 매장에서 USB 연결 시 즉시 결제가 가능한 결제시스템인 'Paypal Here'를 도입함으로써 소비자와 오프라인 가맹점에게 유용한 편의를 제공하였다.

이후 발전과 변화를 거듭하며 Paypal은 모바일 결제를 통해 거래된 금액이 기존의 3배를 넘는 140억 달러에 이르는 거래금액을 이뤄낸 바 있다.

이처럼 이베이는 소비자들의 상품 검색에서부터 결제에 이르기까지 유통의 전 과정에 해당하는 편리하고 유용한 서비스 라인업을 갖춤으로써 온라인 시스템 뿐 아니라 오프라인 채널과의 네트워크 구축에 강력한 포지션을 구축하고 있다.

국내에서도 잘 알려진 폴로 랄프로렌, 리바이스, DKNY, ToysRus 등의 브랜드들 역시 이러한 멀티채널 커머스에 대표적인 클라이어트라 할 수 있다.

이처럼 현재 전형적인 온라인을 기반으로 한 M-Commerce 기업이 온라인을 넘어 오프라인의 상품 검색 분야로의 확산을 강화하고 있다. 이는 이베이가 Paypal 결제서비스에 그치지 않고, 위치 기반 광고사업과 더불어 영업력을 토대로 결제서비스를 오프라인 결제 영역까지 확장하여 성장한 만큼 온라인 기업의 지속적인 변화와 발전은 곧 M-Commerce로 기술의 가치를 이전시키고 있다.

03 온라인 쇼핑 이용 현황6)

모바일 쇼핑의 급격한 성장 속에서 기존의 PC 기반의 인터넷 쇼핑의 점유율은 급격히 하락하고 있는데, 이는 곧 멀티채널 전략을 지향하는 업체와 그렇지 않은 업체의 양상이 매우 다르게 나타날 것으로

6) 온라인 쇼핑 이용 현황에 명기 된 [표 8-3~표 8-8]과 [그림 8-4] 자료는 통계청 자료 및 신광수(2016) 저서 <온라인 유통마케팅>의 온라인 유통 전망과 규모의 조사자료를 바탕으로 저자가 편집함.

전망된다. 이는 인터넷 쇼핑의 중요한 전환기를 맞이하게 되는 것을 의미하는 것이며, 또한 새로운 변화가 필요한 상황을 의미한다.

표 8-2 국내 스마트폰 가입자 현황

(단위: 명)

구분	2011.3	2011.10	2012.8	2014.9
가입자	1천만	2천만	3천만	4천만

이처럼 PC 기반 인터넷 쇼핑에서 모바일 쇼핑으로 매출이 이탈하고, 채널이 변화함에 따라 2013년도 이후부터 오픈마켓은 제휴를 통한 매출활성화 방안을 모색하고 있지만 현실적으로 많은 제약이 있는 상황이다. 모바일 쇼핑의 성장세가 2013년을 기점으로 두드러진 성장세를 나타내고 있으며 월별 거래상황 또한 모바일 거래에 대한 거래량이 PC 기반 인터넷 쇼핑의 거래량을 계속 추월하고 있다.

표 8-3 국내 주요 홈쇼핑 시장규모

(단위: 억원)

구분		2010	2011	2012	2013
GS, CJ, 롯데, 현대, NS 홈쇼핑	PC	24,600	32,300	34,000	31,700(−6.8%)
	모바일			1,900	8,800(363.2%)
	소계	24,600(35.0%)	32,300(31.3%)	35,900(11.1%)	40,500(12.8%)

표 8-4 국내 백화점 계열사 시장규모

(단위: 억원)

구분		2010	2011	2012	2013
롯데닷컴, Hmall, 롯데i몰, AK몰, 신세계	PC	26,200	32,100	35,500	33,700
	모바일				5,700
	소계	26,200(31.0%)	32,100(22.5%)	35,500(10.6%)	39,400(11.0%)

한편 전반적인 온라인 서점의 경우 2010년도를 기준으로 점차 점유율이 매년 감소하는 형태를 보이고 있으나, 한편 모바일 쇼핑의 경우 2012년 대비 2013년의 매출 성장세는 2배에 달하는 기록을 나타내고 있다. 향후 지속적인 10% 내·외의 성장이 기대되고 있으며, 소셜 쇼핑과 함께 모바일 쇼핑에 최적화된 환경을 가지고 있는 특징으로 볼 때 향후 1조 원의 탈환이 예상된다.

또한 전자책 부문은 현재까지 100억 정도의 비교적 작은 시장을 형성하고 있다. 이 외에도 도서정가제의 개정으로 인해 온라인 서점의 신간 서적 시장을 위축시키는 가운데 오픈마켓의 온라인 서점 강화 정책방향은 향후 온라인 출판물 매출향상의 중대한 요소가 될 것으로 보인다.

표 8-5 국내 온라인 서점 시장규모

(단위: 억원)

구분		2010	2011	2012	2013
교보, 알라딘, 인터파크, YES24	PC	10,500	10,200	8,800	8,500(−3.7%)
	모바일			300	800(166.7%)
	소계	10,500(18.0%)	10,200(−2.9%)	9,100(−10.8%)	8,300(2.2%)

대형마트 온라인 쇼핑몰 3사의 경우 온·오프라인(O2O)의 강화 정책에 힘입어, 모바일 쇼핑 강화, PC 기반 인터넷 쇼핑 전용 물류시설 확충 등의 각 사별 전략적인 투자 속에 모바일 뿐 아니라 PC 기반 인터넷 쇼핑몰도 향후 고성장이 지속될 전망이다.

표 8-6 국내 온라인 할인점 시장규모

(단위: 억원)

구분		2010	2011	2012	2013
롯데마트, 이마트, 홈플러스	PC	3,100	6,600	10,200	12,000
	모바일				1,200
	소계	3,100(55.0%)	6,600(112.9%)	10,200(54.5%)	13,200(29.4%)

면세점 3사의 경우 온라인(인터넷+모바일) 강화 정책 방향과 더불어 해외 여행객(중국, 동남아시아 등)의 지속적 증가에 따라 향후 지속적인 고성장을 이뤄나갈 전망이다.

표 8-7 국내 온라인 면세점 시장규모

(단위: 억원)

구분		2012	2013
롯데, 신라, 동화	PC	3,800	3,800
	모바일		1,000
	소계	3,800	4,800(26.3%)

소셜 커머스의 경우 주요 3사(위메프, 티몬, 쿠팡)의 차별화 된 마케팅으로 인해 성장률은 PC 인터넷 쇼핑에 비해 월등히 높지만 고비용에 대한 구조적 문제가 해결해야 할 과제이다. 모바일 UI에 최적화된 형태의 모바일 쇼핑이 구축되면서 기존의 3강 구도가 확고해진 상황이다.

표 8-8 국내 소셜 커머스 시장규모

(단위: 억원)

구분		2010	2011	2012	2013
위메프, 쿠팡, 티몬	PC	500	10,000	12,500	17,200(37.6%)
	모바일			4,500	14,200(215.6%)
	소계	500	10,000	17,000(70.0%)	31,400(84.7%)

해외 쇼핑(해외 직접구매) 인바운드란 해외 쇼핑 사이트에서 상품을 구매하는 것으로, 가격경쟁력을 바탕으로 상품의 선택권 확산, 그리고 해외 직접구매의 이용정보를 쉽게 접할 수 있는 여러 가지 제반 여건 등이 개선됨에 따라 시장을 빠른 속도로 확장시키고 있다. 반면 최근 국내법의 보호를 받지 못해 발생하는 여러 형태의 소비자 피해 문제가

대두되고 있다. 서울시 온라인 유통센터에 최근 접수된 해외구매에 대한 소비자 불만사항은 총 663건으로 기록됐는데, 이는 전년 동일 기간 대비 30.5% 증가한 수치이다.

그림 8-5 해외직접 구매의 시장규모 및 선호품목

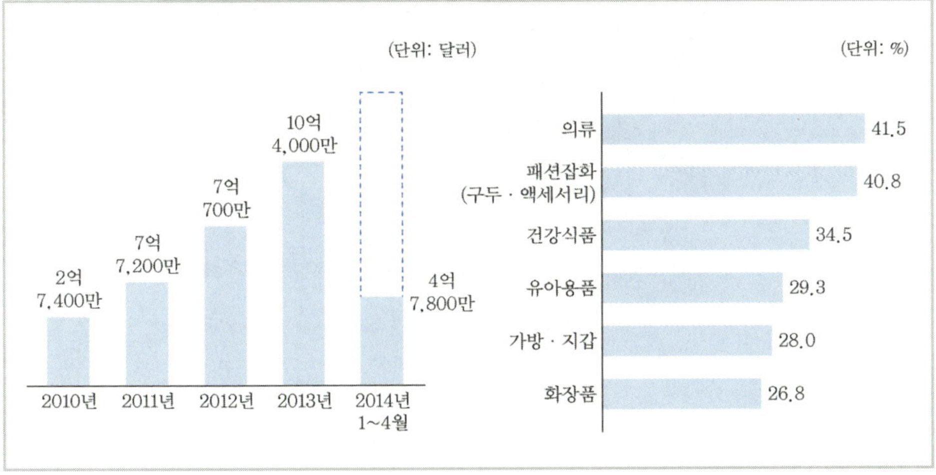

[네이버 독주와 질주] 클릭 1번에 광고비용 10만원? 네이버 광고 독식에 생태계 망가진다

인터넷 광고시장에서 네이버의 독주가 계속되고 있다. 지난해 네이버의 광고 매출액은 약 2조8,000억~2조9,000억 원으로 추산되는데, 이는 2위 업체 카카오의 약 5배가 넘는 규모다.

NAVER의 광고시장 독점 현상이 해를 거듭할수록 심해지고 있다. 지난해 네이버의 국내 광고매출은 약 2조8,000억~2조9,000억 원으로 추산되는데, 이는 2위 업체 카카오 광고매출의 5배를 훨씬 웃도는 수준이다.

광고 분야에서 네이버의 독점적 지위는 올해 더 공고해질 전망이다. 증권업계 관계자들은 네이버의 올해 광고매출액이 3조5,000억 원을 웃돌 것이라고 입을 모은다.

네이버의 광고독점을 단순히 시장 논리에 의한 당연한 현상으로 받아들여야 할까. 광고업계 전문가들은 네이버의 독주가 계속될 경우 광고주는 큰 돈을 쓰고도 제대로 된 광고효과를 못 보는 현상이 나타날 수 있으며, 전체 광고시장의 성장이 정체될 수 있다고 우려하고 있다.

■ 네이버 광고매출, 2위 카카오의 5배… 올해는 더 심해진다

23일 증권업계에 따르면, 지난해 네이버의 국내 PC 광고매출액 추정치는 최소 1조2,000억 원이다. 카카오의 PC 광고매출 추정치(2,200억원)을 445% 가량 웃도는 수치다.

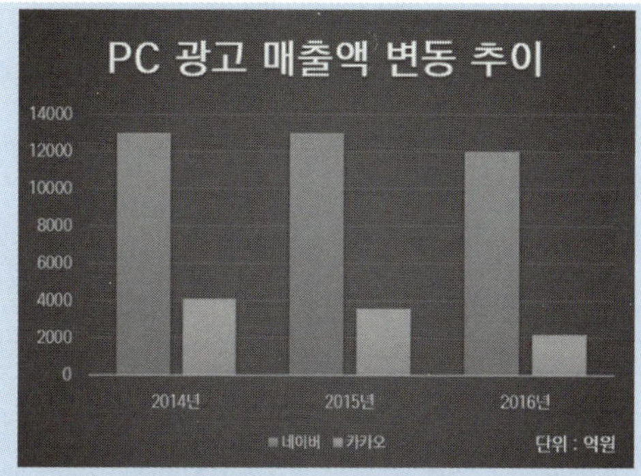

네이버와 카카오의 PC 광고매출액. 2016년 매출액은 추정치다.

자료: 각사, 삼성증권

PC 광고시장에서 네이버와 카카오의 격차는 점차 벌어지고 있다. 네이버의 PC 광고매출액이 1조2,000억~1조3,000억원 사이를 오가고 있는 반면, 카카오의 PC 광고매출은 2014년에 비해 반토막난 것으로 추정된다.

모바일 광고시장에서도 '네이버 천하'는 계속되고 있다. 지난해 네이버의 국내 모바일 광고매출액은 최소 1조6,000억 원으로 추산된다. 이는 카카오(3,000억 원)의 5배가 넘는 수준이다. 지난 2년간 모바일 광고시장에서 네이버의 매출은 240% 이상 증가한 반면, 카카오의 매출액은 76% 증가하는 데 그쳤다.

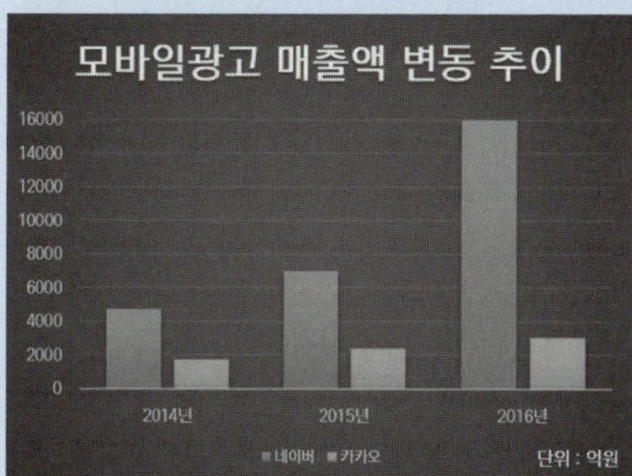

네이버와 카카오의 모바일 광고매출액. 2016년 매출액은 추정치다.

자료: 각사, 삼성증권

올해 네이버 광고매출은 지난해 11월 출시한 '쇼핑 검색 광고'가 견인할 전망이다. 쇼핑 검색 광고는 네이버 쇼핑에 입점된 상품을 검색 광고 결과물로 노출시켜 주는 광고다. 광고비는 사용자의 클릭 수에 비례한다.

NH투자증권 연구원은 "지난해 네이버 첫 화면의 주제판 확대에 따라 디스플레이 광고가 모바일 광고 성장을 이끌었다면, 올해는 쇼핑 검색 광고가 성장을 견인할 것"이라고 설명했다.

■ "트래픽 월등히 많은 네이버, 광고주 빨아들인다"

PC·모바일 광고시장에서 네이버의 독주가 계속되고 있는 이유는 트래픽(접속량) 차이 때문이다. 네이버에 접속하는 사람이 많아질수록 다른 포털 사이트보다는 네이버에 광고하길 원하는 사람도 많아질 수밖에 없다는 얘기다.

안 연구원은 "네이버가 블로그·지식인 등 자사 콘텐츠를 워낙 많이 갖고 있다 보니 검색시장을 좌지우지할 만큼 영향력이 크다"며 "2009년에는 다음이 지도서비스를 먼저 출시하는 등 네이버 따라잡기에 나섰고 두 포털의 검색 쿼리 점유율이 각각 67%, 21%(10월 기준)를 기록하기도 했지만, 모바일 시대에 접어들며 두 회사 간 격차가 다시 벌어졌다"고 설명했다.

트래픽의 차이는 결국 광고의 쏠림 현상을 낳게 됐다. 황장선 중앙대 광고홍보학과 교수는 "광고수단으로서의 매체의 힘은 얼마나 많은 사람들이 이용하느냐에 달렸다"며 "광고주들은 광고단가의 차이가 있다 하더라도 영향력이 가장 큰 플랫폼에 광고를 집행하고 싶어한다"고 말했다.

현재 포털 검색광고의 노출 순위는 입찰 방식으로 결정된다. 광고주들이 입찰 경쟁을 벌이면, 입찰가가 높아지며 광고단가는 높아지기 마련이다. 결국 광고주들은 입찰단가가 높은 네이버에 광고하느라 다른 매체에 집행할 광고비를 줄일 수밖에 없게 된다. 네이버와 카카오의 광고 매출의 격차가 점점 벌어지는 이유이기도 하다.

■ 광고 단가는 오르고 효과는 떨어지고…"네이버 갑질 심해질 것"

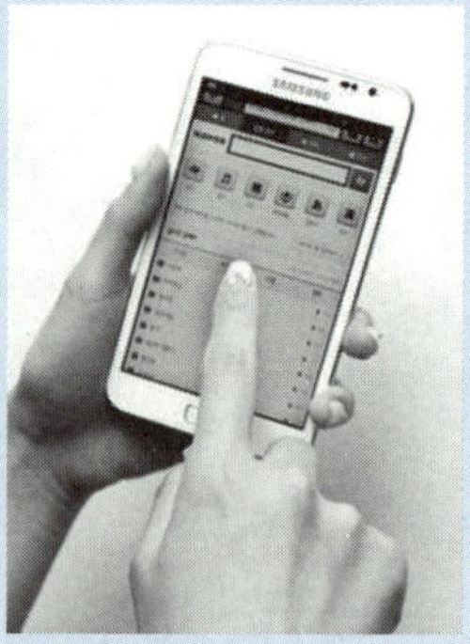

광고업계 전문가들은 네이버의 독점 현상이 심해지면 광고시장 전체에 부정적인 영향을 미칠 수밖에 없다고 말한다.

독점시장에서 필연적으로 나타나는 대표적인 현상은 검색광고의 가격 상승이다. 네이버에 광고하길 희망하는 광고주들이 화면 상단에 노출되기 위해 더 높은 가격을 적어 내다보면, 광고시장에는 거품이 낄 수밖에 없다.

심성욱 한양대 광고홍보학과 교수는 "전체 광고시

장 규모는 매년 1~2%씩 성장하고 있는데, 제한된 시장 안에서 특정 매체의 영향력이 지나치게 커지다보면 광고주는 해당 매체에 쏠릴 수밖에 없다"며 "현재 네이버 쇼핑의 경우 검색 광고가격이 클릭 1회 당 수천 원에서 많게는 10만 원대에 달하는 것으로 알고 있는데, 과도하게 비싸다는 생각이 든다"고 말했다.

일부 광고업계 관계자들은 향후 광고주들에 대한 네이버의 '갑질'이 더 심해질 수 있다는 우려도 내놓는다.

글로벌 모바일 광고 플랫폼 애드콜로니(AdColony)를 운영하는 오페라미디어웍스의 김민성 이사는 "현재 페이스북, 구글 등 글로벌 업체들은 광고를 통해 유입된 사람들에 대한 정보를 광고주에게 제대로 공개하고 있는데, 네이버는 그런 정보를 잘 주지 않는다"며 "'슈퍼갑'인 네이버가 정보 제공을 제대로 하지 않으면 광고 성과를 측정하는 데 한계가 있을 수밖에 없다"고 말했다.

출처: chosun biz. 2017.01.23. http://biz.chosun.com/

09 Chap. 온라인 비즈니스 유통의 경쟁전략

도입사례

온라인 신선식품시장 '고성장'
작년 전체 거래액 1.5조 넘어 신선도·신뢰감 보장하며 매출 성장

대형마트의 오프라인 매장중심이던 신선식품시장이 온라인에서 빠른 성장세를 보이고 있다.

온라인 쇼핑이 일상으로 자리잡은 가운데 빠른 배송, 생산자 실명제 등 신뢰도를 높일 수 있는 서비스를 도입하며 소비자들을 끌어오고 있다.

22일 통계청에 따르면 곡물, 육류, 어류, 과일, 채소, 신선식품 등 농축수산물의 온라인쇼핑 거래액은 2012년 9,555억 원에서 2015년 1조4,341억 원으로 50% 넘게 증가했다. 작년 1~11월까지의 거래액은 1조5,730억 원으로 이미 전년 수준을 넘어섰다.

주요 온라인 유통업체의 신선식품 매출도 급증세를 보이고 있다. 옥션이 지난 2014년 하반기 선보인 신선식품 브랜드 '파머스토리'는 지난해 판매량과 매출액이 전년 대비 각각 53%와 42%씩 증가한 것으로 나타났다. 서비스를 처음 선보였던 2014년 하반기와 작년 하반기 매출을 비교하면 2년 만에 6배 넘게 증가했다.

11번가의 지난해 신선식품 거래액도 60% 이상 늘었다. 신선식품 매출 증가 추세에 힘입어 올 1월 3~17일 설 선물세트 거래액도 전년 같은 기간 대비 10% 증가한 것으로 나타났다. 주요 백화점의 설 선물세트 판매가 전년 대비 감소한 것과 비교하면 고무적인 성과라는 평가다.

위메프가 작년 11월 선보인 신선식품 직배송서비스 '신선생'도 판매량이 급증하고 있다. 오픈 첫주차(11월 14~20일) 대비 9주차(1월 9~15일)의 매출을 비교한 결과 판매수량은 3,000여 개에서 22,000여 개로 570% 늘었으며 거래액도 354% 증가했다.

온라인 신선식품시장 성장의 일등 공신은 '빠른 배송'이다. 신선식품은 쉽게 상하기 때문에 배송을 얼마나 빨리 하느냐가 무엇보다 중요하다. 현재 주요 온라인몰은 산지 직거래를 통한 당일·익일배송서비스를 제공하며 신선도를 보장하고 있다. 11번가를 운영하는 SK플래닛은 작년 신선식품 배송업체 헬로네이처를 인수하며 배송 역량을 강화하는 모습을 보이기도 했다.

기존 온라인몰의 가격경쟁에서 벗어나 스토리텔링 전략을 입힌 점도 소비자들의 마음을 움직였다는 분석이다. 11번가는 작년 6월 식품이 어떤 산지에서 어떤 농부에게 어떻게 자란 상품인지를 설명하는 큐레이션 서비스를 선보이며 소비자 신뢰도를 높여왔다. 옥션의 파머스토리도 생산자의 실명과 얼굴을 공개하는 '생산자 실명제'를 도입하여 호응을 얻고 있다.

임학진 옥션 식품팀장은 "온라인쇼핑을 통해 식품을 구매하는 고객들에게는 제품 신뢰도와 구매경험이 가장 중요한 요소"라며 "신뢰도를 확보하고 까다로운 상품 선정을 통해 충성고객을 만들어야 성공할 수 있다"고 말했다.

출처: newstomato 2017.01.22. http://www.newstomato.com/

01 온라인 유통전략의 수립

1.1 온라인 유통전략의 필요성

불확실한 미래를 대비하기 위한 의사결정을 일반적으로 전략이라고 할 때, 온라인 유통전략 역시 디지털 경영환경에서 알 수 없는 미래에 대비한다는 점에서 볼 때 꼭 필요하다. 온라인 유통시스템을 구현하고 이에 대한 소기의 성과를 거두기 위해서는 온라인 유통을 위한 타당한 전략을 수립해야 한다.

전통적으로 경영전략은 이익을 극대화하기 위한 구체적인 방법과 계획을 세우는 것으로, 조직이 환경 변화를 감지하고 그에 따른 시장(고객)의 욕구를 충분히 반영한 제품과 서비스를 소비자에게 제공함으로써 미래에 가치를 창출하기 위해 자금, 내부 인력, 기술 등의 기업이 활용할 수 있는 모든 자원을 효율적으로 동원하기 위한 장기적 계획이다. 이러한 차원에서 온라인 유통전략 또한 경영전략의 유형 중 하나라고 볼 수 있다. 그러나 온라인 비즈니스 환경이 가진 불확실성은 기존의 경영전략을 수립하는 것과 비교할 수 없을 만큼 큰 차이점이 존재한다. 그 이유는 인터넷이 확산됨에 따라 국경의 의미가 점차적으로 희박해지고 있는 현실을 감안할 때, 잠재적 경쟁상대에 대한 불확실한 변수가 시시각각 증가하고 있으며, 이로 인해 온라인상 환경의 불확실과 복잡성이 증가하고, 수명주기상 정보기술의 짧은 주기로 인해 복잡한 경쟁상황에서 미래에 대한 방향 설정이 더욱 어려워지고 있기 때문이다.

이에 따라 온라인을 기반으로 새로운 유통시스템을 개발·추진하는 기존 기업들의 최근 흐름을 관찰하면, 인터넷 경영환경의 변화 반향에 의해 기업들은 어떤 식으로든 달라진 환경에 대응해야 했다. 현재 기업들은 온라인 유통의 도입을 비즈니스에 있어서 필수적인 요소로 인식하고 있다.

이에 따라 이미 선진 기업들은 디지털경제의 동태와 충격을 파악했고, 자사를 인터넷 환경에 유리하도록 적응시키는 데 모든 노력을 다하고 있다. 이와 같이 전통적인 기업이 비즈니스의 영역에 있어 자신만의 프로세스를 정보화하고, 지식화하는 것을 일컬어 e-변환(E-transformation)이라 한다. e-변환에 성공했다고 평가되는 전통적인 오프라인(off- line) 기업들을 예로 들면 IBM, NIT, 제너럴 일렉트릭(GE), 델컴퓨터(Dell) 등이 이에 해당한다.

기존 기업들이 온라인 유통이나 디지털화에 있어 변신을 추구하는 영역은 주로 사업 콘텐츠와 비즈니스 프로세스(process)라고 할 수 있다. 사업 콘텐츠란 쉽게 말해 기존의 기업이 시장에 제공하는 제품과 서비스의 내용을 말하는 것이며, 비즈니스 프로세스란 업무 추진의 방법, 과정 및 절차를 의미한다. 즉, 기업의 전략적 가치로서 인터넷을 활용·도입할 때에는 이와 같은 두 영역에 변화가 발생하는 것이다.

기존의 기업이 어떤 구체적인 방식으로 e-변환을 실행할 것인지에 대한 여부는 자사의 역량분석을 바탕으로 비용절감 및 업무효율화에 대한 효과를 어떻게 얻을 수 있을지를 파악하는 것에 달려 있다.

1.2 온라인 유통전략의 수립

국내 기업들의 온라인을 통한 유통정책은 경쟁력의 제고를 마련한다는 취지에서 한동안 최대의 화두였다. 수많은 전통 기업들이 온라인 시스템을 기반으로 한 유통개선을 시도하고 추진했지만 그 효과에 대한 논란의 여지가 많았다.

기업의 온라인 유통화에 대한 성공은 자금, 인력, 기술뿐만 아니라 관련 기술의 H/W 및 S/W가 유기적으로 통합됨으로써 이러한 제반 요건들이 효율적이고 능률적으로 운용되어 최대의 효과를 끌어내는 것으로 이루어질 수 있다. 따라서 '온라인 유통전략 수립 방법론'은 주어진 환경에서 기업이 가용한 자원을 활용해 가장 적합한 온라인 성과를 달성하도록 하는 것이 곧 핵심의 기반이라고 할 수 있다.

온라인 유통은 시장상황의 변화나 기술의 진보, 고객니즈의 변화 등에 따라 끝없이 변화하고 발전하는 특성을 가지고 있다. 다시 말해, 온라인 유통화를 추진하는 모든 개별기업은 비즈니스를 개선하려는 노력을 지속적으로 기울여야만 경쟁에서의 생존이 가능하다. 여기에 온라인을 기반으로 한 판매와 유통은 상당 부분이 웹사이트를 통해 구현되고 표현된다. 따라서 온라인 유통 추진 기업들에게는 웹사이트 개발과 개편에 관한 수많은 역할을 자체적으로 계속 수행할 수 있는 역량이 반드시 요구된다. 그에 따라 마련된 '유통전략 수립 방법론'은 온라인 유통에 대해 지속적인 경쟁력을 갖추는 것을 목적으로 프로젝트 수행경험과 효율적인 방법을 체계화한 것이다.

이에 반해 온라인 유통을 성공적으로 추진하지 못한 기업의 대부분은 이에 대한 지식과 경험이 미비하고, 온라인 유통에 관한 방법론을 자체적으로 개발하고 확보하지 못함에 따라 급변하는 기술적 변화에 제대로 적응하지 못한 상황이라 할 수 있다. 이로 인해 온라인 유통화를 위한 시스템 개편은 매우 어려운 작업일 뿐만 아니라 상당한 투자가 요구된다. 온라인 유통에 기반한 전자상거래 전략을 수립하기 위한 분석 단계는 시장환경분석을 통한 기회인식과 포지셔닝, 외부환경분석, 산업구조분석, 내부환경분석, 그리고 가치사슬모형 등의 분석을 통해 시장에 대한 전략을 수립해 나갈 수 있다.

1. 온라인 기회파악 및 포지셔닝

온라인 유통전략을 수립하기 위한 맨 처음 단계인 기회파악 및 포지셔닝은 기업의 구성원이 인식할 만한 명확한 비전, 고객의 니즈 파악 그리고 고객의 니즈를 충족시키기 위해 무엇이 필요한지에 대한 명확한 이해부터 시작된다.

여기에 온라인 유통기회를 추진하고자 하는 기업의 사명이란, 어느 분야에서, 무엇을 어떤 방식으로 겨냥할 것인지 등에 대한 전반적 사항을 결정하는 단계이다. 여기에 기업의 사명을 달성하기 위해 존재하는 정성적이고 정량적인 지표가 바로 기업 비전인 것이다.

한편 온라인 비즈니스화를 위한 기회를 발견해내는 과정은 결코 쉽지 않다. 기회를 파악한다는 것은 곧 기업의 비전과 더불어 기업 내부의 역량을 파악하고 외부환경분석을 통해 도출된 결과를 바탕으로 기업의 내부역량과 조화를 이룰 수 있는 부분을 찾아내는 것이다. 즉, 기업목표를 달성하기 위해 기업이 가진 내부역량을 세분화하고 목표를 선택하여 여기에 기업이 가진 역량과 노력을 포커스하여 새로운 기회를 모색하는 것이다. 이때 기회를 포착하기 위한 방법으로 자사에 대한 역량을 분석하는 SWOT 분석이 사용되기도 한다.

성공적인 온라인 유통시스템을 구축하기 위해서는 적절한 사업 부문을 탐색하고, 이에 따른 조직의 역량에 판매기회를 연결짓는 최적의 포지셔닝을 하는 것이 바로 온라인 기회파악 및 포지셔닝 단계의 결과물이다.

2. 외부환경분석

기업의 환경에는 경영성과에 영향을 끼치는 다양한 요소들을 포함하고 있다. 외부적으로는 경제적, 기술적, 사회·문화적, 정치·법적 환경 등이 있다. 경제적 환경은 기업이 처한 경제적인 상황을 의미하는 것으로 물가상승률, 실업률, GNP 성장률, 임금·가격 통제, 통화량, 이자율 등의 경제 전반적인 제반사항들을 들 수 있다. 또한 기술적 환경은 신상품개발 현황이나 특허제도, 시장으로 기술이전에 관한 사항 등의 전반적인 기술적 고려사항을 뜻한다. 또한 정치·법적 환경은 환경 및 공정거래 등과 관련된 규제, 법규, 정책 등의 현황과 관련된 기업이 처한 사회적 상황을 의미하며, 사회·문화적 환경은 소비자의 변화, 인구의 연령분포와 교육수준, 지역, 출생률 등과 같은 인구통계학적 특성 등을 들 수 있다.

이처럼 기업은 거시적인 환경 변화에 대해 폭넓게 분석하고 이해할 필요가 있다. 즉, 환경은 앞으로 어떠한 방향으로 흘러갈 것이며 그에 따라 기업에 어떠한 영향을 미치게 될 것인가, 그리고 자사의 경쟁 기업과 고객은 환경의 변화에 어떤 반응을 보일 것인가에 대한 질문에 적절한 해답이 될 수 있는 전략을 마련하고 효율적으로 실행하는 것이 중요하다.

3. 산업구조분석

산업구조분석이란 특정 산업에 있어서 산업환경론을 기반으로 한 산업구조에 대한 파악을 할 수 있는 요인들, 즉 경쟁자, 공급자, 고객과의 기업적 관계를 조직적으로 분석하는 것을 뜻한다. 경영전략에 산업구조분석을 처음 도입한 사람은 마이클 포터(Michael Porter)이다. 포터는 모든 산업에서 기업경쟁력이 다섯 가지의 경쟁세력(five forces)들에 의해 결정되고, 경쟁세력이 가진 전반적인 힘은 매력적인 시장과 이윤의 잠재력에 의해 좌우된다고 보았다. 또한 포터는 산업구조분석의 구조적 차원의 다섯 가지 차원의 경쟁력을 크게 산업 내 기존경쟁기업, 잠재적 진입기업(미래의 경쟁자), 대체품, 공급자 그리고 구매자로 나누어 각각 설명하고 있다. 따라서 이들 간의 경쟁구조와 경쟁심화 정도를 분석해 해당 산업이 가진 수익적 매력을 측정하고, 자사의 전략적인 위치를 파악하도록 결정할 수 있도록 돕는 모형이 산업구조분석에 해당한다.

4. 내부환경분석과 핵심역량

자사의 내부환경을 분석하기 위해선 기업 내부자원을 파악하는 것을 먼저 실행해야 한다. 기업의 경영자원을 구분하면 크게 유형자원, 무형자원, 인적자원으로 구분할 수 있는데, 유형자원은 주로 기업의 대차대조표를 통해 파악할 수 있는 경영자원인 물적자산 및 금융자산을 의미한다. 무형자원은 기업이 가진 명성 혹은 브랜드 가치, 기술력 등을 말한다. 인적자원의 경우 그 구분이 모호하기도 하지만 그 자체로 중요한 경영자원이기 때문에 일반적으로 유형자원, 무형자원과 분류하여 다룬다.

기업의 내부자원들 중에서 화두로 등장한 것이 핵심역량이라는 개념이다. 핵심역량이란 말 그대로 기업에서 핵심적인 차원의 경쟁력이라 할 수 있으며, 이는 고객들에게 경쟁사보다 우수한 제품과 서비스를 제공할 수 있는 능력을 의미한다. 즉, 경쟁사에 앞선 신기술을 비즈니스에 도입해 적용하는 능력이라 할 수 있는 기업의 독자적 능력이라고 할 수 있다.

달리 해석하면 이는 자사가 가진 강점을 '자사 경쟁력'으로 전환할 수 있는 전략적인 관점이 바로 핵심역량인 것이다. 과거에는 시설, 설비, 자본력 등을 대체로 핵심역량으로 정의해 왔지만, 현재와 같이 지식과 정보가 기업이 가진 중대한 경쟁력으로 자리잡은 시대에서는 그 기업의 축적된 기술과 노하우, 유통경로에 대한 힘, 그리고 구성원들의 창의력, 거래처와의 구축된 파트너십 및 창의적인 기업문화와 기업이미지 등과 같이 무형적 요인들 또한 경쟁우위의 척도에 해당하는 기업의 핵심역량이라 할 수 있다.

5. 가치사슬모형

가치사슬모형(value chain model)은 기업에서 경쟁전략을 세우기 위해, 자신의 경쟁적 지위를 파악하고 이를 향상시킬 수 있는 지점을 찾기 위해 사용하는 모형이다. 모형을 개발한 마이클 포터는 모든 조직에서 수행되는 경영활동을 기능에 따라 나누어 분석하면 각 활동별로 강점과 약점을 파악할 수 있지만, 활동간 상호 연계관계를 파악하기 어렵기 때문에 활동 간의 시너지 효과로 인해 발생하는 강점과 약점을 파악하는 것은 불가능하고 보았다.

이에 시장경쟁의 복잡한 구조 안에서 기업이 경쟁우위의 원천을 확보하고, 필요로 하는 전략을 강구하기 위한 파악이 필요한데 이를 파악하기 위한 가치사슬모형을 설명하였다.

본 모형에서 설명하는 것은, 즉 가치사슬의 각 단계에서 가치를 높이는 활동을 어떻게 수행할 것인지, 비즈니스 과정이 어떻게 개선될 수 있는지를 조사하여야 하는데, 이는 곧 한 기업의 활동을 관련성이 있는 몇 가지의 활동들로 나누어서 원가 발생의 원천과 자사의 제품을 경쟁 기업의 제품과 차별화하는 원천을 밝히는 것이 중요하며, 가치사슬모형은 이를 파악하기 위해 도식화하여 설명한 개념이다.

이에 따라 가치사슬의 분석은 다음과 같은 3가지 사항을 기준으로 파악할 수 있다.

- 첫째, 가치사슬모형을 통해 회사의 상품 및 서비스를 위한 가치의 마진을 분석할 수 있다.
- 둘째, 가치사슬모형의 확장된 범위로서 공급사슬관리와, 고객관계관리에 대한 분석을 확장할 수 있다.

위의 내용을 바탕으로 가치사슬모형에 대한 파악은 운영효율성, 이익마진 향상, 공급자와 고객 간의 관계 등과 같은 경쟁상황에서 기업의 경쟁적 우위를 확보할 수 있다. 여기에 가치를 창출할 수 있는 활동들을 곧 가치활동(value activity)이라 한다.

경쟁 기업보다 경쟁우위를 차지하기 위해서는 가치활동들을 보다 효율적으로 수행함으로써 비용을 절감 및 차별화전략을 선택해야 하는데, 특히 마이클 포터는 기업이 고객을 위해 가치를 창출하는 차원과 비용적인 차원으로 구분하여 경쟁우위의 개념을 도입했다.

- 셋째, 가치사슬모형의 활동은 주활동과 지원활동으로 구분된다.

위의 사항을 바탕으로 가치활동은 가치를 창출하는 것을 목적으로 하는 주(본원적)업무활동과 기본적 업무활동을 지원하는 보조적 활동으로 나누어 볼 수 있다.

주활동(primary activities)은 다시 말해 기업의 제품과 서비스를 생산하고 분배하는 것과 직접적 관련이 있는 활동을 뜻한다. 이것은 원자재의 투입, 생산활동, 출고와 물류서비스, 세일즈 & 마케팅 그리고 서비스를 포함한다.

보조활동(support activities)은 기업의 본원적인 활동을 지원하는 활동으로 인프라 구축(관리와 경영), 인적자원관리(구인, 교육, 고용, 승진, 훈련, 개발, 보상) 그리고 기술(제품 및 공정)관리, 조달(원자재, 구매자재 등의 요소 구입)활동으로 구성되어 있다.

이처럼 가치활동은 서로 관련성이 있는 활동이 체계적으로 이루어진 것이다. 그렇기 때문에 개별기업의 가치사슬은 상호 의존적 관계를 가진 가치활동들이 서로 연결된 하나의 시스템으로 가치활동 간 원활한 연결을 위해서는 이에 대한 조정이 필요하다.

02 사물인터넷 전략

최근 빅데이터와 IoT의 등장으로 '사물인터넷(Internet of Things: IoT)[1]'이 기업 비즈니스 영역에서 경쟁우위를 제공하는 데 중대한 역할을 하는 의사결정 요소가 되고 있다.

1) 영어 머리글자를 따서 '아이오티(IoT)'라 약칭하기도 한다. 이 용어는 1999년 매사추세츠 공과대학교(MIT)의 오토아이디센터(Auto-ID Center) 소장 케빈 애시턴(Kevin Ashton)이 향후 RFID(전파식별)와 기타 센서를 일상생활에 사용하는 사물에 탑재한 사물인터넷이 구축될 것이라고 전망하면서 처음 사용한 것으로 알려져 있으며, 이후 시장분석 자료 등에 사용되면서 대중화되었다. 사물인터넷은 기존의 유선통신을 기반으로 한 인터넷이나 모바일 인터넷보다 진화된 단계로 인터넷에 연결된 기기가 사람의 개입없이 상호간에 알아서 정보를 주고받아 처리한다. 사물이 인간에 의존하지 않고 통신을 주고받는 점에서 기존의 유비쿼터스나 M2M(Machine to Machine: 사물지능통신)과 비슷하기도 하지만, 통신장비와 사람과의 통신을 주목적으로 하는 M2M의 개념을 인터넷으로 확장하여 사물은 물론이고 현실과 가상세계의 모든 정보와 상호작용하는 개념으로 진화한 단계라고 할 수 있다.

사물인터넷은 인터넷을 기반으로 모든 사물을 연결하여 사람과 사물, 사물과 사물 간의 정보를 상호 소통하는 지능형 기술 및 서비스를 의미하는데 이를 통해 오늘날 기업들은 비즈니스의 체계적인 분석을 기반으로 한 또 다른 차원의 전략설계가 구축되고 있는 현실이다.

2.1 포터의 사물인터넷 전략

최근 포터와 헤플만(Porter and Hepplelmann)은 2014 학술지인 *Harvard Business Review*를 통해 사물인터넷 비즈니스 환경에 있어서 경쟁강도의 변화를 예측하였다. 다음은 이를 정리한 것이다.

첫째, 경쟁이라는 측면에서 사물인터넷은 소비자들에게 제품 자체가 가진 가치 외의 새로운 가치를 제공하는 등 여러 가지 차원의 부가서비스를 제공하기 때문에 앞으로 치열한 경쟁을 유발할 것이다. 한편 사물인터넷 제품 전환에 따른 수많은 고정비가 증가하지만 상대적으로 변동비가 하락하며 이에 따라 가격하락 현상이 일어날 것이라고 보았다.

둘째, 구매자와의 교섭력 측면에서 볼 때, 기업들이 구매자(사용자)의 데이터를 분석에 기반한 개인 맞춤형 제품을 출시함으로 인해 구매자의 전환비용(Switching Cost)[2]을 높이면 그에 따라 구매자의 협상력이 감소하게 된다.

셋째, 신규진입자의 위협이라는 측면에서 보면 신규진입자는 사물인터넷 제품의 높은 전환비용과 고정비용의 투자 등의 특성으로 인해 시장에 진입하는 것이 어려울 것이다. 하지만 초기의 신규 아이디어를 바탕으로 수많은 신규진입자가 등장할 것이다.

넷째, 공급자의 교섭력 측면에서 보면, 사물인터넷 시장에서는 하드

2) 현재 사용하고 있는 재화가 아닌 다른 재화를 사용하려고 할 때 들어가는 비용을 말한다. 전환비용은 금전적인 비용뿐만 아니라 개인의 희생이나 노력 등 무형의 비용도 포함한다.

웨어의 대중화 및 소프트웨어 이용의 증가로 인해 하드웨어 공급자가 가진 협상력이 현저히 낮아지게 될 것이며, 이와 대조적으로 임베디드 소프트웨어, 분석 엔진 등과 같은 스마트 디바이스, 시스템 요소와 관련된 공급자의 협상력은 높아질 것이다.

다섯째, 대체재 위협의 측면에서 볼 때, 제품의 기능확대로 인해 기존의 경쟁구도에 존재하지 않던 상품들이 대체재가 됨과 동시에 경쟁구도는 더욱 심화될 것이다. 게다가 공동소유, 상품 임대 등의 새로운 모델이 등장함에 따라 기업 간의 경쟁을 격화시킬 가능성이 높다.

이처럼 포터의 사물인터넷 전략을 온라인 비즈니스에 적용하게 된다면 비즈니스 환경에 대한 경쟁강도를 파악하고 적용함으로써 온라인 비즈니스를 통한 판로개척에 유익한 정보를 제공할 수 있고 또한 치열한 경쟁 속에서의 생존전략 구축의 바탕이 될 수 있다.

한 예로 아마존의 대시버튼(Dash Button)[3]이라는 서비스가 있는데 이는 집 안 어느 곳에서든 알렉사를 연결해서 아마존 쇼핑을 이용할 수 있게 만든 것이다. 이는 원클릭 주문이라는 혁신적인 구매 방식을 통해 원클릭 주문을 오프라인으로 옮겨 놓은 원클릭 쇼핑 단말기인데 상품별로 미리 버튼을 만들어놓고, 고객이 다음 상품을 필요로 할 때마다 필요한 위치에 놓은 버튼을 클릭해 한 번에 주문을 하고 배송서비스를 받는 방식을 의미하는데 세탁기의 세제를 보관하는 곳에 대시버튼을 붙여 놓고 세제가 떨어졌을 경우 대시버튼을 누르면 미리 설정해 둔 조건대로 똑같은 세제가 배달되는 서비스 방식이다.

이처럼 사물인터넷은 온라인 비즈니스에서 인터넷 기술이 결합하면 새로운 서비스가 창출되는 대표적 서비스 모델이라 할 수 있다. 이와 같이 첨단화된 사물인터넷 전략 활용은 고객들에게 예상치 못했던 맞춤형 서비스를 제공함으로써 커다란 만족을 주게 되었다.

---

3) 아마존 대시버튼은 세제와 식음료를 포함해 거의 모든 소모품에 붙여서 손쉬운 주문이 가능하게 만든 혁신 제품이다. 온라인 쇼핑 업체인 아마존은 일찌감치 오프라인 자체 태블릿인 킨들파이어(KindleFire)와 자체 스마트폰인 파이어폰(FirePhone)을 선보이면서 온라인과 오프라인을 융합한 O2O 커머스 혁신에 앞장서 왔다.

2.2 미래의 비즈니스와 경쟁 방안

사물인터넷은 기업이 새로운 수익을 창출할 수 있게 하는 핵심적인 역할을 하고 있다. 스마트폰을 비롯한 다양한 스마트 기기들이 출현하며 소셜 커머스가 등장하게 되었는데, 최근엔 사물인터넷과 빅데이터를 활용한 여러 가지 신규 서비스들이 제공되고 있다. 특히 사물인터넷의 등장으로 기존의 전통적 세일즈와 마케팅의 강자를 압도하는 새로운 강자가 출현했기 때문에 온라인을 기반으로 한 기업들에게는 새로운 형태의 기회라고 할 수 있다.

기업 입장에서 경쟁의 강도는 산업에 따라 차이를 보이겠지만, 온라인을 통해 유통하는 기업들에게는 다음과 같은 세 현상이 나타날 전망이다.

첫째, 선도기업이 데이터를 축적하고 이를 최대한 활용할수록 더 높은 진입장벽을 만들게 되고, 진입장벽은 갈수록 견고해질 것이다.

둘째, 경쟁범위가 확대되면서 다수의 제품을 통합하고 이들을 연결시키는 기업이 더 많은 경쟁우위를 확보하게 될 것이다.

마지막으로, 플랫폼을 통해 시장을 섭렵하는 새로운 사업자가 등장할 것이다.

03 온라인 비즈니스의 경쟁우위전략

경쟁우위를 확보하고 이를 유지하기 위한 목적으로 변화를 시도하고 변화에 적응하고자 하는 기업은 다음 장벽전략, 선발전략, 전략적 제휴전략과 같은 세 가지의 전략을 통합적으로 활용함으로써 온라인 비즈니스의 경쟁우위전략을 구축해야 한다.

3.1 장벽전략

장벽전략(block strategy)은 기업이 자사의 상품시장 주변에 장벽을 세우는 것을 말한다. 기업은 흔히 다음과 같은 방법을 통해 시장에 장벽(block)을 구축할 수 있다.

우선 첫째, 기업이 가진 어떤 비즈니스 모델을 구성하는 요소들 중 일부는 고객들에게 특별한 가치를 제공할 정도로 확실하거나 모방이 불가능한 것이어야 한다. 기업이 지적재산권(intellectual property: 특허, 저작권, 소프트웨어, 도메인 자산, 상표권 등)의 경우가 대표적이다. 예를 들어, 1999년 Amazon은 자사가 개발한 원클릭(1-Click)기술을 모방한 것에 대하여 반스앤드노블(Barnes & Noble)[4]에 소송을 제기한 사례가 대표적이다.

두 번째, 관련 자산에 대해 커다란 규모의 투자를 하는 방식이다. 예를 들어, 하나의 기업이 수백만 달러를 투자해 그 지역에 있는 모든 가정에 광통신서비스를 공급하는 상황에서 타 경쟁사가 같은 고객들을 대상으로 접근하고자 하면 이때 가격을 낮추는 방식으로 그에 대응할 수 있다. 이러한 가격인하전략은 때론 일반적으로 이익을 목적으로 진입하려는 잠재적 경쟁기업을 막는 수단으로 작용한다.

이처럼 장벽전략은 기업이 가진 사업수행능력이 특별해 타 경쟁사가 흉내낼 수 없게 하는데 그 의의가 있다고 볼 수 있다. 하지만 한편으론 장벽전략은 진입장벽이 계속적으로 유지될 때까지만 유효하다. 특히 온라인상에서는 한 기업이 경쟁사의 제품과 기술에 대해 분석하고 학습하는 것이 쉬울 뿐만 아니라 인터넷에 존재하는 특허 등록 데이터베이스를 통해 모방기업들은 경쟁사의 특허를 손쉽게 찾을 수 있고, 그와 비슷한 특허를 개발하여 더 나은 위치를 차지하는 경우도 비

---

4) 북아메리카에서 가장 큰 서점 체인 업체로, 1873년 찰스 M.반스(Charles M. Barnes)가 일리노이주(州) 휘턴에서 소규모 서적회사로 설립하였다. 1917년 그의 아들 윌리엄(William) 반스와 노블(G.Clifford Noble)이 뉴욕에서 지금의 이름으로 서점을 연 뒤, 1932년부터 지점을 열기 시작하였다.

일비재 하다. 더욱이 지금까지 기업에게 경쟁우위로 작용하던 고객과의 특별한 관계성 역시 수많은 공급자들이 제시하는 가격의 유혹에 노출되는 상황에서는 오랜시간 지속하기 어렵다는 것이 온라인 기업에서의 장벽전략 한계라고 볼 수 있다.

3.2 선발전략

선발전략(run strategy)은 혁신자들이 앞서 고객들에게 더 나은 가치를 제공하기 위해 사업모델의 연결관계를 변경하거나 전체 사업모델을 새롭게 만드는 것을 의미한다. 한 예로 1990년대 Dell 컴퓨터는 경쟁기업들이 모방할 수 없는 새로운 PC 판매 방법을 제시했다. 이러한 전략은 시장을 선점한 기업인 이른바 최초 진입자가 많은 우위를 누릴 수 있도록 많은 것을 제공한다. 그 중 하나가 기업이 환경의 일부를 통제할 수 있도록 하는 사업수행능력을 갖게 된다는 것이다. 급속도로 기술이 변화하는 시대에는 진입장벽전략이 매우 어렵기에 경우에 따라 선발전략이 상당히 중요해진다. 이러한 전략은 종종 신제품 출시를 통해 자사의 기존 제품이 가진 경쟁력을 하락시켜 기존 제품의 판매를 잠식(cannibalization)시킬 수도 있다. 인텔의 경우 1980년대 말에서 1990년대까지 기존의 마이크로프로세서 판매가 정점에 달하기 이전에 새로운 세대의 마이크로프로세서를 출시하곤 하는데, 인텔이 이러한 일을 시행하지 않았다면 자사의 기술적 특허와 저작권에도 불구하고 경쟁사들에게 쉽게 따라잡혔을 것이다.

3.3 전략적 제휴

온라인 비즈니스 기업들은 효과적인 경영을 위한 전략적 파트너를 필요로 한다. AT&T, IBM, Philips, Siemens 등과 같은 글로벌 기업들 역시 자사의 능력과 재원을 보강하고, 균형을 유지하게 해주는 자국 기업 혹은 다국적기업과 전략적인 제휴를 맺지 않고선 세계적인 선도 기업이 될 수 없다고 믿고 있다.

전략적 제휴(startegic alliance)란 둘 이상의 기업들이 각자가 갖고 있는 경쟁적 우위를 바탕으로 상호간에 보완적이고 지속적인 협력의 관계를 형성함으로써 타 기업들에 대해 더 강력한 경쟁적 우위를 확보하고자 하는 경영전략이다. 또한 온라인 비즈니스에서의 제휴마케팅이 처음 시작된 것은 1994년 11월 CD now의 'Buy Web'이라는 프로그램에 의해서이다.

사물인터넷, 네트워크 기능 향상 가져올까

사물인터넷을 근간으로 우리 생활 곳곳에 전자제품들이 많은 영향을 받고 있다. 현재 IoT 기반 SCP(Smart Connected Products)에서 가장 진화된 분야는 인터넷에 연결된 스마트홈 제품, 즉 'Connected Home' 제품들이다. 이미 국내 시장에는 중국산 제품들이 넘쳐나고 있으며 국내 이동통신 3사는 관련 제품 및 전용 요금제까지 출시해 홍보하고 있다.

'Connected Car' 분야에서 SCP 제품으로 가장 기대를 모으고 있는 아이템은 '스마트키(Smart Key)'다. '소카(SoCar)' 서비스를 이용해 본 사람이라면 소카 전용앱으로 자동차 문을 열고 닫은 경험이 있을 것이다. 청강문화산업대학교 박민우 스마트미디어전공 교수는 "향후 스마트키는 인터넷을 통해 클라우드 서비스와 연결돼 최적화가 이루어지게 될 것이며 자동차의 유지·보수까지도 가능한 미래가 도래할 것"이라고 밝혔다.

디지에코의 보고서는 IoT 공공 분야에서 주목받고 있는 'Connected City' 분야에서 기대할 수 있는 SCP 제품을 "스마트 키오스크(Smart Kiosk)"로 예상했다. "Connected City" 분야에서 서비스의 방향은 공공의 가치를 추구하는 데 주목적이 있다. 최근 버스 정류장에 도입된 디지털 안내판은 단순히 버스 도착시간만을 알리는 것이 아니라 주요 뉴스와 날씨와 같은 생활과 밀접한 정보를 제공해주고 있으며, 매우 높은 만족도를 나타내고 있다.

한편 웨어러블 디바이스의 기본구성을 포괄적인 의미에서 본다면 SCP의 3가지 핵심 구성 요소인 'Physical', 'Smart', 'Connectivity'를 정확히 충족시킨다. 웨어러블 디바이스 자체가 센서를 기반으로 데이터 수집을 통해서 사물인터넷 역할을 할 수도 있으며, 다른 사물인터넷 디바이스의 허브 역할을 할 수도 있을 것으로 보인다.

최근 스마트워치 시장이 주춤하고 있기는 하지만, 향후 시장 성장을 이끄는 기술은 센서의 고도화가 아니라 음성인식 기반의 "지능형 가상 비서"가 될 것으로 전망된다. 스마트폰과 데스크탑 PC에도 이러한 기술들이 적용되겠지만, 활용도 측면에서 스마트워치가 가장 효과적일 것으로 예상되고 있다.

사물인터넷의 발달은 인공지능에 엄청난 학습량을 제공할 전망이다. 미래의 인공지능은 사람의 도움을 필요로 하지 않는다. 이에 따라 인공지능에게 윤리적·도덕적 판단까지 의존하는 날이 올지도 모른다. 박민우 교수는 "제품들이 연결과 분석을 통해서 더 스마트해지겠지만, 사회의 가치를 추구하는 과정은 여전히 사람이 주체이며, 또한 시대의 변화에 따른 윤리적 문제도 함께 고민해야 될 숙제"라고 밝혔다.

출처: 산업일보 2017.01.23. http://www.kidd.co.kr/news/

10 Chap. 온라인 마케팅전략과 고객관계관리

도입사례 일본 소비트렌드, '인스타제닉' 주목

최근 소셜 네트워크 서비스(SNS) '인스타그램'이 유행을 선도하고 있다. 22일 코트라 도쿄무역관에 따르면 일본의 지난해 인터넷 쇼핑 유행 트렌드를 발표하는 '라쿠텐 시장 2016년 히트상품 순위'에서 인스타그램 반영 소비가 1위에 선출됐다.

글이 주를 이루던 기존 SNS와 달리 인스타그램은 사진 한 장만으로 자신을 표현한다는 점에서 젊은 층의 인기를 끌고 있다.

특히 '인스타제닉(Instagram+photogenic)'이 주목받고 있다. 이는 디저트, 네일, 할로윈 의상 등 사진 한 장 안에 담긴 제품의 분위기가 좋은 것을 말한다.

인스타그램에 게시된 사진을 통해 제품에 흥미를 느끼고, 또 직접 이를 구매해 인증사진을 올리는 소비자들이 늘면서 홍보효과도 쏠쏠하다.

대표적으로 오사카에 1호점을 둔 '토티 사탕 공장'의 3색 솜사탕은 30cm의 큰 크기와 흰색·분홍색·파란색 등의 3색 색상, 독특한 외관이 인스타그램에서 눈길을 끌자 하루 800개 이상 팔리고 있다.

기업들은 자사 상품으로 인스타제닉을 연출하며 홍보전략을 펼치기도 한다.

100엔샵 대기업인 '캔두'는 자사의 머그컵, 접시 등의 소품을 사용한 사진을 올리고 있다. 지난 2015년 7월 개설된 계정은 팔로워 수가 올 1월 17만 명까지 확대됐고, 하루 평균 400명 정도 꾸준히 늘고 있다.

코트라 관계자는 "일본에서 다수가 사용하고 있는 인스타그램을 적극적으로 활용해 마케팅을 펼쳐야 함. 신제품을 개발하지 않더라도 인스타제닉에 어울리게 연출함으로써 소비자들의 이목을 끌 수 있다"고 말했다.

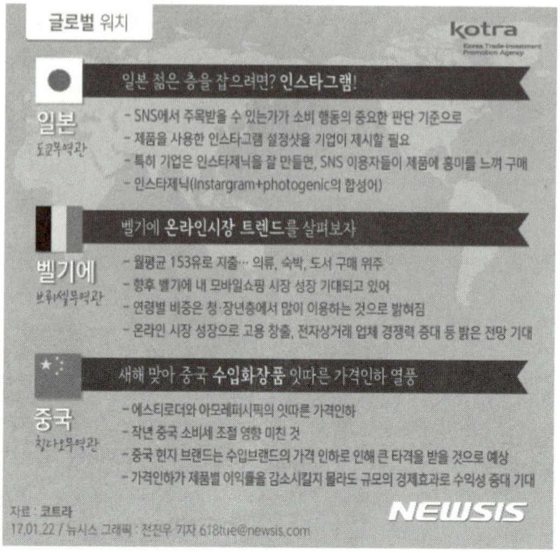

■ 벨기에 온라인시장 '쑥쑥'… 46% 고성장

벨기에 온라인시장이 스마트폰 이용자 증가와 정부정책에 힘입어 지속 성장할 전망이다.

코트라 브뤼셀무역관, 전자상거래 비영리단체 '이커머스 파운데이션'에 따르면 지난 2015년 벨기에 온라인 쇼핑 시장규모는 82억 유로로 전년 대비 46.4% 성장했다.

이는 사상 최대 매출액을 기록한 것이다. 지난해 온라인 시장규모도 96억 유로에 달할 것으로 추정된다.

벨기에 온라인 쇼핑 시장은 스마트폰 이용자의 증가와 정부 정책에 힘입어 지속적인 성장이 기대되고 있다. 벨기에 소비자산업연맹 COMEOS에 따르면 온라인 쇼핑을 즐기는 벨기에 인구는 꾸준히 늘고 있다.

1년간 온라인상 제품 구매 경험이 있는 벨기에 인구 비중은 2012년 46%에서 2015년 64%로 확대됐다. 특히 매달 온라인 쇼핑을 이용하는 벨기에인은 33%로 전년 대비 5%포인트 늘었다.

특히 야간근무가 원칙적으로 금지된 벨기에에서 온라인 업체들은 예외로 적용받으면서 온라인 쇼핑 시장 성장세가 탄력받을 전망이다.

지난해 10월 벨기에 연방정부는 전자상거래 관련 업체들의 오후 8시부터 새벽 6시까지 야간근무를 가능하게 하는 법안을 마련한다고 밝혔다. 이에 따라 3년 내 3,000여 명의 고용창출이 발생될 전망이다.

코트라 관계자는 "벨기에 소비자들의 온라인 쇼핑에서 가격 요소가 가장 중요시 되고 있어 국내 기업들이 가격경쟁력을 갖춘 후 진출하는 것이 중요하다"며 "이 밖에 소셜 미디어를 활용한 마케팅전략으로 소비자와의 소통에도 신경써야 할 것"이라고 말했다.

■ **중국 수입화장품업계, 올해 가격인하 단행**

새해 들어 중국에서 수입화장품들이 가격을 잇달아 내리고 있다.

코트라 칭다오무역관에 따르면 미국 에스티로더와 한국 아모레퍼시픽은 올해부터 화장품 중국 소매가격을 인하한다고 발표했다.

한국 최대 화장품 기업인 아모레퍼시픽 중국은 중국 정부의 '화장품 수입단계 소비세 조정에 관한 공지'에 맞춰 이달 15일부터 라네즈, 이니스프리, 에뛰드하우스, 설화수 등 4개 브랜드 327개 제품의 중국 판매가격을 3~30% 내린다고 밝혔다.

미국 에스티로더는 지난 5일부터 브랜드 에스티로더, 크리니크, 맥, 바비브라운, 조말론, 톰 포드, 마이클 코어스 등 300여 개 색조화장품 및 향수 제품의 중국 판매 권장 소비자가격을 인하했다.

프랑스 로레알도 브랜드는 랑콤, 에르메스, 입생로랑 등의 일부 제품에 대해 올해부터 가격인하를 단행했다.

앞서 로레알, 에스티로더 등은 지난 2015년 중국이 피부케어(2~5%)를 포함한 소비재의 수입관세를 낮추면서 중국 내 가격인하를 잇따라 단행한 바 있다.

이번 가격인하도 중국의 수입단계 소비세 조정에 대응하는 차원이다.

중국은 지난해 10월부터 일반 화장품 소비세를 폐지하고 과세 대상을 '고급화장품'으로 한정했다. 세율은 기존 30%에서 15%로 하향 조정했다.

코트라 관계자는 "이번 가격 조정에 따라 중국 현지 브랜드의 성장이 큰 타격을 받을 것"이라며 "전문가들은 이번 가격인하가 기업 내부의 국가간 가격 차이를 완화시켜 더 많은 소비자를 유인할 수 있을 것으로 분석하고 있다"고 말했다.

출처: 뉴시스. 2017.01.22. http://www.newsis.com/

01 온라인 마케팅전략에 대한 이해

마케팅전략에 부합하는 목표시장을 선택하기 위해서는 시장세분화(segment), 표적선정(targeting), 포지셔닝(positioning)에 해당하는 마케팅전략 활동들이 필요하다. 그리고 STP를 통한 마케팅전략은 곧 제품, 가격, 촉진 및 유통에 해당하는 마케팅 믹스 프로그램에 의해 마케팅전략을 지원받는다. 여기서 시장세분화란 비슷한 특성을 지닌 소비자들을 하위집단으로 그룹화 하는 것이다. 이렇게 분류된 하위집단을 "세분시장(market segment)"이라고 부르며, 이러한 분류 과정을 세분화라고 한다. 이러한 세분시장 중 마케팅의 대상이 되는 표적시장은 비용, 이익, 접근성 등을 포함한 여러 기준으로 보았을 때, 가장 매력적이라고 판단되는 시장을 의미한다. 또한 표적시장에 대한 포지셔닝 과정은 소비자들이 제품의 독특성과 가치에 대해서 지각할 수 있도록 마케팅 메시지를 설계하는 것을 의미한다.

표적시장을 선정한 이후 포지셔닝이 성공적으로 이루어지기 위해서는 자사 및 경쟁사의 상품(서비스)이 표적고객의 마음속 어디에 있으며, 고객이 이를 어떻게 지각하고 있는지에 대한 깊은 이해가 선행되어야 한다. 이후 포지셔닝이 끝난 단계에서의 마케팅전략은 마케팅믹스 또는 마케팅 프로그램과 깊게 연결되어야 하는데 여기서 제품, 가격, 촉진 및 유통경로와 같은 요소들이 곧 마케팅믹스에 해당된다.

전통적인 마케팅전략은 인터넷을 기반으로 하는 기업과 오프라인 기반의 기업들 모두에게 효과적인 마케팅 수단이 될 수 있지만, 이 두 가지 형태의 기업들이 직접 인식하게 되는 마케팅 의사결정 과정은 진행 과정에 있어 다소 차이가 발생한다. 그림 10-1은 순수 온라인 기반의 인터넷 기업과 전통적인 온·오프라인 기업의 서로 다른 의사결정 과정에 대해서 나타내고 있다.

그림 10-1 온라인 기업과 온·오프라인 기업의 마케팅전략 구축절차

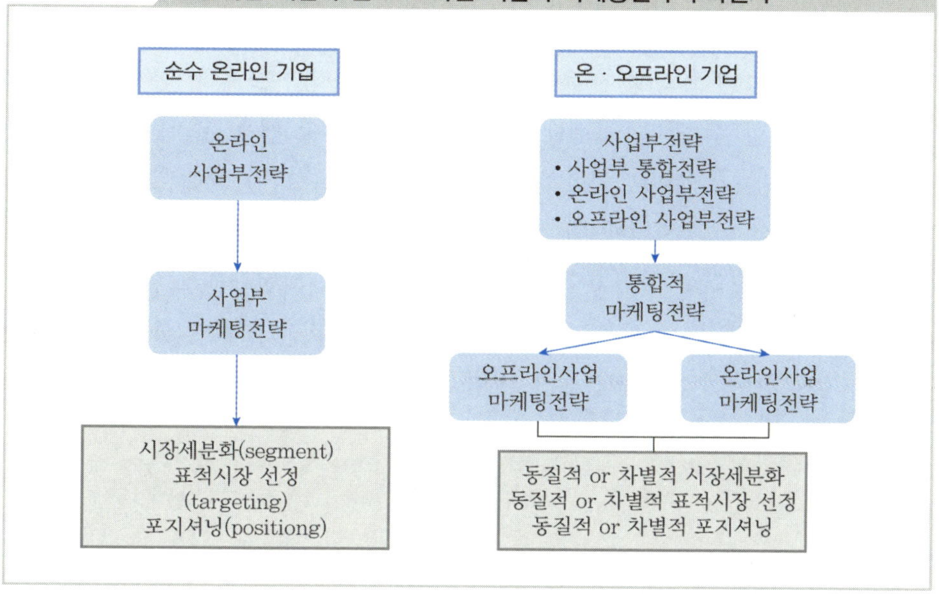

이베이(eBay)와 야후(Yahoo)같은 순수 Online base의 기업들이 사업 및 마케팅전략을 공식화 하는 과정은 그림의 왼쪽 부분에 표시되어 있다. 우선 사업부전략이 정의된 이후, 마케팅전략이 구체화 되고 그 후 세분화, 표적화, 포지셔닝의 순서대로 이루어진다. 또한 전자우편 등이 고객과의 관계를 구축하기 위해 사용되기도 한다.

전통적인 오프라인 기업을 예로 들면 국내 캐주얼 대표 브랜드인 '이랜드'를 들 수 있는데 '이랜드'의 마케팅 수립 과정의 첫 번째 과업은 사업부의 범위를 정의하는 것이다. 이랜드는 스파오, 후아유 등의 오프라인 소매점과 2004년에 개설한 온라인 점포를 소유하고 있다. 그림의 오른쪽 부분에서 알 수 있듯이 가장 우선적으로 고려되어야 할 것은 기업의 목표, 사명, 경쟁우위 및 수익모델 등 전체 사업부의 전략과 더불어 온라인 사업부전략, 그리고 오프라인 사업부전략을 별도로 설정하게 된다.

이때, 기업은 온라인과 오프라인을 동시에 적용 가능한 통합적인 마케팅전략을 개발해야 한다. 그러기 위해서는 오프라인 사업부에 대한

마케팅 활동과 온라인 사업부의 비즈니스를 위한 마케팅 활동을 결합해야 하는데 이를 통해 기업 이미지, 사업부전략에 부합되도록 자사에 최적화된 특성에 적절한 온라인 마케팅전략과 오프라인 마케팅전략을 구축할 수 있다. 그런데 여기서 특히 주의할 점은 온라인의 마케팅전략이 효과적으로 역할하기 위해 기존의 오프라인 브랜드 및 자산들과 일치하는 일관성에 대해 충분히 고려해야 한다. 특히 전형적인 오프라인 형태의 기업이 온라인 판매를 통한 마케팅전략을 보완하여 선택할 때는 오프라인 매장 운영과 전략적으로 장점을 가져다 줄 것이라고 판단되는 시장세분화 접근 방법, 표적시장 선정 및 포지셔닝에 대해서 파악해야 한다.

02 시장세분화전략

2.1 시장세분화의 개념

기업들은 인터넷을 통해 지리적인 요소에 제약을 받지 않고 고객들과 의사소통하고 더욱 쉽게 접근할 수 있다. 또한 인터넷을 사용하는 사람들이 계속해서 성장하고 변화하고 점점 다양한 이용자들이 생겨남에 따라 마케팅은 여전히 많은 기회를 가지고 있다.

기업들은 고객들을 그들의 행동 양식과 욕구 및 동인에 따라서 서로 다른 하위집단으로 규명하는데 이와 마찬가지로 시장세분화는 비슷한 욕구를 지니고 있는 고객들은 집단화 하는 과정을 의미한다.

일반적으로 시장은 제품 범주 안에서 가치를 지니는 것과 이를 구매하기 위한 비용, 또는 시장에 비슷한 방식으로 접근하는 소비자 유형 등을 기준으로 세분화 될 수 있으며, 이렇게 세분화 된 하위집단을 세분시장(market segments)이라 한다.

시장을 세분화 할 때는 반드시 실행 가능(actionable)하고, 의미를 (meaningful) 내포해야 한다. 효과적인 세분화는 우선 고객들이 특정 행동을 하는 이유에 대해서 설명 할 수 있는 세분화이다. 또한 세분시장에 대한 포지셔닝을 위해서 현실적으로 실행 가능해야 할 뿐만 아니라 목표 세분시장은 경제적인 가치를 지녀야 한다. 다음은 세분화기준에 대한 4가지 변수이다.

- **지리적 변수**(geographic): 웹사이트, 국가, 지역(도시지역, 교외지역, 농촌지역)
- **인지 및 행동 변수**(cognitive and behaviroal): 혜익, 이용률, 충성도, 제품 태도
- **인구통계적 변수**(demographic): 나이, 성, 직업, 인종, 소득, 가족상황, 생애단계
- **심리적 변수**(psychographic): 라이프스타일, 사회계층, 성격(A/B 성격)

경우에 따라 세분화는 소비자들이 추구하는 혜익과 같은 하나의 변수나 라이프스타일, 성별 같은 여러 형태의 변수에 의해서 이루어질 수도 있다. 어떠한 마케팅 의사결정이 이루어지냐에 따라서 다른 변수를 선택하게 되며 욕구 및 상표충성도와 이용 패턴 역시 세분화의 기준으로 작용할 수 있다.

2.2 온라인 시장세분화전략

1. 전통적 오프라인 기업에서 온라인 기업으로 변화를 위한 시장세분화

시장을 나누는 기준은 오프라인 기업들이 그들의 온라인 고객들에 대해서 분석하기 시작하면서 변화가 발생하게 되는데, 특히 전통적인

오프라인 기업들은 지리적 요소들을 중요하게 생각했지만, 온라인 기업으로 변화하면서 웹사이트 특성 변수들을 중요하게 고려해야 한다. 이는 무엇보다 인터넷 접속 속도나 웹사이트 충성도 같은 변수들이 시장세분화의 중요한 기준으로 작용할 뿐만 아니라 온라인 기업으로 변화할 경우 시장을 세분화 하는 기준에는 수많은 변화가 뒤따른다. 인터넷이 등장하면서 전통 기업들의 온라인 세분화는 다음과 같은 4가지의 시나리오를 필요로 한다.

- **불변**(no change): 세분시장의 규모와 특성에 변화가 없음.
- **시장확장**(market expansion): 세분시장의 규모에 변화가 생김.
- **시장 재분류**(market reclassification): 시장의 규모에는 변화가 없지만, 온라인 소비자들이 지닌 독특한 욕구로 인해 세분시장 자체 특성에 변화가 생김.
- **재분류 및 확장**(reclassified expansion): 시장의 규모와 특성 모두에 변화가 생김.

2. 온라인 기업의 시장세분화

다양한 고객들을 지닌 거대한 시장 내에 각각 다른 욕구를 지닌 여러 개의 하위집단들이 존재할 것이라는 판단 하에서 웹사이트의 특성 변수를 고려하는 것이 매우 중요하게 되었다. 특히 인터넷은 기존의 지리적 경계를 없애주고 소비자들과 기업 간 제한없는 커뮤니케이션을 가능하게 하므로 인터넷 활용에 대한 소비자들의 이질적 특성이 소비자들의 개별적 행동양식에 영향을 미치게 된다. 따라서 이러한 변수들을 고려하여 시장을 나누고 이를 기반으로 세분화된 시장의 특정 고객집단을 대상으로 한 제품을 개발하고 판매하는 첫 번째 단계가 곧 온라인 기업의 시장세분화이다.

03 표적고객 선정전략

3.1 표적고객 선정의 개념

표적고객을 선정할 때 기업은 시장기회를 먼저 파악해야 한다. 즉, 시장세분화를 통해 고객집단의 충족되지 않은 욕구를 발견하고, 그 욕구를 충족시켜 줄 기존의 제품과 신제품을 앞세워 경쟁적 우위를 획득할 수 있는 기회를 가지게 되는 것이다.

3.2 온라인 표적고객 선정 전략

1. 전통적 오프라인 기업에서 온라인 기업으로 변화하는 기업의 표적시장 선정

세분화된 시장이 선택되기 위해서는 규모가 충분히 커야하고, 기업이 세분시장의 욕구를 충족시켜 줄 수 있는 적절한 자원을 지니고 있어야 한다. 온라인 세분시장을 선택하는 과정은 오프라인 세분시장을 선택하는 과정과는 매우 다르다.

그림 10-2는 전형적인 오프라인 기업의 온라인 세분시장을 선정하기 위한 4가지 전략에 대해서 제시하고 있으며 다음과 같은 기준에 의해 구분될 수 있는데 이는 마케팅이 초점을 맞춰야 할 부분(세분시장의 일부 혹은 전체)에 대한 영역, 그리고 오프라인 시장 고객과의 유사성 정도가 동일고객인가 아니면 비동일고객인가에 대한 기준이다.

이러한 기준을 통해 오프라인 시장들은 다음과 같은 표적시장을 대상으로 온라인 산업에 진출할 수 있다.

- **총괄 표적화**(blanket tartgeting): 오프라인 전체 시장을 목표시장

그림 10-2 온라인 기업으로 이동을 위한 표적시장 선정 시나리오

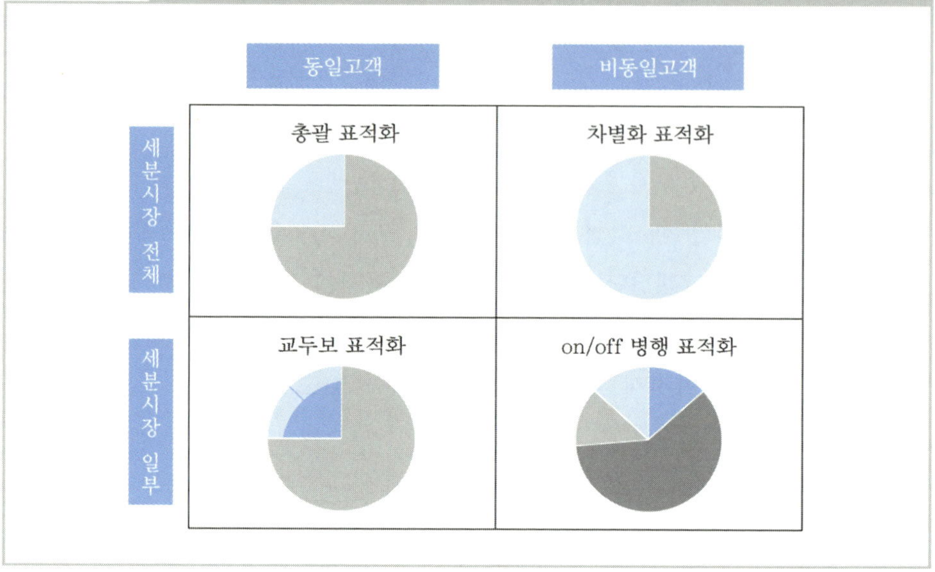

자료: 박명호 외(2014), 인터넷 마케팅, 명경사, p.150

으로 설정.

- **교두보 표적화**(beachhead targeting): 오프라인 세분시장의 일부를 목표시장으로 설정.
- **on/off 병행 표적화**(bleed-over targeting): 신규 세분시장의 일부와 오프라인 세분시장의 일부를 목표시장으로 설정.
- **차별화 표적화**(Be different targeting): 기존의 시장과 완전히 다른 세분시장을 목표시장으로 설정.

2. 온라인 기업의 표적시장 선정

순수 온라인 기업은 표적시장에 대한 전반적인 매력도를 평가하기 위해서 세분시장을 평가하고 기업의 마케팅전략과 부합하는 세분시장을 선정하기 위해 노력한다. 시장의 전반적인 매력도를 평가하기 위해서 기업은 다음과 같은 세 가지 요소를 고려할 수 있다.

첫째, 세분시장의 규모와 성장성을 고려해야 한다. 시장을 선정할 때 고려해야 할 주요 요인은 현재의 재무적 가치가 미래까지도 유효할 것인가이다. 예를 들어서, 중소기업은 규모가 너무 큰 세분시장을 선정할 경우 모든 제품을 제공하기 위한 자원이 부족할 수 있기 때문에, 이러한 세분시장은 피해야 한다. 이 때문에 세분시장의 성장성 역시 고려해야 한다.

둘째, 세분시장의 구조적 매력도를 평가해야 한다. 세분시장의 규모가 크고 성장하고 있더라도 언젠가는 쇠락할 가능성도 배제해서는 안 된다. 그러므로 산업의 현재와 미래의 구조적 매력도를 분석하는 것이 필요하다.

셋째, 기업의 목표와 자원을 파악해야 한다. 즉, 세분시장이 구조적으로 매력적이라 해도, 기업의 목표와 자원과 일치하지 않는다면, 이런 세분시장은 기업에게 큰 의미를 지니지 못한다. 세분시장별로 요구하는 기술과 자원이 다르기 때문에, 기업이 이를 충족시킬 능력이 없다면 시장을 선택하는 것 자체를 피해야 한다.

04 포지셔닝 전략

4.1 포지셔닝의 개념

포지셔닝이란 기업들이 목표 세분시장에 속하는 고객들의 마음속에 자사 제품을 위치시켜서 경쟁제품과 비교했을 때 자사만의 강점이 시장에 잘 전달되도록 하는 것을 의미한다. 포지셔닝 전략은 마케팅믹스 전략과 결합되며, 궁극적인 포지셔닝은 자사의 상품을 소비자의 마음속에 명확하게 전달하는 것이다.

4.2 온라인 기업의 포지셔닝 전략 수립

1. 전통적 오프라인 기업에서 온라인 기업으로 이동을 위한 포지셔닝 전략

효과적인 포지셔닝 전략의 세 가지 요소는 의미있고(meaningful), 의사소통이 가능하고(communicable), 재무적인(financially) 매력을 지니고 있는 것이다. 그림 10-3은 오프라인 기업이 온라인으로 이동할 때 취할 수 있는 전략에 대해 설명하고 있으며, 고객 동일성과 자원배분의 기준을 축으로 각 행렬에 대한 포지셔닝은 다음과 같다.

첫째, 총괄포지셔닝 시나리오에서는 포지셔닝의 대상이 기존의 고객과 동일하기 때문에, 인터넷의 접근성과 편의성에 기반하여 기존에 사용하고 있던 포지셔닝 전략을 최대한 활용해야 한다.

둘째, 교두보 포지셔닝 시나리오에서는 오프라인에서의 세분시장과 유사한 포지션이지만, 보다 작은 고객집단에 초점을 맞춘다.

셋째, on/off Dual 포지셔닝 시나리오는 목표 세분시장은 기존고객들과 신규고객들로 구성된다는 가정 하에 이루어진다. 이는 사전에 차별적인 세분시장을 미리 선정하여 소구하는 전략으로 이와 같은 경우는 온라인 매장을 통해 고객들에게 맞춤화 된 상품을 제공할 수 있음을 최대한 소구하면서 동시에 오프라인 매장과 동일한 가치의 상품을 제공할 수 있음을 강조한다.

마지막, 차별화 포지셔닝 시나리오는 기존의 세분시장과 완전히 다른 세분시장을 포착하기 위한 새로운 포지셔닝이다. 이러한 포지셔닝 전략은 기존 오프라인 포지셔닝 전략이 새로운 세분시장에 영향을 미치고 있지 않을 경우 더욱 효과적이다. 특히, 인터넷은 뛰어난 접근성을 바탕으로 기존의 오프라인 매장이 대상으로 삼지 못한 세분시장의 고객과도 의사소통이 가능하기 때문에 새로운 고객과의 의사소통이 필요한 경우 더 효과적이다.

이처럼 오프라인 기업들이 온라인으로 이동·확대되고 있을 때는 포

그림 10-3 온라인 기업으로 이동을 위한 포지셔닝 시나리오

자원배분의 기준 \ 고객 동일성	동일 고객	비동일 고객
세분시장 전체	**총괄 포지셔닝** • 오프라인 포지셔닝을 그대로 적용 • 인터넷 거래에 따른 편의성 강조	**차별화 포지셔닝** • 전면적인 리포지셔닝 • 기존의 세분시장과 전혀 다른 세분시장 포착을 위한 포지셔닝
세분시장 일부	**교두보 포지셔닝** • 오프라인 포지셔닝을 그대로 적용 • on/off 유사한 고객집단에 초점 • 추가적인 인터넷의 이점 강조	**On/off Dual 포지셔닝** • 목표 세분시장은 기존과 신규 고객들로 구성 • 차별적인 세분시장을 미리 선정하여 소구 • 부가적인 혜택 등을 강조

지셔닝도 또다른 차원의 전략이 요구된다.

2. 온라인 기업의 포지셔닝 전략

다음 다섯 단계는 기업이 포지셔닝 계획을 수립하기 위해 따라야 하는 과정을 정리한 것이다.

• 1단계: 제품의 지각된 위치 파악

본 단계에서 소비자 설문조사를 통해서 소비자들에게 중요한 변수에 따라 지각되는 위치를 파악하여 지각도(positioning map)를 작성하고 경쟁기업과 차별화된 자사의 위치를 규명해야 한다. 이는 자사의 제품이 판매되고 있는 세분시장이 어디인지 시각적으로 보여주며, 신제품이나 촉진기회를 파악하기 위해서도 사용할 수 있다.

• 2단계: 이상적 위치 파악

본 단계는 제품을 지각도의 어느 위치에 포지셔닝 하는 것이 가장

이상적인지 파악하는 단계이다. 기업은 제품에 대한 고객들의 선호도를 측정해 지각도 위에 위치시킴으로써 기존제품이 고객들의 욕구를 충족시켜 주고 있는지를 파악할 수 있다.

만약 아직까지 기존의 제품들이 제공되지 않는 영역이 존재한다면, 이는 신제품이나 포지셔닝 계획을 위한 잠재적 기회의 영역으로 파악할 수 있게 해준다. **그림 10-4**의 사례와 같이 현재 각 영역에서 고객의 니즈를 반영한 고객집단들이 존재한다는 것은 곧 세분시장별로 상품을 제공할 수 있는 기회가 존재하고 있음을 의미한다.

한편 그림을 통해 생산자들이 웹사이트에서 직접 호텔을 예약하는 데 가치를 두는 영역에 대한 세분시장이 나타나 있는데, 이와 같은 잠재적 기회 영역의 파악을 통해 만약 신규시장에 대한 환경을 충분히 개발할 수 있다면, 그 세분시장에 상품을 공급함으로써 성공적인 성과를 만들어 낼 수 있을 것이다.

그림 10-4 고객선호를 반영한 Hotel 예약사이트 지각도

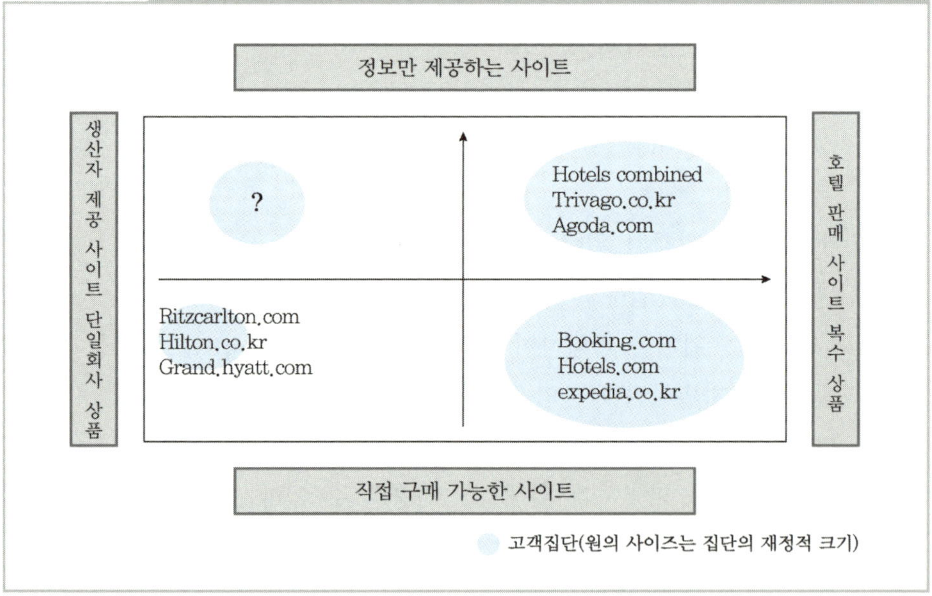

• 3단계: 포지셔닝 전략 대안개발

포지셔닝을 달성하기 위해서는 상황에 적합한 계획을 수립해야 한다. 이를 위해서는 기존의 가정과는 다른 상황이 나타날 수 있음을 인식하고 여기에 대한 여러 가지 대안을 설계해야 한다. 대안설계를 통해 기존과 다른 특수 상황 발생 시 기존의 제품을 개선하여 새롭게 재포지션하거나 혹은 소비자들의 니즈와 특성을 반영한 신제품을 도입할 수도 있다.

• 4단계: 적합한 대안의 선택 및 실행

이 단계에서는 기업의 자원, 역량에 부합되는 계획을 설계하고 실행하는 것에 그 목적이 있다. 계획을 성공적으로 실행하기 위해서는 그 활동을 어떻게 수행할 것인지 등에 대한 구체적인 방안을 설계해야 한다. 또한 계획을 효과적으로 실행하기 위해서는 투입 가능한 기술력, 커뮤니케이션 경로의 효과성, 참여자들의 인센티브 등 다양한 요인들을 충분히 고려해야 한다.

• 5단계: 새로운 위치와 이상적 위치의 비교

본 과정에서는 포지셔닝을 변경하는 것이 성공적인 결과를 가져올 것인지에 대한 측정과 판단을 고려해야 한다. 마케팅 성과(새로운 위치 설정)에 대한 평가는 새로운 기회가 될 수 있는 반면 위협이 될 수도 있기 때문에 다른 영역에서의 포지셔닝 전략이 수정될 필요성이 있는지에 대해 성공 여부를 추적하는 시스템을 바탕으로 결과에 대한 평가가 이뤄져야 한다.

특히, 포지셔닝을 통해 형성된 자사 제품에 대한 긍정적인 생각은 마케팅 담당자가 구체적인 세분시장에 접근하는 것을 도와준다. 즉, 기업의 제품 포지셔닝이 효과적일 경우 마케팅믹스 문제를 해결하는 것은 훨씬 쉬워진다.

마케팅믹스 요소들은 포지셔닝을 위한 세부사항으로 이루어지는데, 예를 들어서 고품질 포지션을 구축해야 할 때는 고품질 제품개발과 고가격의 설정, 고품격과 고품질을 강화하는 촉진방안을 마련하는 식으로 일관된 이미지를 형성하고 강화해야 한다.

포지셔닝 개념을 개발하고 이를 실행하기 위해서는 주경로분석(critical path analysis)을 통해 믹스전략과 이를 연결해야 한다. 때문에 온라인 영역으로 이동하는 기업의 경우 포지셔닝 전략은 다음과 같은 시나리오를 따르게 된다.

첫째, 목표시장이 동일한 경우, 포지셔닝은 일반적으로 인터넷을 통한 접근 등과 같은 약간의 추가 요소를 고려한 오프라인 전략이 반복된다. 둘째, 목표세분시장이 하위세분시장일 경우의 포지셔닝은 인터넷의 이점을 강조해야 한다. 셋째, 목표세분시장이 기존고객과 신규고객으로 구성된 경우 새로운 집단을 유인하기 위한 다른 차원의 포지셔닝 전략을 구축해야 한다. 마지막으로, 목표시장이 완전히 새로운 시장이라면, 포지셔닝 전략 역시 완전히 새롭게 개발되어야 한다.

05 고객관계관리와 e-CRM

5.1 고객관계관리 활동

마케팅 영역에 있어서 관계란 기업과 고객의 결속을 의미한다. 결속은 강하거나 약할 수도 있으며 때론 존재하지 않을 수도 있다. 또한 결속 자체가 이지적(나는 이곳에서 거래하는 것이 가장 이익이다) 혹은 감정적(나는 이 회사의 신발을 구매하면 기분이 상쾌하다) 혹은 이 두 가지가 결합될 수도 있다.

그러나 기업이 자사에 로열티를 갖고 있는 고객들을 유지시키기 위해서는 고객과의 고객활동에 특별한 가치를 부여하려는 노력이 필요하다.

장기적이고 호혜적인 고객관계는 고객들로 하여금 좋은 감정과 이미지를 유지할 수 있으며, 판매자를 신뢰하게 되고, 판매자를 판매촉진에 대해 보다 능동적으로 탐색하고 접촉하게 할 수 있다. 고객관계관리의 기본 가정은 이익을 늘리기 위해서는 장기적인 고객관계의 구축이다. 기업은 구매 패턴, 고객에게 내재된 호불호, 고객가치 등을 이해해야 하며, 그 결과 고객과의 결속에 기여하는 효과적인 프로그램을 설계할 수 있을 것이며, 이러한 고객과의 장기적인 관계는 결국 기업의 이익으로 귀결된다.

일반적으로 고객을 발견하고 충성고객으로 유인하기 위한 비용은 상당히 증가하는데 반해, 기존고객들은 이미 그 기업을 인지하고 있기 때문에 그들을 설득하기 위한 추가적인 비용이 현저하게 감소한다. 일반적으로 신규고객에게 제품을 서비스 할 경우는 기존고객들을 대상으로 하는 경우보다 6배 이상의 비용이 든다.

거기에다 기존의 충성고객에게 고객서비스와 보상프로그램이 연계되어 추가적으로 제공될 경우 이 고객들은 제품의 가격에 연연하지 않으며 기꺼이 더 높은 비용을 지급하고자 한다.

뿐만 아니라, 기존의 충성고객은 신규고객보다 제품을 구매할 확률이 훨씬 높다. 기록에 의하면 기존고객들이 제품과 서비스를 구매할 확률은 50% 이상이지만, 신규고객들이 구매할 확률은 15% 정도에 불과하다.

아울러 기존의 충성고객들에게는 제품이나 서비스를 구매하는 과정, 혹은 구매 이후 불만족이 생기더라도 신속하게 처리한다면, 기존고객의 70%는 계속해서 제품을 구매하는 것으로 나타났다.

5.2 고객관계 관여의 차원

고객과의 관계수준은 곧 고객 관여수준과 비례한다. 관여도(Involvement)[1]란 특정 상황이나 제품에 관련하여 지각된 자극에 의해 유발된 개인적 중요성 또는 관심도를 의미하는데, 마케팅 관점으로 볼 때 소비자의 가치와 욕구 그리고 상품에 대한 관심의 정도를 의미한다. 소비자들은 광고를 보거나, 기업의 웹사이트를 방문하거나, 전자 뉴스레터 등을 신청하거나, 기업 혹은 상품에 대한 의견을 해당 기업에 제시하는 등의 방법으로 관계를 형성하기 위한 노력을 한다. 또한, 관여도는 다음과 같이 제품의 범위, 구매상황, 소비자의 개별 특성과 밀접한 관련이 있다.

- 제품의 범위: 고객들은 제품의 상표 또는 제품 그 자체에 기반하여 감정적 관계를 형성한다. 대부분의 소비자들은 특정 상표에 대한 강한 감정적 애착심이 없다. 우유, 비누, 껌 같은 저관여 제품에 대한 결속은 적은 편이며, 이러한 제품들은 비교적 저렴하기 때문에 잘못된 의사결정을 하더라도 위험 부담이 적고, 수많은 대체상품들이 존재한다.
  이러한 상품은 생활과 큰 관련이 없기 때문에 소비자들은 이와의 관계를 발전시키기 위해서 노력하지 않는다.

- 구매 상황: 향수를 자신이 사용할 목적으로 구매할 때와 선물하기 위해서 구매하는 경우는 매우 다른 상황이다. 구매관여는 소비하는 사회적 상황과 구매자가 선물 받는 사람의 반응에 대한 관심에 의해 선물을 구매하는 상황에 훨씬 높게 나타날 것이다.

---

1) 관여도란 특정 제품에 관련하여 개인적 관심의 정도나 지각된 중요성이라고 할 수 있다(Wright, 1975). 관여도수준에 따라 소비자는 일반적으로 제품이나 서비스를 구매하고 사용함으로써 얻을 수 있는 혜택을 극대화하고 위험을 극소화하기 위해 행동한다. 제품관여는 수준에 따라 고관여(highinvolvement)와 저관여(lowinvolvement)로 나뉜다. 소비자가 어떤 대상이 자신에게 중요한 영향을 미친다고 지각하면 그것에 대해 더 많은 생각과 추론을 하고 더 많은 정보를 추구하고 탐색한다(Celsi & Olson, 1988; Assael, 1983). 그에 따라 상대적으로 최적의 선택을 이루는 정보처리를 하게 된다. 즉, 관여도가 낮은 경우에는 소극적이거나 최소비용의 정보처리를 하는 반면에, 관여도가 높은 경우에는 적극적이고 고비용의 정보처리를 하고 제품이나 서비스를 구매한다.

반면, 인터넷은 구매관여를 감소시켜 상황에 따라 고객이 필요로 하는 가치를 창출한다. 즉, 판매원들과의 불편한 분위기를 피하기를 원할 경우 인터넷을 통해 구매하게 된다.

- 소비자의 개별 특성: 경우에 따라 관여도수준은 소비자가 자신에 대해서 어떻게 생각하는지, 타인들이 그들을 어떻게 생각하기를 바라는지와 관련이 있다.
  예를 들어, 소비자들의 라이프스타일과 생애주기는 그들이 소유할 제품과 긴밀한 관련이 있다. 즉, 십대들은 일반적으로 나이가 많은 소비자들에 비해서 음악, 운동화 등에 높은 관심을 가지고, 그러한 범주에 속하는 제품의 다량 사용자들이다. 반면 화가들은 붓이나 미술용품 등에 대해서 많은 관심과 지식을 갖고 있을 것이다. 미술 관련 단체의 모임에 등록한 사람들은 이 범주에 속하는 제품들에 많은 관심이 있을 것이므로 사이트와 관계를 구축하고자 할 것이다. 이처럼 기업은 고객의 특성에 따라서 고객과의 관계를 발전시키기도 한다.

그림 10-5 **관계도의 차원**

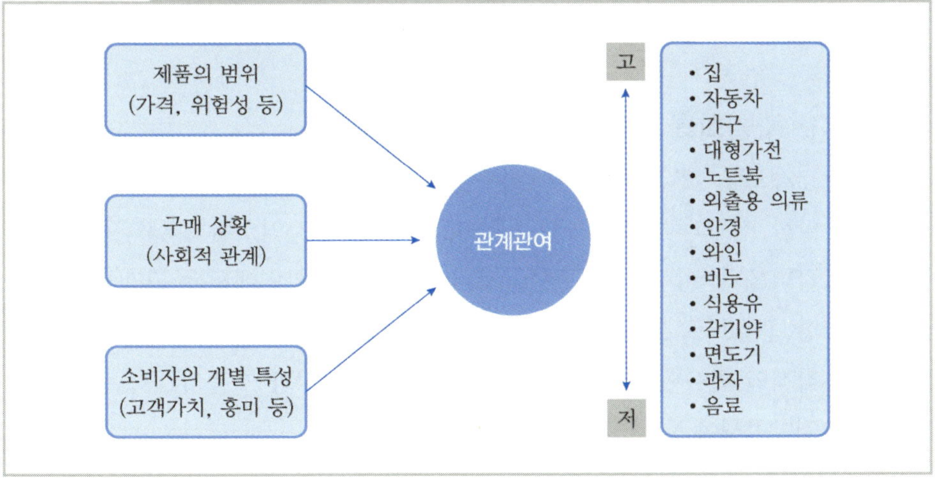

5.3 주기별 고객관계관리

고객관계를 구축하기 위해서는 단순히 고객과 장기적인 관계를 유지하는 것을 넘어서 그들의 빈번한 구매를 유발하는 것이 중요하다. 때문에 기업은 이익을 창출하는 다량 구매 고객들을 지속적으로 확보하고 이들과의 지속적인 관계를 유지하기 위해서 노력해야 한다,

고객을 확보한다는 것은 외부 데이터베이스(DB)를 통해서 새로운 고객을 확보하는 것이다. 또한 고객확보를 위해 중요한 것은 무엇보다 우량고객이 될 잠재고객을 우선적으로 보유하는 것이다. **그림 10-6**에서 표현된 고객수명주기는 도입기, 성장기, 성숙기 3단계로 구성된다. 도입기에는 차별화를 통한 신규고객 흡수, 성장기에는 기존고객관계 강화, 그리고 성숙기에는 고객유지가 필요하다.

그림 10-6 고객수명주기별 CRM활동

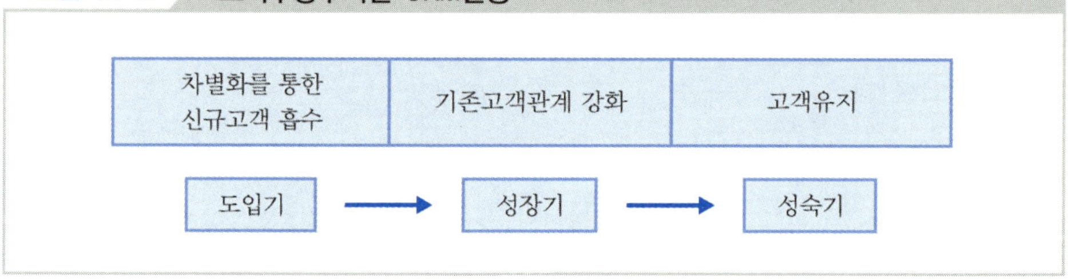

1. 차별화를 통한 신규고객 흡수

새로운 거래를 개설한다는 것은 새로운 고객을 획득하기 위해서 다양한 전략과 계획들을 수립하여, 고객들이 자연스럽고 즐겁고 행복한 경험을 할 수 있도록 하는 것이다. 특히, 온라인에서는 고객들을 다양한 콘텐츠로 유혹하는 것만큼 중요한 것이 잠재고객의 요청에 대한 즉각적인 반응이다. 아울러 제품 서치의 편리성과 제품의 혁신성도 이를 뒷받침해야 한다.

2. 기존고객관계 강화

인간관계에서는 그 관계가 견고할 경우 사소한 문제가 발생하더라도 사람들은 관계를 지속하기를 바란다. 이처럼 기업들 역시 고객들의 불평과 불만에 대해서 관심을 가짐으로써 계속해서 새로운 가치를 추구하고, 문제점을 해결하기 위한 노력을 지속한다. 기존고객들로부터의 고객생애가치와 매출을 높이기 위해 교차판매, 추가판매(제품교체 및 업그레이드) 및 이벤트 판매 등을 통해 고객관계를 더욱 깊고 폭넓게 유지한다.

3. 고객유지

기업은 수익성을 지닌 충성고객을 유지하기 위해 서비스의 적용가능성을 높이고자 하며, 고객들의 이탈을 막기 위해서 불만에 대응하는 사후서비스(A/S) 제공, 지속적인 관리 등의 노력을 한다. 이처럼 고객 충성도를 강화하는 것은 목적이 있다.

CRM은 기존에는 고객유지에 초점을 맞춘 경영활동이었다. 고객을 유지하기 위해서는 고객의 불만을 사전에 예방하고, 불만이 발생할 경우 이에 대해 효과적으로 대처하기 위한 노력을 하고 소비자들에게 추가적인 혜택을 제공하는 등의 노력을 지속해야 한다.

5.4 e-CRM을 통한 고객관계 형성

CRM이 오프라인 기업의 타겟 마케팅을 지원한다면, e-CRM은 온라인상의 소비자성향과 행동을 분석해 고객만족을 극대화하고 고객과의 1:1 Direct 마케팅을 가능하게 해주는 것으로 인터넷 기반의 통합 마케팅 기법이다. e-CRM은 실시간으로 소비자의 요청을 처리할 수 있다는 점과 유지보수비용이 저렴하다는 장점을 지니고 있다.

e-CRM이 본격화됨에 따라 기존보다 훨씬 빠르게 소비자 요구사항을 처리할 수 있으며 주문절차 역시 단순해지고 명확해진다. 또한 소

비자의 불만, 추가서비스 요구에도 즉시 대응할 수 있기 때문에 만족도를 최대한 높일 수 있다. 뿐만 아니라 인터넷을 사용하기 때문에 오류 역시 감소하게 되어 운영비용을 절감할 수 있으며, 이는 궁극적으로 고객충성도를 향상시켜 매출을 증대시키는 결과를 가져온다.

e-CRM은 기존의 CRM과는 다르게 고객데이터를 인터넷을 통해서 수집하며, 고객과 실시간으로 쌍방 커뮤니케이션을 할 수 있다는 특징이 있다.

또한 웹, 무선기술 등을 이용하면, 대량 유통을 효율적으로 처리할 수 있으며, 각 개인들에게 최적화된 서비스를 제공할 수 있게 되는데, 예를 들어 소비자가 온라인상에서 상품을 주문하고 상품의 배송 방법, 포장 방법, 그리고 부가적인 서비스의 수신 여부를 선택하게 되는데 이것이 곧 e-CRM이 제공하는 서비스의 본질이라 할 수 있다.

e-CRM에서는 전체 고객이나 세분화된 고객 그룹군에 기반한 고객관리가 아니라 각 개인을 대상으로 한 고객관리가 가능하다. 데이터 수집은 주로 인터넷 웹사이트에서 이루어지며, 데이터와 이를 활용한 웹 마이닝의 결과로 나타나는 빅데이터와 인터넷 사이트를 통해 고객을 유치하고 유지시켜 수익을 극대화 시키려는 데 그 목적이 있다고 볼 수 있다.

5.5 e-CRM상의 고객관계 단계별 이동 유형

전형적인 고객관계의 기본 4단계는 인지, 탐색, 몰입, 소멸이지만, 모든 고객들이 반드시 이 단계를 거치지는 않는다. 고객들이 관계단계를 거치는 과정은 그림 10-7과 같다.

1. 인지단계(awareness)

인지단계에 있는 고객은 기업이 교환 파트너의 역할을 할 수 있다는 사실은 알지만, 실제 커뮤니케이션을 시작하거나 인지한 기업의 제품

그림 10-7 관계단계별 이동 유형

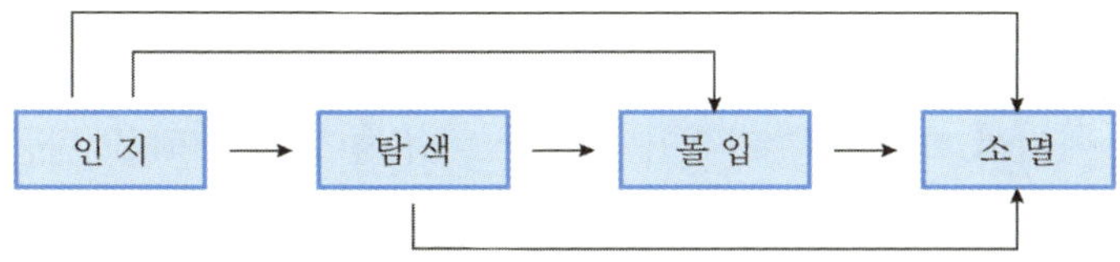

을 구매하지는 않는다. 본 단계에서 중요한 전략들은 다음과 같다.

- URL을 고객들이 쉽게 기억할 수 있는 명칭으로 해야 한다. 사이트 이름과 핵심서비스 이름 사이에 확실한 관련성을 두어서 소비자들의 기억을 도와야 한다.
- 인터넷 브랜드를 오프라인상의 모브랜드(mother brand)와 일관성 있게 하여 인지도를 높일 수 있다. www.kia.com은 온라인 브랜드를 자사의 오프라인 브랜드와 명확한 관련을 지니게 하여 다양한 혜택을 누리고 있다. 반면 K-mart는 bluelight.com을 온라인 브랜드의 명칭으로 했는데 소비자들은 이 둘 사이의 연관성을 느끼기가 힘들다. 이런 경우에는 소비자들의 인식을 연관짓기 위해 브랜드명과 URL 간의 관련성에 대한 특별한 정보를 제공해 주어야 한다. 그리고 인지단계에서는 웹사이트 탐색단계로까지 이어져야 한다.

2. 탐색단계(exploration)

탐색단계에서 고객들은 시험구매를 시도하게 된다. 여기서 소비자는 타인과 더욱 강한 관계를 구축해야 할지 결정하기 위한 다양한 정보를 수집한다.

탐색단계의 당사자들은 의사소통을 요구한다. B2B관계에서는 소수의 고객들이 다량의 구매를 하기 때문에 이 상황에서의 관계와 B2C 상황에서의 관계는 서로 다른 부분에 초점을 맞춰야 한다.

탐색단계에선 많은 구매위험을 지니고 있는 신규 의사결정(new tasks)의 구매상황이 존재하며, 매력도, 신뢰, 관계 규범의 개발 및 만족에 집중하게 된다.

여기서 매력도란 고객이 지급한 비용 이상의 혜택을 제공받을 수 있다는 것을 의미한다. 그러므로 기업은 경쟁기업보다 우수한 고객가치를 전달하기 위해서 노력해야 한다.

신뢰는 온라인 마케팅에서 필수적인 개념인데, 인터넷 웹사이트를 통한 거래는 전통거래와 다르게 인적 접촉이 이루어지지 않기 때문에 기업이 사업을 지속할 것이라는 것을 보증할 수 없으며 이에 따라 소비자의 믿음이 절대적으로 필요하다. 또한 온라인 거래가 이루어질 때 소비자들 자신들의 금융정보가 보호되고, 자신의 정보가 제3자에게 넘어가지 않을 것이라고 신뢰할 수 있어야 하며, 제품이 보증될 것이라고 믿을 수 있어야 한다.

이처럼 결국 기업이 주문을 처리하고, 제품을 정확히 배달하며, 사후서비스까지 제공해줄 것임을 신뢰하지 않는다면 둘 사이의 교환은 불가능하다.

한편 관계규범은 본질적으로 기대되는 행동양식을 의미하며, 이는 개인 행동의 지침이 되는 행동규칙이며 종종 이를 위반하는 행동에 대해서는 명확한 구속력을 발휘해 규범에 의거하지 않은 행동에 제재를 가하는 특징이 있다.

3. 몰입단계(engrossion)

몰입단계에서 거래 당사자들의 서로 간에 의무감과 책임감을 느낀다. 몰입의 첫 번째는 양 당사자가 관계에 기여하는 것이다. 고객의 관점에서 기여의 의미는 제품 또는 브랜드가 고객생활의 일부가 되는 감정적인 상태로의 접근을 의미하기도 한다. 예를 들어, Harley-Davidson 오토바이 소유주들은 상표의 역사에 대해 이해하고 있으며, 기업과의 지속적인 관계가 유지되기를 원한다. 이에 따라 Harley Owner 그룹은

Harley-Davidson 오토바이 매니아들을 위한 지속적인 이벤트와 신제품 정보 제공, 그리고 오토바이의 관리 요령해 대해 알려줄 뿐 아니라 일기에 대한 정보도 제공하는 등 자사의 웹사이트를 통해 고객과의 관계는 금전적인 교환 이상의 의미를 지니게 된다. 또한 다음, 네이버 등의 커뮤니케이션은 이메일 서비스를 제공해 몰입을 촉진시키며 이러한 수단들은 모두 이용자들의 사회적 결속을 구축해주기도 한다.

몰입의 두 번째는 교환의 일관성이다. 이것은 구매자와 판매자 간의 상호 작용의 예측력을 증가시켜 관계에 안정성을 가져오는 개념이다. USA Today는 온라인에 진출함으로써 사이트에 게시되는 신문이 곧 오프라인 신문과의 상호 작용을 통해 서로를 강화할 수 있었다. USA Today의 온라인 버전은 구매자와 판매자의 상호작용을 높은 수준으로 구축해 구독자의 몰입을 형성시키도록 돕는다. 이처럼 USAToday.com은 USA Today 신문의 온라인 버전을 무료로 제공하면서 동시에 오프라인과 온라인 제품의 결속을 강화한 사례로 남는다.

4. 소멸단계(dissolution)

연구결과에 따르면 미국기업들은 평균 5년마다 자사 기존고객들의 1/2 이상을 잃는다고 한다. 구매자-판매자 관계는 언제든지 실패하거나 소멸될 가능성을 지니고 있으며, 이들의 관계를 소멸하게 하는 요인들은 다음과 같은 것들이 있다.

- 고객이 다른 제품을 원하거나 다른 대안이 존재할 경우
- 기업이 서비스 대응을 제대로 하지 못하거나, 제품 또는 서비스가 실패할 경우
- 기업이나 종업원에 대한 윤리적 문제들이 제기될 경우
- 인터넷에 있는 음악, 비디오 게임 등 10대들에게 구매가 한정되어지는 것처럼 제품의 범주에 있는 고객들이 성장해 더 이상 관계가 필요 없는 경우

그러나 때론 기업들이 고객들과 보다 적극적으로 관계를 단절시켜서 혜택을 얻을 수도 있다. 예를 들어, 어떤 고객들은 유인하는 데 너무 많은 비용이 필요하기도 하며, 어떤 소비자는 고객이 되더라도 충성도가 약해 기업에 도움이 되지 않는다. 이런 경우에는 기업은 이익과 성장률이 높은 고객들을 선별적으로 보유하는 것에만 초점을 두기도 한다.

금융권, 개인화서비스에 집중…시스템 고도화 나서

금융사들이 개인별 맞춤서비스 전략이 본격화되고 있다.

비대면 채널을 통한 금융상품 가입은 물론 오프라인 지점에서 금융복합상품 판매가 가능해지면서 온라인, 오프라인 모두 새로운 고객전략 수립이 중요해지고 있는 상황이다.

특히 빅데이터, 비대면 채널의 발전으로 인해 보다 고도화된 개인별 맞춤서비스가 가능해질 것으로 보여 각 금융사들은 대고객 마케팅을 위한 시스템 고도화와 신규서비스 도입에 적극 나서고 있다.

KB국민은행은 개인 고객관계관리(CRM) 캠페인 시스템 고도화에 나섰다. KB국민은행의 이번 사업은 정교한 데이터 분석을 기반으로 적시성 있는 캠페인 실행, 피드백 데이터 반영을 통한 캠페인 재실행 등 일련의 과정을 자동화 할 수 있는 인프라를 구축하는 사업이다.

이를 위해 전은행 마케팅 데이터를 수집·분석·저장하는 '캠페인 마트' 최적화 구성과 고객정보분석을 통해 정교화된 세그먼트를 분석·추출하는 고객분석환경 구현, 개인화된 최적 오퍼를 적시성 있게 제공할 수 있는 '캠페인(마케팅 오퍼) 시스템' 고도화, 캠페인 성과분석을 위한 '모니터링 시스템' 구현에 나선다.

앞서 국민은행은 기업 CRM 시스템도 재구축한바 있다. 영업점 사용자중심의 쉽고 빠른 기업 CRM 재구축을 통해 기업에까지 맞춤형 서비스를 제공하기 위해서다.

이를 위해 기업고객 세분화(segmentation)시스템 구현 및 적용기업 고객관리 프로세스 및 표준활동시스템화, 기업고객분석 정보 제공(single view), 아웃바운드 마케팅을 위한 KB테블릿브랜치 연동지원, 퇴직연금 후속업무를 위한 연계처리시스템 개발 등을 완료한 바 있다.

부산은행도 빅데이터 활용을 통한 마케팅 시스템 구축에 나섰다. 빅데이터 기반의 마케팅 프로모션을 가능하게 하는 시스템 구축을 통해 개인별 상품 알림 및 상담 체계를 갖춰나갈 계획이다.

여기에 비콘(Beacon) 등 O2O 서비스와 연계해 온·오프라인을 아우르는 통합 마케팅 플랫폼을 통해 고객별·지역별 타겟 마케팅을 보다 차별화할 계획이다.

앞서 신한은행은 올 초 CRM 서비스인 '마이다스(MIDAS) 3.0' 가동을 통해 스마트폰 등 다양한 채널을 활용한 개인형 맞춤 마케팅에 들어갔으며, SC제일은행도 7월 인터넷 홈페이지 및 모바일뱅킹 애플리케이션 개편을 통해 E-CRM(인터넷 고객관계관리)을 통한 고객 성향분석서비스를 통한 맞춤형 상품 제안을 선보였다.

이처럼 은행권에선 CRM 시스템 고도화를 통해 개인별 고객에 최적화된 상품제안과 기타 마케팅을 진행할 수 있는 시스템 개발에 적극 나서고 있다.

이는 금융권이 비대면 채널 시장에 빠르게 적응하고, 고객 개개인에게 'VIP'서비스를 제공할 수 있는 비대면 옴니채널 구축이 본격화되고 있기 때문이다. 옴니채널 서비스가 성공하기 위해선 정밀한 고객데이터 분석과 개인화서비스를 위한 기반 마련이 필수적이다.

특히 최근 빅데이터, 인공지능 등 개인화서비스를 가능케 할 수 있는 IT 신기술이 그 가능성을 인정받으면서 금융사들이 대거 채택하고 있는 것도 한 요인이다. 이를 통해 대면채널을 통한 마케팅 한계를 극복하겠다는 것이다.

출처: 디지털데일리 news 2016.10.13. http://www.ddaily.co.kr/

11 Chap. 온라인 마케팅 실행전략

도입사례 유통가, '신선식품' 전쟁… 온라인 커머스의 전통 오프라인 영토 공략

전자상거래 업계가 전통 오프라인 유통 영역인 '신선식품' 판매 경쟁에 뛰어들었다. 신선식품은 온라인 유통업계가 뛰어들 블루오션으로 꼽힌다.

온라인 업체들은 구매편의성과 가격경쟁력을 내세웠다. 쌀, 보리, 과일, 생선 등 신선식품을 온라인에서 찾는 소비자가 급증하고 있기 때문이다. 그 밑바탕에는 배송망과 정보기술(IT) 인프라 혁신이 크게 작용했다. 대형마트와 오픈마켓, 소셜커머스94, TV홈쇼핑, T커머스 등 주요 온·오프라인 유통사업자가 시장 주도권을 놓고 격돌한다.

▪ 오프라인 강자 대형마트, 온라인으로 진격

대형마트 업계가 온라인 쇼핑 부문에서 신선식품 경쟁력을 강화, 온라인 신선식품 매출 비중이 오프라인 매장과 비슷한 수준으로 상승하고 있다. 새로운 핵심 수익 모델로 떠올랐다.

롯데마트가 올해 온라인 쇼핑몰 '롯데마트몰'과 모바일 애플리케이션(앱)에서 벌어들인 전체 매출 가운데 신선식품 비중은 30% 수준이다. 이는 오프라인 매장(25~30%)과 비슷하다. 롯데마트는 고객 거주지와 가장 가까운 지역의 오프라인 매장을 물류 허브로 활용한다. 배송 시간을 최소화하면서 오프라인 상품 경쟁력을 온라인에 접목하기 위한 조치다. 냉장차량 배달서비스 '쿨 배송', 온·오프라인 연계(O2O412) 서비스 '스마트픽', 원스톱 결제·배송서비스 '스마트 스캔' 등 차별화한 배송서비스도 도입했다.

이마트는 올해 이마트몰 전체 매출 가운데 27.2%를 신선식품으로 벌어들였다.

온라인 쇼핑 전용 자동화 물류센터 '네오(NE.O)'를 신선식품 사업 핵심 경쟁력으로 앞세워 수요를 끌어들였다.

홈플러스는 '피킹(Picking)'을 온라인 신선식품 시장 경쟁력으로 앞세웠다. 피킹은 주부사원으로 구성한 장보기 도우미(피커)가 고객 주문 건에 관해 가장 신선한 제품을 엄선, 배송하는 형태다. 피커가 유통기한이 임박한 상품을 고르면 PDA로 경고 알람을 울린다. 홈플러스는 저온 유통시스템을 탑재한 차량으로 배송하는 것은 물론 오후 4시까지 당일 배송 주문을 받는다. 퀵 서비스로 1시간 내 상품을 전달하는 차별화전략도 추진한다.

▪ 오픈마켓·소셜 커머스94, '신선' 마케팅 주력

오픈마켓과 소셜 커머스는 오프라인 매장수준의 신선도를 유지할 수 있는 포장·배송서비스 확보에 힘을 쏟고 있다.

11번가는 지난 6월 '일레븐스타(11star)'를 선보였다. 단순한 가격정보에서 벗어나 산지와 재배자에 중점을 두고 제품을 소개하기 위한 서비스다. 앞으로 '농부 직송', '어부 직송' 등을 콘셉트로 일레븐스타 제품을 확대할 계획이다.

11번가는 현재 새벽에 수확해서 아침에 발송하는 산지직송서비스를 제공한다. 수산물은 경매 당일 출고한다. 소비자가 제품 수령 후 제대로 보관할 수 있도록 자세한 주의사항도 제공한다. 고객이 구매하기 전에는 제품 상태를 직접 확인할 수 없는 온라인 쇼핑의 한계를 극복하기 위함이다.

SK플래닛 신선식품팀장은 "새해 일레븐스타 등 전문 큐레이션 활성화와 배송차별화정책을 신선식품 중점 목표로 추진할 계획"이라고 전했다.

G마켓은 전문 식품 담당자로 구성한 검증단을 직접 원산지로 파견한다. 생산, 가공, 포장, 배송작업 등에 참여한다. 고객이 제품을 직접 눈으로 확인할 수 있는 동영상도 제공한다. 신선도 유지를 위해 산지 수확 당일 제품을 배송하는 'G마켓 후레쉬'도 선보였다.

옥션은 고품질 제품 판매자를 엄선해서 생산자직송서비스를 제공하는 '옥션 파머스토리'를 론칭했다. 생산자 실명과 사진을 공개하는 '생산자 실명제'를 적용,

고객 신뢰를 높였다.

쿠팡은 농협중앙회와 협력 관계를 구축하면서 고품질 제품을 안정 공급 받을 수 있는 기반을 마련했다. 19,800원 이상 구매한 고객에게 배송 대표 서비스 '로켓배송'의 혜택을 제공한다. 밤 11시 이전까지 주문하면 이튿날까지 신선식품을 받아 볼 수 있다.

티몬은 주요 오픈마켓처럼 산지직송서비스 중심 신선식품 판매전략을 도입했다. 고객이 수령하기까지 평균 1.7일 소요되는 것으로 나타났다. 티몬은 식품 카테고리에서만 판매하는 신선식품을 생필품 전문 채널 '슈퍼마트'에서 선보일 계획이다.

위메프는 물류센터에 약 2,000㎡(660평) 규모의 신선식품 냉장시설을 구축했다. 수시로 유통기한을 확인, 기한이 지난 제품은 전량 폐기한다. 출고 전 2회에 걸쳐 유통기한 및 상품 상태를 육안으로 검사한다.

■ 시청자 입맛 노리는 TV홈쇼핑·T커머스

TV홈쇼핑과 T커머스 업계도 신선식품 수요를 정조준했다. 한눈에 확인할 수 있도록 TV 화면에서 상품을 소개하는 한편 온라인·모바일 마케팅전략을 강화하는 투 트랙 전략을 펼친다.

CJ오쇼핑은 지난 5월 온라인 쇼핑몰 CJ몰의 식품 카테고리에서 프리미엄 식품 전문관 '식품종가 FRESH'를 구축했다. 온라인 신선식품은 품질이 떨어진다는 인식을 개선하기 위해 마련했다. 국내외 유명 지역 특산물이나 식품을 직매입, 간편하게 구매할 수 있다. 올해 CJ몰 신선식품 매출은 전년 대비 약 23% 증가했다.

NS홈쇼핑은 신선식품 직매입 전문 상품기획자(MD) 제도를 운용한다. 해당 MD가 직접 산지를 방문해서 확인한 산지직송 상품을 선보이는 한편 하림닭, 주원산오리, 순우리한우 등 주요 업체와의 협력관계 구축으로 신선한 제품을 확보한다.

공영홈쇼핑은 그동안 TV하나로마트(농협), 어랍쇼(수협), 프리미엄 식품관 등 식품 전문 콘텐츠를 송출했다. 고추 DAY, 쌀 DAY, 수산인의 날 등 특별 생방송을 편성하며 시청자를 공략했다.

KTH K쇼핑은 단독 브랜드를 발굴하는 한편 TV 홈쇼핑과 차별화한 제품기획에 주력하고 있다. 최근 선보인 '3촌의 명품밥상'이 대표 브랜드다. 실제 생산지에서 생산자와 생산 방식을 직접 소개하고 제품을 판매한다. TV는 물론 모바일 앱, 인터넷몰에서 언제든지 콘텐츠를 시청하고 상품을 구매할 수 있다.

출처: ETN news 2016.12.26. http://www.etnews.com/, 기사편집

01 제품전략

제품이란 인간의 기본적 욕구나 2차적 욕구를 충족시켜 줄 수 있는 제공물로써 기능적·사회적·심리적인 편익이나 효용을 제공해 주는 유형·무형의 제 속성의 복합체라고 할 수 있다. 제품은 또한 재화(goods) 및 아이디어(idea)의 개념을 포괄하는 것으로써, 특히 최근 인터넷과 디지털 기술이 결합된 새로운 형태의 기술제품들이 계속 등장하고 있다.

본 장에서는 온라인 제품전략을 설계하기에 앞서 온라인 환경의 변화에 따른 제품에 대한 소비자 패러다임의 변화가 어떻게 이루어졌는지를 파악하고자 한다. 이를 위해 제품 편익을 기준으로 한 제품 개념에 대해 먼저 파악하고 제품의 구성 요소를 서비스와 구분하여 이해함으로써 기존제품과 확장제품의 개발, 그리고 온라인 제품의 개발전략에 대해 파악할 필요가 있다.

1.1 제품의 특성

제품은 마케팅 실행전략 수립에 있어 가장 중요한 실행 요인이며 다른 마케팅전략을 구축하기 위한 중요한 요인이다. 제품으로는 유형의 거래 대상인 상품뿐만 아니라 서비스, 아이디어, 정보, 조직 등 교환의

가치가 있는 모든 것이 해당된다. 즉, 제품이란 구매자들에게 편익과 가치를 제공하는 산물을 의미하는데, 여기서 편익이란 소비자가 제품의 소유 혹은 사용 등으로 인해 경험하거나 기대되는 혜택의 의미가 있으며, 마케팅 관리자는 이러한 소비자들이 인지하는 편익에 대해 파악하고 명확한 지식을 확보함으로써 향후 그들의 제품선호도 및 수요에 맞는 적절한 제품계획을 세울 수 있게 된다. 한편 편익을 기준으로 한 제품의 5가지 차원을 구분하면 다음과 같다.

- 핵심적 편익: 구매자가 진실로 구매하고자 하는 기본적인 서비스 혹은 제품
- 기본편익: 제품구매 시 소비자들이 고려하는 기본 사양
- 기대편익: 제품으로부터 기대하고 동의하는 여러 가지 속성과 조건의 총합
- 확장편익: 현재 보편적으로 기대 이상의 욕구충족을 위해 확장된 편익
- 잠재적 편익: 미래 제품에 궁극적으로 추가되어야 할 특성 및 서비스를 겸비한 제품에 대한 편익

이와 같이 고객의 기대는 정태적인 개념이 아닌 마케터가 확장제품에 대한 개념을 보다 광범위하게 확장시킴에 따라 과거에 확장편익의 제품이 기본편익으로 회귀되며 계속 동일한 패턴이 반복된다. 즉, 소비자들은 확장편익에 대한 기대가 만연화 되고 곧 기대편익으로 전환됨에 따라 마케터는 기본편익의 개념을 계속 새롭게 재정의하는 상황이 반복되기도 한다.

그림 11-1 호텔의 제품(서비스) 핵심편익의 5가지 차원

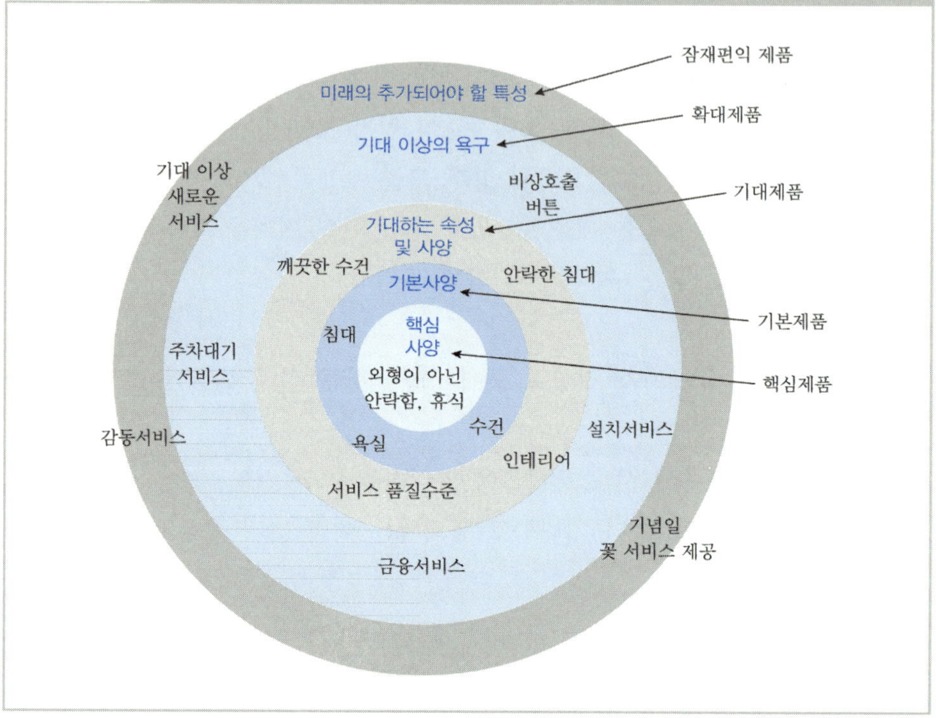

1.2 판매목적 및 고객 유형에 따른 제품분류

제품은 구매자들의 구매목적이나 제품을 사용하는 고객의 유형에 따라 소비재와 산업재로 구분할 수 있는데, 소비재는 최종소비자(개인)의 소비 또는 욕구충족을 위해 구매되는 제품을 말하며, 산업재는 다른 제품의 생산에 사용할 목적으로 조직구매자들에 의해 구매되는 제품을 의미한다. 때로는 같은 제품이라 하더라도 두 가지 제품부류에 속할 수도 있다. 예를 들어, 문구류는 최종소비자에게 판매될 수도 있고, 조직구매자에게 판매될 수도 있다. 그림 11-2는 제품의 분류 형태를 나타낸 것이다.

그림 11-2 **제품의 분류 형태**

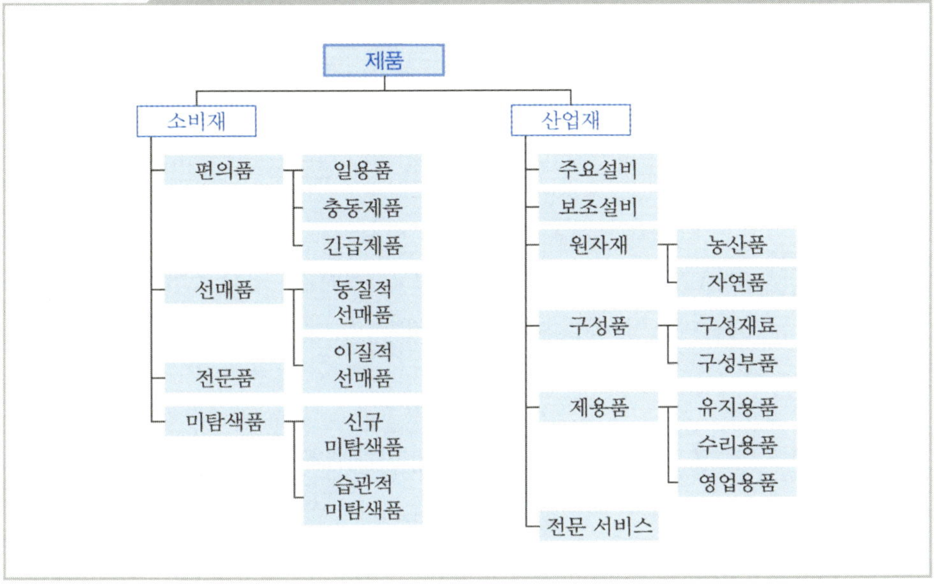

소비재(consumer products)는 소비자들이 제품을 어떻게 생각하고 쇼핑하는가에 따라 편의품, 선매품, 전문품 및 미탐색품으로 분류할 수 있으며, 산업재는 조직구매자가 제품에 대해 어떻게 이용할 것인가에 따라 주요설비, 보조설비, 원자재, 구성품, 제용품 그리고 전문 서비스로 분류할 수 있다.

1.3 제품믹스 전략과 기본 제품의 개발

제품믹스(product mix)란 한 기업이 생산, 공급하고 있는 모든 제품의 총합 또는 제품계열 및 제품품목 일체를 위미한다. 여기서 제품계열(product line)이란 기업이 제조·판매하는 하나의 제품군으로서 고객의 욕구나 용도, 판매경로, 가격범위, 기능, 원재료, 제조공정 등이 서로 유사하여 밀접하게 관련되어 있는 제품들의 집단을 의미한다. 이 제품계열의 조합이 바로 제품믹스가 된다. 또한 제품품목(product item)이란 규격이나 가격, 외양 등의 속성이 서로 다른 하나의 개별적 제품단위를 의미한다.

기업의 제품믹스는 그 제품구성에 있어서 폭(width), 깊이(depth), 길이(length) 및 일관성(consistency) 등 4가지 차원의 개념으로 설명할 수 있다.

먼저 제품믹스의 폭(width)이란 기업이 현재 취급하고 있는 제품계열의 수를 의미하는데 표 11-1은 TV, 세탁기, 냉장고 3개 제품계열을 갖는 제품믹스의 폭을 나타내고 있다.

▶▶ **표 11-1 대형가전 제품믹스**

제품계열 1(TV)	제품계열 2(세탁기)	제품계열 3(냉장고)
13인치	수동식	소형
17인치	자동식	중형
20인치		대형
25인치		

제품믹스의 깊이(depth)란 각 제품계열이 얼마나 다양한 품목을 제공하고 있는가에 관한 것으로써 각 제품계열의 평균 제품품목의 수로 표현된다. 제품믹스의 길이(length)란 그 제품믹스에 포함된 전체 제품품목의 수를 말한다. 제품의 일관성(consistency)이란 여러 제품계열들이 그 용도나 생산 요소, 유통경로 등에서 서로 얼마나 밀접하게 연관되어 있는가 하는 것을 말한다. 예를 들어, TV나 세탁기, 냉장고가 동일한 유통경로를 거치는 소비재라면 이들의 제품믹스는 일관성이 있다고 할 수 있다.

제품믹스의 이러한 4가지 차원, 즉 폭, 깊이, 길이 및 일관성은 기업의 제품전략을 수립하기 위한 조종간이 된다. 즉, 기업은 제품계열의 확대나 축소, 제품품목의 추가나 제거 및 제품계열의 일관성 등의 차원들을 조정하는 것이 곧 제품믹스라 할 수 있다.

한편 기존의 제품계열에 새로운 제품계열(신제품)이나 제품품목을 추가하는 것을 '제품계열의 확대'라고 하는데 흔히 제품다양화(product diversification)라고도 한다. 본 제품계열의 확대는 기존의 제품계열의 위치를 기준으로 수직적 학대, 수평적 확대 그리고 이질적 확대의 형태가 있다.

여기서 수직적 확대란 제품의 부분품이나 원재료 및 관련된 2차제품을 제품계열로 추가하는 것을 의미하며, 수평적 확대란 동일업종에 속하는 새로운 제품을 추가하는 것이다. 또 이질적 확대는 타 업종에 속하는 새로운 제품을 제품계열에 추가하는 것으로서 기존의 제품계열과 전혀 다른 영역의 제품확장을 도모하는 경우를 말한다. 예를 들어, 섬유회사가 제약회사에 진출함으로써 의약품을 개발했다면 이는 곧 이질적 확대에 해당한다.

한편 기본 제품수준에는 수많은 제품개발 수단이 존재하는데 제품을 확대하지 않고 이용할 수 있는 기본제품의 차별적 전략으로 포장,

그림 11-3 제품실행전략의 구성 요소

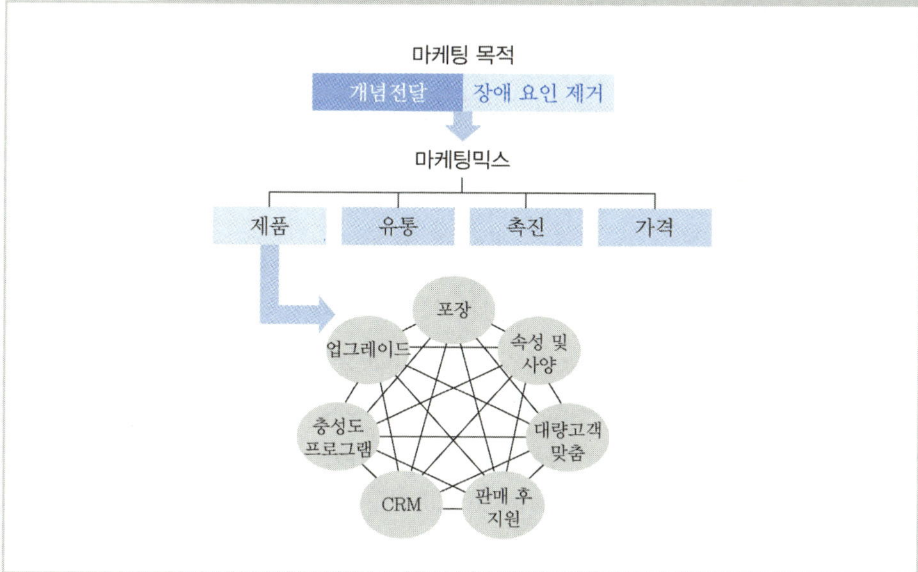

속성 및 사양의 차별화 및 대량고객 맞춤 등이 있으며, 또한 확장된 제품의 차별화전략으로는 판매 후 지원, 고객관계관리(CRM), 충성도 프로그램, 업그레이드 그리고 부가적 기능의 제공 방법 등이 있다.

1. 포장

포장은 자사의 제품을 경쟁기업과 구분함으로써 고객들에게 더욱 호소력 있게 보이게 함으로써 고객들과 의식적인 의사소통을 하기 위해 이용된다. 포장은 제품의 보호뿐 아니라 제품의 유형을 강조하기 위해 사용되기도 하며, 일반적으로 제품에 대한 명시적 메시지가 포장물에 인쇄된다. 예를 들어, CJ는 레토르트 식품의 선두자인 오뚜기의 시장독주를 막기 위해 "건더기가 큰 레토르트 짜장"이라는 메시지를 담은 제품을 출시함으로써 제품고급화를 추진하였는데 이에 불구하고 큰 효력을 나타내지 못하자 포장용기 차별화를 통한 레토르트 제품의 개발에 매진하였으며, 결국 전자랜지전용 포장지의 개발로 시장확대에 기여한 바 있다.

2. 속성 및 사양의 차별화

제품에 대한 개별적인 차원의 속성과 사양을 차별화하는 전략은 일반적으로 제품을 차별화하기 위한 전략으로 많이 활용된다. 뿐만 아니라 고객의 개별 선호도에 맞게 제품을 제공하기 위한 전략으로 활용되기도 한다.

예를 들어, SUV를 구매하는 고객들의 패턴을 분석할 때 고객들이 구매 시 고려하는 주요 속성과 사양은 실내장식, 엔진과 미션장치, 오디오, 그리고 4륜구동 여부 등인데, 일반적으로 자동차 회사는 낮은 가격대의 기본 사양에 고객이 직접 여러 가지 속성과 사양을 선택할 수 있게 함으로써 점차 경쟁사와 차별화 시키는데 이를 통해 고객 선호도 충족이 곧 차별화전략으로 작용된다.

3. 대량고객 맞춤

모듈화 된 제품설계 방식과 자동화되고 컴퓨터화 된 생산능력은 결국 폭넓고 다양한 제품의 생산을 가능하게 만들었다. 만약 2가지 제품 사양과 5가지 선택조건이 존재한다면 이 제품은 총 10가지 형태의 제품 선택 유형을 갖게 된다. 이처럼 모듈화와 자동화를 통해 오늘날 과거에 비해 제품의 다양화에 대한 추가적인 부담 없이 다양한 제품선택이 가능해진 것이다.

4. 판매 후 지원

판매 후 지원이란 대표적인 고객서비스 프로그램이라 할 수 있는데 이는 제품관리자에게 두 가지 주요 혜택을 제공한다. 첫 번째는 지속적인 고객과의 대화가 가능하다는 것이며, 두 번째 판매 후 지원을 통해 고객과 지속적인 관계구축의 수단으로 작용할 수 있다는 것이다. 예를 들어, 기업은 고객들에게 지원서비스에 대한 사항을 명기함으로 고객들이 스스로 제품의 서비스기간을 확인하여 기업 웹사이트에 가입하는 등의 지속저인 관심을 갖게 할 뿐 아니라 자사의 가치 또한 지속적으로 고객에게 제공할 수 있다.

5. 고객관계관리(CRM)

CRM의 개념은 개별고객을 이해하고 고객들의 가치를 이해함으로써 그들에게 가치를 지속적으로 부여할만한 일관된 가치와 마케팅 자원을 적용하고 상호작용하기를 바라며 고객과의 지속성을 유지시키는 것이다.

이에 따라 CRM이 목적으로 하는 두 가지 차원은 첫째, 고객들이 욕구를 충족시킬 수 있는 프로그램을 마련함으로써 전환비용을 증가시켜 고객 스스로가 타사로의 이탈을 방지하는 데 목적을 두고 있으며, 둘째 신규고객을 확보하는 데 많은 비용이 소모되므로 기존고객들을 유지시키는 데 그 목적을 두고 있다. 이처럼 CRM은 고객과의 가치 제공을 통한 지속성 유지에 그 목적이 있다고 볼 수 있다. 한 예로 리츠칼튼(Ritz Carlton) 호텔은 전형적인 서비스기업이지만 고객에게 최상의 서비스를 제공하기 위해 새로운 기술을 지속적으로 선보인다. 특히 리츠칼튼을 재방문한 고객들을 '기호화'를 통해 기억함으로써 재방문시 개별고객들에게 차별화된 특별서비스를 제공하고 있다.

6. 충성도 프로그램

충성도 프로그램의 목적은 충성고객들에게 감사의 의미로 부가적인 서비스를 제공함으로써 기업의 우량고객들을 유지하고 그에 대한 적절한 보상을 제공하기 위함이다. 예를 들어, 항공사의 마일리지(frequent flyer)는 전형적인 충성도 프로그램이라 할 수 있는데, 이는 항공사 마일리지를 기준으로 고객들을 세분화하고 항공사 프로그램에 의해 High-Level에 해당하는 고객의 지위에 맞는 적절한 보상을 제공하는 것이다. 아메리카 에어라인(American Airlines)은 항공사 자체적 Advantage 프로그램에 의해 Gold Level에 해당하는 고객이 수속 시 여러 차원의 충성고객 프로그램을 제공하는데, 특히 다른 승객들보다 우선 탑승할 수 있도록 하고 있으며 좌석 up-grade 서비스도 제공한다. 뿐만 아니라 플래티늄(Platinum) Level에 해당하는 고객의 경우 더 많은 운항시간에 대한 좌석 up-grade 서비스를 제공할 뿐만 아니라 보다 더 높은 수준의 서비스를 보상서비스로 제공하고 있다.

7. 업그레이드

기업들이 오랜 시간 고객과의 관계를 유지하고 고객에게 한층 보완된 가치를 제공하기 위해 up-grade라는 것을 제공해왔다. 특히 이는 인터넷이라는 매체를 통해 더욱 효과적으로 고객에게 제공할 수 있는 기반을 마련했는데, 바로 다운로드를 통해 up-grade의 수단을 효율적으로 개선시켰다. 다운로드를 통한 up-grade 제공은 특히 소프트웨어 산업 분야에 있어 고객에게 많은 가치를 제공하고 있는데, 한편으로 소프트웨어 산업이 기존제품을 up-grade를 통하여 제공하고자 할 때는 다음과 같은 사항을 주의해야 한다.

첫째, up-grade 고객과의 관련성 뿐 아니라 고객들이 이미 상당 부분을 투자하였으므로 기존제품과 일부 유사해야 한다. 둘째, up-grade는 호환성을 갖고 있어야 한다.

8. 부가적 기능

웹사이트는 자사의 기본제품 판매를 위해 사이트 방문자에게 부가가적인 혜택을 제공함으로써 활용 가능한 기능들을 의미한다. 예를 들어, Landsend.com 사이트는 자사의 제품판매를 지원하기 위해 여러 가지 차원의 인터넷 기능을 제공하고 있는데, 이중 특히 소비자들이 본 사이트의 의류 DB를 통해 상품을 검색하는 동안 고객 기호에 대한 질문을 통해 맞춤화된 스타일과 알고리즘을 활용함으로써 스타일을 제안하고 있다. 뿐만 아니라 My virture model이라는 시스템을 통해 상품을 검색하는 동안 관심 있는 옷들을 가상 모델에게 입혀보는 서비스도 제공하고 있다. 이는 자신이 입은 모습을 연상 가능케 함으로써 가상공간의 한계성을 극복한 사례라 할 수 있다.

1.4 온라인을 통한 신제품개발전략

온라인상에서 신제품을 개발할 때는 다음과 같은 사항을 고려해야 한다. 첫째, 고객들의 신제품에 대한 니즈를 이해해야 한다. 둘째, 자사의 생산능력을 스스로 평가해야 한다. 셋째, 자사의 연구개발능력을 평가해야 한다.

1. 신제품에 대한 고객 니즈

신제품에 대한 고객 니즈는 제품개발의 여부를 평가할 주요 요인이다. 특히 기업의 신제품개발 추진 요인은 재무적 요인, 경쟁우위 확보에 관한 개발 필요성, 원자재 비용상승 요인 및 소비자의 욕구 변화와 라이프스타일 등 여러 가지 요인에 의해 이루어진다. 하지만 성공적인 신제품개발을 위해서는 무엇보다 시장조사를 통한 신제품에 대한 고객의 니즈를 정확히 파악하는 것이 우선시된다.

온라인을 기반으로 한 개별고객의 욕구와 니즈 파악은 인터넷을 통한 사이트 가입에서부터 시작된다. 즉, 회원가입과 동시에 잠재고객에 대한 기본사항을 파악하고 이를 토대로 상호작용을 지속하면서 점차 고객의 니즈를 파악하게 된다.

2. 자사 생산능력

신제품개발은 생산효율성을 극대화시키는 차원으로 이뤄진다. 생산중심의 제품개발에는 부산물을 추가로 생산하기 위한 시장을 발견하는 것과 가용할 수 있는 생산장비의 활용을 통해 신제품을 개발하는 것을 의미한다. 이러한 두 가지 방법은 생산물의 효율성을 극대화시키거나 기존 생산인프라를 적극 활용하는 것에 중심을 두고 있으므로 고객에게는 거의 초점을 두지 않으며 생산운영에 초점을 두고 있다. 한편 신제품개발의 목적이 생산운영의 효율화를 목적으로 형성되었다 하더라도 제품을 판매할 수 있는 명확한 시장이 구축되어 있다면 시장에서 더 큰 효과를 나타낼 수도 있다. 예를 들어, 소셜 펀딩 사이트 '인디고고'에서 자사의 인터넷 제어기기 생산능력을 인프라를 기반으로 선보인 스마트 링(Smart ring)은 반지 형태의 웨어러블 기기로서 스마트폰을 손쉽게 제어할 수 있을 뿐만 아니라 블루투스 4.0.을 통한 스마트폰의 다양한 기능을 링의 디스플레이 화면에 구현한 제품으로 이는 곧 신제품개발 자체가 생산운영의 효율화를 기반으로 형성된 사례라고 볼 수 있다.

3. 자사의 연구개발(R&D)능력

온라인 기업에서 신제품개발을 촉진시키는 또 하나의 요인은 바로 기업 내 연구개발 팀이다. R&D팀은 시간의 흐름에 따라 향후 제품이 어떠한 방향으로 발전될 것인지에 대한 통찰력을 갖고 있다. 아마존, NHN 등 수많은 인터넷을 기반으로 한 기업들이 자사의 첨단 IT 개발과 활용능력을 기반으로 신제품개발에 성공하는데, 이는 R&D팀이 철저하게 고객의 욕구와 밀접하게 연결되어 있을 경우에 신제품개발에 성공할 확률이 더욱 높아지게 된다. 한편 복사기로 유명한 제록스(Xerox Corporation)는 PARK라는 세계적으로 유명한 과학자들로 구성된 연구 팀이 있다. 본 팀은 컴팩트 디스크의 개발에서부터 초창기 맥킨토시의 OS 운영·개발에 이르기까지 수많은 선도기술을 주도한 바 있는 우수한 연구집단인 반면, 고객현황과 시장현황에 대한 파악, 그리고 마케팅, 소비자들과의 밀접함과는 다소 거리가 있었다. 이러한 요인들이 결국 고객들로 하여금 신제품과 신기술에 대한 특성을 소비자들에게 폭 넓게 확산시키지 못하였으며 결국 수많은 제품들이 시장 도입에 실패하게 되었다.

1.5 신제품의 개념과 인터넷 기반의 신제품 유형

신제품이란 가장 협의의 개념인 기업 자체의 연구개발 산물인 원초제품(original products)을 비롯하여, 기존제품의 수정제품(product-modifications), 타사에서는 이미 시판중인 개별기업의 신상표품(new brands)에 이르기까지 다양하게 정의되고 있다. 대표적인 온라인 기업인 구글, 아마존과 야후 등의 기업들 역시 인터넷을 기반으로 최초의 서비스 상품을 선보임에 따라 사업에 큰 성공을 거두게 되었으며, 이러한 사업 패턴이 온라인 비즈니스 영역의 중심이 되었다. 이들과 마찬가지로 온라인 기업이 아이디어와 인터넷 활용을 기반으로 한 신제품전략은 크게 6가지 형태로 나누어 구분할 수 있는데 대부분 온라인 기업은 이런 유형의 신제품전략을 기반으로 소액자본 사업에서 비롯될 수 있다.

1. 혁신제품

CD나 USB 등의 제품은 개발 당시 완전히 새롭게 등장한 혁신적인 제품이었다. 인터넷을 기반으로 한 제품과 관련지어 볼 때 웹 저작용 소프트웨어, 검색기능, 서칭엔진 등은 곧 혁신제품이라 할 수 있다. 창의력과 아이디어 구현의 제한이 없는 온라인 비즈니스 환경은 아직도 이러한 인터넷 제품의 등장으로 인한 큰 반향을 일으킬 여지가 존재하나 반면 실패에 대한 리스크도 존재한다.

2. 신규 확장제품

기존의 브랜드명을 기반으로 완전히 신규제품을 만드는 경우도 존재한다. 예를 들어, 마이크로소프트사가 자사명을 기반으로 만든 웹브리우저 Internet explorer가 대표적인데, 이는 기존 넷스케이프가 시장을 선점하고 있는 상황에서 마이크로소프트사는 라인 확장제품을 개발함으로써 시장조건에서의 경쟁기업의 행동을 바탕으로 시장기회를 파악하고 동일한 신제품을 개발하여 새로운 위치를 점하게 된 사례라 할 수 있다. 이처럼 독특한 시장상황에 대한 브랜드 확장제품을 통한 접근은 시장에서의 새로운 신제품전략으로 활용되곤 한다.

3. 기존 확장제품

일반적으로 제품라인의 확장은 곧 기존제품의 확장이므로 제품의 라인선상에 볼 때 있어 신규 혁신제품 라인의 중간단계라고 볼 수 있다. 기존제품 라인의 확장제품이 갖는 가장 큰 장점은 무엇보다 기존제품이 갖고 있는 제품 이미지, 명성 등을 기반으로 상품브랜드에 도입함으로 상표도입과 촉진에 따른 많은 비용을 절감시킬 수 있다. 한편 기존제품의 라인확장은 기존에 구축된 상표를 기반으로 하여 이미 구축된 고객에게 소구하는 방식이므로 특히 인터넷 웹브라우저를 통한 라인 확장전략은 시간과 비용 면에서 매우 큰 시너지를 발휘하게 된다. 예를 들어, 뉴욕타임즈는 구독자의 수가 점차 감소함에 따라 뉴욕타임즈 다이렉트를 통해 인터넷상에서 기사를 제공하여 시너지를 창출한 대표적 사례라 할 수 있는데, 이는 기존제품의 이미지와 명성을 기초로 인터넷상으로의 성공적으로 확장된 케이스라 할 수 있다.

4. 기존 개량제품

기존 개량제품이란 새롭게 개선된 개량제품이 기존의 제품을 대체한 것을 말한다. 예를 들어, Cyber action은 기존 방식을 개량하여 고객들이 자사 사이트 내에서 디지털 멀티미디어로 다운로드 하는 방식으로 기존의 야구카드의 방식을 개량했는데, 이는 이용자가 웹 브라우저상에서 쉽게 카드를 클릭함으로써 선수 통계 등의 정보를 볼 수 있는 방식이며, 기존제품을 개량함으로써 기업 브랜드 가치를 향상시키는 요인으로 작용한 바 있다.

5. 재포지셔닝 제품

기존제품에 대해 다른 시장을 표적화함으로써 시장확장을 하거나 새로운 판매촉진 기회를 만들어내는 전략이다. 예를 들어, 야후는 초창기 웹 디렉토리를 검색하는 방식의 서비스를 처음 시작했으나 이후 웹 서칭의 경로에 해당하는 포털 사이트로서 포지션으로 전략 방향을 변경하였다.

6. 저가격 경쟁제품

저가격 경쟁제품이란 기존 브랜드에 대해 경쟁력을 확보하기 위한 전략으로 낮은 가격을 통한 서비스를 제공하는 방식을 의미한다. 예를 들어, 어스넷(Earth Net)과 같은 기업들은 인터넷 보급 초기단계에서 저가격으로 상품을 제공함으로써 시장에서의 우위를 선점할 수 있었으며, 이를 기반으로 확보된 고객 데이터베이스를 통해 연이은 다른 상품 출시 때 마케팅에 활용하여 성과를 거둔 바 있다.

02 가격전략

2.1 가격에 대한 개념과 가격결정 목표

가격이란 제공된 재화에 대한 가치평가의 정도를 말한다. 따라서 가격정책은 수익의 변화와 직접 관련 있는 수단이 된다. 가격정책 이외의 마케팅정책 수단인 제품정책 및 유통정책이나 촉진·광고정책들이 생산 요소의 다량 투입이나 소량 투입 여부와 관련되어서 생각될 수 있는 수단이므로, 이들 수단은 가격정책과 달리 비용과 연관된 수단이라고 할 수 있다. 가격결정에 있어서 두 가지 선택 가능한 대안은 첫째, 가격정책을 마케팅의 목적달성을 위한 적극적인 수단으로 인식하여 시장의 목표수익과 매출액 달성을 위한 도구로 선택하거나, 둘째 기업 의사결정의 소극적인 요소로 인식하여 시장가격과 동일한 가격으로 판매될 수 있는 경우에는 공급을 지원하는 하나의 도구로 선택되는 것이 바로 가격인 것이다.

한편 일반적인 의미에서 가격정책이라 하면 기업목표를 달성하기 위해 가격 분야에서 취하는 모든 기업의 조치를 말한다. 그러나 가격정책에 대해서는 제약이 너무 많다. 예를 들어, 국가적인 가격규정, 수요자의 상이한 가격인식, 기업 간의 담합 등으로 인하여 가격정책 면의 자유의사 폭이 줄어듦에 따라 점차 가격정책의 의미가 감소되고 있는 현실이다. 이로 인해 마케팅에서 가격의 산정을 비롯한 여러 가지 가격정책 수단은 가장 어려운 과업중 하나이다. 가격결정 문제 또는

그림 11-4 가격결정전략의 구조

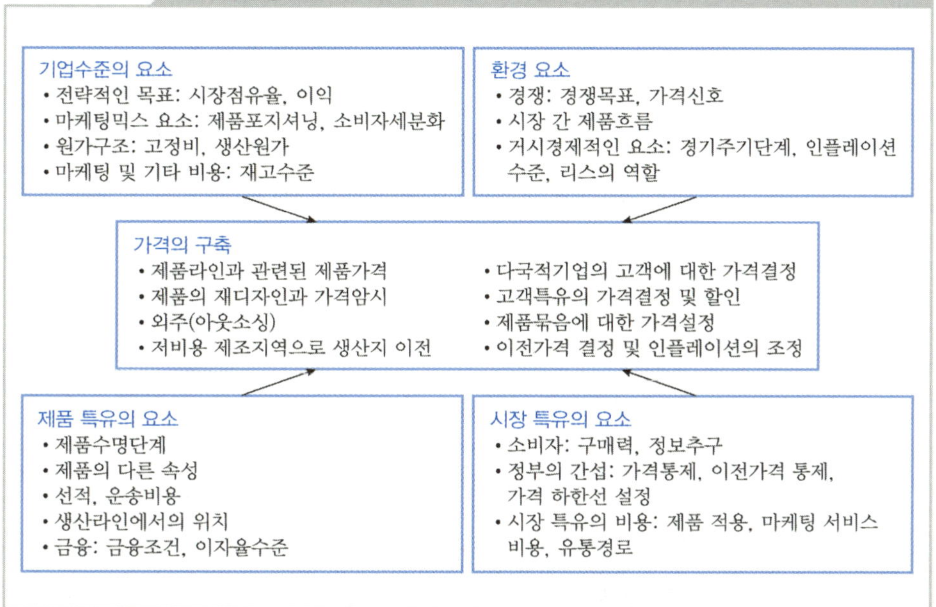

자료: Vern Terpstra & Ravi Sarathy, *International Marketing*, 7th Ed., Dreden, 1997, p.175.

가격정책상의 문제가 발생하는 경우는 다음과 같다.

첫째, 신제품을 개발하거나 기존제품을 새로운 시장에 도입하는 경우로써 처음으로 가격을 산정하는 경우이다.

둘째, 가격변경을 시도하는 경우인데, 이 경우 가격변경을 주도하고 경쟁기업의 가격변경에 대응하는 경우이다.

셋째, 수요와 원가가 상호 연관된 다양한 제품라인을 동시에 취급하는 경우이며, 이 경우 다수의 제품품목이나 수요가 상호 연관되어 있는 제품계열의 가격을 결정하는 일이다.

이와 같이 앞서 설명한 3가지 상황으로 인해 가격정책이 결정된다고 할 수 있으며, 결국 가격정책의 목적은 기업의 이윤극대화에 있다. 소비자가 지급능력 범위 내에서 원하는 가격이 회사의 목표와 일치할 때 이상적인 가격결정이 이루어진다고 할 수 있다.

2.2 표준화 가격정책 및 차별화 가격정책

시장에서 어느 정도까지 통일된 가격정책을 수행하는 것이 바람직한 것인가에 관한 문제는 마케팅을 하는 기업들이 늘 당면하고 있는 문제 중 하나이다. 모든 시장에서 표준화된 가격정책으로 균일한 가격을 책정할 것인가, 아니면 차별화된 가격정책을 수행할 것인가에 대한 문제는 법적·경제적 정부의 규제뿐만 아니라 마케팅 관점이 총합적으로 관여된 복합적인 관점이다. 이는 이론적으로만 본다면 시장마다 수요와 공급이 상이하므로 각각 상이한 시장에서는 차별화된 가격정책을 수행하는 것이 바람직하다. 이러한 일은 순수독점, 과점 또는 독과점 경쟁과 같은 불완전경쟁 체제 하에서는 타당하다고 볼 수 있다.

또한 각각의 개별적 시장의 평가에 있어서 개별시장에는 상이한 수요의 탄력성이 존재하므로 각 시장에 적절한 가격을 부과함으로써 상이한 "수요의 탄력성"의 장점을 이용할 수도 있다. 이러한 차원으로 볼 때, 각 시장에서 각각의 차별화 된 가격을 부과하는 것이 보다 합리적이라 할 수 있다.

그러나 차별가격의 중요성에도 불구하고 많은 기업들이 적어도 상대적인 가격수준의 표준화를 고수하고 있다. 그 이유는 실제로 가격에서의 표준화정책은 제품의 포지셔닝(positioning)과 통제를 더욱 확고히 해주기 때문이다. 표준화된 가격정책과 차별화된 가격정책의 결정은 경쟁조건, 제품수명주기상의 포지션, 제품확산 과정, 규제사항, 경로(channel)구조, 그리고 기업목적 및 소비자의 가격인지 등과 같은 요소들에 의해 좌우된다.

만약 한 기업 제품이 경쟁구도상의 위치가 각 시장별로 차이가 없다면, 표준화된 가격전략을 추구하는 것이 더 효율적일 수도 있다. 뿐만 아니라 독점 혹은 과점적 상황에 있는 기업의 경우에도 제품의 가격을 균일하게 책정하는 가격전략을 구축하기도 한다. 한편 제품이 제품수명주기상 시장도입기에 속해 있는 경우에는 제품이 확산되지 못한 상태이므로 아직까지는 시장이 소수의 혁신수용자(innovators)에 해당하는 고객에게만 한정되어 있다. 이러한 고객들은 지리적으로 분산되어 있다 하더라도 동질적인 시장을 형성하고 있는 것이므로, 이러한 신제품은 균일하게 가격이 책정된다. 더욱이 혁신적인 제품이 동일한 패턴으로 확산되는 경우 표준화된 가격정책은 더 큰 의미가 있다. 표준화된 가격정책이냐 차별화된 가격정책이냐에 관한 문제는 법, 규제 및 유통기구 등에 의해서도 영향을 받는다. 유통경로구조가 비능률적인 경우에는 유통비용이 추가되며, 추가된 유통비용으로 가격이 상승하므로 균일한 가격을 책정할 수 없게 된다. 뿐만 아니라 고객의 가격인지도 또한 세분시장마다 상이하므로 차별화된 가격정책이 요구된다. 가격표준화와 가격차별화에 대한 전반적인 사항을 정리하면 다음과 같다.

즉, 가격표준화가 이용되는 목적은 첫째, 법적인 관점에서 덤핑(dumping) 혐의를 불식할 목적으로 이용된다. 둘째, 경쟁상의 위치가 무차별한 경우에 이용된다. 셋째, 혁신제품의 확산을 목적으로 이용된다.

반면 가격차별화의 경우 첫째, 상이한 수요의 탄력성이 존재하는 경우 활용된다. 둘째, 유통기구의 차이가 있을 때 활용되며, 셋째 고객의 가격인지에 대한 상이한 차이가 있을 때 이용되곤 한다.

2.3 가격결정 및 정책

가격결정은 가격정책과 깊은 관계가 있으며, 여러 가지 가격메커니즘에 관한 요소와 제약 요소 등을 고려하여 수행된다. 이에 대해 켈리(E. J. Kelly)는 가격결정의 제약 요소들에 대해 다음과 같은 사항을 들어 설명하고 있다.

- 법적 고려: 가격결정을 규제하는 법률은 복잡하다. 대기업이 가격을 결정할 때는 대체로 법률, 경제상황 및 정부의 정책방향도 고려한다.

- 기술: 다수의 기업이 중복된 연구를 행하는 경우 경쟁으로 인해 설비능력의 과잉을 초래한다. 또한 기술, 과점기간의 단축과 함께 과한 가격경쟁을 불러오기도 한다.
- 사회적 관련성: 가격경쟁의 윤리와 가격결정에 대한 사회적 책임은 무제한적이다.

이처럼 기업의 가격결정은 곧 가격정책과 관련된 사항이며, 동시에 기업의 수익에 중요한 영향을 미침으로 인해 결국 이를 통해 경쟁기업과의 시장점유율 경쟁에 전략적으로 활용하여 대항하고 매출수익 증가와 목표이익률을 달성하는 데 그 목적이 있다. 이에 따른 가격정책 수단을 체계화 하면 표 11-2와 같다.

표 11-2 가격정책 수단

<table>
<tr><td>가격신축정책</td><td colspan="2">① 신축가격정책 ② 단일가격정책 ③ 관리가격정책</td></tr>
<tr><td>가격수준정책</td><td colspan="2">① 시가 이하 정책 ② 적합경쟁가격정책 ③ 시가 이상 정책</td></tr>
<tr><td>특수가격정책</td><td colspan="2">① 가격대설정 ② 단수가격과 심리가격정책 ③ 특가정책</td></tr>
<tr><td rowspan="2">차별가격정책</td><td>할인정책</td><td>① 현금할인 ② 수량할인 ③ 중간유통업자할인
④ 촉진적 할인 ⑤ 계절할인</td></tr>
<tr><td>지역적
가격정책</td><td>① 생산지점가격제도
② 수요자인도가격제도
③ 지역가격제도
④ 기점가격제도(단일기점/복수기점)</td></tr>
<tr><td>신제품 및 제품계열의
가격정책</td><td colspan="2">① 초기 고가격정책 ② 초기 저가격정책</td></tr>
<tr><td>재판매가격유지정책</td><td colspan="2"></td></tr>
<tr><td>가격안정정책</td><td colspan="2">① 가격카르텔 ② 가격지도제
③ 인도가격제(공장인도가격제/지역가격제/기점가격제)</td></tr>
</table>

1. 차별가격정책

차별가격정책은 동일한 종류의 제품판매가격에 차이를 두어 판매고의 확대를 도모하는 정책이다. 특히 가격차별을 행하는 경우에 있어서 이들의 세세한 조건을 고려하는 가격결정에 대하여 이들의 가격을 통괄한 가격, 즉 사회 전체의 평균가격 또는 제품 전체의 가격수준이라는 의미에서의 기본가격의 결정이 필요하다. 차별가격정책은 **표 11-3**과 같이 할인정책, 지역적 가격정책, 시간적 차별가격, 그리고 용도에 의한 차별가격으로 구별된다.

표 11-3 차별적 가격정책

<table>
<tr><td rowspan="4">할인정책</td><td>현금할인</td><td>현찰로 지급하는 구매자에 대한 할인하는 방식</td></tr>
<tr><td>수량할인</td><td>대량 구입하는 구매자에게 할인하는 방식
품목별·종합적·판매금액·판매수량에 의한 할인</td></tr>
<tr><td>중간유통업자할인</td><td>거래업자가 유통경로상 차지하는 위치에 따라 할인</td></tr>
<tr><td>계절할인</td><td>자동적 할인</td></tr>
<tr><td rowspan="3">지역적 가격정책</td><td>지역가격제</td><td>국내 지역간, 국내·외간</td></tr>
<tr><td>균일가격제</td><td>균일공장도 가격제, 운임균등제</td></tr>
<tr><td>기점가격제</td><td>단일 기점제, 복수 기점제</td></tr>
<tr><td rowspan="2">시간적 가격정책</td><td>Clock time 차별가격</td><td>24시간 중 특정 시간대</td></tr>
<tr><td>Calendar time 차별가격</td><td>비성수기의 수요자에 대한 할인혜택</td></tr>
<tr><td>용도에 의한 차별가격</td><td colspan="2">동일종류의 상품이 용도에 따라서 수요의 가격탄력성이 다른 경우</td></tr>
</table>

- 할인정책: 현금할인(cash discount)의 경우 자금회수가 빠른 특징이 있으며 현금으로 구매하는 구매자에 대한 할인이다. 반면 수량할인(quantity discount)은 구매자의 확대를 목적으로 대량구매하는 구매자에게 할인하는 방식이다. 또한 중간유통업자할인은 거래업자가 유통경로상 차지하는 위치에 따라서 할인받는 것을 의미한다. 예를 들어, 도매업자와 소매업자에게 각자에 대한 판매가격을 차별한다. 마지막으로 계절할인은 계절적 상품에 대해 잔존가치의 하락에 대비한 판매가격을 인하하는 것을 말한다.
- 지역적 가격정책: 지역적 가격정책은 수요의 탄력성과 운임에 의한 가격차별을 의미한다. 지역가격제란 상이한 지역 간에 가격차

별을 두는 경우를 의미한다. 특히 수요의 가격탄력성을 위해 지역가격을 설정하거나 국제시장을 개척하기 위해 수출가격을 더욱 싸게 책정하는 경우도 있다. 반면 균일가격제란 장소에 불문하고 소매가격의 전국적 통일이 바람직할 경우에 이용되는 방식이다 예를 들어, 잡지, 서적 등과 같은 제품이 해당된다. 마지막을 기점(basing point)가격제는 주요 생산지를 기점으로 하고 각 소비지의 가격은 공장소재지나 구입지에 관계 없이 일정한 가격수준에 운임(기점과 소비자 간의 운임)을 가산하는 방식이다.

- 시간적 차별가격: 시간적 차별가격은 크게 Clock time 차별가격과 Calendar time 차별가격으로 나뉘는데, Clock time 차별가격은 하루 24시간 중 수요가 상이한 시간에 의하여 가격을 차별화 하는 방법으로 예를 들어 상영시간에 따른 영화 조조할인이 이에 해당하며, Calendar time이란 일, 주, 월, 계절에 의하여 가격을 변화시킴으로써 판매량의 증가를 계획하는 방식이다. 이는 계절에 따라 수요의 탄력성이 변하므로 비성수기 수요자에 대할 할인혜택을 의미하는데, 뿐만 아니라 season off 된 호텔, 여관 등의 할인도 Calendar time 차별가격제도에 해당된다.
- 용도에 의한 차별가격: 동일종류의 제품이 용도에 따라 수요의 가격탄력성에 따라 적용되는 모든 방식을 통틀어 일컫는다.

2. 신제품 가격정책

오늘날과 같이 기술혁신이 빠르게 진행되는 상황에서는 신제품이 차지하고 있는 경제적 위치의 변화가 실제 가격결정에 있어서 전략적인 지침이 되어야 한다. 신제품은 도입 초기에 경쟁자가 없는 독점적 지위를 누리게 되지만 결국에는 경쟁제품의 출현으로 인해 점진적으로 경쟁력을 잃게 된다.

상업화 할 수 있는 새로운 발명품은 시장수요가 별로 크지 않고 제품디자인 자체가 특정 기간 동안 특허권에 의해 보호받는 것이 보통이다. 이후에 시장의 제품수용도가 높아짐에 따라 매출액이 급격히 증가하게 된다.

경쟁제품이 출현하게 되면 가격결정 가능 범위가 축소된다. 즉, 신제품과 다른 경쟁제품과의 차별화가 불가능해짐에 따라 제품공급 기업은 가격결정에 독자적인 결정권을 점차 잃게 된다.

신제품이 이러한 주기를 거치는 과정에서 판촉 및 가격에 대한 수요의 탄력성과 생산 및 유통비용의 변화가 계속되며 이러한 변화는 곧 가격정책에 반영되는 것이 일반적이다.

① 시장도입기의 가격정책

신제품가격의 전략적 결정은 두 가지 방법 중 한 가지 선택으로 귀결된다. 하나는 고소득층을 대상으로 하는 초기 고가정책(skimming price)이고, 또 하나는 처음부터 시장침투를 달성하는 수단으로써의 초기 저가정책(침투가격정책: penetration)이다. 이중 첫째, 초기 고가정책은 처음에는 제품이나 서비스에 비교적 높은 가격을 책정하지만 시간이 지남에 따라 가격을 낮추는 가격정책이다. 둘째, 초기 저가정책은 대중시장을 침투하는 주된 수단으로서 저가격을 채택하는 것을 의미하는데, 특히 시장 초기 고가전략은 어느 정도 이윤을 확보하는 장점이 있는 반면, 소득수준이 낮거나 제품에 대한 선호도가 낮아서 제품이나 평판의 우수성에 대한 높은 프리미엄을 지급할 용의가 없는 고객에게는 판매하지 못하는 문제가 발생한다. 때문에 이 경우 초기 저가정책을 통한 시장접근이 용이하다.

② 성숙기의 가격정책

시장이 성숙된 성숙기에 들어가게 되면 가격인하가 매우 위험하고 한편으론 인기 없는 과점적 경쟁관계가 형성된다. 또한 만약 가격경쟁이 배제된 상태라면 경쟁의 양상은 제품개량이나 시장세분화와 같은 방향으로 바뀌게 된다. 대부분의 중요한 제품개발이 이미 모든 상표에

그림 11-5 시장도입기의 가격정책

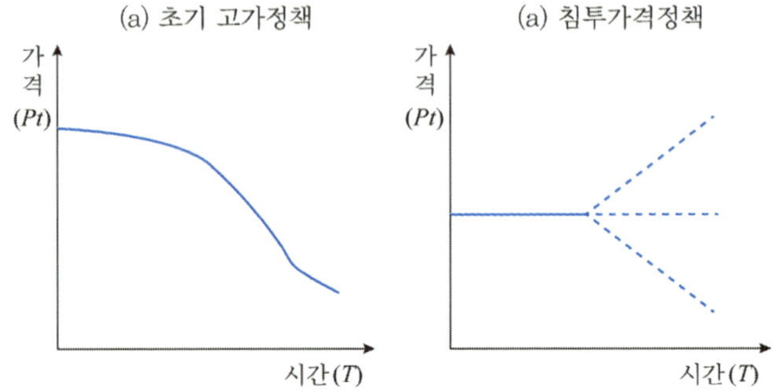

반영된 이 단계에서의 제품계량은 실제로는 시장세분화와 마찬가지인데, 그 이유는 제품의 품질을 개량하고 수정하여 어떤 상품을 고급제품의 카테고리에 집어넣는다는 것은 결국 고소득층에게만 어필하는 결과를 초래하기 때문이다. 제품이 성숙되고 독특성이 없어짐에 따라 제품가격의 위치를 아주 낮은 수준과 중간 수준 사이의 가격대를 설정(price lining)하는 선택이 필요하게 된다.

③ 재판매가격 유지정책

재판매가격 유지정책(resale price maintenance)이란 제조업체나 도매업자가 그 제품의 판매가격을 도매업자나 소매업자에게 보호·유지시키도록 하는 가격정책이다. 이 정책의 목적은 고가의 유지 및 안정과 난매의 방지에 있으며, 명성 있는 브랜드 제품에게 있어서 제품의 명성이나 상표에 대한 소비자의 신뢰를 유지하기 위해서이다. 이 정책은 특히 도매업자나 소매업자가 브랜드 제품에 대한 재판매가격을 유지하기 위해 판매업자의 자유로운 가격결정을 제한하는 것으로 '공정거래'에 반하는 것이라 하여 일반적으로 금지되어왔으나 공정거래위원회의 지정을 받으면 일부 인정이 된다. 이는 특히 생활용품에 해당되는 소비자의 선택에 제한이 없는 것에 한정하여 인정될 수 있다.

2.4 인터넷을 통한 가격정책

인터넷 환경은 기업의 비용구조에 있어 커다란 변화를 가져오며, 특히 기업의 비용구조의 개선에도 큰 역할을 담당하는 큰 기회를 제공하기도 한다. 이에 따라 수많은 기업들은 원가를 절감시키는 방법에 있어 인터넷을 하나의 도구로 인식하기 시작했으며, 대부분 소비자들 역시 인터넷이 제품과 서비스의 가격을 낮춰줄 것이라는 인식을 하게 되었다. 그러나 인터넷이 기업의 원가에 미치는 영향은 다음과 같이 양면적인 측면을 모두 갖고 있다.

1. 인터넷을 통한 원가절감 요인

① 셀프서비스 오더

웹상에서 주문처리 과정은 고객이 직접 구매내용을 입력하며 이를 통해 주문이 접수되는데, 이러한 고객의 셀프서비스는 결국 접수 전산비용의 1/10에 해당하는 비용을 절감시켜주며 또한 웹사이트를 통한 FAQ, 이메일 등의 기능을 통해 해결함으로써 많은 부분에서의 원가절감 요인에 기인한다.

② 디지털 체인을 통한 물류비 절감

디지털 체인을 통한 공급체인의 구축은 결국 거래비용을 현저하게 감소시키는데 이는 특히 물류비용을 현저하게 감소시킬 수 있다. 경우에 따라 일부 소매기업들은 재고를 전혀 보유하지 않고 디지털화된 공급망을 통해 제품을 공급하기도 한다.

③ 간접비 절감 혜택

한편 인터넷을 통한 유통소매업들은 물리적인 업무공간을 별도로 두지 않음으로 인해 점포 유지에 대한 많은 고정비용을 절감할 수 있다. 예를 들어, 아마존과 같은 기업은 인터넷 기반으로 한 온라인 플랫폼 기업으로 수많은 거래에도 불구하고 점포유지에 들어가는 비용이 없으며 또한 저렴한 외곽지역에 위치하여 최첨단화 된 물류시스템을 바탕으로 최소인원으로 운영함으로써 간접비용을 최대한 감축시키고 있다.

④ **고객접점 발생 비용 절감**

최근 기업들은 인터넷을 통한 메일발송 등으로 인해 마케팅 비용을 현저하게 절감시킬 수 있게 되었다. 이는 특히 전자 카탈로그나 대량 스팸메일 등을 통해 고객접점 발생 마케팅 비용을 현저하게 절감시키며 동시에 비접점에서도 제품과 서비스에 대한 판매촉진을 가능하게 하였다.

⑤ **유통경로 축소**

인터넷을 통한 제품의 판매는 결국 유통경로의 축소를 가져왔으며 경우에 따라 중간유통단계를 생략시키는 결과를 가져왔다. 이러한 유통단계의 축소를 통해 결국 유통비용이 절감되고 제품이나 서비스의 가격이 낮아지는 결과를 초래하기도 한다.

⑥ **디지털 제품의 유통**

유형의 제품과 달리 무형의 소프트웨어나, 디지털 음원, 이미지 등은 특성상 추가적인 비용 없이 무제한으로 재생산하고 또한 보다 용이하게 유통이 가능하다. 이와 같은 디지털 제품의 특성은 결국 생산과 더불어 인터넷을 통해 보다 쉽게 유통시킴으로 인해 유통비용을 점감시킨다.

2. 인터넷으로 인한 원가 증가 요인

① 물리적 제품의 유통

디지털 제품과는 반대로 물리적 형태의 제품은 개인주문에 따라 그 목적지에 운송이 되어야만 하는데, 이때 대부분의 유통업자들은 제품의 원가격과는 별도로 운송비용을 제시하며, 경우에 따라 거래 수량에 따라 물류비용이 차등 적용되기도 한다. 이에 따라 구매자 입장에선 구매수량과 물류비용에 대한 부분이 부담으로 작용하기도 한다.

② 웹사이트 구축비용

인터넷을 통한 기업활동을 하기 위해서는 웹사이트의 구축이 선행되어야 한다. 이때 웹사이트 구축과 운영에 있어서 많은 비용이 수반되는데, 미국 내 디지털 관련 조사기관인 포레스터 리서치의 조사결과에 따르면 웹사이트 구축비용은 일반적으로 만달러에서 높게는 백만달러에 이른다고 하였다. 이처럼 웹사이트 구축 및 운영에 들어가는 막대한 비용은 결국 원가를 증가시키는 요인이 되고 있다.

③ 제휴 프로그램

수많은 기업들이 인터넷상에서의 제휴 프로그램을 진행하고 있는데, 대부분의 제휴 프로그램은 배너 등을 통한 링크를 통해 웹으로 연결되는 방식의 제휴 형태를 취하고 있으며 이에 일정 부분의 판매수수료를 배너제공 기업(웹사이트)에 지급하는 방식으로 운영된다. 이처럼 최소 15%에 달하는 수수료는 결국 원가를 증가시키는 요인으로 작용한다.

④ 마케팅 비용

온라인 기업의 광고와 마케팅 지출비용의 비중은 일반 오프라인 기업에 비해 상당히 높은 비중을 차지한다. 그럼에도 불구하고 인터넷을 기반으로 한 온라인 기업의 광고, 마케팅 비용의 비중이 큰 원인은 무엇보다 인터넷상의 수많은 신생기업들과의 한정된 경쟁체제(인터넷을 통한 경쟁)속에서 치열한 경쟁에 그 원인이 있다. 이와 같은 광고비의 증가는 결국 원가를 증가시키는 요인으로 작용한다.

03 유통전략

3.1 유통의 기본기능

생산과 소비를 연결시키기 위한 경제활동으로서의 '유통'은 곧 생산자와 소비자 간에 상품과 정보의 흐름을 원활히 이루게 하며 더 나아가 '재화'의 생산과 소비를 효율적으로 이루어지도록 연결하여 활성화되게끔 하는 역할을 담당한다. 그리고 이 재화는 교환의 대상으로서 생산되며 유통된다. 여기서 교환의 대상이 되는 것은 단지 유형의 재화만이 아닌 무형의 서비스도 교환의 대상이 되기는 마찬가지이며, 유통은 재화와 서비스를 모두 상품으로서 생산과 소비에 이르기까지 효율적으로 연결하여 경제활동이 활성화되게끔 하는 역할을 담당한다. 따라서 유통은 생산에서 소비에 이르기까지 소유권을 이전시키는 경제순환의 한 과정에 대한 개념으로 인식할 수 있다.

또한 유통의 경제적 역할을 통해 제품과 서비스를 효율적이고 효과적이게 소비자에게 전달하기 위한 작용, 즉 생산, 판매뿐 아니라 수많은 관련 조직들과의 상호유기적인 작용을 원활히 이뤄내야 하는데, 여기서 유통조직 구성원은 곧 생산자가 생산에만 전념하고 소비자가 소비에만 집중할 수 있도록 기본적인 기능을 제공한다. 이는 유통의 주요 기본기능이라 할 수 있는 '거래의 기능'과 '물류기능'에 해당하는 매매·운송·보관·정보전달의 네 가지 기능이며, 이들의 제공을 통해 생산, 유통업 그리고 소비자 간의 소유권과 상품거래의 역할을 담당하게 된다.

이러한 유통의 기능적 요소들 중 특히 '정보전달' 기능의 경우 최근 신속하고 효율적인 유통활동을 위한 중요한 영역을 담당하고 있는데, 특히 온라인 시스템을 매개로 소비자욕구에 대한 시장정보를 생산자가 시장에서 입수하거나, 주문 가능한 생산재고량 등에 대한 생산재고 관련 정보를 유통기관이 생산자로부터 지속적으로 받아들이고 있는 현실이다.

따라서 제품과 서비스를 효율적이고 효과적으로 소비자에게 전달하기 위한 조직들의 상호작용에 대한 경제현상을 이해하고 각 주체들이 유통경로상에서 담당하는 경제적 활동에 대한 이해와 관리가 필요하다. 여기서 '유통경로(distribution channel)'란 고객이 재화나 서비스를 사용하거나 또는 소비할 수 있도록 하는 전 과정에 참여하는 조직들의 집합체를 의미하는데 원자재 공급자, 생산자, 도매상, 소매상 그리고 최종소비자에 이르기까지 재화나 서비스가 최종소비자에게 전달되는 모든 경로라 정의할 수 있다.

생산된 물자를 합리적이고 효율적으로 소비와 연결시키기 위해 유통경로를 관리하는 것은 곧 유통에 참여하는 각 구성원들에게 각각 그에 맞는 기능을 배분하고 또 이 구성원들이 효율적으로 각자의 마케팅 기능을 수행할 수 있도록 하는 것이며, 이런 활동들이 사회경제적으로 효율적으로 운영되기 위해서는 각 구성원들의 역할이 제대로 이루어져야 한다.

또한 최근에 와서 유통경로의 개념이 조직 당사자들 간의 관계성을 중심으로 관점이 정의되는 것은 매우 중요한 의미를 갖는다. 특히 제품의 흐름은 '경제적 합리성'을 기반으로 하며 여러 기능들이 통합적으로 작용되는 것인데, 가령 유통경로상의 상호 연관조직들은 서로 협력을 통한 최종소비자에게 상품 이전의 기능을 담당함으로써 성공적인 유통을 가능하게 만든다.

결국 유통을 담당하는 구성원들은 유통경로상의 각 파트너들과의 경제적 활동(상호작용)을 통해 각각의 기능을 수행해야 하며, 각 유통경로 구성원이 수행하는 기능에 따라 소비자들이 얻게 되는 효용도 달라지게 되는 것이다.

그림 11-6 유통의 흐름

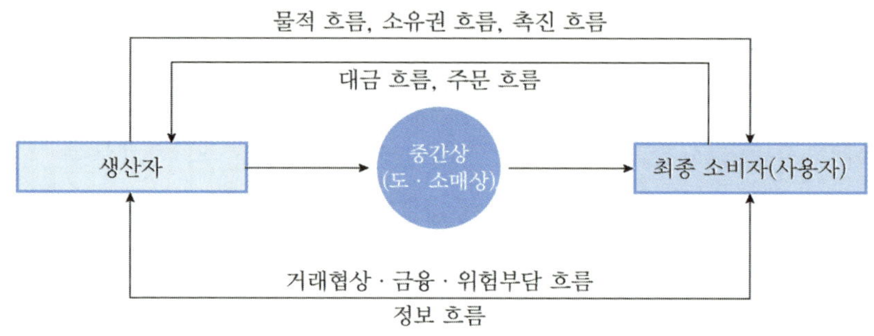

3.2 유통경로의 특징

앞서 유통경로(distribution channel)는 상품이나 서비스가 유통되어 갈 때 필요한 모든 활동을 수행하는 조직의 수직적 연계이며 상품이 유통되는 통로임을 의미한 바 있다. 한편 유통경로관리란 유통경로를 설계·관리하는 것을 말하는데, 일반적으로 기업은 목표(target)시장에서 유통목적을 달성하기 위해 그에 적합한 유통경로전략을 설계해야 하며, 이는 기업이 단일경로만을 이용하는 것보다 여러 유형의 경로를 복합적으로 이용하는 고차원적인 것이다.

한편 마케팅에서는 유통경로전략을 마케팅전략의 중요한 관점으로 보고 있는데, 특히 유통경로 변혁에 대한 주 요인으로는 신제품개발 및 제품라인의 다양화, 도시개설과 인구이동, 대량생산에 의한 대량판매, 기업 간 경쟁격화 문제, 교통의 발달과 매스매체의 발달, 신업태 등장에 따른 구매관습의 변화 등을 변혁의 예로 들 수 있다. 이에 따라 유통경로의 특징은 다음과 같이 구분할 수 있다.

첫째, 상호의존적인 조직들의 집합체이다.

둘째, 경로구성원이 수행하는 활동은 연속적인 과정이다.

셋째, 고객이 소비를 하는 데 필요한 조직의 연계성이다.

그림 11-7 경로참가자의 분류

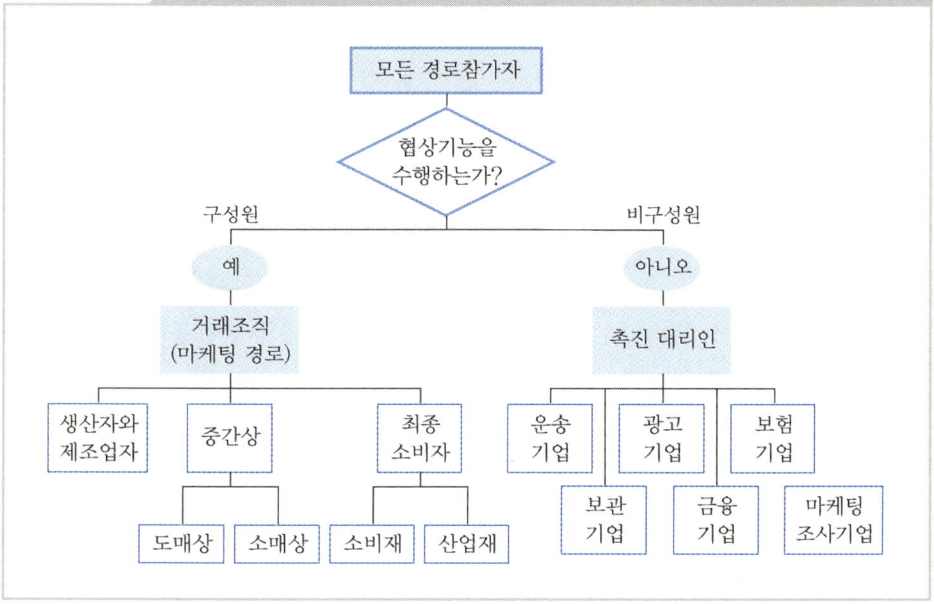

자료: 지성구 외(2014), 마케팅 실무자를 위한 유통전략, 한경사.

또한 유통경로는 최종소비자에 이르기까지 상호의존적 조직으로서 역할을 충실히 수행하여야 하며, 유통경로가 갖고 있는 환경적 요인은 다음과 같이 여섯 가지로 설명할 수 있다.

첫째, 법적·사회적(legal-social) 환경의 중요성이다. 즉, 규모에 관계없이 기업은 법을 준수해야 한다. 또한 관습적으로 문화적 환경제약이 개입한다.

둘째, 복잡성(complexity)이 있다. 복잡성의 원인은 기관의 규모의 형태의 다양성, 참가자의 과다, 동일시장 내 여러 점포의 중복적 성격의 상품판매 등으로 인해 발생한다.

셋째, 전문화(specialization)가 있다. 간혹 유통경로 내 전문화가 발생하기도 하는데, 특히 전문화된 제조업자, 조립업자, 전문화된 서비스업자 등이 생겨나기도 한다.

넷째, 일관성(routinization)이 있다. 일상적인 유통경로가 형성되고 나면 불확실한 요인들이 제거되고 조직 간의 결합적 유대가 증대된다. 또한 이 유대관계는 더욱 더 생산지향적으로 변모한다.

다섯째, 종속성(dependence)이다. 즉, 유통경로 내 조직들 간 서로 상호의존성이 생기는데, 이것은 하나의 완성된 유통경로가 성립됨을 의미한다.

여섯째, 불균등 위험(disproportionate risk), 즉 불균등 위험의 특성은 경로기관 사이에 불균등을 인정해야 상호간의 의존성이 생길 수 있다는 관점인데, 이는 구성원 간 파워의 균형이 불균등하다는 점에서 출발한다.

이와 같은 사항들을 바탕으로 유통경로상 각 조직구성원들은 각자의 역할을 충실히 수행되어야 하는데, 한편 제조기업은 자사상표의 마케팅을 위한 책임을 유통업자와 공동으로 부담할 가능성을 갖고 있다. 특히 제조기업은 생산기술과 더불어 전국적인 시장상황에 대한 자원을 보유하고 있으며 유통업은 지역 마케팅(regional marketing)과 소비자에 대한 이해를 바탕으로 구성원 간의 기능 공유는 결국 유통경로 효과성을 증진시키는 마케팅 성과로 작용할 수도 있다.

반면 유통경로상 구성원이 제거되는 중간상 배제(disintermedition) 현상이 나타나는 경우도 존재할 수 있다. 이에 대해 Stern과 Elansary는 "유통경로구성원이 제거되는 경우 경로에서의 기능은 곧 다른 경로구성원에 의해 수행되어야 한다."고 주장한바 있는데, 이는 전통적인 제조업-유통업(도매, 중개, 소매 등)-소비자의 형태로 구성된 전형적인 유통구조에서 중간 유통업자가 배제되면서 나타난 직접적인 온라인 유통경로의 변환을 의미하며, 이때 유통의 주 일부 기능은 사라지지 않으며, 주요한 기능들이 제조업자로 이전되었음을 시사한 바 있다. 이런 현상은 최근 경쟁 브랜드에 대한 감시, 유통기관을 대신한 고객유입(웹사이트 활용), 머천다이징 및 온라인 주문처리 등 수많은 영역에서 기존 유통업자의 기능이 이제 제조업자의 역할이 되었다. 예를 들어, 항공산업의 경우 2007년 항공사들이 대리점에 지급하던 비용을 점차 없애기 시작했으며 많은 여행 대리점(Agency)들이 유통경로에서 제외되기 시작했다. 이렇게 제거된 유통경로구성원의 기능은 항공사에 의해 그 기능을 더 효율적으로 수행할 수 있으면 스스로 유통경로를 설계할 수 있다는 의도에서였는데, 특히 대한항공과 아시아나항공은 국제선 발권을 대행하는 여행사 발권수수료를 7%로 인하하는(기존 9%) 동시에 대한항공은 이 수수료를 2010년부터 아예 없앴다. 즉, 발권수수료를 여행사에 지급하지 않겠다는 것은 인터넷을 통해 고객확보 기능을 직접 수행하겠다는 의미로 해석할 수 있으며, 이는 항공사 스스로 효율적인 고객을 확보할 수 있다는 전제 하에 기존 유통경로를 변경하였음을 알 수 있다.

이처럼 온라인 시스템의 구축은 결국 기업이 어느 때보다 빠른 속도와 훨씬 저렴한 비용을 통해 소비자들과 상호작용 할 수 있도록 작용하였으며, 결국 중간 유통경로의 '탈중개'화 현상을 촉진시키는 계기를 마련하게 되었다.

3.3 유통경로 설계

제조기업들은 지속적으로 고객들에게 상품과 서비스를 제공하기 위해 판매자관계를 구축하기 위한 다양한 유통수단을 보유하고 있다. 이를 통한 유통경로 주요 활용 방법으로, 첫째 다양한 유통채널 확보, 둘째 유통기구를 통한 시장정보수집이 가능하며, 셋째 주문처리의 효율화 및 고객지원 제공을 목적으로 유통경로를 활용한다.

그림 11-8 소비재 유통경로 유형

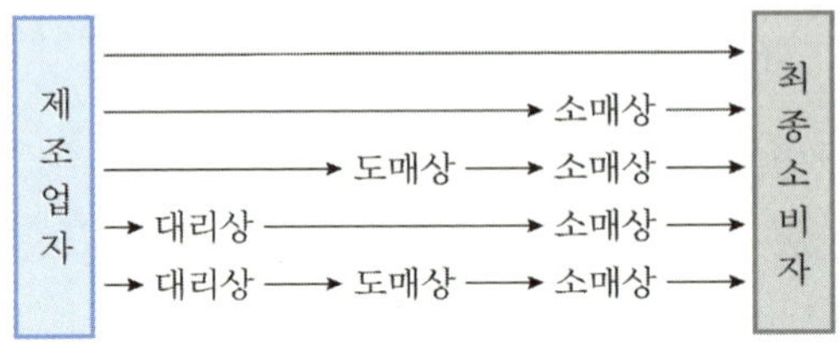

1. 다양한 유통채널 확보

여러 유형의 유통경로구성원들은 고객들에게 가치의 제공에 있어 많은 영향을 미치므로 제조기업들은 특히 유통기능을 원활히 수행할 수 있는 적절한 중개상을 선정하는 것이 매우 중요한데 다음과 같은 방식들 중 적절한 유통경로를 선정함으로써 유통효율화를 도모할 수 있다.

① **직접 유통경로**(direct)

인터넷, 전화 등의 통신수단을 이용하여 직접 유통기능을 수행하는 경우를 뜻하는데, 특히 음원, 영상, 교육 콘텐츠 및 도메인 제공 등의 경우는 온라인상에서 직접 유통하는 것이 효율적이며 최근에는 인터넷을 활용한 직접유통 방식이 더욱 증가하는 추세이다. 한편 도메인 거래 사이트인 Iconomy.com 등과 같은 전자상거래 사이트의 경우 재고관리에서부터 주문처리, 머천다이징에 이르기까지 공급에 관한 모든 업무를 내부 인프라를 활용하여 직접 담당하고 있다.

② **전통적 소매**(traditional retailers)

국내 백화점, 대형마트뿐만 아니라 오프라인상의 다양한 유통매장을 통한 전통적 소매업자들을 통해 자사가 보유한 유·무형의 상품거래와 소유권 이전 뿐 아니라 고객서비스, 신용판매, 기술 및 상품에 대한 정보 등을 제공함으로써 확장된 판매경로로써의 역할을 이전시킨다.

③ **온라인 쇼핑몰**(on-line shopping mall)

온라인 쇼핑몰은 가상 소매점(e-retailer)으로써 전통적인 소매업이 담당하는 역할을 온라인 유통 중개인을 활용함으로써 상품 유통경로의 확보 외에 제조기업 브랜드의 이미지, 상표 또는 고객인지도를 전파시킬 수 있다. 뿐만 아니라 인터넷거래는 B2B에 있어서도 큰 역할을 담당할 수 있는데 예를 들어, Arrow Electronics와 같은 기업의 경우 사이트를 통해 전자제품 OEM에 관한 제품과 기술, 그리고 밴더들에게 접촉하는 방법과 구매기술 등에 대한 여러 정보를 제공하고 있으며, 현재까지 수많은 엔지니어와 구매자들에게 서비스를 제공하고 있다.

2. 유통기구를 통한 시장정보 수집

유통에 대한 전문적인 지식을 가지고 있는 제조업의 수는 굉장히 부족할 뿐 아니라, 생산·제조기업들이 아무리 최첨단 산업 제조기술을 활용한다고 하더라도 시장의 환경파악을 통해 제품을 유통하는 좋은 방법이 무엇인지에 대해 대부분 거의 알지 못한다.

예를 들어, 드릴 공구 제조업자가 최신 부품을 이용하여 최고의 제품을 생산해 내었다고 할지라도, 그 제품을 시장에 유통시키는 방법에 대한 전문지식은 부족할 수밖에 없다. 즉, 제조 과정의 전문지식과 제품을 유통시키기 위한 유통 전문지식은 자연스럽게 연결되지 않는다는 것이다.

또한, 생산·제조 기업이 제품을 유통시키기 위한 전문적인 지식을 가지고 있을 수는 있지만, 반드시 효율적인 유통을 만들어낸다고 장담할 수는 없다.

그러나 생산·제조업자가 간접적인 방법으로 도매상이나 소매상에게 유통업무를 이전시키면 유통에 필요한 비용뿐만 아니라 고객정보의 수집에 대한 상당히 많은 비용을 절약할 수가 있다. 특히 소매유통은 제조업자보다 고객들에 대한 요구들을 파악하기 쉬운데 이러한 정보들은 제조업자들에게 바로 전달되어 제조기업들의 제품계획 수립, 경쟁적 마케팅전략 수립, 그리고 제품의 가격결정에 유용한 정보가 되곤 한다.

3. 주문처리 및 고객지원

다양한 제조업자들에게 있어서 수많은 고객들로부터 주문받게 되는 소량의 주문처리(order processing)의 건들을 직접 충족시키는 것은 비효율적이다. 상당수의 제조기업들은 수많은 소량주문의 처리에 있어 높은 주문처리비용으로 경영에 많은 어려움을 겪고 있다.

즉, 고객들의 주문처리에 들어가는 수많은 비용들로 하여금 기업은 큰 부담을 갖게 되는 것이다. 반면, 전국에 걸쳐 있는 수많은 유통기구들은 고객들로부터 받은 주문건들을 보다 효율적으로 처리하는 것이 가능하다. 특히 도매상은 수많은 제조업자들의 제품을 취급함으로써, 제조업자들보다 제품의 판매영역을 넓힐 수 있고 또한 주문처리비용을 절약할 수 있다. 예를 들어, 세계에서 가장 큰 의료기기 및 제품 도매상인 맥케슨(Mckeson corporation)은 대형판매상인, 체인점, 음식점, 독립형 소매약국, 병원 등을 포함한 다양한 고객들에 의해 주문이 이뤄진다. 수많은 고객 주문을 처리하기 위해 맥케슨은 종업원이 직접 주문 가능한 제품보관함, 특별한 컨베이어 벨트, 배송지점에 자동으로 박스를 운반할 수 있는 특별한 운반시스템을 통해 보다 빠른 주문처리 시스템을 담당하고 있다.

한편 고객지원(customer support)은 유통경로상 도·소매 유통기구가 제조업자들에게 제공하는 마지막 단계의 유통지원업무이다. 제품은 교환, 환불이 필요하거나 고객은 제품의 설치, 수리, 조정 또는 기술적인 조언을 필요로 할 수 있다. 제조업자가 수 많은 고객들에게 이러한 서비스들을 직접 제공하는 것은 엄청난 비용을 초래한다. 이때 제조업자들은 서비스를 직접적으로 고객에게 제공하는 대신 도매상을 이용함으로써 지원업무의 효율화를 구축한다.

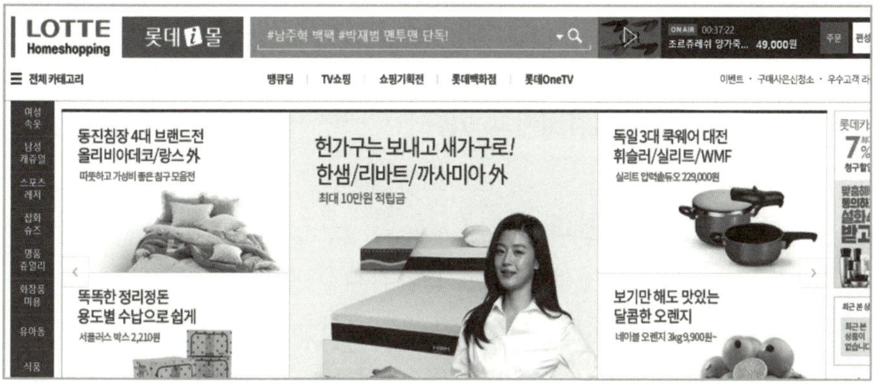

3.4 전자상거래와 유통구조의 변화

인터넷 및 급속한 정보통신기술의 발달은 유통환경을 더욱 급격하게 바꾸고 있다. 구체적으로 유통구조를 단순화시키고, 소비지향적 유통구조를 정착시켰으며, 거래 방법의 변화와 더불어 가격 및 품질경쟁을 격화시킴으로 인해 유통구조적 측면 외에도 온라인 유통업과 기존 유통업체와의 마찰을 더욱 심화시켰다. 유통의 구조적 변화에 대한 내용을 살펴보면 다음과 같다.

1. 유통구조의 단순화

인터넷을 통한 생산자와 소비자 간의 직접적인 거래는 점차 유통구조의 단순화를 증가시키고 있다. 예를 들어, 최근 농수산물 직거래 판매로 인하여 유통경로가 대폭 축소되었으며, 이는 인터넷상의 전자상거래가 확산되면서 더욱 가속화되고 있는 실정이다.

2. 소비지향적 유통구조 정착

급속한 정보통신기술의 발달로 인해 소비자들은 다양한 제품이나 서비스를 가정에서 쉽게 구매할 수 있게 되었다. 점차 소비자들은 쇼핑, 영화, 은행업무 등의 다양한 영역에서 서비스를 간편하고 쉽게 이용할 수 있게 되었으며, 인터넷 통신을 통한 IP-TV나 케이블을 이용한 홈쇼핑, 인터넷 쇼핑 등의 활용을 통해 점차 긍정적으로 소비자지향적 유통구조를 정착시키고 있다.

3. 거래 방법의 변화

인터넷상의 거래에서는 소비자가 가격을 결정하는 등 거래 방법에 대한 수많은 변화가 일어나고 있다. 인터넷상에서의 다양한 판매 방법의 도입으로 그 동안 고착되어온 일방향적 가격결정 방법에 대한 변화를 초래하고 있다.

최근 인터넷상에서 소비자가 사고 싶은 물건의 가격을 제시하면 공급업체가 그 가격에 맞춰 판매하는 쇼핑몰 또한 생겨나고 있다. 이와 같은 인터넷 쇼핑몰의 등장은 가격의 결정권이 제조업체에서 유통업체로 이전되고 있음을 의미하며, 가격의 결정에 있어 생산자의 자발적 결정이 아닌 소비자와의 균형에 의해 형성되는 긍정적 역할을 하고 있다. 가격 외에도 전자상거래는 주문과 대금결제, 배달 등 거래와 관련하여 다양한 분야의 혁신적인 변화를 초래하고 있다.

4. 가격 및 품질경쟁의 격화

케이블 TV를 통한 홈쇼핑과 인터넷을 활용한 전자상거래의 확대는 잠재적 구매자와 공급자 수를 증대시키며 매체를 통한 다양한 정보의 확대, 거래비용절감의 효과를 창출함에 따라 완전경쟁시장에 근접할 수 있게 되었다. 더욱이 인터넷 사업자는 많은 자금이 소요되는 토지나 건물 등을 구입하거나 임대할 필요가 없어졌으며, 홈페이지 구축을 통해 비교적 소규모의 비용으로 영업을 시작할 수 있게 되었다. 이와 같은 사업비용의 감소는 시장진입을 더욱 편리하고 신속하게 하므로 인터넷상에서 사업자 간의 가격 및 품질경쟁을 가속화시킨다.

5. 온라인 업체와 기존 유통 업체와의 마찰

인터넷의 발달은 유통경로를 단축하고 단순화시킴으로써 생산자와 소비자의 직접적인 판매를 가속화시키게 되었다. 이에 따라 기존 유통 업체들의 반발이 거세지고 있는데, 온라인을 통한 직접 판매로 인해 이익 침해를 우려한 기존 유통업체들은 인터넷상에서 거래되는 특정 제품들은 취급하지 않는 등의 행위를 통해 온라인 업체와 유통경로 분쟁이 가속화되고 있는 현실이다. 특히 온라인 업체와 기존의 오프라인 업체와의 마찰이 가장 치열한 분야는 화장품, 서적, 음반, 전자제품, 자동차 등이다. 이 같은 제품을 판매하는 인터넷 업체들은 오프라인에서 판매하던 제품을 정가보다 10~30% 정도 저렴하게 판매하면서, 가격파괴가 진행되자 온라인 업체와 오프라인 업체 간의 마찰은 심각한 상태로 번지고 있으며, 기존 중·소도매업체들은 온라인 업체들에게 제품을 납품하지 않는 방식으로 대항하자 공정거래 여부를 둘러싼 법정 다툼으로까지 번지고 있다.

6. 온라인 업체와 기존 유통업체의 공조

기존 오프라인 업체와 온라인 업체의 가격경쟁으로 인한 마찰은 비단 한국뿐만 아니라 전 세계적인 경향이기도 하다. 이와 같은 유통분쟁을 방지하기 위해 인터넷을 기반으로 한 비즈니스 사업자들은 다양한 해결 방안을 모색하고 있다.

일부 제품만 인터넷에서의 판매, 자사 대리점의 소매가격 이하로 인터넷 판매 제한 행위, 소비자가 거주하는 지역 인근 소매점에 대한 정보제공, 온라인 전용 판매만을 위한 신제품개발 등이 적극 활용되고 있으며, 이 외에도 철저한 소비자 지향적 마케팅전략 등이 추구되고 있다.

예를 들어, 쇼핑리스트 컴(Shoppinglist.com)이라는 인터넷 사이트에서는 소비자가 우편번호 입력 시 소비자의 주거지 주변의 소매점에 대한 정보를 제공하고 있어 모범적인 온라인-오프라인 통합 사례가 되고 있다.

한편, 온라인과 오프라인을 결합한 전략사례를 보면, 인터넷 포털 야후는 인터넷 사진 회사 Photo Works와 제휴를 하였는데, 즉 야후의 인터넷에서 사진인화 주문을 하고, 현상 및 배달은 우편을 통해 이루어진다. 또한 인터넷상에 주문을 하고 소비자가 필름을 직접 보내면 야후에서 현상된 사진을 미리 볼 수도 있고, 우편으로 현상된 사진을 배달받는 형식이다.

04 마케팅 커뮤니케이션 전략

4.1 마케팅 커뮤니케이션

마케팅 커뮤니케이션이란 표적시장 내에서 바람직한 반응이 일어날 수 있도록 통합적 자극(integrated stimuli)을 주고, 메시지를 수정하며 동시에 새로운 커뮤니케이션 기회를 확인하기 위해 시장으로부터 얻어진 메시지를 수신하고 해석하기 위한 경로설계 과정이라 할 수 있다. 이때 마케팅의 주체인 기업은 시장 관련 메시지의 송신자이며 동시에 수신자이므로 항상 마케팅 컨셉(concept)조화를 이루려 하며, 이때 필요한 것이 바로 마케팅 커뮤니케이션 전략인 것이다.

한편 통합적 마케팅 커뮤니케이션(IMC)은 DM, 판매촉진, PR 등 다양한 커뮤니케이션 수단들의 전략적인 역할을 비교·검토하고 명료성과 정확성 측면에서 최대의 커뮤니케이션 효과를 거둘 수 있도록 이들을 통합하는 총괄적인 계획 수립의 과정이라 할 수 있다.

여기서 마케팅 관리자의 촉진활동은 단순히 정보전달(communicating)에만 관심이 있는 것이 아니라 그 커뮤니케이션 과정을 통해 고객들이 자사의 제품(또는 브랜드)을 선택하도록 자극시키고자 한다. 즉, 마케팅 관리자들은 좋은 제품을 가지고 있는 한 그 제품을 알게

그림 11-9 마케팅 커뮤니케이션 과정

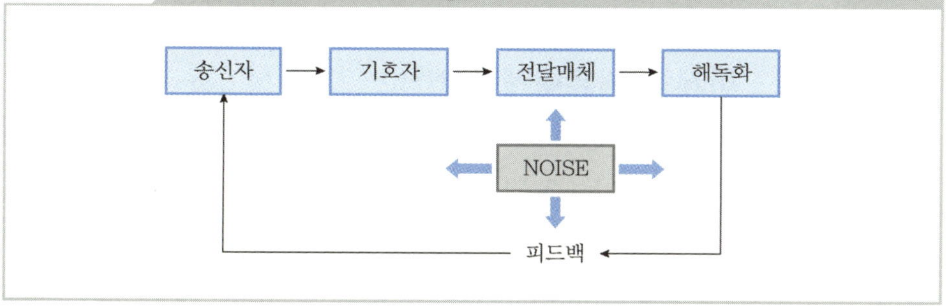

자료: P. Kotler, *op.cit.*, 2000, p.551 자료편집.

된 고객들은 반드시 구매하게 될 것임을 알고 있다. 따라서 이들은 호의적인 행동을 유발할 수 있는 행동을 더 강화하고 표적시장의 태도와 행동을 실제로 변화시키는 데 관심을 집중한다.

한편 경제적인 측면에서 보면 커뮤니케팅은 현재의 수요곡선을 보다 비탄력적으로 변화시키거나(a), 수요곡선의 위치를 우측으로 이동시키거나(b) 혹은 이 두 가지 변화를 동시에 추구함으로써(c) 결국 소비자의 구매행동에 영향을 미치는 데 그 목적을 두고 있다. 즉, 기업은 커뮤니케이션 활동을 통하여 주어진 가격에서 매출의 증대에 기인하고 가격인상 시에는 비탄력적이고 가격인하 시에는 탄력적인 수요탄

그림 11-10 마케팅 커뮤니케이션에 의한 수요곡선 변화

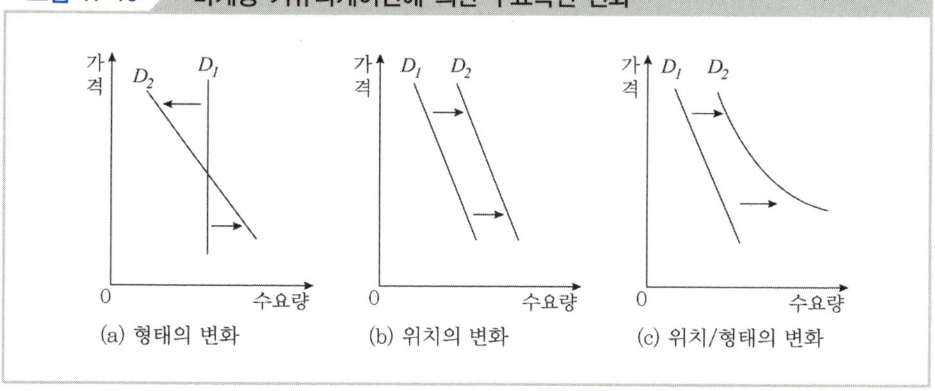

력성을 갖도록 잠재고객들을 유도하고자 노력한다.

4.2 마케팅 커뮤니케이션 믹스의 특성

특정 제품을 촉진하기 위하여 구체적인 수단을 결합할 때, 이를 그 제품에 대한 마케팅 커뮤니케이션 믹스(MC mix)라고 한다. 마케팅 커뮤니케이션 믹스는 광고, 판매촉진, PR, 인적판매, Direct Marketing 등 5가지 요소로 구성되어있으며, 이는 소비자에게 구매를 환기시키기 위한 촉진수단의 가장 적절하고 유효한 조합을 의미한다.

마케팅 커뮤니케이션 도구들은 제각기 상이한 특성과 촉진효과를 지니고 있으며 고유의 장·단점을 지니고 있다. 따라서 효과적인 마케팅 커뮤니케이션 믹스를 위해서는 여러 수단의 장·단점을 상호 보완하여 조화되도록 결합해야 하며 마케팅믹스와 밀접한 통합관계를 이루도록 해야 한다.

표 11-4 커뮤니케이션 믹스 수단의 특성

광고	확인된 광고주가 유료의 광고대금을 지급하고 제품이나 서비스, 아이디어에 관한 메시지를 신문, TV, 라디오, 잡지 등의 대량매체를 이용하여 촉진하는 모든 형태의 비인적 커뮤니케이션 수단	대중적 제시, 다중접근, 과장표현, 비인간성
인적판매	• 대면(face-to-face) 커뮤니케이션 • 판매자가 잠재구매자를 만나 대화를 통해 제품의 판매를 실현시키고자 하는 방법	인적대면, 인간관계 조성, 반응
홍보	후원자의 대금지급이 없이 비인적 대중매체를 통하여 기업이나 제품 또는 서비스가 뉴스화됨으로써 촉진효과를 거두는 방법	높은 신뢰성, 무방비, 극화
판매촉진	제품·서비스의 판매를 촉진하기 위한 단기적 유인수단	커뮤니케이션, 유인책, 초대, 권유
Direct Marketing	특정고객 및 잠재고객들의 욕구를 직접적으로 충족시키거나 또는 직접적인 선호를 유발하기 위하여 우편, 전화, 팩스, 이메일 및 기타 비인적 접촉수단을 이용하는 대 고객 촉진수단	관계가 직접적·개별적·쌍방향적

1. 광고

광고란 확인된 광고주(sponsor)가 유료의 광고대금을 지급하고 제품이나 서비스, 아이디어에 관한 메시지를 신문, TV, 라디오, 잡지 및 인터넷 등의 대량매체(mass media)를 이용하여 촉진하는 모든 형태의 비인적 커뮤니케이션 수단을 의미한다.

광고에는 다양한 형태와 그에 따른 용도가 있기 때문에 그 특성을 일반화 하기가 어렵지만 대체적으로 다음과 같은 특징으로 요약할 수 있다.

① **대중적 제시**(public presentation)

광고는 대중성을 지닌 커뮤니케이션 수단이다. 많은 사람들이 동일한 메시지를 접하게 되므로 광고주는 그 제품에 대한 소비자들의 구매동기가 대중들 속에 널리 확산될 수 있음을 인식하고 있다.

② **다중접근**(pervasiveness)

광고는 판매자가 메시지를 여러 번 되풀이하여 침투시키는 보급매체이다. 또한 광고는 구매자들이 여러 경쟁자들의 메시지를 접하고 비교하게 해준다.

③ **과장표현**(amplified expressiveness)

광고는 인쇄물, 소리, 색상 등을 교묘하게 사용하여 묘사함으로써 기업과 그 제품에 대하여 극화할 기회를 제공해준다.

④ **비인간성**(impersonality)

광고는 회사의 판매원과 같은 추진력이 없다. 즉, 대중들은 광고에 주의를 기울이거나 반응해야 할 의무를 느끼지 않는다. 따라서 대중들과의 대화가 아니라 독백의 형태로 전달하게 된다.

2. 인적판매

인적판매(personal selling)는 대면(face to face) 커뮤니케이션이라고도 하며, 판매자가 잠재구매자를 만나 대화를 통해 제품의 판매를 실현시키고자 하는 방법으로서, 교환(exchange) 상황에서 인적 커뮤니케이션을 통해 잠재고객에게 제품에 대한 정보를 제공하고 구매하도록 설득하게 된다. 현장판매원의 방문판매나 점원의 판매조성행위가 그 대표적인 예가 된다.

인적판매는 구매 과정상 일정단계 이후, 특히 구매자의 제품선호(preference), 확신(conviction) 및 판매활동(action)을 유발시키는 데 효과적인 방법이다. 인적판매는 광고와 비교해볼 때 다음과 같은 특성을 지니고 있다.

① **인적 대면**(personal confrontation)

2인 이상의 사람들 간의 생동적·즉각적 상호 교감적 관계 속에서 이루어진다. 판매자와 구매자는 서로 상대방의 특성과 욕구를 면전에서 관찰하여 즉각적으로 필요한 것을 조정할 수 있다.

② **인간관계조성**(cultivation)

일상적인 판매로부터 깊은 유대관계에 이르기까지 다양한 유형의 관계를 형성할 수 있게 해준다. 단기적익 고압적인 주문획득보다는 장기적인 유대관계를 맺기 위해서 고객의 관심사를 깊이 간파해야 한다.

③ **반응**(response)

고객들로 하여금 판매원의 말에 귀를 기울이도록 하는 어떤 의무감을 느끼게 한다. 요컨대 인적판매는 상대하는 고객의 태도나 반응에 따라 적절히 대응할 수 있는 유연성이 가장 큰 자산이라 할 수 있으며, 고객단위당 비용이 비싸기 때문에 광고나 판매촉진과 같은 촉진활동과 결합하여 사용하는 것이 일반적이다.

3. 홍보

홍보(PR & publicity)는 후원자(sponsor)의 대금지급이 없이 비인적 대중매체를 통하여 기업이나 제품 또는 서비스가 뉴스화 됨으로써 촉진효과를 거두는 방법이다. 불특정 다수의 청중(다양한 기업 이해관계자)을 대상으로 기업과 소비자 간의 우호적인 관계를 형성하기 위하여 수행되는 모든 활동(예: 기업광고, 기부활동, 특집기사 등)이다. 매스컴에 의하여 무료로 홍보가 이루어진다는 점에서 광고와 다르며 다음과 같은 특성이 있다.

① **높은 신뢰성**(high credibility)

뉴스 형식으로 된 특성은 독자들에게 광고보다 훨씬 더 진실되고 신뢰성 있게 보인다.

② **무방비**(off-guard)

판매원이나 광고라면 회피할 수도 있는 많은 대중들에게 접근할 수 있다. 메시지는 판매지향적인 커뮤니케이션 이라고 하기보다는 뉴스로서 전달된다.

③ **극화**(dramatization)

홍보는 광고와 마찬가지로 기업이나 제품을 극대화시킬 수 있다.

4. 판매촉진

판매촉진(sales promotion; 판촉)은 제품 또는 서비스의 판매를 촉진하기 위한 단기적인 유인수단으로서 광고와 인적판매 및 홍보에 속하지 않는 일체의 촉진활동을 포함한다. 판매촉진에는 다시 소비자촉진(견본제공, 쿠폰 등), 거래점촉진(할인판매, 협동광고 등), 판매원촉진(보너스, 판매경연대회 등) 다양한 유형이 있고 다음과 같은 특성이 있다.

① **커뮤니케이션**(communication)

소비자의 주의를 끌고 정보를 제공한다.

② **장려책**(incentive)

소비자들에게 가치를 부가해 줄 수 있는 이권(concession)이나 자극물, 기증품 같은 것을 제공한다.

③ **초대 · 권유**(invitation)

즉시 거래에 참여할 수 있도록 제안하고 권유한다.

특히 제품을 극화하거나 판매부진을 진작시키기 위하여 즉각적이고 강한 반응을 창출하는 데 판촉수단을 이용한다. 그러나 판매촉진의 효과는 항상 단기적이기 때문에 장기적인 상표선호도를 구축하는 데는 적합하지 않다.

5. Direct Marketing

특정고객 및 잠재고객들의 욕구를 직접적으로 충족시키거나 또는 직접적인 선호를 유발하기 위하여 우편, 전화, 팩스, 이메일 및 비인적 접촉수단(catalog, mailing, telemarketing, TV-homeshopping, fax mail, voice mailing) 등을 이용하는 대 고객촉진 수단이다. 소비자 개개인에 대한 정보를 바탕으로 소비자와 직접 교류하기 때문에 기업과 소비자의 관계가 직접적이고 개별적이며 양방향이란 점에서 기존의 마케팅과 구분된다.

4.3 온라인 커뮤니케이션

인터넷은 대중과의 연결성을 촉진하는 환경에서 정보의 효율적 교환이 가능한 커뮤니케이션 매체가 되었다. 특히 인터넷은 기존의 다른 대중매체보다 대중들에게 접근이 용이한 잠재력을 갖고 있으며, 잠재적인 구매자들을 타겟으로 커뮤니케이션 할 수 있는 장점을 보유하고 있다.

과거 잠재고객들과의 커뮤니케이션 수단들은 단지 일방향(one way) 형태이거나 혹은 일대 다수 방식의 전달(one to may message)이었는데 이는 인터넷 본연의 커뮤니케이션 활용능력이라기보다 메시지 전달의 방법으로만 활용되어 다양한 커뮤니케이션 기능을 제대로 발휘하지 못했다. 하지만 최근 인터넷은 그 활용 측면에 있어서 양방향(two way communication)과 2I(상호작용성, 개인화 등)과 같은 인터넷 매체 본연의 특성으로 인해 매우 효과적인 커뮤니케이션 수단으로써의 기능을 제대로 보여주고 있다. 이는 곧 인터넷이 잠재고객들과의 새로운 커뮤니케이션 수단으로써 큰 가능성을 보여주는 것임을 알 수 있다.

1. 기회의 제공

인터넷을 통한 실시간 응답에 대한 잠재력으로 인해 소비자들은 상품을 제공하는 기업에 대해 보다 많은 기대를 하게 되었으며, 이는 곧 기업들로 하여금 커뮤니케이팅 방법에 많은 변화를 요구하게 되었다. 한편 인터넷이 잠재고객들과의 효과적으로 개인과 커뮤니케이션이 가능한 만큼 스팸메일, 팝업광고 등과 같이 무례한 의사소통도 확산되는 결과를 가져왔다.

2. 고객 커뮤니케이션 방식의 전환

인터넷으로 인한 양방향 커뮤니케이션 잠재력은 곧 잠재고객들로 하여금 자신들이 전달한 의견이나 요구사항에 대한 즉각적인 응답을 요구하게 되는데, 인터넷은 빈번한 고객의 요구사항을 효과적으로 전달시킬 수 있다. 한편 이런 즉각적인 요구사항에 대한 즉각적인 반응을 하지 못하는 기업들의 실패 또한 더욱 두드러지게 나타나게 되었다.

3. 2I

인터넷을 통한 2I와 같은 매체의 활용은 기업들이 기존보다 더 빠른 속도로 고객관계관리를 가능하게 만들었다. 예를 들어, 배너광고의 활용은 잠재고객들이 단지 클릭(click through)만으로 기업과 브랜드에 대해 인지와 사이트 탐색을 가능하게 만들었다. 이는 곧 기존의 TV나 라디오 등의 매체가 할 수 없는 소비자 인식과 몰입(involvement)을 통한 커뮤니케이션을 만드는 반면, 이러한 특징들은 소비자들과의 관계를 쉽게 소멸시키기도 하며, 사이트 통제의 어려움 등과 같은 장애요소들로 인해 잠재소비자들이 다른 사이트로 옮겨가는 주요 원인으로 작용하기도 한다.

4.4 On-line 통합적 마케팅 커뮤니케이션(IMC)의 개념과 특징

온라인 마케팅에서 통합적 마케팅 커뮤니케이션 과정은 고객의 개인화와 맞춤화가 가능하다는 점에서 더욱 중요한 관점이 될 수 있다. 온라인 IMC의 특징에 대해 살펴보면 다음과 같다.

첫째, IMC는 여러 커뮤니케이션 수단을 동원할 수 있다. 즉, 소비자는 일상생활에서 다양한 경로와 정보를 통해 상품과 접촉한다. 이들은 친구를 만나거나, TV를 보며 혹은 인터넷 배너, 신문이나 잡지 등의 매체를 통해서도 상품에 대한 정보를 접하게 되는데, 때로는 상점의 간판을 통해서도 상품, 브랜드와 접촉하게 된다. 따라서 IMC를 효과적으로 도입하고자 하는 기업들은 이러한 소비자의 모든 접촉 수단을 종합적으로 고려하여 효과적으로 잠재고객들과 커뮤니케이션 할 수 있도록 계획한다.

둘째, IMC는 동원 가능한 모든 수단들을 통합하는 것으로 온라인 기반의 기업들은 특히 잠재고객들에게 전달할 정보와 메시지의 일관성을 유지하며 효율성을 극대화하기 위해 인터넷 광고, 다이렉트 메일(direct mailling) 및 이벤트 등을 통한 다양한 차원의 통합 커뮤니케이션 방법을 반영해야 한다.

셋째, 인터넷을 통하여 IMC를 도입하고자 하는 마케팅은 잠재고객뿐 아니라 일반대중들에게 영향을 미칠 수 있는 다양한 마케팅 수단을 고려하여 전체적인 마케팅 커뮤니케이션 전략을 구축해야 한다. 이는 건축설계와 마찬가지인 전체 프레임을 설계한 후 각 부분에 대한 설계를 그려나가는 것과 마찬가지 논리이다.

이는 곧 온라인 기업이 소비자들로 하여금 그들의 제품과 서비스를 구매로 연결시키고 기업의 이미지를 구축하고 유지하기 위해 인터넷 커뮤니케이션 수단을 활용하고 있음을 의미한다. 웹이 갖고 있는 본연의 잠재력은 수많은 대중들과 커뮤니케이션 할 수 있는 막대한 잠재력을 보유하고 있는 만큼 기업은 이를 활용하여 기업 자체의 차별화된 이미지를 형성할 수 있도록 기업 특유의 차별화된 커뮤니케이션 방법을 찾아나가야 한다.

이 외에도 인터넷, 모바일을 통한 배너광고, 구전 커뮤니티, SNS를 활용한 기업홍보 등의 대중관계를 위한 노력은 결국 마케팅 커뮤니케이션에 있어 또 다른 기회를 제공해줄 수 있다.

4.5 온라인 커뮤니케이션 유형

최근 온라인 매체에 익숙한 대중들은 게시판(billboard)보다 배너광고를 통해 상품에 접촉하는 빈도가 높으며, 특히 TV나 인쇄광고인 신문, 잡지광고보다 팝업광고를 더 많이 접하게 된다.

이에 대해 온라인 매체 관련 통계에 의하면, 2000년 미국인들이 온라인을 통해 광고를 접한 비율은 약 40%를 선회하며, 2005년은 약 68%의 대중들이 온라인을 통한 광고를 접한 것으로 나타났는데, 이는 곧 온라인의 성장에 근거한 인터넷 광고가 대중들에게 도달하기 쉬운 가장 효율적인 광고임을 시사하고 있다. 다음은 기업이 활용 가능한 온라인 커뮤니케이션 도구와 온라인 커뮤니케이션 수단들을 나타내고 있다.

1. 온라인 커뮤니케이션 도구

① **배너광고**

배너광고는 기존 오프라인 형태의 광고를 인터넷으로 변환한 것인데, 이는 본질적으로 전자게시판과 같은 의미이다. 배너광고는 다양한 유형과 형태로 대중들에게 전시되고 있으며, 일반적으로 이용자들이 배너를 클릭함으로써 기업의 웹사이트로의 이동을 유도하는 메시지로 볼 수 있다.

② **삽입형 광고**(interstitials)

삽입형 광고는 인터넷 웹페이지에 실시되는 용어 형태의 광고인데, 브라우저를 통해 사용자가 삽입형 광고에 접속하면 브라우저에 저장된 캐쉬의 스트리밍을 통해 광고하는 기업이며, 이는 팝업(pop-up)과 유사한 기법이다. 한편 웹 페이지를 느리게 만드는 제한적인 단점이 있음에도 불구하고 기업 제품이나 브랜드를 소비자들에게 효율적으로 상기시키는 데 효과적인 장점이 있다.

③ **검색엔진**

컨설팅회사 Berrier Associates의 조사결과에 의하면 주당 5시간 이상 인터넷, 모바일 등 온라인을 활용하는 대중들 중 70% 이상이 대부분의 시간을 정보검색에 활용하는 것으로 나타났다. 또한 웹은 매일 7백만 개 이상의 새로운 페이지가 만들어지며 이는 곧 온라인 마케팅전략에 있어 새로운 기회가 될 수 있음을 시사한다.

특히 어떤 검색엔진(GoTo.com)은 키워드가 높은 등급에 따른 연관

키워드가 링크될 수 있는 키워드 상품을 판매하는데, 이를 통해 이용자가 키워드 검색과 관련된 상품을 자연스럽게 링크하게 함으로써 상품 브랜드와 메시지를 효과적으로 전달하게 한다.

④ **구매시점 전시**(point of purchase displays)

온라인 환경에서는 구매시점 전시에 대한 목표고객 설정에 대한 기회가 더 많이 존재한다. 특히, 과거 쇼핑정보에 대한 기록의 빅데이터(big database) 등을 활용한 정보의 이용성은 고객 구매시점에 대한 수많은 데이터에 기반한 근거를 마련함으로써 전자상거래 판매시점과 상품전시에 대한 보다 높은 효율성을 제공한다.

2. 효율적 온라인 커뮤니케이션 응용수단

① **제휴 프로그램**(affiliate programs)

제휴 프로그램은 일반 대중들에게 접근할 수 있는 매우 효과적인 수단으로 작용하는데, 특히 파트너 서로간의 기업 상품에 대한 배너공유 혹은 웹사이트 링크를 공유함으로써 효율화를 도모하는 것이 이에 해당한다. 예를 들어, 2000년 America online과 NBA.com은 서로간의 웹사이트 이용을 촉진시키기 위해 서로의 웹사이트 공유 마케팅 프로그램을 추진한 바 있다.

② **스폰서십**(sponsorship)

거래나 검색이 많은 사이트를 스폰서 하는 것은, 한편 기업 제품이나 브랜드의 인지도를 넓혀나가는 좋은 방법이다. 연구에 의하면 소비자들은 스폰서십을 많이 하는 기업의 제품 구매빈도가 높은 것으로 나타났는데, 일반적으로 스폰서십은 배너 형태로 웹페이지 상단 혹은 하단에 게시하는 형태로 나타나며, 경우에 따라 뉴스레터 혹은 기사와 같은 형태의 스폰서십도 나타낼 수 있다.

③ **대화방**(chat rooms)

Yahoo를 대표로한 수많은 웹사이트들은 대화방이라는 온라인 커뮤니티를 지원하고 있다. 대화방이란, 특정 주제나 관심에 대해 대화하기 원하는 사람들이 온라인 공간을 통해 실시간으로 의사소통하는 인터페이스 환경의 의사소통 공간을 의미하는데, 일반적으로 대화방 참여자들은 특정 관심 분야에 대한 목적으로 활용하는 만큼 이를 활용한 상품 카테고리 분류 등을 통해 배너광고 등을 제시하는 형태가 많이 이용되며, 이는 일반 사이트보다 높은 클릭빈도를 나타내고 있다.

④ **디지털 사이니지**(digital signage)

디지털 사이니지(digital signage)란 디지털 정보 디스플레이(digital information display: DID)를 이용한 옥외광고로, 관제센터에서 통신망을 통해 광고 내용을 제어할 수 있는 광고판을 말한다. 이는 지하철 역사, 버스정류장, 아파트 엘리베이터, 은행 등 유동인구가 많은 곳에서 흔히 볼 수 있다. 현재는 단순히 동영상 형태에 소리를 곁들인 광고를 시간대별로 번갈아 노출하는 형식이 대부분이지만, 향후에는 모션인식이나 NFC(근거리무선통신) 등을 이용해 사용자와 쌍방향으로 통신하는 형식으로 점차 옮겨갈 전망이다. TV, 인터넷, 모바일에 이어 제4의 미디어로 주목받고 있다.

국내 디지털 사이니지 활용 현황과 정책

전광판 광고로 알고 있는 디지털 사이니지가 모바일 융합 시대에서 ICT 융합 시대로 가는 와중에 재조명받기 시작하면서 미디어 업계에서는 PC, TV, 스마트폰에 이은 제4스크린으로 디지털 사이니지를 보고 있다. 즉, 기존의 옥외 전광판이 업그레이드되는 개념으로 디지털 사이니지에서 스마트 사이니지로의 발전 방향에만 초점을 두었기 때문에 편의상 '스마트'라는 용어를 사용하였으나, 우리나라 행정기관에서 쓰고 있는 '디지털 사이니지'라는 용어로 통일해서 논의가 전개되고 있다.

전통적 옥외광고와 제4스크린인 디지털 사이니지 비교

구 분	내 용
옥외광고 (out-of-home-advertising)	• 아날로그형 포스터, 간판, 야외 간판, 광고탑, 네온탑 등 옥외에서 일반대중에게 호소하기 위해 설치하는 광고류를 총칭 • 디스플레이로 구성되어 있고 콘텐츠는 텍스트, 이미지에 국한 • 운영 및 관리는 수동적 콘텐츠 교체에 의해 이루어짐 • 사용자 참여 및 마케팅은 단순 시선 응시 및 대량생산, 일괄 마케팅을 추구
디지털 사이니지	• 디지털 정보, 미디어 차원을 넘어 이용자와 인터랙션이 가능한 종합적인 영상, 정보, 광고융합서비스 시스템 • 디스플레이, 플랫폼, 네트워크 콘텐츠로 구성 • 콘텐츠는 동영상, 방송 콘텐츠, 양방향 콘텐츠, 실감형 콘텐츠까지 사용 가능 • 운영 및 관리는 네트워크 기반 중앙관리시스템 활용 • 사용자 참여 및 마케팅은 직접 참여, 사용자 경험 및 개인 맞춤형 마케팅 추구

출처: 방송통신진흥본부, 유진투자증권(2016. 5. 16) 재인용

국내 디지털 사이니지가 주목받게 된 배경

국내에서 주목받게 된 배경은 사이니지가 ICT 업계에서 IoT 및 O2O로 관찰하고 있는 동안, 미디어 업계에서는 PC, TV, 폰에 이은 제4스크린으로 관찰되었기 때문이다.

일반적으로 '전광판'으로 불리는 옥외광고는 단순히 정보 디스플레이 역할만 가능해 단순히 기기를 통해 디지털 정보로 전환되는 수준이었다. 이를 1세대로 보면, 2세대는 터치패널과의 결합해, NFC 등의 근거리 무선통신, 각종 인식기술 등과 연계되어 소리(audio)와 영상(video) 사용이 가능해지게 된 때를 말한다. 게다

가, 특정 장소와 시간을 정할 수 있게 됐고 디스플레이 장치를 손쉽게 제어할 수 있으며, 원하는 타깃에 맞는 광고 제공도 가능하게 된다.

또 다른 배경으로는 디스플레이 가격 인하와 통신비용 하락을 들 수 있다. 인터넷 보급 확대 및 속도 증가로 인해 그만큼 밀착형 광고에 대한 소상공인의 접근이 용이해진 것이다. 또한, 제4스크린 콘텐츠가 텍스트에서 영상으로 확대되어 N스크린이 용이하다. 즉, 디지털 사이니지는 매스 미디어와 개인 미디어 기능을 모두 수행하면서 양방향 미디어로 진화 발전할 수 있다.

조사기간	2013년 12월 2일~2013년 12월 10일(총 9일 소요)
참여 기업	54개 사
응답자 수	90명
응답자 직급	전체 응답자 중 87명이 과장급 이상 임원은 51명이 참여
주요 사업 분야	하드웨어, 소프트웨어, 콘텐츠, 광고&서비스 등
기업 매출 및 직원 수	10억 미만의 10명 미만이 가장 많음
품질인증 기준 및 제도의 필요성	필요성 있음(매우 필요 포함) 91%
시험기관 운영 필요성	79%가 필요성 있음 기타 10%는 조건부 필요 의견이 많음
품질문제 이슈	디스플레이와 산업용 컴퓨터가 가장 많은 이슈 1년 이내 제품 문제 발생 경험 7%
지자체, 공공기관의 인증 제품 채택에 따른 중소기업 혜택	도움이 됨(조금, 매우 포함) 93%
2013년 구축한 시험설비 인증 시험의 적정성	적절함(매우 포함) 평균 90%

국내 디지털 사이니지 활용 현황

미디어 업계에서 이미 제4스크린으로 인식되고 있는 디지털 사이니지는 국내에서 어떻게 활용되고 있을까에 대해 살펴보기 위해 필자는 디지털 사이니지 시장을 살펴보고자 한다. 시장은 크게 기술시장과 서비스시장으로 나누어 보아야 할 것인데, 기술적으로는 지속적으로 진화 발전하고 있고, 최근의 상황인식기술, 콘텐츠 제작기술 발달로 더욱 발전이 기대된다. 하지만, 활용 측면을 보려면 서비스 시장에 대해 보아야 할 것이다.

세계 디지털 사이니지 시장의 구성 요소별 전망

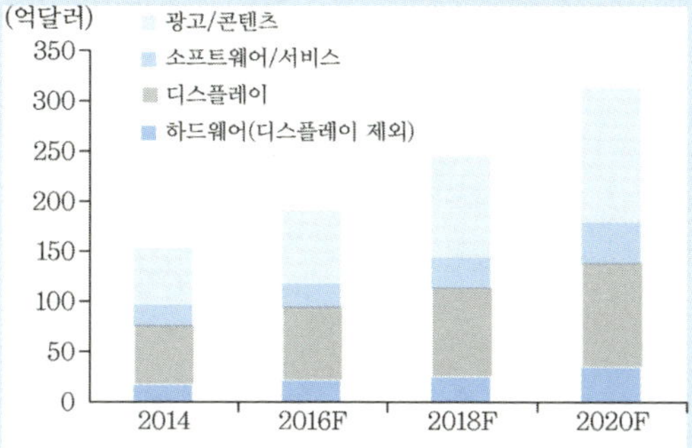

출처: HIS 2014; 방송통신위원회 2012; KOBACO 2014

디지털 사이니지 시장의 구성 요소는 기술과 서비스로 대별된다. 기술적으로는 원격으로 관리되는 디지털 디스플레이와 디지털 영상장치 수준을 넘어 소프트웨어, 하드웨어, 콘텐츠, 네트워크 기술 등 다양한 ICT 기술과 융·복합되고 있으며, 양방향 커뮤니케이션이 가능하게 되면서 광고/콘텐츠, 서비스시장의 성장이 예상된다.

국내 디지털 사이니지 산업의 구성(2013년 50개 기업 설문결과)

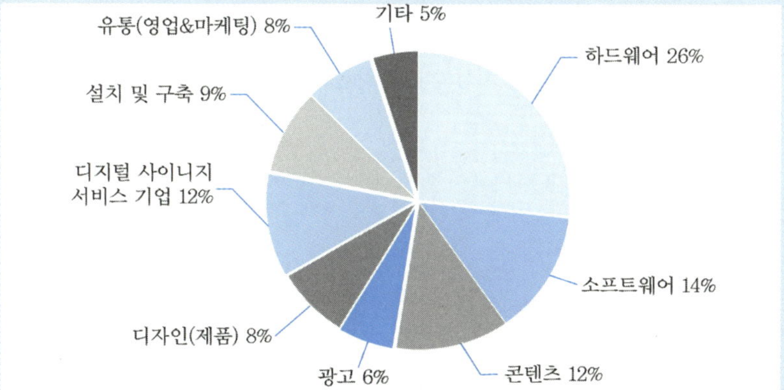

출처: 디지털 사이니지 전문기업 현황 및 제품 품질인증 기준 시험 환경 설문조사 보고서(2013. 12)

시장 자료를 보면 세계 디지털 사이니지 시장은 연평균 13%(2014~2020년) 상승할 것으로 예상되며, 광고 및 콘텐츠 시장이 연평균 16.8% 상승하면서 전체 시장을 견인할 것으로 추정되고 있다.

이에 비해, 국내는 기술시장 중심임이 드러나고 있다. 실제로 조사된 2013년 12월 50개 기업 설문 조사결과에 의하면, 2013년 국내 디지털 사이니지 시장은 하드웨어가 26%로 가장 높은 비중을 차지하고 있고, 소프트웨어 14%, 콘텐츠 12% 순이다.

2015년 국내 디지털 사이니지 시장의 현황 및 전망(단위: 조원)

구분	2014	2016	2018	2020
HW	1.37	1.87	2.31	2.72
HW 디스플레이	1.25	1.70	2.09	2.44
SW/서비스	0.15	0.22	0.30	0.39
광고/콘텐츠	0.36	0.45	0.69	0.87
합계	1.87	2.55	3.31	3.97

출처: 미래창조과학부(2015)

2014년기준으로 보면, 국내 시장 규모는 생산기준으로 약 1조 9천억 원으로 추정되며, 연평균 13.4% 성장률을 전망하고 있다. 국내에서 내수기준과 생산기준으로 구분하는 이유는 생산기준으로 볼 경우 삼성전자, LG전자의 수출이 반영되기 때문이라고 볼 수 있다.

국내 디지털 사이니지 시장의 전망(생산기준은 위, 내수기준은 아래)

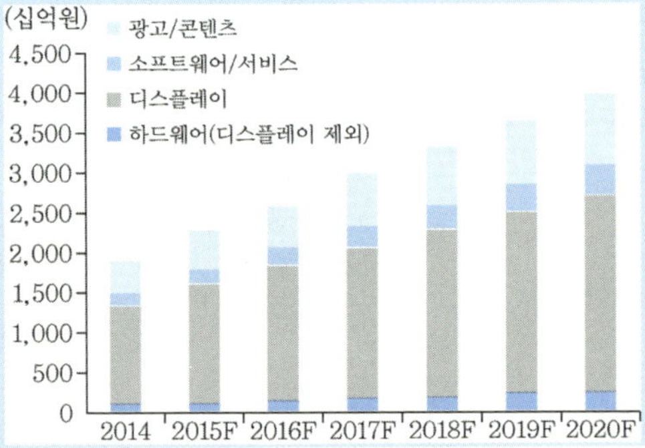

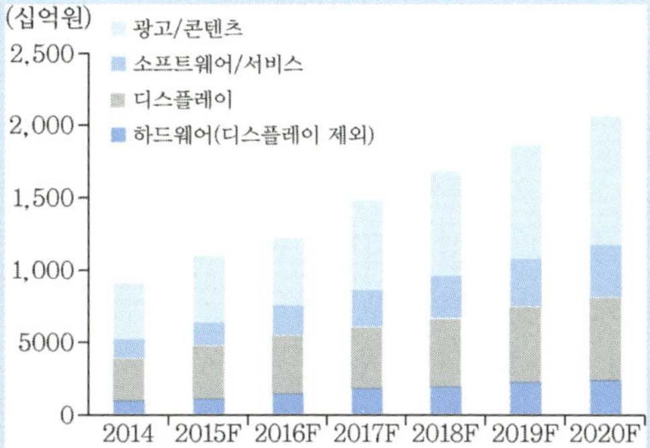

출처: HIS 2014: 방송통신위원회 2012: KOBACO 2014

한편, 2015년기준으로 본 국내 시장 현황은 미래창조과학부에 의해 집계되었는데, 2014년 약 1조 8천억 원 시장에서 2010년 약 3조 9천억 원으로 성장할 것으로 전망되기도 했다. 이는 하드웨어와 소프트웨어, 광고/콘텐츠 시장을 모두 포함한다.

국내 옥외광고 미디어 광고비 내역의 변화: 2012~2014년(단위: 억 원)

분류		2012년	2013년	2014년	성장률(%)
일반 옥외	빌보드	1,960	1,909	1,884	-1.3
	엔터테인먼트	1,227	1,406	1,595	13.5
	기타	276	235	234	-0.6
일반옥외계		3,463	3,549	3,713	4.6
극장		1,540	1,708	1,764	3.3
교통	철도	370	503	388	-22.9
	공항	446	563	458	-18.7
	버스	1,473	1,200	1,009	-15.9
	지하철	1,534	1,809	1,652	-8.7
	쉘터	279	313	378	20.7
교통계		4,102	4,388	3,885	-11.5
OOH계		9,105	9,645	9,362	-2.9

출처: 2015 제일기획 광고 연감: 김영신(2016. 2) 재구성

국내 디지털 사이니지의 발전 방향

첫째는 옥내·외 광고 미디어이다. 이는 설치 형태에 따라 옥내·외로 구분하는

광고 미디어를 말한다. 옥외 광고물(out of home)은 상시 또는 일정 기간 계속하여 공중에 표시되어 자유롭게 통행할 수 있는 장소에서 볼 수 있도록 건축물에 설치되어 있는 등의 광고물이다.

둘째는, N스크린 정보 미디어이다. N스크린이란 하나의 정보 콘텐츠를 스마트폰, PC, 스마트TV, 태블릿, 전광판(디지털 사이니지) 등 다양한 디지털 정보기기에서 공유할 수 있도록 하는 컴퓨팅, 네트워크 서비스를 총칭한다.

2015년 12월 28일 미래창조과학부는 '디지털 사이니지 산업 활성화 대책'을 발표하였는데, 특히 2018년 평창동계올림픽과 연계한 N스크린 정보 미디어 거리를 조성하고, 재난 및 안전시스템 구축 등의 지방자치단체 차원의 개발 프로젝트를 추진할 계획이다.

정보 미디어로서의 디지털 사이니지는 전통적 광고판과 콘텐츠 표현과 소스 등에서 차이를 보인다. 전통적 광고판에서는 콘텐츠 표현이 주로 텍스트나 그래픽인데 비해, 디지털 사이니지에서는 애니메이션, 비디오, 그리고 양방향 콘텐츠이다.

전통적 광고판과 정보 미디어로서의 디지털 사이니지 비교

	전통적 광고판	디지털 사이니지
콘텐츠 표현	텍스트, 그래픽	애니메이션, 비디오, 인터랙티브 콘텐츠
콘텐츠 소스	대부분 큰 회사 또는 사용자 개제	누구나 가능, 생활정보부터 웹정보까지
멀티 콘텐츠 사용	잘 사용되지 않으며 복잡함	어느 콘텐츠나 가능
콘텐츠 depth	콘텐츠에 맞춤	무한함
이용자 분석	수동	자동
사용자 상호작용	가끔 모바일폰 가능	터치, 제스처, 모바일, 웹 등

출처: 민슬기·김성훈, 2014.

세 번째는 공간 아트 미디어이다. 미디어파사드(Media facade)가 대표적이다. 이는 미디어와 건물 외벽을 뜻하는 파사드가 합성된 용어로, 건물 외벽에 다양한 콘텐츠 영상을 투사하는 것을 말하며, 주로 건물 벽에 LED 등의 디스플레이를 부착하는 것에서 더 나아가 건물 벽면을 디스플레이로 사용하는 것 등을 미적 감각이 있는 아트미디어를 말한다.

마지막인 네 번째는 O2O커머스 마케팅 미디어이다. O2O커머스는 각종 온라인 서비스에 오프라인 사업을 연계하는 융합 비즈니스 모델을 의미하며, 다양한

PC 기반의 온라인 서비스나 스마트폰 앱을 이용하여 실제 오프라인에서 영업 중인 매장의 소비자를 연결해주는 커머스 서비스라 할 수 있다. O2O 커머스는 새롭게 부상되는 핀테크 기술과 더불어 온라인으로 구매 동기를 유발시켜 오프라인에서 실제로 구매한 재화나 서비스를 이용할 수 있어서 기존 온라인에서만 가능하던 서비스를 오프라인으로 확대시킬 수 있는 다양한 기회를 제공한다.

2010년 카테고리별 O2O 커머스가 적용될 국내 총 시장규모를 측정한 결과 약 320조 원(마케팅만 84조 원)이며, 2014년까지 명목 GDP 성장률을 적용하면 약 375조 원이다([표] 참조). O2O 접목이 용이한 시장규모는 17조 원(총 시장에서 O2O 침투율 30%, 거래수수료 15% 산정 시)으로 추정된다.

2010년 카테고리별 O2O 커머스 국내시장 규모(단위: 십억 원)

	매출	영업이익	영업이익률
배달/심부름형	96,656	14,905	16%
꽃소매	1,222	122	10%
가정용 세탁	950	502	53%
음식(중식/한식/일식/서양)	39,913	9,508	24%
기타 음식(피자/햄버거/샌드위치)	11,914	2,401	20%
도매(농축산)	41,655	2,372	6%
대여/임대	14,599	1,661	11%
자동차 임대	1,390	153	11%
개인 및 가정용품 임대	1,142	169	15%
부동산 임대	5,057	956	19%
보관 및 창고업	6,969	384	19%
포인트형	11,725	3,439	29%
미용	4,174	1,683	40%
욕탕/마사지	1,815	430	24%
커피/비알코올 음료점	2,504	520	21%
숙박업(호텔 제외)	3,233	805	25%
전문 운송형	39,997	2,664	7%
택배	3,700	372	10%
퀵서비스	4,000	800	20%
대리운전	2,500	500	20%

용달/개별화물운송	10,261	2,476	24%
화물운송중개	19,537	1,483	-8%
정보의 비대칭형	74,262	18,268	25%
인테리어	28,000	8,400	30%
부동산중개	5,702	1,192	21%
결혼중개(예식장 제외)	111	16	14%
자동차수리	9,018	1,522	17%
상조	1,008	-38	-4%
중고차매매	27,000	6,750	25%
예술/스포츠/여가서비스	3,423	426	12%
옴니채널(백화점, 마트, 각종 식료품)	83,989	7,608	12%
합계	320,188	48,546	15%

출처: BNK투자증권(2015. 12. 7) 재인용

ICT 융합산업의 정점인 온라인과 오프라인을 연결해주는 O2O 커머스 산업이 등장하면서, 디지털 사이니지가 O2O 마케팅에 활용되기 시작되었고, 대표 사례로는 미국 메이시즈백화점에서 샵킥(벤처로 SKT가 인수)이라는 앱을 연동하여 오프라인 매장으로 유인한 O2O 마케팅이 있다. 특히 디지털 사이니지가 마케팅 수단으로 각광 받는 이유는 온라인과 오프라인을 이어주는 제4스크린 역할을 할 수 있기 때문이다.

O2O커머스가 발전하면서 오프라인 기반으로 한 디지털 솔루션에 대한 관심이 높아지고 있다. 고객과의 접점이 다양해지면서 On↔Off 모두에서 마케팅 및 세일즈를 위한 수단으로 디지털 솔루션에 대한 활용성과 가치에 대한 고민이 시작된 것이다.

이러한 변화는 O2O 마케팅 내지 옴니채널(omni-channel) 비즈니스 모델을 통해 모색되고 있다. 다시 말해, O2O커머스 환경에서 디지털 사이니지가 옴니채널 마케팅하기에 좋은 수단이 된 것이다.

따라서, 이제 디지털 사이니지는 오프라인을 기반으로 하여 정보를 수집하고 제공하며 고객과 가장 가까운 오프라인 고객 접점에서 고객의 필요와 욕구를 유도하면서 행동을 유발시키는 디지털 솔루션으로 제안되고 있다.

또한 옴니채널이 언뜻 보기엔 오프라인의 강자인 백화점, 마트를 중심으로 온라인/모바일 영역만을 강화시켜 나가는 것처럼 보이지만, 궁극적으로는 오프라인 시장이 축소되지 않도록 오프라인 채널이 함께 강화되는 것으로 이해되어야 한다.

출처: 헬로T 첨단뉴스 2017.01.11. http://www.hellot.net/new, 기사편집

참고문헌

reference

[국내문헌]

서영호 외(2013), e-business시대의 경영정보시스템, 한경사.

김성근 외(2014) 플랫폼 경쟁시대의 MIS, 문영사.

채병삼 외(2014), 플랫폼 경영을 바꾸다, 삼성경제연구소.

후지쯔총연(2014), 플랫폼비즈니스 최전선, BLPublic.

김문태(2011), 인터넷마케팅, 비즈프레스.

장연희(2009), 플랫폼의 시대, 제이펍.

지성구 외(2014), 마케팅실무자를 위한 유통전략, 한경사.

최선기(2006), 소문난장터 오픈마켓 이야기, 길벗.

박명호 외(2015), 21c 인터넷마케팅, 한국전자도서출판.

미래창조부(2013), 국가정보화에 관한 연차보고서.

신광수(2016), 온라인 유통마케팅, 무역경영사.

박명호 외(2014), 인터넷 마케팅, 명경사.

류한석(2016), 플랫폼 시장의 지배자, Korea.com.

송민정(2012), 빅데이터가 만드는 비즈니스 미래지도, 한스미디어.

김문홍 외(2009), 인터넷 마케팅전략, 형지사.

함유근 외(2012), 빅데이터 경영을 바꾸다, 삼성경제연구소.

한상만 외(2011), 경쟁우위 마케팅전략, 박영사.

[외국문헌]

Porter, M., Competitive Advantage: Creating and Sustaining Superior Performance, The Free Press, 1985.

Porter, M. and V. Millar, "How information gives you competitive advantage," Harvard Business Review, 63(4): 149-160, 1985.

Pill Simon, The Age of Platform, jpub, 2009.

Vern Terpstra & Ravi Sarathy, International Marketing, 7th Ed., Dreden, 1997.

Eloise Coupey, Digital Business, 7th, 2007.

[인터넷 사이트]

http://biz.heraldcorp.com/
http://www.futurekorea.co.kr/news/
http://www.sisamagazine.co.kr/news/
http://news.mk.co.kr/
http://www.itworld.co.kr/news/
http://www.econovill.com/news
http://www.soumu.go.jp/
http://www.istyle.co.jp
http://www.ajunews.com
http://biz.khan.co.kr/khan,
http://www.sedaily.com/NewsView/
http://www.ddaily.co.kr/news/
http://www.soumu.go.jp
http://www.futurekorea.co.kr/news/
http://www.ciokorea.com/news/
http://www.imaeil.com/
http://www.etoday.co.kr/news/
http://www.the-pr.co.kr/news/
http://chicnews.mk.co.kr/
http://biz.chosun.com/
http://www.newstomato.com/
http://www.kidd.co.kr/news/
http://www.newsis.com/
http://www.ddaily.co.kr/
http://www.etnews.com/

찾아보기

Index

[ㄴ]

[ㄷ]

[ㄹ]

[ㅁ]

[ㅂ]

[ㅅ]

[ㅇ]

[ㅈ]

| 저자 약력 |

교수이자, 경영자문위원인 김종락은 현재 장안대학교 유통물류학부 교수이며, 경희대학교 경영대학원(MBA)·경영학부 초빙·객원교수로서 최근 학부생과 MBA과정 원생들에게 마케팅과 유통 분야에 대해 강의하고 있으며 또한 컨설팅사인 B&L Partner Consulting 유통전략 사업 분야의 자문위원 파트너로 활약하고 있다.
특히 저자는 경영학을 전공하고 있는 대학원생과 학부생들에게 마케팅의 개념적 틀에서의 유통 분야와 온라인마케팅 이론을 중점으로 강의하여 왔으며 최근 온라인 커머스 전략과 융합된 개념체계를 구성하기 위한 플랫폼, 온라인 커머스 분야의 연구에 박차를 가하고 있다.
저자는 경희대학교, 대학원을 졸업하고 동 대학원에서 마케팅전공으로 경영학 박사학위(PH.D)를 취득하였으며, 주요 경력으로는 한국휴렛패커드 IPG Marketing 부서의 DP채널전략 팀장을 거쳐 글로벌 컨설팅사인 Deloitte Consulting 및 한국능률협회컨설팅(KMAC)에서 Expert 컨설턴트로 활약한 바 있다. 그가 컨설턴트로서 재직한 2006년부터 최근까지 S-Oil 유통/물류영업 부문, GSshop, GS홈쇼핑, GS autoOasis, Lotte.com, Interpark, SSG.com, Homeplus 등 국내·외 수많은 온라인 유통기업들과 제조사 유통사업 부문에서 경영자문활동과 경영컨설팅 프로젝트를 수행한 바 있다. 그는 현재까지도 그의 특화된 전공 분야인 온라인 커머스, 유통·물류(Logistics) 분야 강의와 더불어 꾸준한 저술활동과 논문을 게재하고 있다. 특히 KIECA, KODISA, IJIPM 등의 국내·외 학술저널에 온라인 비즈니스, 모바일전략 유통전략, 물류시스템 분야와 관련한 수많은 논문을 발표하였으며, 이에 국제학술대회에서 2차례 우수논문상(Best Paper Award)을 수상하기도 하였다.
주요 저서로는 상권분석 실무(2014), 경제학속의 유통(2015), 리테일마케팅(2016), 플랫폼 비즈니스시대의 온라인 마케팅(2017), 국제물류와 SCM(2017) 및 마켓4.0시대의 마케팅(2019) 등이 있다.

저자와의
협의하에
인지생략

마켓4.0시대의 **온라인 커머스 전략** **【정가 : 26,000원】**

2019년 2월 25일 1판 1쇄 인쇄
2019년 3월 5일 1판 1쇄 발행

저 자 김 종 락
발행자 채 규 호

발행처 **무 역 경 영 사**
서울특별시 영등포구 양평로 21길 26(2504호)
전 화 : (719) 3621~4
FAX : (719) 3 6 2 5
E-mail : muyok@unitel.co.kr
홈페이지 : www.muyokpub.co.kr
등록 : 1992년 2월 19일 제10-675호

ISBN 978-89-468-0687-0